职业教育公共基础课教材系列

体育与健康

主编　刘　云　马培林　贾来明
副主编　宫　昊　黄石磊　张世贵　李雨松

科学出版社
龍門書局
北　京

内 容 简 介

书中内容共分为三个部分13个模块：第一部分主题为体育与人的健康，主要介绍体育锻炼与健康、合理营养与专项运动营养补给、体能训练与发展、体育与卫生保健的相关知识；第二部分主题为体育与文化，主要介绍体育竞赛与体育竞赛欣赏、世界和我国的主要体育竞赛赛事等相关知识；第三部分主题为体育运动技能，主要介绍球类运动、田径运动、游泳运动、武术与传统体育、操类运动、冰雪运动、新兴体育运动等各项运动的特点、基本技术、基本战术和部分比赛规则。

本书不仅阐释体育原理，介绍体育锻炼和运动保健的知识和方法，更注重给学生提供运动指导，突出了知识性、趣味性和应用性，可作为职业院校体育与健康课程教材，亦可作为体育爱好者日常锻炼与健身的参考用书。

图书在版编目（CIP）数据

体育与健康 / 刘云，马培林，贾来明主编. —北京：龙门书局，2021.6
（职业教育公共基础课教材系列）
ISBN 978-7-5088-6023-7

Ⅰ. ①体… Ⅱ. ①刘… ②马… ③贾… Ⅲ. ①体育-中等专业学校-教材 ②健康教育-中等专业学校-教材 Ⅳ. ① G634.961

中国版本图书馆CIP数据核字（2021）第099883号

责任编辑：沈力匀 / 责任校对：马英菊
责任印刷：吕春珉 / 封面设计：耕者设计工作室

科学出版社
龍門書局 出版
北京东黄城根北街16号
邮政编码：100717
http://www.sciencep.com

三河市骏杰印刷有限公司印刷
科学出版社发行 各地新华书店经销

*

2021年6月第 一 版 开本：787×1092 1/16
2021年6月第一次印刷 印张：19 3/4
字数：480 000

定价：39.80元

（如有印装质量问题，我社负责调换〈骏杰〉）
销售部电话010-62136230 编辑部电话010-62135235（VP04）

前　言

一个国家、一个民族繁荣昌盛的决定性因素是人的素质，而人最重要、最基本的素质是身体素质。健康体魄是青少年为祖国和人民服务的基本前提，是中华民族旺盛生命力的体现。

职业院校是专门培养技能型、应用型人才的摇篮。职业院校的体育与健康教育应坚持学校体育“健康第一”的指导思想，不仅向学生传授体育运动的技能、培养其终身体育的意识，还要围绕职业教育总体培养目标和定位，结合学生专业特点和未来职业工作的特征，以发展学生职业综合能力、促进学生职业适应性为根本任务，从而实现职业院校的体育与健康课程以职业工作岗位能力需求为主要教学目标，达到“强健体魄、满足兴趣、提升素养、服务专业”的新的教学定位。

本书依据体育与健康的健身性和文化性、选择性和实效性、科学性和可接受性、民族性与世界性相结合的原则，强调体育对人的身心健康与行为的影响，突出学生个性的发展、能力的培养，以及身体素质的发展。重点使学生学习健康知识，了解体育锻炼的基础知识，理解其中的文化内涵，掌握适合自身特点的体育锻炼方法和手段，有效提升学生终身体育的意识与能力。

书中内容共分为三个部分 13 个模块：第一部分主题为体育与人的健康，由 4 个模块组成，主要介绍体育锻炼与健康、合理营养与专项运动营养补给、体能训练与发展、体育与卫生保健的相关知识；第二部分主题为体育与文化，由 2 个模块组成，主要介绍体育竞赛与体育竞赛欣赏、世界和我国的主要体育竞赛赛事等相关知识；第三部分主题为体育运动技能，由 7 个模块组成，主要介绍球类运动、田径运动、游泳运动、武术与传统体育、操类运动、冰雪运动、新兴体育运动等各项运动的特点、基本技术、基本战术和部分比赛规则。其内容具有以下特点。

（1）在每个模块开始设计了模块导读、能力目标（知识目标、技能目标和素养目标）和导入案例，以起到上课伊始“凝神、起兴、点题”的作用；在每个模块的结束设计了总结案例，旨在发散、升华、扩展学生的思维，并提出了对相关知识回忆和巩固的思考题。

（2）全书每个单元中插入了知识链接，并配置了大量运动技术分解图片，以使学生易懂、易学、易操作，实现了教材内容与教学目标的对应，体现了内容内在逻辑关系与育人作用的密切融合。

（3）全书贯彻“学会认知、学会做事、学会共享、学会生存”的教育理念，注重培养学生的创新精神与实践能力，除可作为职业院校体育与健康课程的教材，亦可作为学生日常锻炼与健身的参考用书，为其终身体育和后续体育锻炼奠定基础。

（4）为满足现代体育与健康教学的需要，书中相关知识配置了数字化教学资源，读者可通过扫描书中二维码进行观看。

本书由重庆市石柱土家族自治县职业教育中心刘云、重庆市忠县职业教育中心马培林、青铜峡市职业教育中心贾来明担任主编，南京工程职业技术学院宫昊、重庆市科能高级技工学校黄石磊、重庆市永川职业教育中心张世贵、重庆市科能高级技工学校李雨松担任副主编，参加编写的人员还有北京工业职业技术学院王江、重庆市巫山县职业教育中心王自然、重庆市涪陵区职业教育中心李桦炜、重庆市梁平职业教育中心张海平。

为保证全书内容的准确性和适用性，编者在编写过程中参考了大量相关著作、文献及优秀教材，在此对相关作者一并表示感谢。

由于编者水平有限，且书中涉及的内容很广，难免存在错漏和不妥之处，希望广大读者不吝指正，以便我们进一步做好修订、完善工作。

目　录

第一部分　体育与人的健康

第二部分　体育与文化

第三部分　体育运动技能

第一部分
体育与人的健康

生命需要运动。

——亚里士多德

运动是一切生命的源泉。

——达·芬奇

模块一　体育锻炼与健康

模 块 导 读

体育，是一种复杂的社会文化现象，是以身体与智力活动为基本手段，根据人体生长发育、技能形成和机能提高等规律，达到促进全面发育，提高身体素质与全面教育水平，增强体质与提高运动能力，改善生活方式与提高生活质量的一种有意识、有目的、有组织的社会活动。我国学校体育的目的是：通过培养学生的体育兴趣、态度、习惯、知识和能力来增强学生的身体素质，培养学生的道德和意志品质，促进学生的身心健康。

“健康＝情绪稳定＋运动适量＋饮食合理＋科学的休息”。健康教育是通过有计划、有组织、有系统的社会教育活动，使人们自觉地采纳有益于健康的行为和生活方式，消除或减轻影响健康的危险因素，预防疾病，促进健康，提高生活质量，并对教育效果做出评价。健康教育应从小学抓起，不同阶段开设不同深度的健康教育课程，让学生成为身体健康、人格健全、心理健康的完整社会人，养成终身体育锻炼的习惯和技能，成为一个全面发展的劳动者。

能 力 目 标

分类	具体内容
知识目标	1. 了解体育的起源和功能 2. 了解学校体育的要求和作用 3. 了解健康的概念、内涵和标准，了解健康观的发展趋势 4. 了解健康教育、健康促进和终身体育的内涵
技能目标	1. 在运动中体验运动乐趣和成功的感觉，同时表现出良好的体育道德和合作精神 2. 能认知体质健康状况
素养目标	1. 树立正确的体育价值观，形成积极参与体育锻炼的良好意识 2. 养成良好的行为习惯，形成健康的生活方式 3. 能自觉通过体育运动改善心理状态，建立良好的人际关系，养成积极乐观的生活态度

导 入 案 例

完全人格，首在体育

提起北京大学原校长蔡元培，大家最熟悉的莫过于他提出的“思想自由，兼容并包”，但很少人知道，在我国近代体育的发展中，蔡元培先生同样是一位举足轻重的人物。作为中国近代体育的积极倡导者，在他的教育思想和实践活动中，包含着丰富的体育内容。

蔡元培先生所倡导的体育，始终与他所倡言的“完全人格”联系在一起。早在1912年5月，蔡元培就提出“普通教育养成国民健全之人格，教育者是养成人格之事业”。1919年2月在《教育之对待的发展》一文中，他提出“盖群性与个性的发展，相反而适以相成，是今日之完全人格，亦即新教育之标准也”。在“完全人格”中，蔡先生将体育置于首位，他说：“体育最要之事为运动，凡吾人身体与精神，均含一种潜势力，随外围之环境而发达，故欲发达至何地位，既能至何地位。”在谈及体育与德育的关系时，他再一次论证了体育的基础地位，“凡道德以修己为本，而修己之道，又以体育为本。忠孝，人伦之大道也，非健康之本，无以行之。”“于国家也亦然……一切道德殆皆非羸弱之人所能实行者，苟欲实践道德宣力国家，以尽人生之天职，其必自体育始矣！”

单元一　体育与学校体育

一、体育的概念、起源和发展

体育与学校体育

（一）体育的概念

“体育”一词最初于18世纪60年代诞生于法国，其含义是“对身体的教育”。20世纪初我国也以相同的含义使用了“体育”一词，并将其作为教育的一个组成部分。随着社会的不断发展，特别是竞技运动和健身运动的发展，体育的内涵及外延不断扩大。如今，在奥林匹克运动的推动下，以提高运动成绩为主要目的的竞技运动蓬勃发展，以健身、娱乐为主要目的的社会体育日益普及，因此，“现代体育”一词已从原来的教育范畴引申出了更加广泛的外延。

根据体育的演变和发展过程，通常把“体育”的概念分为广义体育和狭义体育两种。

广义体育是指以身体练习为基本手段，以增强人的体质，促进人的全面发展，提高运动技术水平，丰富社会文化生活和促进精神文明为目的的一种有意识、有组织的社会活动。它属于社会文化教育的范畴，受一定社会政治、经济的影响和制约，也为一定社会政治和经济服务。

狭义体育是一个发展身体，增强体质，传授锻炼身体的知识、技术和技能，培养道德、品质和意志的教育过程。它是学校体育的重要组成部分，是培养全面发展人才的一个重要的方面和手段。

（二）体育的起源和发展

体育是随着人类社会的发展而产生和发展的。时光追溯到原始社会，人类的身体活动大致有以下几种：一是为了谋生而进行的活动，如狩猎、捕鱼等，发展了走、跑、跳、投掷、攀登、游泳及其他多种身体活动；二是为与其他群体、动物搏斗而进行的攻击或防卫的身体活动；三是日常生活中所必需的活动技能；四是非生产性的原始祭祀、教育中的身体活动。这些活动是原始人为了生存所掌握一些运动能力，体现了他们不同层面的需求，如生产的需求、战争的需求、精神信仰的需求和娱乐的需求等，正是在这种需求的推动下，这些活动得以不断地强化和发展。在从事这些活动的过程中，原始人获得了与疾病抗争的能力、情感的交流、心情的抒发，最初的体育也就诞生了。可见，最初的体育是在生活和劳动中萌生的，并以原始人的搏斗练习、生活技能学习、宗教祭祀等活动相互交融的形式而存在。

随着社会生产力的发展，体育活动在人类的社会活动中所占比重逐渐增大，许多古代的灿烂文化中都能发现体育繁荣的发展史。

在古希腊，人们把体育作为造就健全公民、增强国力、抵御外侵的手段而大力提倡。他们兴建了规模宏伟的竞技场，造就了一批又一批的竞技者。体育的发展不仅增强了古希腊国民的体质，还促进了古希腊经济的发展和文化的交流，使社会变得文明、和谐、昌盛。斯巴达也十分重视尚武教育，特别重视对青少年的身体训练，提出“人民的身体、青年的胸膛便是我们的国防”。476～1640 年，欧洲进入了封建社会阶段，经济、文化发展受到了严重的阻碍，体育也被列为禁欲范围，在“身体罪恶论”的影响下，体育的发展受到了严重的影响。

文艺复兴时代给体育带来了生机，第一个倡导“三育”学说的英国哲学家、教育家洛克明确提出了体育、德育、智育的教育观，并强调健全的精神寓于健康的身体。18 世纪，法国出现了以反对教会权威和封建制度为目的的启蒙运动，其代表人物之一的卢梭提出“体育乃是个人由童年至成年健康发展不可缺少的重要内容”。19 世纪，随着资本主义的发展，在德国、瑞典等国家发展起来的体操运动先后在欧美得到了迅速的发展，起源于英国的户外活动也开始广为流行。

我国古代体育是传统文化中的瑰宝，内容极为丰富，源远流长，是宝贵的民族遗产。但由于长期封建统治，闭关锁国，近代和现代体育特别是竞技体育发展缓慢。鸦片战争后我国才引进了近代体育，在此基础上发展了现代体育。1949 年以前，我国固有的民族体育，如气功、导引、养生术、武术、龙舟、舞狮等民间的运动健身活动也未能得到充分的发展。1949 年之后，由于党和政府的高度重视，我国的竞技体育、学校体育、健身运动得到了迅速发展，国家努力研究与发掘民族体育，推陈出新，为提高民族素质和社会主义建设服务。改革开放以来，党中央和国务院十分重视体育工作，在人民生活向小康生活迈进的时候，国务院颁布了全民健身计划，在国际体育方面制定了奥运战略。在夏季奥林匹克运动会（简称“夏季奥运会”）上我们已跻身体育大国的行列，在冬季奥运会上我们已实现金牌零的突破。更值得骄傲的是，我国举办了第 29 届夏季奥林匹克运动会，并取得了令人瞩目的战绩，彰显着中国这个古老的东方大国已屹立于世界民族之林。

知 识 链 接

现代体育与古代体育的区别

中国古代没有明确的体育概念，主要分为练武、养生和娱乐三方面，如射箭、蹴鞠、捶丸和围棋等项目为世界体育事业做出重要贡献。现代体育与中国古代体育的区别在于不同的健身机理，以田径、体操、举重为主要内容的古代体育运动重刚健、激进，少养生、调神，而且现代体育的健身思想和哲理，从改革、完善体育教育内容和结构出发，可满足人类进化和未来社会进步的需求。

（三）体育的分类

体育是一个多层次、多类型的系统结构，纵向可分为基本技术、专项技术、应用技术和工程技术四个层次。每个层次横向又分为若干类型，基本技术可分为各种身体练习；专项技术可分为田径、体操、足球等各运动项目；应用技术可分为体育教学、体育锻炼、运动训练、运动竞赛四种活动形式；工程技术可分为群众体育、学校体育、竞技体育三个组成部分。我国1995年颁布的《中华人民共和国体育法》对体育事业组成部分做出了法律界定，即当代体育体系由社会体育、学校体育、竞技体育三部分组成，它们的主要目的、主要形式和方法各有不同，如表1-1所示。

表1-1 社会体育、学校体育、竞技体育的主要区别

分类	主要目的	主要形式和方法
社会体育	增强体质、休闲娱乐	玩和锻炼
学校体育	增强体质，为掌握技能、技术进行体育	体育教学和体育锻炼
竞技体育	创造优异的运动成绩	运动训练和运动竞赛

1. 社会体育

社会体育是指公民自愿参加的以增进身心健康为主要目的的群众性体育活动。社会体育也称群众体育或大众体育，是为了娱乐身心、增强体质、防治疾病和培养体育后备人才，在社会上广泛开展的体育活动的总称。社会体育包括职工体育、农民体育、社区体育、老年人体育、妇女体育、伤残人体育等，主要形式有锻炼小组、运动队、辅导站、体育之家、体育活动中心、体育俱乐部、棋社及个人自由体育锻炼等。开展群众体育活动应遵循因人、因地、因时制宜和业余、自愿、小型、多样、文明的原则。广泛开展群众性体育活动，是发挥体育的社会功能、提高民族素质和完成体育任务的重要途径。

2. 学校体育

学校体育即狭义的体育，是指以学生为对象，通过学校教育进行的有计划、有组织地对受教育者的身体方面施加一定的影响，为培养合格人才服务的一种教育过程，包括各类学校的体育教学和课外体育活动等。2017年修订的《学校体育工作条例》，对学校体育工作提出了具体要求。2016 年修正的《中华人民共和国体育法》从法律的规定性出发对发展学校体育事业提供了法律保障。

3. 竞技体育

竞技体育是指在全面发展身体，最大限度地挖掘和发挥人在体力、心理、智力等方面潜力的基础上，以提高运动技术水平和创造优异运动成绩为目的的，有计划、有组织的训练和竞赛活动。竞技体育具有强烈的竞争性、超人的体力和技艺性、高尚的娱乐性等特征。此外，竞技体育还具有丰富的社会功能，在振奋民族精神、增强凝聚力、提高国家威望、促进国际交往等方面具有突出的作用。

二、体育的功能

体育的功能是指体育以其自身特点作用于人和社会所产生的良好影响和效益。它是在体育的生物效应和社会效应上衍生出来的，是动态的。千百年来，体育之所以能不断地发展，而且越来越受到世界各国人民的重视，正是人们对体育功能的认识和利用的结果。

体育的功能包括健身功能、促进个体社会化功能、教育功能、娱乐功能、经济功能、社会情感功能和政治功能等方面。

（一）健身功能

体育的功能产生于体育的本质和社会的需要，并在促进社会物质文明和精神文明中表现出来。体育的功能主要有以下几方面。

人的身体素质是思想道德素质和科学文化素质的物质基础，也是一个民族和国家强盛的基础。体育是以身体的直接参与来表现的，这是体育的本质功能，也是体育能在人类社会中长盛不衰和持续不断存在的原因。通过体育手段来实现增强人的体质的目的，促进人自由、全面发展，是体育的独特之处，也是体育区别于其他社会活动和事物对人和社会作用的根本点。体育的健身功能主要表现在以下几个方面。

（1）体育运动可促进人体骨骼和肌肉的生长。

（2）体育运动可促进血液循环，提高心脏功能。

（3）体育运动能够提高神经系统的功能。

（4）体育运动可以改善呼吸系统的功能。

（二）促进个体社会化

体育运动是一种社会行为，人们在活动和比赛中互相交往，相互交流，使人们的人际关系、社交能力得到提高。体育运动能够教导人基本的生活技能，从初生婴儿的被动体操，到儿童游戏中的跑、跳、攀、爬，以至学会适应社会生活，这些都是后天通过体育活动获得的。人们在体育运动中，都要遵循运动的规则，都要在教师、教练、裁判的教育监督下有组织地进行，这就逐渐培养了人们对社会规范的遵守。人类社会要健康发展，就要使青少年在生长发育的过程中、中年人在健康保健的过程中、老年人在延年益寿的过程中，获取身体健康和体育运动方面的知识，通过这些知识，指导自己进行健康的体育活动，培养良好的生活习惯。

体育促进个体社会化无处不在、无时不在。人类社会是一个充满激烈竞争的场所，需要团结和协作精神。竞赛是体育最鲜明特点，通过竞赛，优胜劣败，决出名次，可以激发个体的荣誉感，鼓舞上进心，能有效地培养人们的竞争意识和团结协作精神。

（三）教育功能

体育是教育的一部分，教育是体育的基本功能。人们参与体育活动的过程，就是一个受教育的过程，从学校、俱乐部、健身中心到训练场和各种活动场所，在锻炼中都要接受教师、教练和同伴的传授和指导。体育是学校教育的一个重要组成部分，几乎所有国家都把体育作为教育的内容之一。由于学生正处于生长发育和世界观的形成时期，体育不仅指导和教育学生进行身体锻炼，而且可以对受教育者进行思想政治、意志品质和道德规范的教育。体育是传播价值观的理想载体，这是由它的技艺性、群体性、国际性、礼仪性、竞技性的特点所决定的。体育在培养人们健康、合理的生活方式，集体主义精神，爱国主义精神，刻苦耐劳、顽强拼搏精神等方面有着重要的作用。

（四）娱乐功能

当今社会的发展趋势表明，人们以各种娱乐活动合理安排闲暇的愿望变得日益强烈。如何使我们的工作、生活过得更有意义，让身心在欢悦中得到积极休息，需要社会提供一种更健康的娱乐方式，而这种最佳方式就是进行体育运动。

体育的娱乐功能在人们的闲暇生活中反映得十分明显。体育运动由于它的技术高雅、动作优美、配合默契和竞争激烈，使它成为现代人闲暇生活的一个重要组成部分，丰富了人们的社会文化生活，满足了人们的精神需要。随着体育运动技术向高、雅、尖、精的方向发展，由它显示的优美的造型、和谐的韵律、鲜明的节奏、高超的技艺和巧妙的配合等，给人以健、力、美的享受，越来越多地吸引人们自觉投身于其中。

（五）经济功能

现代生产结构方式的改变，引起人们生活结构的改变。人们的物质生活丰富了，闲暇的时间增多了，对文化生活的追求也就强烈起来了。因此，体育越来越多成为人们生活中的一部分，成为人们强身健体、丰富文化生活的一种方式。许多传统运动项目重放光彩，各种现代竞技表演日益频繁，体育消费在人们的消费结构中所占的比例越来越大，使人们运用体育获取可观的经济收入成为可能。正是在此基础上，现代的体育产业得到了长足的发展。西方发达国家的体育产业在GDP中贡献率已经达到1%～3%，成为了新的支柱产业。我国的体育产业近年来也发展迅速，一批体育用品制造企业已经形成规模，走向集群化发展，并正在把他们的品牌推向世界。一些知名的体育赛事也正在探索适合中国现实的发展道路，并取得了令人可喜的成绩，如上海网球大师赛、环青海湖自行车赛、北京马拉松赛等，都发展得有声有色；还有一些体育健身、体育旅游、体育培训等方面的公司、企业在为社会服务的同时也创造了不可估量的经济价值。我国的体育产业的发展尚处在起步阶段，虽然在挖掘体育经济功能方面积累了一定的成功经验，但要实现中国体育产业走向国际市场的梦想还任重而道远。

（六）社会情感功能

体育的社会情感功能主要是指由于体育竞赛的对抗性和竞赛结果的不确定性，引起社会的极大关注，从而使人们产生各种情绪活动。例如，历届的奥运会、中国女排的五连冠、北京两次争办奥运会及中国男足向世界杯决赛圈的冲击等，都能使人们体验各种情感的波动，能使人的情绪得到宣泄。好的体育社会情感可以正面地、积极地激励和鼓舞社会向前发展。由于体育运动的群众性、竞技性、观赏性，使得其他社会活动都无法产生体育运动那样巨大的社会情感。体育就像一块巨大的磁铁，将人们吸引到一起，共同欢乐、共同宣泄、共同振奋。

（七）政治功能

在体育运动过程中，能增强人与人之间的交流和交往。体育活动是促进人们的友谊和增强团结的重要手段。通过体育活动，能够扩大人们的情感交流，增加人与人之间的相互了解，改善人际关系，共同创造和谐文明的社会环境。客观上讲，体育和政治是相互联系、不可分割的。在任何国家，体育都要服从政治的需要，为政治服务，它主要在两个方面起着重要的作用：国际比赛和国际交流所起的作用；群众体育所起的作用。国际上的体育交往，能够促进国家与国家之间、不同民族之间的相互了解和相互信任，有利于人类社会的和平与发展。国际比赛是反映一个国家国体强弱的窗口，国家的政治、经济、文化、科技往往决定了竞技体育水平的高低。我们现在往往将体育竞赛比作和平时期的战争，赢得比赛就像赢得战争一样能够振奋民族精神，提高国家威望，使国人扬眉吐气。体育还是一种文化交流的工具，它可以为本国的外交政策服务，通过国际比赛，沟通国与国之间的关系，促进国家间的友好往来。

三、学校体育

（一）学校体育的地位

学校的体育教育（简称“学校体育”）是职业教育的重要组成部分，是实现职业教育实施素质教育和培养德、智、体、美全面发展的高素质劳动者和技能型人才不可缺少的一个方面。学校体育在帮助学生掌握体育知识、技能、能力，促进身心健康发展，不断提高健康水平，实现职业教育目标等方面发挥着独特的作用。学校体育作为校内体育与社会教育的交叉点和结合部，既是全面健身的基础，也是国家体育事业发展的战略重点。《全国普通高等学校体育课程教学指导纲要》明确指出：“体育课程是大学生以身体练习为主要手段，通过合理的体育教育和科学的体育锻炼过程，达到增强体质、增进健康和提高体育素养为主要目标的公共必修课程；是学校课程体系的重要组成部分；是高等学校体育工作的中心环节。”

（二）学校体育的作用

学校体育作为全民健身的基础，在人才培养中发挥了其独特的作用。

1. 增强体质、促进健康

“增强体质、增进健康”是体育最主要的功能，体育以身体运动为基本表现形式，由它构成的体育锻炼过程，给人体各器官系统一定的强度和量的刺激，可使身体在形态结构、生理机能和生物化学等方面发生一系列适应性反应。这种适应性反应对机体可产生积极的影响，有利于促进健康和增强体质。

（1）有效地促进身体正常生长、发育。职业院校学生身体可塑性很大，根据他们的生理特点，选择合适的体育锻炼内容，掌握适宜的运动负荷，坚持经常锻炼，能有效地促进职业院校学生的正常生长、发育。例如，体育锻炼可以使骨骼的血液供应充分，骨细胞生长能力增强，身高增长加快，肌纤维变粗，体重、胸围、肩宽、臂围和腿围都会增大，还可以使血液循环得到改善，提高心血管及各器官系统的功能。对于个别学生身体的某些畸形（如脊柱侧弯、驼背、平足等），也可以用特殊的锻炼手段加以矫正，有助于使学生形成健壮、匀称的体形。

（2）促进身心全面的发展。目前职业院校学生的年龄一般处在 15～18 岁，生理上急剧的变化，主要表现在身体形态、身体机能、身体素质等方面向成人化发展并基本定型。随着生理上的急剧变化，学生的心理也随着发生变化。研究发现，目前职业院校在校学生的生理发展超前，心理发展滞后，在这个时期加强职业院校学生体育教育，通过学校体育的课堂教学、课余锻炼和体育竞赛，能够促进学生身体的正常发育，从而增强体质、强健体魄，全面提高学生的体能和对环境的适应能力，促进其身心的全面发展。这样不仅能够保证学生在校期间身心健康的学习需要，而且也为学生的终身体育奠定基础。

2. 奠定学生终身体育的基础

在体育锻炼过程中，学生可以复习巩固体育课教学的内容，从而促进体育课教学质量的提高；另外还可以从事自己所喜爱的活动，体验到成功的喜悦，对锻炼效果产生满足感，逐渐培养兴趣，形成爱好，养成锻炼习惯。体育锻炼往往由学生自主去活动，因此，特别有助于培养学生的自主能力。通过体育锻炼，学生自学、自练、自评能力，组织、裁判、交往能力，运动能力等都会得到发展，可以培养出许多未来社会中的体育骨干。按作息制度安排的早操、课间操、班级体育锻炼等，是学校课外体育锻炼基本的、重要的组成部分，是学生每天学习生活中必不可少的内容，长此以往坚持锻炼、持之以恒，还会促进学生养成良好的锻炼习惯。

学校体育是终身体育的组成部分，是打基础的阶段。课外体育锻炼在培养学生体育兴趣和能力，养成锻炼习惯等方面有着重要的作用，能为终身体育奠定良好的基础。学校体育在激发学生参加体育锻炼的兴趣，使学生掌握体育卫生的基本知识和科学锻炼身体的方法，提高学生的体育文化素养，培养学生良好的锻炼习惯与卫生习惯等方面均发挥着重要的作用。

3. 加强校园精神文明建设

学校体育是在校学生文化娱乐活动的组成部分，是一种外向型的文化活动，它可以使学生热情乐观、精力充沛，学习生活充满生机与活力。学校体育锻炼内容丰富、具体现实、直观形象，很符合学生的身心特点，易被学生理解接受，也能取得较好的效果。学校体育在陶冶学生的情操，锻炼学生的意志，培养学生的爱国主义和集体主义精神，增强学生的组织纪律性，提高学生的思想品质等方面发挥着重要的作用。例如，小型多样的游戏活动可以培养团结友爱、互相帮助、集体主义、胜不骄、败不馁的精神；班级乃至全校统一的课外体育锻炼，可以培养服从指挥、遵守纪律；各种身体练习可以培养不怕困难、坚忍顽强、积极进取等思想意志品质；各种竞赛可以培养学生诚实、公正和良好的竞争意识。学校体育对加强学生思想品德教育、促进校园精神文明建设有着重大的意义。

（三）学校体育的目标

确定学校体育的目标工作，必须结合我国的国情，从实际出发，根据不同层次、性质及类别的职业院校来进行；要反映现代学校体育的发展趋势，并认真吸收国外体育的先进理论与实践经验，建立起具有中国特色的学校体育目标体系。

1. 学校体育的总体目标

培养职业院校学生的体育意识，提高体育能力，促进身心素质的全面发展，使之成为社会主义现代化建设所需要的身体健康的高素质合格人才。

这个总体目标，从根本上反映了体育的本质特征，制约和影响着学校体育的全过程，切实体现了我国社会教育、体育发展的基本要求和职业院校学生的需要。

2. 学校体育的具体效果目标

（1）掌握体育锻炼和卫生保健的基本知识和技能，正确认识体育对人类及当代社会的重要意义和作用，增强学生的体育意识，学会选择符合个体兴趣和需要的科学的锻炼原理和方法，养成经常锻炼身体的习惯，提高体育能力，为终身坚持体育锻炼打下良好的基础。

（2）有效地增强学生的体质，促进身心健康的发展，达到《职业院校学生体育合格标准》中规定的指标和规格要求，身心愉快地学习和工作，更好地完成学习任务。

（3）通过体育活动对学生进行政治思想和道德及意志品质教育，加强主体性教育、体育审美教育，促进学生的个性发展。

（4）对具有运动才能的学生进行课余训练，并适当地组织比赛提高他们的运动技术水平，可满足他们对运动竞技的需求，为社会体育培养骨干人才，促进全面健身运动的开展。有条件的院校还可组织高水平运动队或运动俱乐部。

上述学校体育的具体目标是一个相互联系、相互促进的统一整体，需要综合地实现，绝不能为追求一时效果，片面突出其中的部分因素，而造成长期的负面影响。

（四）职业院校体育教育的组织形式

职业院校体育教育的组织形式包括体育课教学、课外体育活动、课余体育训练和组织校内体育运动竞赛及参加校外各类体育运动竞赛等。这几种形式互相联系、互相配合，构成完整和系统的学校体育工作，其中体育课教学是最重要的组织形式。

1. 体育课教学

体育课教学是学校体育工作的重要组成部分。当前职业院校一般采取选项课、选修课授课形式，主要是通过体育教学和体育锻炼，使大学生掌握体育基本知识和基本技能，培养体育兴趣，树立终身体育的观念。

2. 课外体育活动

课外体育活动是学校体育工作的重要组成部分，是课余文化生活的重要内容。它包括早操、课间操、课外体育锻炼等形式。除当天安排有体育课、实训劳动课外，还提倡每天锻炼1小时的阳光体育活动。

3. 课余体育训练

课余体育训练是指学校各运动队、单项体育运动协会、各院系代表队的训练等。开展多种形式的课余体育训练，为有运动特长的学生提供展示才华和提高运动技能的平台，不仅能为学校争取荣誉，而且可以为学校和社会培养体育骨干。实践表明，有运动特长的学生毕业时都会受到用人单位的青睐。

4. 体育运动竞赛

学校体育运动竞赛包括校内与校外两部分。校内的体育运动竞赛有校综合运动会、田径运动会、单项运动竞赛及院系间的单项比赛等；校外的体育运动竞赛有全国、省、市大学生运动竞赛，包括综合运动会与单项比赛。运动竞赛不仅能扩大学校的声誉与影响、增进校际间的交往与合作，而且是教育学生爱校、爱集体、团结协作、敢于挑战、锐意进取、尊重对手、增强凝聚力的最生动的教育课堂，同时对丰富课余文化生活，构建和谐的校园文化也有着重要的意义。

单元二 体育锻炼对健康的作用

一、健康的概述

体育锻炼对健康的作用

人类在完成自身繁衍与进化的过程中，虽已无数次通过生命的延续，对何谓健康有了丰富的感性认识。但时至今日，有人仍会认为：无病或不进医院就是健康，其实这是一种误解，那什么才是真正的健康呢？

（一）世界卫生组织的健康概念

1948年世界卫生组织（World Health Organization，WHO）最早提出的定义是：“健康不仅是免于疾病和衰弱，而且是保持体格方面、精神方面和社会方面的完美状态。”

1974年WHO对健康下的定义是：“健康是人的肉体、精神和社会的康乐的完善状态，而不仅仅指无疾病或无体弱的状态。”

1979 年 WHO 又在《阿拉木图》宣言中重申：“健康不仅是疾病和体弱的匿迹，而且是身心健康、社会幸福的完美状态。”

1989 年 WHO 将健康重新定义为：“心理健康，身体健康，道德健康和社会适应良好。”甚至还力主把生殖健康也列入其中。

（二）健康的内涵

根据 WHO 多次对“健康”的论定，可以认为：自 1948 年提出“三维”健康观，并改变健康的唯生物医学含义之后，已使人们对健康的认识拓宽到生理、心理和社会学领域，甚至还涉及道德与生殖健康等内容。

1. 生理健康

早期医学对疾病和健康的看法，更多是强调自然界对人体生理和病理的影响。尽管最初的医学，曾全力以赴研究由自然因素引起的健康受损，但仍无法对生理性疾病进行有效控制。例如，2020 年的开年，一场新型冠状病毒肺炎席卷中国和世界各国，给社会带来了极大的危害，有些人在这场疫情中丧失了生命，有些人在这场疫情付出了很多；这个时候，人们充分意识到，身体的健康才是最大的幸福。面对这场灾难，致力于生理健康的医学却始终显得束手无策，所以，防治生理性疾病始终是医学界最重要的任务之一。

引起生理性疾病的自然因素永远存在，包括受阳光、空气、水、气候与季节的影响，以及由病菌引起的抑制因素及自然界的生态平衡等。它们有的为人类健康与生存提供了必要的物质基础，有的则可能起危害作用。如果就目前自然环境的恶化状况看，鉴于更多因素仍朝着不利于人类生存的方向发展，以及 1996 年国际保护自然联盟发表的《红色警报名单》，使许多科学家达成共识：地球正逐渐失去保证人类生活质量的能力，环境恶化趋势令人担忧。这些迹象表明，目前由自然因素使身体受细菌或病毒感染，仍是影响人类生理健康的主要因素，我们必须继续给予高度的重视。

2. 心理健康

诚然，在过去相当长一段时间，医学在控制自然因素引起细菌或病毒感染方面，为维护人类健康做出了巨大贡献，今后仍任重道远。随着诊断学的发展，医学专家又有了惊人的发现：经现代医学检查，有 50%～70% 的人都有心理异常的表现，而这些人尽管未达到须求助医务诊治的程度，但一旦环境稍有变化，或精神受到某种刺激，健康依然受到威胁。特别是当发现利用许多医学常规手段无法解决由精神引发的疾病时，医学研究开始根据人的社会属性又提出了生物—心理—社会医学模式，从而想到要把社会环境引起的心理活动也包括在健康诊断之中。

关于如何才能确定心理活动的正常与否，心理学家提出了三条原则：即心理活动与外部环境是否具有统一性，心理现象自身是否具有完整性，个性心理特征是否具有相对稳定性。必须指出，若按以上原则进行判断，就必须考虑具体的时间、地点和条件对心理活动的影响，而绝不能把日常生活中暂时出现的情绪反应都视为心理异常。因此，为了寻找更科学的判定手段，许多发达国家通过心理学和医学的结合，不仅研究异常心理产生的原因，以及健康心理的形成过程，还把心理健康问题扩大至整个社会系统，具体包括生活方式、人生价值观、健康管理环境、健康教育者培训等内容，目的在于从各个方面研究与保证健康心理的形成。

3. 社会适应

社会适应对健康的影响是综合性的，主要来自社会环境因素，具体包括社会为人类日常生活提供的衣食住行等物质条件，也受社会制度、文化传统、经济发展及与之有关的其他因素所制约。基于上述原因，若仅就局部而言，饮食营养、居住条件、医疗措施、家庭状况、卫生习惯、生活方式和行为规范等，都应视为是影响个体健康的社会因素。但从整体考虑，这种影响还取决于社会的发展程度及不同国家为之提供的外部环境。

情况正是如此，因为面对知识经济时代，不但人们获取知识的方式和途径在悄然发生变化，而且随着生活节奏加快，人际关系变得复杂，导致在日趋激烈的社会竞争中，伴随各种不同价值取向而产生的迷惘、困惑、抑郁、孤独与失望情绪，都会在现代人的生活中弥漫。

处于这样的时代背景，人们为适应社会环境所做的努力，势必要以获得合理的社会定位概念与能力为主，即学会选择适合自我的价值观和人生态度，并有效建立起促进个人发展的精神背景和自我引导机制，以便能够按社会运行法则，处理好个人遵循和社会条件之间的矛盾，具体包括对健康文化、健康观念、健康行为、健康产生和健康管理等知识的了解与遵循。

4. 道德健康

道德健康是人的一种“本质力量”，由思想品德和人格自我完善两部分构成。通常认为，思想品德是一种社会意识形态，它以善与恶、荣与辱、正义与邪恶等概念来评价人的各种行为，调整人与人之间及个人与社会之间的关系。人格则反映人的基本的稳定的心理结构特质和过程，它融合着个体的经验，并形成个体特有的行为与对周围环境的反应。严格地讲，思想品德作为完善人格的基础，是决定精神健康的重要内容；而人格自我完善本身，就是不断提高自身素质的文化修养水平，使个体思想、品质与行为趋于理想化。据 WHO 监测中心统计：结核病、流感、肺炎、糖尿病、脑血管病、冠心病等常见病的死亡率，与道德、文化修养有着千丝万缕的联系。道德文化水准越高，则患这些疾病的死亡率越低。

关于对个体道德水准与文化修养影响健康的认识，我国古代早有“君子坦荡荡，小人长戚戚”的说法。实践证明，凡与人为善、助人为乐，且具有高尚品德的人，总是心胸坦荡。人若处于无烦恼的心理状态，不仅能使人体分泌更多有益的激素、酶类和乙酰胆碱等，还可增强人体的抗病能力，这无疑对促进健康是有利的。但与之相反，倘若一个人有悖于社会道德准则，由于其胡作非为导致的紧张、恐惧、内疚等不良心态，就会给他带来沉重的精神负担，使之终日食不甘味，夜不成寐，这样的结果自然也就无健康可言了。

5. 生殖健康

WHO 对生殖健康下的定义是：人类在整个生命过程中，与生殖有关的一切活动，应在生理、心理和社会适应诸方面处于良好的健康状态。这表明生殖健康除需建立正确的性观念和婚前性行为，避免未婚先孕、人工流产及做好性病与艾滋病的防治工作；还涉及避孕节育、妇产科疾患、不孕不育、男性科疾患、夫妻性生活指导等性保健知识的教育。

据流行病学统计数据显示：勃起障碍（ED）困扰全球超过 1.5 亿男性，到 2025 年这个数字会增加到 3.2 亿，这是被人们忽视的一个庞大的群体，包括由此产生的个体生育能力的下降，其潜在的危害已直接影响家庭的和睦和社会的稳定。

现代健康观念突破了千百年来人们对健康认识的局限，使人的自然属性和社会属性得到统一。越来越多的研究证明，人的健康和疾病不但受到生物因素的影响，而且越来越多地受到社会、心理和社会适应因素的制约。

（三）健康的标准

1. WHO 的健康标准

根据上述 WHO 对健康所下的定义，下面列出了 WHO 1989 年为健康所制定的标准（表 1-2）。

表 1-2　WHO 的健康标准（1989 年）

类型	序号	健康的主要表现
心理健康与社会适应	1	有足够充沛的精力，能从容不迫的应付日常工作和生活的压力而不感到过分紧张
	2	处事乐观，态度积极，乐于承担责任，事无巨细不挑剔
	3	善于休息，睡眠良好
	4	反应能力强，能适应环境的各种变化
躯体健康	5	能够抵抗一般性感冒和传染病
	6	体重得当，身体匀称，站立时，头、肩、臀位置协调
	7	眼睛明亮，反应敏锐，眼睑不易发炎
	8	牙齿清洁，无龋齿，无痛感，齿龈颜色正常，无出血现象
	9	头发有光泽，无头屑
	10	肌肉、皮肤富有弹性，走路感觉轻松

2. 心理健康的标准

随着世界性精神疾病发病率不断上升，为了教育和引导公众主动关注心理健康，美国心理学家马斯洛和米特尔曼提出了十条心理健康的评价标准。

（1）有足够的安全感。

（2）能充分地了解自己，并能对自己的能力做出适度的评价。

（3）生活理想切合实际。

（4）不脱离周围现实环境。

（5）能保持人格的完整与和谐。

（6）善于从经验中学习。

（7）能保持良好的人际关系。
（8）能适度地发泄和控制情绪。
（9）在符合集体要求的前提下，能有限度地发挥个性。
（10）在不违背社会规范的前提下，能恰当地满足个人需求。

（四）健康观的发展趋势

从现代社会发展总的趋势来看，人类面临着来自自身生活、消费方式引起的健康问题。人类为了自身的幸福和长寿，更加追求健康，身心健康将成为人们生活价值观中的首要追求目标。调查表明，人们在追求生活目标的选择中，健康总是被列在首位，体育锻炼将成为人类生活的重要内容。人们对健康的观念已出现如下的发展趋势。

1. 健康第一

随着科学技术的迅速发展和边缘学科的出现，人类对健康的认识日益深入，对健康的要求日益提高。人们将更加注重身体的锻炼、保健及越来越认识到体育锻炼对心脑血管系统功能的重要性。无论是青年还是老年，将更多地从事步行、跑步和水上运动等体育锻炼。中国的太极拳，被认为是增强心血管功能的最好方式。女性更加注重减肥和健美的锻炼，但不再像20世纪那样单纯追求苗条，而是更加注重保持健康状态和强壮的身体。体育健身器材和保健用品已逐步进入千家万户。

科学饮食、营养平衡。营养过剩正日益引起人们的重视，健康食品和天然食品备受青睐。吸烟、酗酒等不良嗜好的增长趋势有所下降。

2. 注重物质生活和精神生活的平衡

人们努力寻求一种物质生活和精神生活更加和谐平衡的生活方式。在快节奏、多变化、竞争空前激烈的现代社会，追求物质生活和保持心理平衡和健康，已成为现代人提高生活质量的重要课题。

知 识 链 接

亚 健 康

亚健康（也称第三健康状态、灰色健康、亚临床期等）是一种自感不爽、检查无病、介于疾病与健康之间的一种身心状态。亚健康是国际医学界在20世纪80年代提出的医学新思想，是医学的一大进步。据WHO一项全球性的调查，全世界真正健康的人仅占5%，诊断有病的人也只占20%，而75%的人处于亚健康状态。其症状有食欲不振、疲乏无力、失眠多梦、烦躁、健忘、胸闷、头晕、头疼、感觉迟钝、注意力不集中等。亚健康是一个动态的状态，它不会停留在原有的状态中；或者向疾病状态转化，这是自发的；或者向健康状态转化，这是需要自觉的，就是需要付出代价和努力的。健身运动、消遣娱乐恰恰是治疗健康状态的一种最积极、最有效、最廉价的手段。

二、健康的影响因素

人类健康受各种因素的影响（图 1-1），主要有生物学因素和非生物学因素两大类。生物学因素是指细菌、寄生虫等病原微生物或基因遗传因素。非生物学因素是指环境、行为和生活方式、心理因素、体育锻炼和卫生服务等。

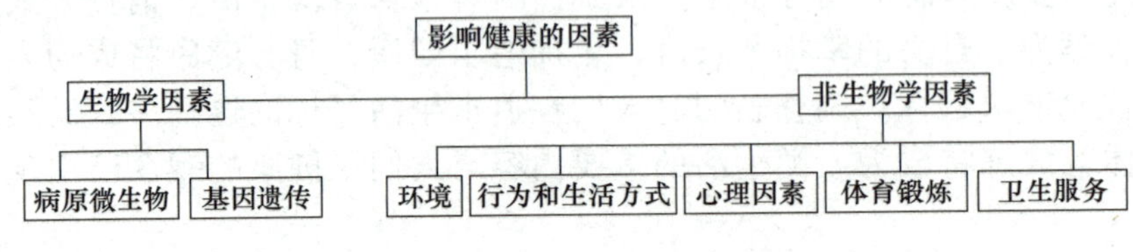

图 1-1 影响人类健康的因素

（一）生物学因素

1. 病原微生物

细菌、病毒等病原微生物给人类的健康带来了极大的危害，千百年来，人们一直在努力寻找能够与这些病原微生物抗衡的药物。直到 1928 年英国的细菌学家弗莱明通过实验发现了青霉菌分泌的青霉素能有效地杀死细菌，1941 年英国剑桥大学毕业的科学家弗洛理和钱恩研究出了大规模生产青霉素的方法，并于 1943 年用于临床治疗，才使得成千上万的人得到救治。

2. 基因遗传

后代形成和亲代相似的多种特征称为遗传特征。遗传不仅使后代在形态、体质以至性格、智力、功能等方面和亲代相似，而且还把亲代的许多隐性或显性的疾病传给了后代。某些遗传病不仅影响个体终身，而且是重大的社会问题。

（二）非生物学因素

1. 环境

环境对健康的危害分为自然环境和社会环境两个方面。

大自然在为人类提供各种营养物质的同时，也在传播着对人体健康有害的物质，如广泛存在的有害微生物（细菌、病毒）、空气中的污染物、溶于水中的有害物质等。另外，气候的突然变化（酷暑、严寒、气压、空气湿度异常等）也会影响人体健康。

社会是人类生存和发展的最基本、最重要的环境。人们一方面享受着社会生产的成果（如科技的进步、工业的发展），使人们有了丰富的物质文明；另一方面社会生产的发展（如现代工业的发展同时带来了废水、废气、废渣、噪声等）也会对人体健康造成危害。

2. 行为和生活方式

行为和生活方式是现代多种慢性非传染性疾病的重要危险因素。健康的生活方式包括合理的饮食、适度的锻炼、戒烟、限制饮酒和心理平衡。

3. 心理因素

现代医学和心理学研究表明，疾病的产生、症状、类型、发展及病程长短、转归和预后有很多都是由心理、社会的紧张刺激因素所引起的行为和情绪方面的变化而导致的。人们常说“心病还需心药医”，为了身体健康，我们首先就要解决心理问题，让自己的心灵首先健康，才能让身体更加强健。

4. 体育锻炼

体育锻炼是运用各种体育手段，结合自然力（日光、空气、水）和卫生措施，以发展身体、增进健康、增强体质，娱乐身心为目的的身体活动过程。它是群众性体育活动的主要形式，对促进人体生长发育、培养健美体态、提高机体工作能力、消除疲劳、调节情感、防治疾病、益寿延年乃至提高和改善整个民族体质，都有着重要的作用。

5. 卫生服务

卫生服务不仅可通过卫生系统自身的活动，如疾病的诊断、治疗、预防、保健、康复等对健康产生直接的影响；也可利用健康教育、出生婴儿医学监测及具体的公共卫生措施对环境、生物遗传、行为生活方式等因素进行干预，从而对健康产生间接的影响。

三、健康教育

（一）学校健康教育

健康教育作为一种有计划、有目的、有评价的教育活动，按 WHO 健康教育处前处长 A. moarefi 博士提出的观点：“健康教育可以帮助并鼓励人们有达到健康状态的愿望，知道怎样做能达到这样的目的，每个人都尽力做好本身和集体应做的一切，并知道在必要时如何寻求适当的帮助。”

1. 树立现代健康意识

即便你处在生长发育时期，机体代谢能力较强，对轻微的身体异常尚不易觉察，但也要树立“防患于未然”的健康意识。

即便你目前的身体无病，或体格强壮，但仍要树立培养良好的心理素质、适应环境与社会变化的健康意识。

即便你认为自己的身心很健康，但还要树立养成良好的生活方式，使个体行为与社会规范相一致的健康意识。

2. 掌握一般卫生知识

根据生命活动的基本特征，通过对人体器官、身体形态、机能及性发育特点的了解，掌握青少年生长发育与青春期发育的生理卫生知识。

根据心理活动的基本规律，通过对心理过程、个性和心理状态的了解，掌握青少年生长发育与青春期发育的心理卫生知识。

根据维持生命与健康、保证生长发育和从事各种活动的基本需要，通过对营养要素、膳食结构和饮食习惯的了解，掌握青少年生长发育与青春期发育的饮食卫生知识。

学校健康教育是一个统揽影响学生观念、行为习惯形成和健康状况诸因素在内的综合性概念，其实施范围不仅是学校健康教学，还包括学校健康政策、学校健康环境、学校健康服务和学校社会关系等多个方面。学校健康教育的目的是使学生获得完整的健康观念，建立促进健康行为，享有健康并为终身享有健康奠定基础。

追求学校健康教育的有效性是全世界的共同行动。WHO 于 1992 年开始推行“健康促进学校”项目，动员学生家庭、社会的广泛参与，和学校共同做出努力，为学生提供完整的经验和结构，以争取最大程度地维护和促进学生的健康。

（二）健康促进

1986 年 11 月 21 日 WHO 在加拿大的渥太华召开的第一届国际健康促进大会上首先提出了“健康促进”这一词语，是指运用行政的或组织的手段，广泛协调社会各相关部门及社区、家庭和个人，使其履行各自对健康的责任，共同维护和促进健康的一种社会行为和社会战略。

按 WHO 的观点，健康促进是“促进人们提高和控制自己健康的过程”，它应肩负“协调人类与环境之间的战略，规定个人与社会各自对健康所负的责任”的使命。表明健康促进更强调改变个人的行为，且注重它与环境保护、社会支持、群团合作之间相互协调所起的社会作用，代表了预防和防护的最高形式，具有比健康教育更广泛、积极的含义。但如何判断行为对健康所起的促进或是危害作用呢？具体可参照以下标准。

1. 促进健康的行为

促进健康的行为是指个体或群体表现出的、在客观上有利于自身和他人健康的行为。

（1）能注意合理调配营养、保证适量睡眠、从事经常性的体育锻炼。

（2）能定期进行体检、预防接种、合理应用医疗保健服务，避免有害环境对健康的危害。

（3）能做到戒除不良嗜好，不吸烟、不酗酒及不滥用违禁药品。

（4）能事先对潜在危险有防范意识，处事遵守公众有关的安全规定。

（5）能在发现身体有异常情况时主动就医，配合医生治疗与安排护理。

2. 危害健康的行为

危害健康的行为是指个体或群体背离个人、他人或社会愿望所表现的行为。

（1）危害健康的行为包括吸烟、酗酒、吸毒及饮食无度与性生活紊乱等不良行为。

（2）危害健康的行为包括交友不慎、参与殴斗、赌博与其他潜伏犯罪因素的不良行为，以及不符合社会规范的生活方式。

（三）如何维护健康

WHO 曾宣布：个人的健康与寿命 60% 取决于自己，15% 取决于遗传，10% 取决于社会因素，8% 取决于医疗条件，7% 取决于气候影响。

1. 养成良好的生活规律

医学实验证明，人的一切生理活动都有一个固定的规律，就像一座生物钟有节奏地运行，有规律地控制生理活动和功能周期。如果我们的生活作息规律与体内生物钟的节律相吻合，健康自然就能得到保障。

2. 纠正不良的行为习惯

每个人都有自己的行为习惯，或叫生活方式，包括饮食起居、生活习俗和各种嗜好等，其中对健康影响最大的因素就是不良的饮食习惯和嗜好成瘾。

（1）饮食习惯讲卫生。为了保证营养物质的摄入卫生，有利于消化和保护肠胃活动的正常生理功能，不能随心所欲、按兴趣进食，如吃零食和快餐过多，用含糖饮料代替白开水，挑食或偏食，经常不吃早餐，盲目节食减肥等。

（2）避免酗酒成瘾。饮酒作为民间习俗、社交礼仪、节庆祭奠中的一项世界相通的文化，有着极其悠久的历史传统。但是，嗜酒成瘾会使职业院校学生学习注意力分散，生活意志力消沉，或导致寻衅滋事、打架斗殴，甚至造成严重后果，应注意避免。

（3）戒除吸烟嗜好。烟草中含有 4 000 多种有毒物质，主要成分为尼古丁、硫氰化合物、烟焦油、一氧化碳等。由吸烟挥发的钋 -210 放射性核素，不但有损视觉神经、影响肺部代谢、引起基因突变与诱发癌症，而且会削弱人的免疫力，潜藏患白细胞减少症和再生障碍性贫血等危险。

（4）杜绝“网络沉迷”。上网会产生“网络双重人格”，即一个人在网络中的表现及其在现实生活中的表现会有很大的反差，甚至判若两人。网络的一大特点就是匿名性，甚至连性别都无从知晓，可以避免面对面交流中出现的顾虑和尴尬，但同时也带来责任感的缺失。久而久之，一些人在网络中“塑造”了一个虚拟的自己，从而满足了这些人猎奇或实现“理想”的愿望，甚至有人为了填补内心的空虚而骗取他人的感情、财物，走上了犯罪的道路。“网络双重人格”不利于个体的健康发展，尤其是青少年，这种人格的裂变将直接导致心理偏差，如社交恐惧、否定和逃避现实等。同时它也给社会带来了一些不稳定因素，如网恋问题、网络信用危机问题等，这些都是受害人丧失了自我防御意识而陷入虚拟的花言巧语中出现的问题。

（5）远离毒品。早在 1987 年，联合国即向全世界提出“爱惜生命、远离毒品”的忠告，现已确定每年 6 月 26 日为国际禁毒日。青少年大都有强烈的好奇心，往往为了一时的精神快感而染上毒品，成瘾后则难以摆脱对毒品的依赖。

3. 注意合理的膳食营养

人体的生命活动，每天都在大量消耗能量，需要不断地从膳食中补充营养，但必须规范自己的饮食习惯，使摄入的营养物质有利于健康，保证营养素的平衡。

知 识 链 接

终身体育

终身体育是指一个人终身进行体育锻炼和接受体育的指导。终身体育是依据人体发展变化的规律、身体锻炼的作用，以及现代社会发展对人的要求，伴随着终身教育的发展而发展起来的。人体的活动规律表明要保持健康的状态就必须坚持体育锻炼，并要持之以恒，否则就不能产生持续锻炼的效果。人们的生活水平和文化素质的提高，要求体育锻炼成为人们日常生活的组成部分。体育运动越来越成为不可缺少的内容。人们闲暇时间的增多使人们的生活方式发生了很大的变化，利用闲暇参加体育锻炼，开展各种有益于健康的运动作为现代生活的重要内容，可以防止各种现代“文明病”，终身体育将成为现代人的追求。

四、体育运动对健康的作用

体育运动是增进健康、增强体质最有效的方法，并且能够起到防治疾病、调节情绪、锻炼意志，提高人们的心理健康水平的作用，还能促进正确姿势、姿态的形成，改善肤色，矫正畸形，塑造健美挺拔的体态。因此，坚持体育运动能达到“健身、健心、健美”的效果。

（一）适量体育运动可使人体健康发展

1. 促进人体健康发展

人类在其体质发展的过程中既受制于先天条件，又不可忽视环境、体育运动等后天因素的影响。

骨骼的构造随其功能完善而有所变异，骨骼的生长决定了身高。通过体育运动可促进骨骼的健康生长发育，这是体育运动的重要作用。骨骼的生长发育需要不断地吸收营养物质，体育运动能促进血液循环和增加对骨骼的血液供应，同时，体育运动中的各种动作，也具有促进骨骼生长的良好刺激作用。

体育运动时，为了保证物质能量供给，肌肉内毛细血管的开放数量可达平时的5～30倍，长期运动可使肌肉的毛细血管腔加大，流量增加，肌肉纤维不断变粗，肌肉的重量可由一般占体重的35%～40%增加到占体重的50%左右，体重得到增加，身体也会显得丰满而结实。

2. 可使人体功能得到充分发展

体育运动对维持和增强人体活动具有重要的意义，人长期从事体育运动，能增强体质并具有延年益寿的功效。国外科学家做过一项试验，让健康青年连续在床上躺9天，发现他们的心脏循环系统和呼吸系统及新陈代谢的工作能力平均下降21%，心脏容积会缩小10%。

（二）适量体育运动可促进人的心理健康发展

1. 培养良好的意志品质

体育运动无论是有组织地或个人单独地进行，对培养和锻炼良好的意志品质都有着积极的作用。坚持经常运动，需要具有自觉性和自制力。长期从事体育运动的人都有体会，如果没有克服困难的毅力和持之以恒的精神是不可能坚持长久的。在体育运动中，需要完成一定的身体练习和承受一定的运动负荷，如果没有自觉性和坚持性及果断性，是不可能做到的。

2. 调节人的情绪

从事体育运动，可以调剂情绪，并在中枢神经系统支配下，对有机体内部的各个方面的关系进行相应的调整和平衡，这对情绪和精神也会有良好的作用，尤其对爱好体育的人，这种作用更为显著。

（三）适量体育运动可提高人适应社会的能力

1. 提高人体适应环境的能力

有体育运动基础的人对外界环境适应能力强的基本原因有两点：一是长期进行体育运动，增进了健康，强壮了体格，身体的各个组织系统在中枢神经支配下，承受外界刺激和协调各组织系统的能力得到增强；二是从事体育运动，往往是在各种外界环境和条件下进行的，因而使机体得到锻炼，适应能力不断提高。

2. 促进社会交往和增进友谊

体育运动是一种社会活动，人们在体育运动过程中，不仅能够锻炼身体，而且在各种锻炼活动中可以促进社会交往和增进友谊。

通过以上体育运动对健康的影响分析和健康教育对增进健康的叙述，我们可以清楚地认识到，通过实施体育教育和健康教育都可产生良好的健康促进作用。

（四）过度运动对健康的影响

过度运动包含两方面的含义：一是运动负荷超过人体的承受能力，机体在精神、能量等方面过度消耗，无法在正常时间内恢复体力；二是指当身体的某些机能发生改变时，因恢复手段无效、营养不良、情绪突变、思想波动等，使正常的负荷变成超量负荷，从而使主动运动变成被动运动的应激刺激。过度运动往往会导致运动能力减退，出现某些不正常的生理状态及心理症状等现象。过度运动可引起心肌毛细血管的持续性损伤，心肌细胞发生缺氧性损害，心肌收缩性能和舒张性能也会产生较为严重的损伤；可造成骨骼肌收缩机能下降，肌肉细胞内钙离子平衡紊乱，从而引发关节慢性劳损、肌腱损伤、疲劳性骨折；还会使人体内各器官供血供氧失去平衡，导致大脑早衰，扰乱内分泌系统，使免疫机制受损，加速身体各器官的衰老。

（五）运动缺乏对健康的影响

运动缺乏包括久坐习惯、机体缺乏运动应激刺激、不运动或很少运动。如果每周运动不足 3 次，每次运动时间不足 10 分钟，运动强度偏低，运动时心率低于 110 次 / 分钟，则为运动缺乏。运动缺乏将对人体健康产生不利的影响。长期缺乏运动，人的新陈代谢机能就会降低，由此很容易引起各种肌肉、关节的疾病，如肩周炎、骨质疏松症等，同时也会导致心肺机能下降等不良身体反应。久坐不动还是痔疮、坐骨神经痛、盆腔瘀血等病症的祸根。运动缺乏或久坐不动可使人体的抵抗力下降，极易患疾病。运动不足是 2 型糖尿病发病的独立危险因素。运动缺乏可加速衰老，增加老年人的死亡率，并且使心肌损伤、中风、糖尿病及心绞痛的发病率明显上升。

总结案例

“新起点”健康生活方式

作为一种健康的生活方式，“NEW START”目前在美国十分流行。NEW START（新起点）是健康八大基本要素第一个字母的缩略词，基本概念如下。

N：营养（nutrition）。在美国，超过半数的慢性病患者和过早死亡者是由于饮食不当或饮食过量造成的，目前主张吃以植物为基础的、各种未经加工精制的食物。特别强调的是控制食盐摄入量。每天每人食盐生理需要量仅为 1 克左右。研究表明食入盐过量与高血压等慢性病的发病密切相关。

E：体育运动（exercise）。一个人每天散步 1 小时或慢跑半小时，每星期坚持 5 次，半年后，其心血管功能就增强 50%。

W：水（water）。身体需要有足够的水分来进行新陈代谢。每天要喝 6～8 杯清水。清晨起床要喝 2 杯，两餐饭之间再喝 6 杯清水。不主张饮用高糖、咖啡或乙醇类饮料。

S：阳光（sunlight）。适量的阳光照射能增强人的体质和抵御传染病的能力，促进体内维生素 D_3 的合成，维持正常钙、磷代谢和骨骼的生长发育。特别对婴幼儿和孕妇来说：阳光照射更属必需。每天在接受充足阳光的照射时，注意对皮肤和眼睛的防护。

T：节制（temperance）。酗酒者的平均寿命比正常人少 12 年。还有大量酗酒者在长期饮酒后精神异常等。为此要自我节制，平衡生活，避免接触损害健康因子如烟、酒、毒品等。

A：空气（air）。多吸入新鲜空气对健康非常重要。尽可能保持室内及工作环境的空气清洁，倡导无烟草的生活方式。吸烟者制造了一颗定时炸弹在自己体内，它的爆炸必会引起死亡与疾病的发生。主动或被动吸烟均与各种疾病密切相关。避免吸入工厂排出的有害气体和机动车辆排出的废气。

R：休息（rest）。疲劳会减低人对感冒和其他几百种疾病的抵抗力，并会增加焦虑和烦恼。在人感到疲劳之前就要休息。在忧虑、紧张和情绪不安时，唯一解决的办法就是放松、放松、再放松。减少压力要有充分休息时间。充足睡眠是身体健康的保证。除此之外，适当参加社交活动，听音乐、看电影、看电视、看小说等也是积极的休息。

T：信念（trust）。信念是开启健康生活大门的钥匙。每个人要对自己有充分的了解，客观地评价自己的能力，恰当地认同他人，与人为善。加强生活方式概念的灌输，提高认识，增强信心，是健康促进的一个组成部分。

探索与思考

1. 系统阐述体育的功能与分类。
2. 系统说明体育与德育、智育、美育、劳育的互相促进关系。
3. 简述健康的定义及健康的生活方式。
4. 影响健康的主要因素有哪些?
5. 体育锻炼对健康的影响有哪些?

模块二　合理营养与专项运动营养补给

模 块 导 读

根据现代营养学的研究，人体所需的各种营养素分为七类，即蛋白质、脂类、糖类、维生素、矿物质、膳食纤维和水。对这些营养素不仅有量的需求，而且各营养素之间还应有合适的配比。

合理营养可维持人体的正常生理功能，促进健康和生长发育，提高机体的劳动能力、抵抗力和免疫力，有利于某些疾病的预防和治疗。缺乏合理营养将产生障碍以致发生营养缺乏病或营养过剩性疾病（肥胖症和动脉粥样硬化等）。

在日常生活中，营养摄取尤其是摄取的量和度的是人们所关注的问题，对体育锻炼者来说，运动前、运动中、运动后的营养补给的物质及补给的方法，也是十分重要的。只有做到“运动、营养、休息”三者之间的动态平衡，才能修复运动时产生的组织损伤，更能减少热量变成脂肪储存，增强运动的效果。

能 力 目 标

分类	具体内容
知识目标	1. 了解人体必需的营养素 2. 了解膳食营养素摄入量平衡原则 3. 了解各类专项运动营养补给特点
技能目标	1. 掌握各类专项运动营养补给的方法 2. 掌握运动前、运动中、运动后营养补给的方法
素养目标	1. 认识合理营养及食品安全的重要性 2. 理解专项运动营养补给对体育锻炼的必要性

导 入 案 例

运动饮料不宜随意喝

夜跑、跳舞、瑜伽、打球……选择运动、健身，汗如雨下，身心放松，已成为很多人下班后的首选活动。在高强度运动过后，我们总需要吃点啥、喝点啥来补充身体流失的能量，五颜六色的运动饮料也因此应运而出，许多人甚至把运动饮料当成了普通解渴饮料来饮用。运动饮料是针对运动人群和体力劳动者设计的饮品，它能帮助我们快速补充能量及电解质，维持机体状态的稳定。在《运动饮料》（GB 15266—2009）中，对于运动饮料的理化指标要求为：可溶性固形物（20℃时折光计法）为 3.0%～8.0%，钠含量为 50～1 200 毫克 / 升，钾含量为 50～250 毫克 / 升。通常，运动饮料中都含有大量的糖类物质和钠，过量摄入会有患病风险。过量摄入糖类物质会产生肥胖、糖尿病、龋齿、痛风等健康问题；过多的钠则会增加中风、高血压、心血管疾病、骨质疏松等患病风险。因此，高血压、糖尿病患者及儿童等人群，建议不要饮用运动饮料。对于普通消费者和一般的健身爱好者来说，也不应将运动饮料作为日常饮品。

单元一 人体营养素及膳食平衡

人体营养素及膳食平衡

营养是人体获得和利用食物的综合过程，是保证人体正常生长和发育的重要因素。影响人体生长发育的因素是多方面的，其中遗传因素决定生长发育的可能性；外界环境的诸多因素可以影响生长发育的速度。在外界环境的诸多因素中，营养因素对人体生长发育甚为重要，合理的营养是增进健康、提高工作效率、防治疾病、延年益寿的重要保证。营养不良不仅使人体的各项生理机能下降，降低人体对外界环境变化的适应能力和防御能力，甚至成为某些疾病的致病因素。

运动与营养都是维持和促进人体健康的重要因素，营养素是构成机体组织的物质基础，运动可以增强机体活动的功能，营养与运动的科学配合，可以更有效地促进身体的生长发育和提高健康水平。如果只注重营养而缺乏体育运动，就会使人体肌肉松弛、身体发胖、活动能力减弱；只重视单纯的体育运动而缺乏必要的营养保证，使体内消耗的营养物质得不到补偿，会影响身体的发育和健康。

在运动中，体内的营养物质被消耗或分解，因此，必须给予补充。运动后及时补充，不仅是运动者生理上恢复过程的需要，而且根据不同项目的物质代谢特点，科学地利用营养来促进体育锻炼的效果，还能提高身体健康水平。运动热能代谢的水平和营养素的需要，决定于从事不同的运动类型和项目、运动强度、密度和持续的时间，以及运动者的年龄、体重、运动水平和环境等多种因素的影响。

目前，职业院校学生对饮食的习惯，卫生，结构普通不够重视，存在不良的饮食习惯和卫生习惯，这些主要是他们对饮食营养知识缺乏认识，不重视健康的饮食，从而导致职业院校学生的身体多数呈亚健康状态，甚至出现疾病。

一、人体的主要营养素

人体主要的营养素有：蛋白质、脂类、糖类、维生素、矿物质、膳食纤维和水七类，下面分别介绍。

（一）蛋白质

1. 蛋白质在体内的主要作用

蛋白质是生命活动中的第一重要物质，它在人体内的主要生理功能是构成机体组织，促进生长发育，构成酶和激素的成分，调节酸碱平衡及全身生理机能，增强机体抗病免疫能力，供给热能等。机体一旦缺乏蛋白质，首先影响机体生长发育，造成肌肉萎缩，甚至出现贫血、免疫力下降、内分泌紊乱、易疲劳、伤口不愈合等现象。

2. 蛋白质来源与日常需要量

日常膳食中的肉、蛋、奶等是动物性蛋白质的主要来源，而豆类是植物性蛋白质的主要来源。米、面等谷类食物含蛋白质较低，只有10%左右，但在我国，由于其在人们食物中所占比例较大，也成为植物性蛋白质的重要来源。一般认为动物性及植物性蛋白质在食物中应各占50%。

中国营养学会建议：我国成人蛋白质摄入量为每日每千克体重1.5～3.0克，青少年应当更多一些，可达3.0克。参加体育锻炼的人，在各自原基础上应适量增加一些。

（二）脂类

1. 脂类在体内的主要作用

脂类在体内构成细胞膜及一些重要组织，参加代谢，供给热能，保护内脏，保持体温，并有促进脂溶性维生素的吸收等作用。

2. 脂类的来源与需要量

动物性脂类来自各种动物油、奶油、蛋黄等，而植物脂类主要来源于各种植物油。此外，核桃、花生、葵花籽等坚果也可为机体提供较丰富的脂类物质。就我国目前的生活水平来看，普通膳食一般即可满足脂类的每天需用量。食物中的糖类，在体内也很容易转变成脂肪供机体利用或储藏起来。

（三）糖类

1. 糖类在体内的主要作用

糖类在体内的首要作用是供给热能，人体所需能量的60%是有糖类供应的。其次还构成组织成分并参与其他物质代谢，对中枢神经系统有特殊营养作用，调节脂类代谢，具有解毒作用和保护肝脏的功能。

机体缺糖会使血糖下降，首先影响中枢神经系统大脑的机能，使其兴奋度下降，出现反应迟钝、四肢无力、动作协调性下降、甚至晕厥的现象。

2. 糖类的来源与日常需求量

糖类的来源较为广泛，食物中的米、面都可提供人体所需的糖类物质。谷物约有80%属于糖类，因此一般人们日常膳食即可满足机体所需的摄入量。此外，也可直接适量摄取糖果及饮用含糖饮料，以提高肝糖原、肌糖原含量的储备。

（四）维生素

维生素是维持人体生命和调节正常机能不可缺少的一类营养素。它们在体内的储藏量很少，必须经常从食物中获得。维生素种类很多，按其性质分为脂溶性与水溶性两大类。脂溶性维生素有维生素A、维生素D、维生素E、维生素K四种，水溶性维生素包括维生素 B 族、维生素 C 等。各种维生素在体内不构成组织原料，也不提供能量，它们有各自的功用，总的来说是调节物质的能量代谢，保证生理机能。

1. 维生素 A

维生素 A 主要功用是维持正常视力，保证眼睛及维持上眼皮组织结构的健全与完整性。如果缺乏维生素 A 会引起视觉及适应能力下降，甚至患夜盲症。维生素 A 最好的来源是在各种动物的肝脏、鱼子、乳类、蛋黄及胡萝卜、菠菜等黄绿色蔬菜中。

2. 维生素 D

维生素 D 对机体的钙、磷代谢和骨骼生长发育极为重要，能促进钙的吸收，促进骨骼钙化及牙齿的正常发育。维生素 D 缺乏时，钙的吸收会受到影响，严重者会因骨盐溶解而致脱钙。维生素 D 主要来源是鱼肝油、蛋黄、乳品。皮肤中的 7- 脱氢胆固醇在阳光紫外线照射下可转化成维生素 D，因而一般人不至于缺乏。

3. 维生素 E

维生素 E 可增强机体对缺氧的耐受力，减少组织细胞的耗氧量，扩张血管，改善循环，提高心功能，增加肌肉力量与有氧耐力。维生素 E 如果与维生素 C 结合使用，能缓和及预防动脉硬化。维生素 E 主要来自动物性食品、小麦胚芽、玉米油，绿叶蔬菜中含量也较丰富。

4. 维生素 B

维生素 B 族其主要功用是在糖代谢中发挥重要作用，促进肝糖原、肌糖原生成，保护神经系统机能。充足的维生素 B 族可有效缓解机体疲劳。维生素 B 族广泛存在于谷物杂粮中。

5. 维生素 C

维生素 C 能加强体内氧化还原的过程，提高 ATP 酶活性，使机体得到更多能量来维持运动，提高耐力，减缓疲劳，促进体力恢复，并能促进伤口愈合，促进造血机能，参与解毒过程，增强机体抗病力。维生素 C 广泛存在于蔬菜和水果中。

（五）矿物质

人体内矿物质（无机盐）种类很多，总量约占体重的 5%，是构成机体组织成分、调节生理机能的主要物质。其中较多的有钙、镁、钾、钠、硫、磷等，其他如铁、碘、氟、锌含量很少，称为微量元素。人体在物质代谢过程中，每天都有一定量的矿物质从各种途径排出体外，因此必须从食物中得到补充。矿物质在食物中分布极广，正常膳食一般都能满足机体的需要。人体中最易缺乏的是钙和铁。

1. 钙和磷

钙在体内的主要作用是构成骨骼与牙齿，维持神经肌肉的正常兴奋性，参与凝血过程等。成人每日需钙 0.6 克，儿童及孕妇、老年人的需要量较高，大量出汗可使钙的排出量增多，每日需钙量可达 1.0～1.5 克。含钙较多的食品有虾皮、海带、豆制品、芝麻、山楂、绿叶蔬菜等。由于钙和磷在体内的关系非常密切，两者在血液中必须达到一定的浓度水平才能共同完成其生理机能。所以，在补充钙的同时，还要注意从富含蛋白质的食品中摄入磷。

2. 铁

铁的主要作用是构成血红蛋白，缺铁可影响血红蛋白生成而发生缺铁性贫血，降低血液载氧功能，全身功能低下。成年男性每日需铁 12 毫克左右，青少年、妇女每日需铁为 15 毫克左右，大量出汗可增加铁的丢失，应给予额外补充。含铁丰富的食物有动物肝脏、动物血液，其他如蛋黄、肉类、豆制品、红糖、沙棘果等铁的含量也较为丰富。

（六）膳食纤维

1. 膳食纤维在体内的主要作用

膳食纤维是一种不能被人体消化的碳水化合物，分为非水溶性和水溶性纤维两大类。纤维素、半纤维素和木质素是三种常见的非水溶性纤维，存在于植物细胞壁中；而果胶和树胶等属于水溶性纤维，存在于自然界的非纤维性物质中。

膳食纤维对促进良好的消化和排泄固体废物有着举足轻重的作用。适量地补充纤维素，可使肠道中的食物增大变软，促进肠道蠕动，从而加快了排便速度，防止便秘和降低肠癌的风险。另外，纤维素还可调节血糖，有助预防糖尿病，又可以减少人体消化过程中对脂肪的吸收，从而降低血液中胆固醇、甘油三酯的水平，有防治高血压、心脑血管疾病的作用。

2. 膳食纤维的来源与日常需求量

糙米和胚芽精米，以及玉米、小米、大麦、小麦皮（米糠）和麦粉（黑面包的材料）等杂粮富含膳食纤维。此外，根菜类和海藻类中食物纤维也较多，如牛蒡、胡萝卜、四季豆、红豆、豌豆、薯类和裙带菜等。膳食纤维素日摄入量为：每人每天 30～40 克。

（七）水

水在体内的主要作用是构成机体的主要成分，参与全身所有的物质代谢，完成机体的物质运输，调节体温，保证腺体正常分泌。

体内的水分必须保持恒定，体内不储存多余的水，也不能缺水。缺水若不及时补充，将影响正常生理机能。大量出汗后补充水分的同时，也要补充适量盐分，以补充电解质的丢失。

二、膳食营养素摄入量的平衡

各种营养素之间存在着错综复杂的关系，不同的生理状态、不同的运动，营养素的需要量也有所不同。平衡膳食是指同时在四个方面使膳食营养供给与机体生理需要之间建立起平衡关系，即氨基酸平衡、热量营养素构成平衡、酸碱平衡及各种营养素摄入量之间平衡，只有这样才有利于机体营养素的吸收和利用。

（一）氨基酸平衡

食物中蛋白质营养价值的高低，很大程度上取决于食物中所含的八种必需氨基酸的数量及比例，只有数量与比例同人体的需要接近时，才能合成人体的组织蛋白质，反之则会影响食物中蛋白质的利用。

鸡蛋、人奶的氨基酸比例与人体极为接近，因此可称为氨基酸平衡的食品。而多数食品均使氨基酸成不平衡，所以蛋白质的营养价值就受到影响，如玉米中亮氨酸过高影响了异亮氨酸的利用；小米中精氨酸过高，影响了赖氨酸的利用。因此以植物性为主的膳食，应注意食物的合理搭配，以纠正氨基酸构成比例的不平衡，如将谷类与豆类混食，制成黄豆玉米粉、黄豆小米粉等，可提高蛋白质的利用率和营养价值。

（二）热量营养素构成平衡

碳水化合物、脂肪、蛋白质均能给机体提供热量，故称为热量营养素。当这三种物质摄入量适当时，各自的特殊作用方可发挥并互相起到促进和保护作用，这种情况称之为热量营养素构成平衡，反之将会对机体产生不利影响。

研究证实，碳水化合物、蛋白、脂肪三者摄入量的合适比例为6.5∶1∶0.7，这样在体内经过生理燃烧后，分别给机体提供的热量为：碳水化合物60%～70%、蛋白质10%～15%，脂肪20%～25%，即称为热量营养素平衡。当膳食中碳水化合物摄入量过多时，热量比例会增高，破坏三者的平衡，即出现体重增加，增加消化系统和肾脏的负担，同时会减少摄入其他营养素的机会。当膳食中脂肪热提供过高时，就会引起肥胖、高血脂和心脏病。蛋白质热量提供过高时，将引起肥胖、高血脂和心脏病，还会影响蛋白质正常功能的发挥，造成蛋白质消耗，影响体内的氮平衡。相反，当碳水化合物和脂肪量供给不足时，就会削弱对蛋白质的保护作用。总之，这三者之间是相互作用的，一旦出现不平衡，将会影响到身体的健康。

（三）酸碱平衡

正常情况下人的血液由于自身的缓冲作用，pH值保持在7.3～7.4。人们食用适量的酸性食品和碱性食品，将会维持体液的酸碱平衡，但食品若搭配不当，则会引起生理上的酸碱失调。例如，酸性食品在膳食中超过所需的数量时，将导致血液偏酸性、血液颜色加深、黏度增加，严重时还会引起酸中毒，增加体内钙、镁、钾等离子的消耗，从而引起缺钙现象的发生。

常见的酸性食品有：蛋黄、大米、鸡肉、鳗鱼、面粉、猪肉、牛肉、干鱿鱼、啤酒、花生等，动物性食品多为酸性。

常见的碱性食品有：海带、菠菜、西瓜、萝卜、茶叶、香蕉、苹果、草莓、南瓜、四季豆、黄瓜、藕等，植物性食品多为碱性。

三、平衡膳食的原则与方法

民以食为天，人类健康是建立在合理膳食制度上的。膳食制度是指把全天食物定质、定量、定时地分配给人们食用的一种制度。在一天的不同时间里，人体所需的热量和各种营养素量不完全相同，加之大脑皮层的兴奋抑制过程和胃肠道对物的排空时间与人们的生理需要相适应，并有一定的规律性，故针对人们的生理和工作情况，规定适合于他们生理需要的膳食制度极为重要。

确立了一个合理的膳食制度后，只要到了用餐时间，机体就会表现出主观食欲，预先分泌适合于各餐膳食质量的消化液，保证所给予的食物被充分消化、吸收和利用，对维护人体健康是极其有益的。在确定每个人的膳食制度时，应注意以下几个方面。

1. 饮食有节

人们在进食时应考虑胃肠道的实际消化能力，食物应适量，否则会影响食物中的营养素被充分地消化、吸收和利用。

2. 各餐食物分配的比例应适当

通常早餐摄入的能量应占全天总能量的25%～30%，早晨刚起床，食欲一般较差，但为了满足上午工作的需要，必须摄入足够的能量；午餐摄入的能量占全体总能量的40%，午餐前后都是工作时间，所以既要补充上午的能量消耗，又要为下午工作做好准备，故占总能量中的比例应该最高；晚餐摄入的能量占全体总能量的30%～35%，晚餐食物的体积可与午餐相近，但能量可以稍低些，因为夜间睡眠时能量的消耗不多。

3. 养成良好的饮食习惯

专心致志进餐，细嚼慢咽，不能边看书（或玩电脑）边进食；特别注意不宜在进食期间相互争执，这样会严重影响进食情绪及消化液的分泌，也就影响了对食物的消化和吸收。尽量少吃零食，零食过量会影响正餐的摄入量，从而影响身体正常功能的发挥。不要光顾街边的小食摊，特别是校门口的临时食摊，由于这些食摊缺乏卫生条件，食品易受灰尘、废气等带菌空气的污染。少喝饮料，现在市场上销售的饮料大都含糖量较高，长期饮用身体会把多余的糖类物质转化为脂肪，从而引发肥胖。用膳时间应和生活工作制度相配合，有规律地进食，可以促进肠胃对食物的消化和吸收。

知识链接

中国居民平衡膳食宝塔

要做到营养摄入平衡，可以参照图2-1所示中国居民平衡膳食宝塔提供的科学标准，在保证摄入食物多样性的基础上，每种食物的摄入量也应保持在适度的范围。

营养结构要合理：在一日三餐中，常通过主食、副食和适量水果的搭配，来保证营养结构的合理性。根据早餐吃好、中餐吃饱、晚餐吃少的要求，选择体积小、合口味且又富含能量的食品作为早餐，以获取占全天25%～30%的能量；选择富含蛋白质和脂肪的食品作为午餐，以获取约占全天40%的能量；选择少而精的食品作为晚餐，以获取占全天30%～35%的能量。

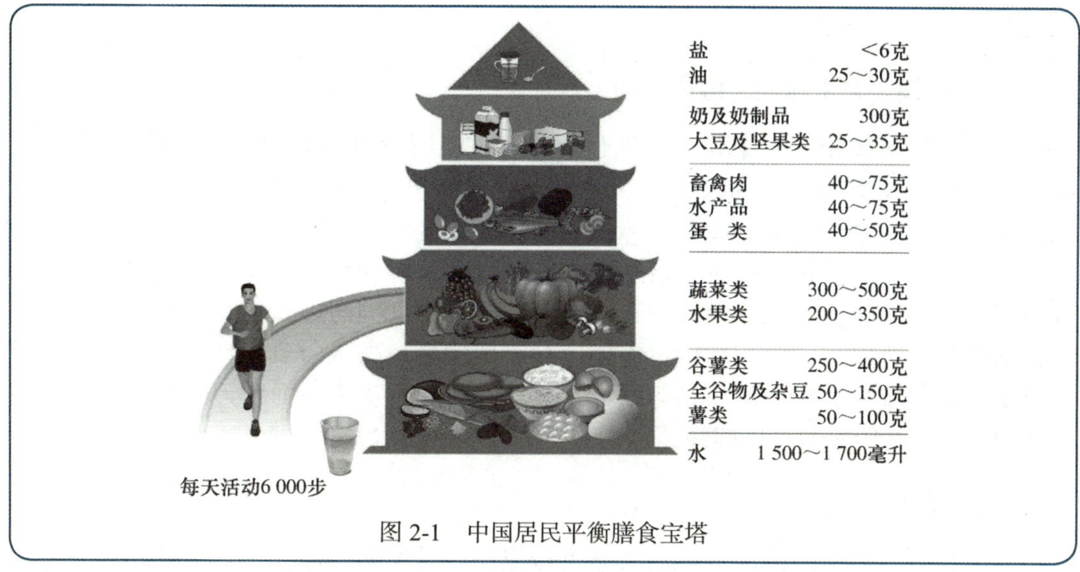

图 2-1　中国居民平衡膳食宝塔

单元二　专项运动与营养补给

一、专项运动的营养补给的特点

专项运动与营养补给

（一）田径运动

田径运动分走、跑、跳和投掷。运动营养补给可以分为三个阶段，运动前的准备期、运动中及运动后的恢复期。不同运动阶段的营养补给要求如下所述。

1. 运动前

胃的排空通常需要 2～4 小时，所以运动前 2 小时不要吃正餐。运动中肌肉需要消耗大量的葡萄糖，血液中的葡萄糖在运动中消耗很快，所以需要肌糖原和肝糖原的补充。摄入足够的主食可以帮助储存更多的糖原以备运动时的消耗；摄入适当的优质蛋白质可以帮助运动中肌肉的损伤及时修复。同时，充足的维生素和矿物质等营养元素的摄入可以保证身体处于一个最佳的状态。

2. 运动中

运动中最关键的营养补给就是水分，但应少量多次，通常每 15 分钟就需要补充水。运动超过 1.5 小时身体就开始动用蛋白质作为能量物质。所以补充糖类可以减缓蛋白质的消耗，而适量蛋白质的补充也可以缓解疲劳，同时需要补充维生素 B 族等，以迅速恢复体力，提高运动成绩，同时补充在汗液中大量损失的电解质，防止肌肉抽筋。

3. 运动后

运动后的恢复对于锻炼效果的产生至关重要，在这一时期应注意全面均衡的营养补给，尤其是碳水化合物、蛋白质、维生素和矿物质的补给。此外，提高免疫力和抗氧化的营养物质也应充分补给。

（二）体操、艺术体操、蹦床运动

体操、艺术体操、蹦床等表现性强的运动，需要对身体姿态有较强的控制能力，视、听、触觉及本体感觉要求准确、灵活；在身体素质方面，对力量、柔韧、灵敏、动作速度和专项耐力要求也较高。体操运动是高强度的无氧运动，运动后会有铁和钙摄入不足的问题，问题严重时还会导致人体贫血、骨质发育不良，低能量的节食还会导致肌肉脂肪大量流失，从而限制运动能力，并引发食物的摄入逐渐减少、饮食紊乱现象的发生。所以，体操运动后，人体应补给低能量、高蛋白质的食物，还应适当补给维生素 C、维生素 B_1、磷、钙等营养素。补给肌酸对从事高强度无氧训练的运动是有益的，因此补给肌酸可以提高体操锻炼者的无氧耐力水平。

（三）游泳运动

游泳是中等强度的运动，运动时会大量流汗，丢失钠、钾、钙等微量元素。为避免由于矿物质丢失严重而引起的抽筋，游泳后要补给 200 毫升淡盐水及适量的白开水。

香蕉富含大量水溶性维生素及钾，高饱腹感强，又能润肠通便。游泳后吃一些香蕉不仅能补充流失的钾离子，还能快速缓解饥饿感。由于香蕉能量不算太高，而且能促进肠胃蠕动，因此，运动后吃也不容易长胖，还能帮助清理宿便、减肥。

此外，游泳后还应该吃能量低，维生素、纤维素含量丰富的食物，如用燕麦粉、小麦粉、亚麻籽、葵花籽、核桃、榛子等原料制成的杂粮面包，其相对于普通面包含有更加丰富的矿物质和维生素。

游泳后 1 小时以内是蛋白合成酶活性最旺盛的时期，此时可以摄入高蛋白食物最有利于肌肉恢复，防止游泳后肌肉酸痛，如牛肉、羊肉等。

（四）球类运动

我国的球类运动开展较为普遍，受欢迎的球类运动有篮球、排球、足球、羽毛球、乒乓球、网球等。这些运动不是周期性运动，没有固定的动作，而且还存在一定对抗性，因此其强度不易控制。球类运动参与者的力量、速度、耐力、灵敏、柔韧等素质的要求均很高，能量消耗也较大。篮球、排球、足球等运动目的的能量消耗会大于其他几类。

在饮食上，应该根据运动量的大小，保证充足食物能量的同时应达到摄入量的平衡。食物中要富含蛋白质、糖类及维生素 A、维生素 B 族、维生素 C、维生素 E。球的体积越小，对参与者的视力要求越高，食物中维生素 A 的含量也应该根据实际情况做出调整。

矿物质方面，由于乒乓球和羽毛球对参与者神经调控、注意力要求比较高，因而对磷的要求也较高，可适当摄入多一些含磷高的食物，如瘦肉、蛋、奶、坚果、粗粮等。

参加球类运动时机体的水流失是很大的，要加强水的补给。补给方法分运动前、运动中、运动后，但都应该遵循少量多次的原则，不可单纯补水，可在水中添加糖、矿物质或者以运动饮料为宜。

由于球类运动需保持灵敏性、柔韧性，运动前可以吃一些易消化的小点心，注意千万不要吃太饱。

（五）举重运动

举重运动可以极好地改善骨密度、关节的灵活性和身体的组成。举重还是实现苗条身材的良好途径，因为力量锻炼可以增强肌肉质量和激发人体的新陈代谢。为了尽快消除举重运动后的疲劳，提高力量锻炼的效果，在进行力量练习后，应多补给蛋白质类物质。除要补给猪肉、牛肉、鱼、牛奶等动物性蛋白外，还要补给豆类等植物性蛋白，以保证机体丰富而又多品种的蛋白质供给。此外，由于肌纤维的增粗、肌肉力量的增加，还应适当补给含糖量高的食物，并注意补给各种维生素和矿物质。

（六）射击、击剑运动

对于射击、击剑等运动，参与者人体视力活动紧张，对视力要求较高。运动完毕，应保证充足的维生素 A 的补给，每日应达到 6 000 单位，除食用含维生素 A 或胡萝卜素丰富的食物外，必要时可适量服用维生素 A 补充剂，如鱼肝油等。

二、运动前、运动中、运动后营养补给的特点

（一）运动前：黄金 300 卡（1 卡＝4.184 焦耳）

许多人认为运动前不吃东西可在运动中燃烧更多体脂肪，其实这是一个错误的认识。在 1 小时的中、高强度运动前，至少需提前 1 小时补充黄金 300 卡营养，重点补给包括碳水化合物、水分与电解质，尤其食物中的碳水化合物对身体储备运动所需能量相当重要。运动强度越高，能量的衰退越明显，所以运动前补给正确的食物，可帮助提升运动表现、减少肌肉损失。

在较长期间的运动过程中，每小时的流汗可能高达 2～4 升，因此建议在耐力性运动前 2 小时饮用 600 毫升左右的水（可分两次喝），拒绝喝水将使身体失去散热作用。

进食时机随着运动时间和食物种类的不同而不同，原则是吃进去的食物可以在运动过程中提供充足的营养和能量，而又不至于在运动过程中造成肠胃不适。

通常身体上下震动比较大的运动，如篮球、跑步等，对胃内的食物比较敏感，少量的食物可能就会令人感到不舒服，这时就需要在运动前更早进食或是减少食物的摄取，以减轻这些症状。而身体震动比较小的运动，如自行车和游泳，通常不会受到胃中食物的影响，对于进食时间和食物选择有较大的弹性。

1. 8:00 的运动

前一天的晚餐和宵夜必须富含糖类，喝充足的水，但是经过一个晚上，肝脏中肝

糖的含量已经降低，在运动前补充糖类可以提高运动能力。可在运动前90～120分钟吃少量的早餐，如面包加果酱或是水果，应避免摄入含太多脂肪的食物，如包子、油饼，因为它们不容易消化，会在胃中停留比较长的时间，也无法提供足够的糖类。有时牛奶也会造成某些人肠胃不适。若是习惯吃丰盛的早餐，就需要在运动前2～3小时吃，这样才有足够的时间进行消化。如果无法早起，也可以在运动前10～30分钟以运动饮料或是一两片面包补充前一天晚上消耗的体内肝糖。

2. 10:00的运动

前一天晚餐必须富含糖类，喝充足的水。在当天7:00左右吃丰盛而富含高糖的早餐，3小时的时间足够消化这些食物，既补充了肝糖，又不会造成肠胃的不适，但是应该避免摄入油腻的食物。

3. 12:00的运动

前一天晚餐必须富含糖类，喝充足的水。当天吃丰盛而富含高糖的早餐。若是8:00吃早餐，在11:00左右可以再吃一些少量的高糖类点心，如面包、果汁或水果。若是9:00吃早餐，运动前10～30分钟可以再补充一些运动饮料。

4. 16:00的运动

前一天晚餐必须富含糖类，喝充足的水。当天8:00吃丰盛的早餐，12:00吃富含高糖的午餐，15:00吃少量高糖类的点心，同时在一天中必须摄取充足的水分。也可以从早上开始每隔1～2小时喝一大杯果汁，补充并维持体内肝糖的含量，运动前20～30分钟再以运动饮料做最后的补充。

5. 20:00的练习或比赛

当天吃丰盛而富含糖类的早餐和午餐，17:00吃丰盛而富含糖类的晚餐，或是18:00吃少量但富含高糖的晚餐，避免高脂肪的食物，如油炸食品、肥肉等。运动前20～30分钟喝200～300毫升运动饮料或果汁，一天当中都要摄取充足的水分。

（二）运动中：水分、电解质、糖类三大元素一次补齐

从事1小时以上中、高强度运动时，容易大量流汗导致电解质流失，建议每10～15分钟补充100～200毫升运动饮料。除了能补充水分外，还能透过运动饮料成分中的电解质与糖类物质，补充运动中流失的电解质、增加持续运动的糖类量；与喝水相比，更能帮助身体留住水分及延缓运动表现下降。

（三）运动后：30分钟内进食，快速修复耗损能量

运动后建议在30分钟内补充饮食，视每个人的身体差异搭配碳水化合物、蛋白质、水分及电解质。假如运动中有尚未喝完的运动饮料，可在运动后继续饮用完毕，以达到运动后促进流失的能量及电解质恢复。

在蛋白质摄取上，建议一般人以20克为标准；碳水化合物则以每个人的体重（千克）乘以1～1.2克为基准。遵守以上原则摄取正确、适量的食物，可帮助恢复损耗的能量与组织，也能有效让受损的肌肉尽快修复、减少脂肪囤积。

表2-1给出了不同运动阶段营养补给要素和补给建议。

表 2-1　不同运动阶段营养补给要素和补给建议

运动阶段	营养补给要素	补给建议
运动前	黄金 300 卡	运动饮料 300 毫升（78 卡）＋鸡肉饭及饭团 1 个（199 卡）
		运动饮料 300 毫升（78 卡）＋奶酪火腿三明治 1 个（249 卡）
		运动饮料 580 毫升（约 150 卡）＋可可玉米片奶酪（约 167 卡）
运动中	水分、电解质、糖类	运动饮料（每 10～15 分钟补充 100～200 毫升）
		运动饮料 300 毫升＋无糖高纤维豆浆＋红薯 160 克
运动后	碳水化合物、蛋白质、水、电解质	运动饮料 300 毫升＋低脂牛奶 240 毫升＋鸡蛋 1 个＋烧肉饭团 1 个
		运动饮料 300 毫升＋鸡腿 1 只＋虾仁饭团 1 个（200 克）

总 结 案 例

健身、健美运动与营养

随着生活水平提高，大学生中从事健美运动的人越来越多，而健美运动是与营养有密切关系的，下面就介绍一下健美运动的营养知识。

1. 食物的需要量

健身、健美锻炼者到底一天该吃多少卡的食物，由于运动项目繁多，没有一个明确的标准。体型是决定食量的一大因素，锻炼者有的是人高马大，体重接近 100 千克，食量可能需要 7 千卡左右；有的是体型袖珍，体重不到 50 千克，食量应相应减少。第二个影响食量的因素为训练量，体重相同的人训练量大者需要较多的能量。以运动的能量需要量而言，每天跑 5 千米的人，用于运动的能量应是每天跑 2.5 千米人的 2 倍。除了体型（体重）和运动量外，影响因素还包括年龄，如正值发育生长期者，千克体重所需能量多，此时期过后，单位体重所需能量即减少。

2. 能量物质的比例

能量物质的比例指三大营养素（即蛋白质、脂肪及糖类）的比例，比例的高低影响机体代谢和运动能力。

一般来说，最重要的运动能量物质是糖类，脂肪应较少，因其运动时会氧化不完全，而增加体内酮体含量，对运动发生不良影响，而蛋白质依情况而定，如举重就有增加的必要。耐力性项目的运动员，三大营养素质量比例可为 1∶1∶7。

3. 用餐次数

事实上，一般人一日三餐的进食以血糖浓度为基准，每日必须食用三餐以上。血糖浓度在用餐后 2.5～3 小时便开始下降，接着引起疲劳感，且降低运动效率。一日三餐食物能量和质量分配因运动员一天的活动情况而定，摄食时间最好配合运动训练时间。一般来说，大量进食后 3～4 小时才可进行激烈训练，因此，进食时间必须加以适当调整。事实上白天要在进食后 3～4 小时再运动是有困难的，因此，运动员在训练前的进食量应予减少，如减少 1/2 或者 2/3 的食用量，或者选择易于消化的食物。运动时段及各餐能量比例分配见表 2-2。

表 2-2 运动时段及各餐能量比例分配

运动时段	早餐 /%	午餐 /%	晚餐 /%	宵夜 /%
上午	30～35	35～40	2～40	0
中午	35～40	30～35	25～30	0
晚上	30～35	35～40	15～20	5～10

探索与思考

1．人体所必需的营养素有哪些?
2．各类专项运动的营养补给有什么不同?
3．运动前、运动中、运动后营养补给的特点有哪些?

模块三　体能训练与发展

模块导读

众所周知，我们的身体就好比机器，长时间不用的话，机器就会变得反应迟钝，这样我们的身体机能就会全面下降。体能训练最主要的作用就是提高我们的身体机能，使我们的身体时常保持一个最佳的状态。体能训练是以循环组或者间歇组为训练模式，其强调持续变化、动作的功能性、高训练强度，以达到增强力量、全面发展体能，改善健康水平等目的。

开展职业教育实用性体能训练，可以充实和完善对职业活动有益的基本活动能力和身体素质储备，强化发展对职业重要的身体能力及其相关能力，在此基础上来保障身体活动水平的稳定性，提高机体对不良劳动环境条件的耐受力和适应能力，以此保持和增进未来劳动者的健康。

能力目标

分类	具体内容
知识目标	1. 了解体能与健康的关系 2. 了解体能锻炼的原则和方法 3. 了解职业实用性体能锻炼的方法与标准
技能目标	1. 掌握有效提高身体素质、全面发展体能的知识与方法 2. 能编制可行的个人体能锻炼计划，科学地进行体能锻炼
素养目标	1. 树立正确的体育价值观，形成积极参与体育锻炼的良好意识 2. 能自觉通过体育运动改善心理状态，建立良好的人际关系，养成积极乐观的生活态度

导入案例

技能大赛还要比体能

“China”一词，不断响起在俄罗斯喀山当地时间2019年8月27日晚举行的第45届世界技能大赛的颁奖仪式上。最终，凭借16枚金牌、14枚银牌、5枚铜牌和17个优胜奖，中国再次登上世界技能大赛的金牌榜、奖牌榜榜首。

世界技能大赛素有“技能奥林匹克”之称，是当今世界地位最高、规模最大、影响力最大的职业技能赛事，代表了职业技能发展的世界先进水平，是世界技能组织成员展示和交流职业技能的重要平台。其宗旨是促进青年人的职业技能水平，促进职业教育和技能水平的发展，加大职业技能教育的影响力度。虽然比赛的内容主要是技能，比赛项目也五花八门，但要想充分发挥自身的实力，取得满意的成绩，就必须要有充沛的体力作为比赛的保障。

在导线测量赛场，要求选手在1小时内，完成对边长为400米的建筑各坐标点的测量任务。随着裁判的一声“开始”，全体选手迅速架起三脚架、全站仪，奔向各自的测量点。

一人负责测量、一人负责记录，400米外的队员要与之相配合，一个点测量完后，大家还要接力完成其他各个点位的测量任务。比赛中不仅是对选手的专业知识、操作技能的考量，也是对选手体能和细心程度的考量。选手需要和时间赛跑，一个小时的比赛下来，每名选手都要负重近20千克的设备奔跑5千米。一位参赛队员表示，参赛前他们已经在学校集训了三四个月，每天上午1.2千米要跑两圈，下午也要跑两三圈。

在焊接比赛的赛场又是另外一番情景，4天的比赛中，需要在18小时内完成单件焊接、低碳钢压力容器、铝合金结构件和不锈钢结构件4个模块。选手在比赛过程中需手眼不停地操作，精神需要高度集中，高强度的比赛对于人的耐心、体力和心态都是极大的挑战。

所以，金牌的背后，不仅需要精湛的技术，更需要充沛的体能和锲而不舍的工匠精神。

单元一　体能与健康

从WHO对健康概念的定义我们可以清楚地了解到，一个人健康与否需要从身体、心理和社会适应能力几方面进行综合评价。影响人体健康的因素包括遗传、营养、体育锻炼、生活环境、教育状况、卫生条件等。那么，体育运动对健康的作用主要通过什么形式来实现呢？

体能与健康

一、体能与健康的概念

体能也叫体适能（physical fitness），主要通过体育运动而获得。保持良好的体能可以使人的身体更健康、精力更旺盛、生活更美好、寿命更能延长、生命更有价值。每个人获得健康都需要有一定的体能，但每个人所需的体能水平不尽相同，一个人体能好坏与其年龄、性别、体型、职业和生理上的缺陷等有关。一般来说，个体对体能的要求与其活动的目的有关。例如，运动员必须不懈地提高力量、耐力、柔韧性和速度等体能，才能提高运动成绩；而普通人只需用一般性的身体活动来维持这些方面的体能，就能增进健康。此外，即使对同一个人而言，不同的时间、不同的环境所需的体能水平也迥然不同。良好体能的保持与长期的锻炼密不可分，如果一个人的锻炼半途而废，那么，他的体能水平就不能持续保持，甚至还会下降。

身体锻炼是提高体能水平必不可少的重要途径。需注意的是，良好的体能并不是完全靠身体锻炼就可以达到的，还与科学的饮食方法、良好的口腔卫生、足够时间的休息和放松等方面有关。体能可分两类：与健康有关的体能和与动作技能有关的体能。前者包括心肺耐力、柔韧性、肌肉力量、肌肉耐力、身体成分等，后者是指从事运动所需的速度、力量、灵敏性、神经肌肉协调性、平衡和反应时等。

二、影响人体健康的体能

1. 心肺耐力

心肺耐力是指一个人持续身体活动的能力。心肺和血管的功能对于氧和营养的分配、清除体内垃圾具有重要的作用，尤其是在进行有一定强度的运动时，良好的心肺功能则显得尤为重要。心肺功能越强，走、跑、学习和工作就会越轻松，进行各种运动持续的时间也会越长。

2. 柔韧性

柔韧性是指身体各个关节的运动幅度及跨骨关节的肌肉、肌腱、皮肤和其他组织的弹性和伸展能力，可以通过经常性的身体练习而得到提高。柔韧性是绝大多数的运动项目所必需的体能成分之一，对于提高身体活动水平、预防肌肉紧张及保持良好的体态等具有重要的作用。

3. 肌肉力量

肌肉力量是一块肌肉或肌群一次竭尽全力从事抵抗力的活动能力，所有的身体活动均需要使用力量。肌肉强壮有助于预防关节扭伤、肌肉的疼痛和身体的疲劳。例如，背肌力量较差，往往会导致驼背。需注意的是，不应在强调某一肌肉群发展的同时而忽视另一肌肉群的发展，否则会影响身体的结构和形态。

4. 肌肉耐力

肌肉耐力是指一块肌肉或肌肉群在一定时间内重复进行收缩的能力，与肌肉力量密切相关。一个肌肉强壮和耐力好的人更易抵御疲劳的发生，因为这样的人只需花很少的力气就可以重复收缩肌肉。

5. 身体成分

身体成分包括肌肉、骨骼、脂肪等。体能与体内脂肪比例之间的关系最为密切，脂肪过多是不健康的，脂肪过多的人在活动时比其他人需要消耗更多的能量，心肺功能的负担也更重，同时心脏病和高血压发生的可能性也更大。此外，肥胖会使人的心理健康水平下降，故寿命就会缩短。要维持适宜的体内脂肪，就必须注意能量吸收和能量消耗之间的平衡，体育运动是控制脂肪增加的重要手段。

三、影响人体动作技能的体能

1. 速度

速度是指快速移动的能力，即在最短的时间内移动一定的距离。在许多竞技运动项目中，速度对于个人取得优异成绩至关重要。

2. 力量

力量是指短时间内克服阻力的能力，举重、投铅球、掷标枪等项目均能显示出一个人力量的大小。

3. 灵敏性

灵敏性是指在活动过程中，既快速又准确地变化身体移动方向的能力。灵敏性在很大程度上依赖于神经肌肉的协调性和反应时间，可以通过提高这两方面的能力来改善人的灵敏性。

4. 神经肌肉协调性

神经肌肉协调性主要反映一个人的视觉、听觉和平衡觉与熟练动作技能相结合的能力。在球类运动中，这种体能成分显得尤为重要。

5. 平衡

平衡是指运动或静止站立时保持身体稳定性的能力。滑冰、滑雪、体操、舞蹈等项目是提高平衡能力的很好的运动，闭目单足站立练习也有相当好的效果。

6. 反应时

反应时是指对某些外部刺激做出生理反应的时间。反应快速是许多项目优秀运动员的特征，特别是在短跑的起跑阶段，反应时的作用更大。

与健康有关的和与动作技能有关的体能成分有重叠之处，如心肺耐力、肌肉力量、肌肉耐力、柔韧性和身体成分等体能成分无论是对健康还是对技能性要求较高的运动都是十分重要的。但是，从事不同活动的人对体能的每一成分发展程度的要求是不一样的。要达到较高的、与动作技能有关的体能水平，就必须使上述每一成分都得到充分的发展。

当设计一种提高体能的锻炼方案时，首先应确立自己的目标，然后选择那些最终有助于达到目标的体能成分进行针对性练习。例如，一个 55 岁的人要达到良好体能的目标，可能在某些方面与一个想在体操项目比赛中成功的 16 岁的年轻运动员相同，但他们在发展体能方面完全不同。55 岁的人更关心像心肺耐力、柔韧性、肌肉耐力和身体成分等与健康有关的体能成分，在这四个方面的改善会使其精力充沛地从事每日的活动任务。相反，16 岁的体操运动员不但要重视上述四个成分的发展，而且更要提高力量、速度、平衡和灵敏性等体能，如果不特别重视这些体能锻炼，他就不可能在比赛中取得好成绩。

以往，我们对体能的概念并不很清楚，我们更不知道与健康有关的体能和与动作技能有关的体能有什么区别，这也是我们在体育教学中虽也重视学生的身体练习，但学生的体质和健康水平并没有提高的原因之一。今后，我们的体育课程如果真正从增进学生的健康考虑，就应该有针对性地侧重发展学生与健康有关的体能。

单元二　体能锻炼的原则和方法

体能锻炼的原则和方法

一、体能锻炼的原则

1. 自觉积极性原则

自觉积极性原则主要是指体育锻炼者，必须有明确的锻炼目的，确信“生命在于运动”的科学道理，自觉积极地进行体能锻炼。

2. 循序渐进原则

循序渐进原则就是要遵循人体生理特征和人体适应环境的基本规律，从不同的主客观实际出发，安排适宜的运动负荷，在渐进的基础上提高锻炼水平。

3. 持之以恒原则

体能锻炼贵在持之以恒，养成良好的锻炼习惯。体能锻炼是对机体给予刺激的过程，每次刺激都产生一定的作用痕迹。连续不断地刺激作用，则产生痕迹积累。这种积累使机体结构和机能产生新的适应，体质就会不断增强，动作技能形成的条件反射也会不断得到强化。

4. 全面锻炼原则

全面锻炼原则要求体能锻炼必须追求身心全面协调发展，使身体形态、机能、各种身体素质及心理素质等诸方面得到全面和谐的发展。

知 识 链 接

体能锻炼的方法

体能锻炼的方法是根据人体发展规律，运用各种身体练习和自然因素以发展身体的途径和方式。体能锻炼方法是贯彻体能锻炼原则，达到体能锻炼目的的途径。

1. 重复锻炼法

重复锻炼法是指按一定负荷标准，多次重复进行某项练习。重复的次数和时间，是决定健身效果的关键。确定和调节重复的次数和时间，应考虑项目特点。运用重复锻炼法时要注意克服厌倦情绪，防止机械呆板。

2. 间歇锻炼法

间歇锻炼法是指进行重复锻炼时两次之间有合理的休整，它是提高锻炼效果的一种常用的锻炼方法。间歇锻炼的间歇时间长短，主要以运动负荷价值阈为准。一般来说，负荷超过上限时，间歇时间应长些，以防止负荷继续上升，造成过多的体力消耗；在下限时，间歇时间应短，密度应大。后次锻炼应在前次锻炼的效果未减退时进行，倘若间隔时间过长，在前次锻炼效果消失后再进行锻炼，就失去了间歇的意义。

3. 变换锻炼法

变换锻炼法是指在锻炼过程中，采取变换环境、变换条件、变换要求等手段，以提高锻炼效果的一种方法。

采用变换锻炼法可以有效地调节生理负荷，提高锻炼情绪，强化锻炼意志，克服疲劳和厌倦情绪。

4. 循环锻炼法

循环锻炼法是指把各种类型的动作、具有不同练习效果的手段组成一组锻炼项目，按一定顺序循环往复地进行锻炼的方法。这种方法具有综合锻炼的效果。

循环锻炼法所安排的各个练习点，内容搭配要选用已经掌握的简单易行的动作，同时应规定好练习的次数、规格和要求。由于各点的动作及使用器械不同，练习时花样翻新，交替进行，可激发兴趣，减轻疲劳，提高密度，有显著的健身效果。采用循环锻炼法要强调动作的质量，防止片面追求运动密度和数量的倾向。

二、提高身体素质的方法

身体素质是衡量一个人体质水平的重要标志之一，主要包括速度、力量、耐力、灵敏性和柔韧性四个方面的素质。

1. 发展速度素质的方法

速度素质是指人体进行快速运动的一种能力。它的表现形式有反应速度、动作速度、位移速度等三种。

（1）反应速度是指人体对各种刺激发生快速反应的能力。

（2）动作速度是指人体快速完成某一动作的能力。

（3）位移速度是指在周期性运动中，单位时间内人体快速移动的能力，如跑、游泳、速滑等。

2. 发展力量素质的方法

力量素质是指在肌肉紧张或收缩时所表现出来的能力，这种能力按肌肉收缩的形式可分静力性力量和动力性力量。

静力性力量是肌肉做等长收缩时所产生的力量，即人体维持或固定一定的位置或姿势，不产生明显的位移运动，如体操中的支撑、平衡、倒立等动作。

动力性力量是肌肉在等张收缩时所产生的力量，即人体产生明显的位移，使人体或器械产生加速运动，如跑、跳、投、划船等。动力性力量又分为重量性力量和速度性力量。

3. 发展耐力素质的方法

耐力素质也称耐久力素质，是指人体在尽可能长的时间内进行肌肉活动的能力，也可视为抵抗疲劳的能力。它是人体各器官系统机能和心理素质的综合表现，也是衡量人体机能水平、体质强弱的重要标志。从生理学角度讲，耐力素质分有氧耐力和无氧耐力。

有氧耐力是指长时间进行有氧供能的工作能力。坚持长跑或游泳锻炼是提高有氧耐力的最好方法。

无氧耐力是指人体处于缺氧状态下，能较长时间对肌肉供能的能力。提高无氧耐力的主要方法是采用大强度、负荷时间短的运动项目。

4. 发展灵敏和柔韧素质的方法

灵敏素质是人体的运动技能和各种素质在运动过程中的综合表现。

柔韧素质是关节的结构，关节周围组织体积的大小，胯骨关节的韧带、肌腱、肌肉与皮肤的伸展性三个因素的综合表现。

三、体能锻炼效果的评价方法与标准

体能锻炼是人们获得健康的重要手段，体能锻炼的效果如何是人们非常关心的问题。对体能锻炼效果进行评价，是指导体能锻炼的关键。

1. 自我监督法

自我监督法是锻炼者在运动过程中对自己身体健康和功能状况经常进行观察的一种方法。它是评价方法中最为简便、实用的一种方法，同时也是锻炼者个人评定运动负荷量大小，预防运动伤害，及早发现过度疲劳的有效措施，一般分为主观感觉和客观检查两个方面。

1）主观感觉

（1）一般感觉。一般感觉是人体功能状况，尤其是中枢神经系统状况的反映。身心健康的人，主观感觉总是精力充沛、活泼愉快、学习工作效率高，运动过度时或患病就会感到精神萎靡不振、软弱无力、行动迟缓、不愿学习和工作、情绪容易激动等。

（2）运动心情。运动心情与精神状况是紧密相关的。一个人在运动前心情愉快，乐意参加锻炼这是健康的表现。反之，如无疾病、情绪刺激等其他干扰因素，运动前对锻炼缺乏热情，不乐意执行锻炼计划，表现出态度冷淡甚至厌倦，则可能是早期过度疲劳和健康状况不佳的征兆。

（3）不良感觉。一般锻炼后都会产生一些肌肉酸胀，四肢乏力等现象。若运动负荷安排适当，这些现象经过适当休息便可消失。身体锻炼的水平越高消失得越快，有的甚至感觉不到肌肉酸胀。如果在休息和营养保证的情况下，有时在运动中或运动后，出现头痛、头晕、恶心、气喘、胸闷或腹疼等不良感觉，其原因大多与锻炼的内容、方法、运动量的安排不当有关。这就要注意休息、调整，必要时可到医院检查，以防止运动性伤病的发生。

（4）睡眠。睡眠对消除运动后的疲劳具有重要意义。正常的睡眠表现为入睡快、睡得深，早晨起来感觉轻松。经常锻炼者若出现入睡难、失眠、惊梦，早晨起来后全身乏力等现象，则应检查锻炼方法和运动负荷量的安排是否恰当、适宜。

（5）食欲。经常锻炼者，肌体代谢旺盛，食欲一般较好。在正常情况下，若出现食欲不佳并伴有口渴，则应考虑是否与过度疲劳或健康状况不良有关。

2）客观检查

在主观感觉的基础上，测定脉搏（一般测晨脉）、体重（固定时间每周测一次）和运动成绩的变化状况（女性还要对月经情况做些记录），条件允许的话可以测握力、肺活量、血压等指标，为综合评定提供参考。

2. 运用一般生理指标的评价方法

从运动生理学上讲，体能锻炼效果是指经常参加体能锻炼者在体能效果影响下各器官系统在形态、结构和机能等方面所产生的适应性变化和良好反应。评价体能锻炼效果的指标有许多，下面仅就一些较容易测定而又客观的生理指标做一简单介绍。

1）心率指标及评定方法

心率是指心脏每分钟跳动的次数，正常人心率一般为 60～100 次 / 分钟。在体育运动中心率次数也可以用脉搏次数表示。通过长期体能锻炼取得较明显的效果时，心率的良好变化才能显示出来。长期锻炼后，安静时心率下降是身体机能良好的反映，这是由于体能锻炼增加了心脏的收缩力量，使安静时心脏每次收缩射出的血量增加，在心输出量变化不大的情况下，心脏每分钟收缩的次数就会减少。这种变化对心脏的工作是有利的。在安静状态下，体能锻炼对身体机能的影响并不能很好地显示出来。因此，为了客观、全面地评定体能锻炼效果，应施加一定的运动负荷，而且最好是活动强度不大的定量负荷。用于评定体能锻炼效果的定量负荷形式主要有以下几种。

（1）300 秒钟 20 次起蹲。预备姿势时，受试者身体直立，呈立正姿势；听到开始口令时，以每 15 秒钟 1 次的频率做起蹲动作，下蹲时膝关节成 90°夹角，连续做 20 次体能锻炼后即刻测受试者的脉搏，以评定受试者的机能。也可在体能锻炼后 5 分钟时间内连续测定，根据恢复时间评定运动效果。

（2）台阶试验。一般台阶高度在 40～50 厘米比较合适。这里推荐一种评价心血管机能的哈佛台阶试验，受试者以每分钟 30 次的频率上下 50 厘米高的台阶 5 分钟，运动停止后立即坐下，测量体能锻炼后第 1~15 分钟脉搏，代入下面公式：

身体功能指数＝运动时间（秒钟）×100/55× 脉搏数（30 秒钟）

其结果按下列标准评定身体机能：50 以下为差；50～80 为中等；80 以上为良好。

经常参加体能锻炼的人，在完成定量负荷时，心率的增加比不参加体能锻炼的人的幅度要小。定量负荷后心率下降是心脏功能提高的表现。

2）血压指标及评定方法

血压是指流动的血液对血管壁所产生的压力，一般常指动脉血压，血压值随心动周期的变化而有所不同。体能锻炼时血压的变化影响较大，但这是血压对运动的应激反应，并不是体能锻炼后血压的适应性变化。体能锻炼对血压变化的良好影响要经过长时间的锻炼才能表现出来。

一般来说体能锻炼后，安静时收缩压和舒张压下降是生理机能的良好反映，血压下降说明体能锻炼提高了血管弹性，使血管缓冲血压变化的能力增加。同时，体能锻炼对一些低血压的人来说，却可以使血压增高，这主要是由于体能锻炼增加了心脏收缩力量的作用。所以，体能锻炼可以对血压具有双向调节作用。

3）肌肉力量指标及评定方法

肌肉力量是指肌肉收缩产生的张力，不同肌肉群、不同关节角度和不同收缩速度产生的肌肉力量不同。但对人体的某一块肌肉来说，一般情况下肌肉力量是相对恒定的。肌肉力量是一项比较敏感的指标，短时间体能锻炼后，特别是针对性的力量练习后，肌肉力量就会明显增加。因此，肌肉力量可用于短时间体能锻炼的运动效果评定指标。

肌肉体积也是评定体能锻炼运动系统的主要指标。经过体能锻炼后肌纤维增粗，肌肉体积增大，说明体能锻炼对肌肉产生良好影响。

4）锻炼时间和恢复时间指标及评定方法

评定体能锻炼的运动时间一般是指在一次性体能锻炼过程中从活动开始到身体感到疲劳而停止运动的时间。由于这一指标是通过锻炼者自己去感受，所以在应用这一指标时，应做到前后一致，以保证客观性。在应用这一指标时，也可用同样的锻炼时间而身体的不同感觉评定体能锻炼效果，如果同样的运动时间，而身体的疲劳反应程度小，说明身体机能有所提高。

体能锻炼提高人体生理机能的另一个表现是完成定量的运动负荷后，各项生理指标的恢复速度明显增加。在进行运动效果的生理评定时，可选择部分简单的指标，如心率、血压等。如果经过一段体能锻炼后，恢复时间缩短，则表示体能锻炼提高了人体的生理机能。

3. 运用身体形态指标的评定方法

1）体重

体重是人体横向发育的指标。它反映人体骨骼、肌肉、皮下脂肪及内脏器官重量增长的综合情况和身体充实的程度。体重受年龄、性别、生活条件、体能锻炼和疾病等因素的影响，是衡量健康和体力好坏的重要标志。过于肥胖和消瘦都要引起注意。

2）胸围

胸围是人体宽度和厚度最有代表性的测量指标。它反映胸廓的大小及胸部、背部肌肉的发育情况，也是反映人体生长发育水平的一个重要指标。

测量胸围可使用夹有尼龙丝的塑料软尺。测量时，被测者必须裸露上体，自然站立，两脚分开同肩宽，两肩放松，两肩自然下垂，并做均匀、平静的呼吸。

四、职业实用性体能训练

职业实用性体能训练是指以身体练习为基本手段，根据职业人在从事职业工作和活动时对一般身体素质和基本活动能力的特殊需要，而开展的旨在保障身体活动水平、工作水平和社会适应能力的专门性教育途径和手段。

1. 职业实用性体能训练的主要途径和手段

1）主要途径

（1）一般实用性练习。借助它可以形成在一般职业活动条件下和可能出现的极端情况下使用的运动技能。

（2）职业实用性体操和职业实用性运动项目。职业实用性体操不仅要符合职业活动的要求，而且必须预防职业活动对身体和姿势所造成的不良影响。职业实用性运动项目则无论在操作方式或身体能力方面，均需与职业特点相似的运动项目。

（3）自然环境锻炼对提高机体适应水平和抵抗职业活动特殊条件的不良影响是十分必要。

（4）根据职业活动对身体素质和技能的特殊要求，采取不同职业活动时身体活动方式的辅助性或针对性练习，以提高职业活动时的身体素质与心理素质。

2）主要手段

职业实用性身体训练的手段主要采用一般体育运动和竞技运动中的各种各样的身体练习动作，以及根据职业活动的特点进行改造和专门设计的练习。许多劳动类型是采用细小的动作、局部性的动作和区域性的动作，其本身不能有效地发展身体运动能力。当然，职业实用性身体训练并不一味排斥模仿劳动活动的某些特点。但是，模仿并不是简单地在形式上对劳动动作的模仿，而主要应有针对性地动员对职业必要的身体机能能力、运动能力及相关能力。正是这些能力练习直接决定着具体职业活动的效果。

2. 职业实用性体能训练的基本内容

不同的职业其工作方式各不相同，对体能的要求也不同，就是同一职业内部也存在不同的工种。因此，在开展职业实用性体能训练时需对职业的具体特点进行选择，现按职业工作时的身体姿势、“准”职业种类、工作种类及职业体能的任务分别进行阐述。

（1）根据职业岗位工作的身体姿势进行分类的职业体能训练内容如表 3-1 所示。

表 3-1 按身体姿势进行分类的职业体能训练内容

职业类型	职业示例	工作特征	体能的特殊要求	体能训练的主要手段
伏案型	秘书 会计 家电维修工 程序员 管理人员	大多在室内较长时间坐着进行职业的活动，以脑力劳动为主	能较长时间保持充沛体力、精力和注意力，反应敏捷地进行相对静止状态的脑力劳动。长时间工作容易导致精神紧张、体力不支、代谢水平降低，眼睛、脖子、背部酸疼，反应迟钝，肠胃功能降低等不良反应	定位运动：颈部旋转运动；手臂旋转运动；双臂背后拉伸；耸肩运动；扩胸运动；体侧运动；体转运动 髋部运动活动性练习：俯卧撑；对墙倒立；仰卧举腿；健身跑
站立型	警察 售货员 工人	在特殊环境中工作，以站立或行走为主要身体姿势	需具有较强的体魄、充沛的体力、良好的心理素质及在不利环境中保持职业性工作的能力。长时间工作容易患静脉曲张、关节炎、髌骨和腰肌劳损、腰椎间盘突出，甚至出现驼背、塌腰、屈膝等职业病	定位运动：伸展运动；体前屈运动；抱膝运动；旋转运动；捶击双臂；拍打双腿运动；合脚掌压膝 活动性练习：长跑；仰卧起坐；登山；健身练习；站立提踵；拔背行走；向后行走
综合型	野外考察者 司机 推销人员 护士	无固定身体姿势	具有充沛的体力以适应连续工作的要求，对身体各部位的协调性和灵活性要求较高。长时间工作对身体的影响是多方面的，其疲劳多为全身性的	定位运动：上肢运动；下蹲运动；体侧运动；体转运动；全身运动活动性练习：俯卧撑；仰卧举腿；游泳；健身运动；定向越野

（2）按“准”职业进行分类的职业体能训练内容，如表 3-2 所示。

表 3-2 按“准”职业进行分类的职业体能训练内容

职业	体能的特殊需要	体能训练的主要手段
会计	腰背肌力量、颈部肌力量、手指灵敏性、脸部笑肌张力等	硬拉（从地面把杠铃拉起至身体挺直）、负重转体、颈部“米”字形弯曲、健身球练习、脸部肌肉运动操、瑜珈、小球类运动
营销人员	下肢力量、一般耐力、攀登能力、灵敏素质、脸部笑肌张力	各种跑跳练习，各种跳绳，垫上前滚翻、后滚翻、横滚、向左右侧滚、跪跳起，各种越障碍跑、跳、钻活动，攀爬练习，脸部肌肉运动操，各种距离定时定速跑，小球类运动
管理者	一般耐力、腰背肌力量、下肢力量、协调素质	各种跑跳练习、各种跳绳、各种距离定时定速跑、各种负重练习、仰卧起坐、俯卧挺身、小球类运动
商务人员	灵敏性、协调性、脸部笑肌张力	各种跳绳，垫上前滚翻、后滚翻、横滚，向左右侧滚、跪跳起，各种越障碍跑、钻活动，脸部肌肉运动操，小球类运动
信息技术开发人员	腰背肌肉力量、手指灵敏性、协调性	仰卧起坐、俯卧挺身、各种方式提拉重物、负重转体、健身球练习、各种跳绳、小球类运动
秘书	一般耐力、腰背肌肉力量、脸部笑肌张力	仰卧起坐、俯卧挺身、各种方式提拉重物、负重转体、各种距离定时定速跑、脸部肌肉运动操
空乘服务员	平衡能力（抗眩晕）、一般耐力、脸部笑肌张力	体操运动、技巧运动、各种距离定时定速跑、越野跑、脸部肌肉运动操
社区服务人员	攀登能力、一般耐力、腰背肌肉力量	登山、仰卧起坐、俯卧挺身、各种方式提拉重物、负重转体、各种距离定时定速跑、越野跑、攀爬练习

（3）职业体能训练——按职业工种进行分类的职业体能训练内容，如表 3-3 所示。

表 3-3 按职业工种进行分类的职业体能训练内容

职业	体能的特殊需求	体能训练的主要手段
地质工作者	高山缺氧对工作能力的影响、无氧耐力、野外生存基本知识	登山、远足、定向越野、拓展训练
医护人员	体育运动的一般医务、救护知识	体育活动中的医务监督、运动按摩、运动损伤与急救
河运、水文、海洋工作者	无氧耐力、自然力锻炼方法	竞技游泳、实用游泳、水上救生
建筑工程人员	身体本体感觉与平衡能力	竞技体操、技巧运动
法律工作者	爆发力、速度反应、抗挫能力、灵敏	散打、拳击运动、小球类运动
商业服务人员	反应速度、抗击、防卫能力、形体礼仪、抗疲劳能力	防身术、拳击、散打、太极拳、瑜珈、形体礼仪
林业生产人员	定向能力、耐力练习方法	远足、登山、定向运动、拓展训练
航空服务人员	身体本体感觉与平衡能力、速度反应、空中逃生、交际能力	体操运动、技巧运动、形体礼仪、拓展训练
物业社区管理人员	腰背力量、意志力、抗挫能力、抗疲劳能力、交际能力	登山、仰卧起坐、形体礼仪、小球类运动
保险、营销人员	下肢力静力性耐力、一般耐力、交际能力、表达能力、快速反应能力	各种跑跳练习、跳绳、远足、登山、形体礼仪、各种小球类运动
车工、铣工、切削工、钻工	要求发展肩带肌、躯干肌和脚掌肌力量、平衡能力、一般耐力、下肢静力性耐力、上肢动作的协调性和准确性、目测力、注意力的专注	各种走、左脚和右脚交换跳跃，体操棒、环、实心球、哑铃练习，爬绳、滚、翻、头手倒立、重物投掷目标、装配和摆放物件等，田径运动、篮球和手球

续表

职业	体能的特殊需求	体能训练的主要手段
无线电安装员、装配工、绘图员、缝纫工、钟表工	要求发展一般耐力、手指协调性、动作的准确性、触觉的敏感性、注意力的专注、反应的速度	300米跑、1 000米跑、跳绳、体操凳练习、俯卧体后屈、两手要网球、篮球运球、排球、乒乓球、手球
吊车司机、洗车司机、建筑和农业机械驾驶员	要求发展上肢和下肢协调性、上肢和肩带肌肉静力性耐力、一般耐力、简单和复杂反应、注意力的转换能力	实心球、哑铃、橡皮缓冲装置练习、加速运球和听信号急停、左右手同时运球、听信号加速、听信号蹲踞式、站立式起跑、体操、篮球
木工、瓦工、粉刷工、油漆工、石工	发展肩带和下肢肌肉、静力性耐力、行衡能力、灵敏性，在高空和有限地点爬楼梯、爬绳、爬竿和跳跃中保持平衡的能力	沿纵放、斜放、横放的梯子作攀爬练习，肋木练习和爬绳练习，头手倒立、手倒立、窄木行走、负重和对抗练习、在不高处跳下练习，竞技体操、技巧运动、跳水
传送带装配工	要求发展动作速度和准确性，动作的灵敏性和协调性	按标记跳远、支撑跳跃，篮球变换方向、速度运球、传球、投篮，滑雪、排球、足球、田径
安装工、调整工、修理工	发展手指灵巧性、上肢动力性和静力性耐力，上肢、肩带和躯干的力量和耐力，平衡和一般耐力	哑铃、实心球、橡皮减震器、体操凳和肋木练习，杠铃、壶铃练习，举重和搬运重物，投掷小球、手榴弹，推铅球，运动准确性和灵活性练习
采矿工	要求发展肩带肌、背肌力量和耐力，灵敏和柔韧	器械练习（体操棒、实心球、哑铃）、攀爬练习、跳远、体操、摔跤
控制台操作员、畜牧业工人、农艺师和其他农业工人	发展动作速度、反应速度、协调性、躯干肌肉的静力性耐力，培养在紧张的情况下完成动作的能力	徒手、器械体操练习，体操凳、肋木练习，接力、耐力性、准确性、灵敏性游戏，篮球、手球、排球、乒乓球

（4）职业体能训练——按职业体能的任务进行分类的职业体能训练内容，如表3-4所示。

表3-4　按职业体能任务进行分类的职业体能训练内容

特殊体能需求	训练手段	活动方式与作用
塑形体健美 发展腰背肌力量 发展颈部肌力量	健身运动 健美运动	健身与健美运动是根据职业工作中特殊身体素质的需要，利用一定的器械设备，为发展身体腰背肌肉力量和颈部肌肉力量而进行的身体锻炼或训练。女性以有氧运动（平衡操、健美操、仰卧起坐等项目）为首选，还可考虑现在的体型，如瘦高者多做投掷、器械操等，矮胖者多练跳远、短跑、单杠、引体向上
发展手指灵巧性 上肢动、静力耐力 躯干肌力量	综合运动	双手交替打网球、篮球运球、哑铃、实心球、橡皮减震器、体操凳和肋木练习，杠铃、壶铃练习，投掷小球、手榴弹，推铅球
反应速度 动作速度 防卫能力	跆拳道 防身术 安全教育	培养由外来暴力或自然因素引起的，在国家财产受到侵害或人身安全受到威胁时，具有的迅速反应能力、应急能力、随机应变能力、安全防卫能力及擒拿格斗技能，而且要较熟练地掌握格斗技术
发展体能	有氧运动	运用身体大肌肉的有氧运动，如游泳、慢跑、骑自行车等，每分钟最大心跳率控制在150～160次/分钟，这类运动较不激烈，但对体能的提升很有帮助，最好每周至少3天，每次至少做20～30分钟
抗视疲劳	运动按摩	将无名指的指尖放在太阳穴上，轻轻按压5次。然后再闭上双眼，将无名指及中指的指尖放在眼睛的上眼睑处，由眼头位置开始轻轻按压至眼尾，重复做7～8次，从而促进眼部血液循环，加快生理性疲劳的消除，建议每隔1小时做一次

续表

特殊体能需求	训练手段	活动方式与作用
发展体能	非隔网球类项目	通过非隔网性球类项目（如篮球、足球等），在充分发展体能的同时，对培养团结协作精神、提高竞争意识和遵守行为规范能力有积极作用，建议每周一次
工作耐力 运动减肥	跳绳运动	跳绳能增强人体心血管、呼吸和神经系统的功能，可以预防诸如糖尿病、关节炎、肥胖症、骨质疏松、高血压、肌肉萎缩、高血脂、失眠症、抑郁症、更年期综合征等多种病症，也有利于女性的心理健康。从运动量来说，持续跳绳 10 分钟，与慢跑 30 分钟或跳健身舞 20 分钟相差无几，可谓耗时少，耗能大的需氧运动。在业余休闲时间，初学时，在原地跳 1 分钟；3 天后即可连续跳 3 分钟；3 个月后可连续跳上 10 分钟；半年后每天可实行系列跳（如每次连跳 3 分钟，共 5 次），直到一次连续跳上半小时。而一次跳半小时，就相当于慢跑 90 分钟的运动量，已是标准的需氧健身运动

总结案例

沙滩上奔跑的五个好处

在沙滩奔跑的感觉似乎很诗情画意，如同在偶像剧中才能发生的情景一样，有太阳照耀、海风吹拂，甚至还有浪声传入耳中。但实际在沙滩上奔跑可能并不是那么轻松，脱下鞋子在沙滩上行走就能感受到，走得并不是很轻盈，但这并不会阻止我们到沙滩上做些训练，因为在沙滩上训练会很多优点，并且能帮助我们成为肌肉更强壮的跑者。

1. 对脚的影响较小

当我们在沙滩跑步的时候，脚会落在身体重心的正下方，与一般路面相比，沙地提供给脚的是一个很柔软的表面，这意味着会让下半身包括脚踝、膝盖和臀部都会受到相对较小的冲击和压力。

2. 加强自己的弱势肌群

沙子为脚提供一个不稳定的表面，所以在沙滩上奔跑时，通过使用下半身的小肌群来支撑身体，特别是脚和脚踝，这有助于唤醒一些较不常使用的小肌群并且使之加强，并通过训练来避免受伤和肌肉失衡。

3. 适当的阻力训练

如果我们走在沙滩上，由于沙质柔软，会推动身体，脚必须要输出更大的力量才能推动往前，这是因为身体本身的作用力会有一部分被地形所吸收。因此，如果在重量训练上想要做些较和缓的运动，沙滩跑步会是一个非常好的选择。

4. 燃烧更多的能量

因为必须有更多力量输出才能推动身体向前，所以势必身体的耗能会更多，有研究证明，在沙滩上跑步与在一般路面上跑步相比，平均耗能会相差 1.5 倍。

5. 更美的景色和速度上的调整

改变对于跑者是件好事，能看见不一样的风景更能让整体训练更加分且有效率。虽然能沙滩上跑步能帮助我们成为更强的跑者，但凡事都要循序渐进，训练的安排应有规律和效率。刚尝试在沙滩上跑步的时候，比较适合的方式是先从慢慢行走开始，让走路的速度保持在比一般平路训练的稍慢些，然后慢慢提升速度，除了能让肌肉慢慢适应之外，也能够避免掉无必要的伤害，特别是脚踝的扭伤和足底筋膜炎。

在沙滩上奔跑可以先光脚在有海水潮汐的沙滩上跑步，这是一个非常好的适应方式，之后再穿上鞋子，将会有助于适应沙地和在一般平面道路上的奔跑。

探索与思考

1．影响人体健康的体能有哪些？
2．影响人体动作技能的体能有哪些？
3．体能锻炼的原则和方法有哪些？
4．体能锻炼效果评价方法与标准有哪些？
5．职业实用性体能锻炼的方法与标准有哪些？
6．试着制订可行的个人体能锻炼计划。

模块四　体育与卫生保健

模 块 导 读

伴随着生活水平的提高，人们越来越关注自身的身体健康，运动健身已经成为许多人增进身体健康、增强体质的主要途径。但是由于许多人缺乏体育运动的卫生常识，不按科学规律锻炼身体，这样不仅会造成运动效果的大打折扣，甚至会严重损害身体健康，长期不科学的运动最终也会导致人体疾病的发生。因此，体育运动必须与卫生保健相结合，体育运动时，必须了解有关的运动生理卫生知识。为了使大学生科学地进行体育运动，本模块从运动卫生保健常识和运动损伤的防治两个方面进行相关内容的介绍。

能 力 目 标

分类	具体内容
知识目标	1. 了解体育运动过程中身体的适应性 2. 了解运动损伤及运动损伤的处置方法
技能目标	1. 能粗略评定运动负荷的大小，分析自己选用的运动方法，以避免运动性伤病、锻炼过度及其他有损于身体健康的现象发生 2. 遇到运动损伤可以采取有效的处置方法
素养目标	1. 通过自我监督，帮助锻炼者把握自己的健康状况 2. 能自觉通过体育运动改善心理状态，建立良好的人际关系，养成积极乐观的生活态度

导 入 案 例

无视跟腱炎或“自废武功”

跟腱与骨头的结合部又叫肌腱“止点”，人体肌肉收缩的力量都会通过止点分散到骨骼上，止点的重要功能就是将肌肉运动的力量均匀分散到骨头上避免出现“应力集中”。跟腱是人体最粗的肌腱，普通人的运动量还不至于造成伤害，只有像赛跑、跳远这样的田径运动员才可能因长时间、高强度施加过大力量或传送的力量不均匀而造成跟腱损伤。损伤从肌肉微小创伤或发炎等症状开始，反反复复可形成慢性炎症，即跟腱炎。

男子跨栏是一个需要强大的爆发力的项目，对运动员腿部肌腱造成相当大的压力，很容易导致肌腱拉伤甚至断裂，尤其是在跟腱发炎的情况下，很容易出现意外事件。曾有一位羽毛球爱好者，因为打羽毛球时用力过度出现跟腱炎，后来一次逛街中买了很多东西，走着走着突然脚一软倒在地上，到医院一查原来是跟腱断裂。过去武侠小说中常讲到“挑断脚筋废武功”，其实就是跟腱断裂。可见跟腱发炎不是什么小事。这种情况下，如果为了参赛而打由麻醉和消炎药组成的“封闭”针，不仅会减弱运动员的力量，而且会导致肌体自我保护反应的消失，还可能导致更严重的并发症。

单元一　安全锻炼与自我监督

安全锻炼与自我监督的主要任务是，对个人的身体健康和功能状况，以及在体育运动影响下发生的变化进行系统观察。通过自我监督，帮助锻炼者把握自己的健康状况，粗略评定运动负荷的大小，分析自己选用的运动方法，以避免运动性伤病、运动过度及其他有损于身体健康的现象发生，并为及时发现问题，以便配合医务检查及合理处置创造必要的条件。

安全锻炼与自我监督

一、身体适应性诊断与处置

在运动的过程中，由于每个人的身体情况、学习负担及机体承受能力存在差异，因此当运动负荷超越身体承受能力时，就会产生由身体不适应而引起的不良反应。为了免于出现伤病而使身体健康受损，有必要通过自身感觉和对客观指标的检查，得出反映身体状况的客观材料和数据，以判定运动负荷与自身承受力之间的合理界限，并最终达到正确指导体育运动的目的。

1. 精神情绪变化

精神情绪作为人类最基本的心理活动方式，直接受中枢神经的支配。影响精神情绪变化的因素很多，既有生理原因又受社会制约。但鉴于由它反映的生理过程，都与机体的健康有着密切的联系。

当运动负荷适宜时，人的精神感觉总是良好的，它表现为体力充沛、活泼愉快及精神饱满。如果身体患病或锻炼过度，则会出现身体软弱无力、倦怠或容易激动、精神萎靡不振等不良反应。有无参加锻炼的愿望，也是衡量日常状态是否健康的重要标志。

监督内容：自我感觉，包括情绪、疲劳恢复情况、食欲、睡眠等情况。测量体重、胸围、肺活量、握力、背肌力，以作为锻炼是否适当的重要资料。清晨起床前自行测脉搏。锻炼前后必要时也可测量。做简单的心血管机能试验。已开始月经的女性，应记载月经情况，包括月经来潮日、持续天数和数量等经期的自我感觉（如痛经、情绪激动）及经期进行体育锻炼的反应等。

2. 睡眠食欲情况

睡眠被认为是体力恢复的最佳方式。通常认为，合理的体育运动和生活制度能改善睡眠状态。但只要身体状况稍有变化，正常睡眠又极易受到影响。因此，睡眠作为一种身体适应性诊断指标，可以为正确选用体育锻炼方法，合理安排运动负荷及判断身体疾病提供依据。正常睡眠的表现是，入睡快、睡得沉、少梦或无梦、晨起后身体感觉爽快、精神振奋且体力充沛。如果在体育锻炼之后，出现嗜睡、易醒、失眠、多梦或入睡迟等现象，以及晨起感到头晕或精神疲惫，即表明正常睡眠状态已受到破坏。

食欲是反映机体状况十分敏感的一项适应性诊断指标。体育运动不正常、身体不适或睡眠不足，均可在食欲上反映出来。机体的活动，特别是体育运动引起的能量消耗和代谢过程的加强，对饮食量的需求就更为明显。如果体育运动过度使身体健康状况受到影响，不仅会减退食欲，甚至还容易出现口渴现象。

3. 脉搏频率检查

脉搏频率是指单位时间内（分钟）心脏搏动的次数。健康成年人安静时每分钟心率的变动范围在 60～100 次，平均为 70～75 次。心率作为反映人体心血管系统功能的客观指标之一，可通过自我监测观察其一般变化情况，以便对心脏功能在体育锻炼中的适应能力进行判断。

1）基础脉搏的测定诊断

基础脉搏是指清晨起床前的卧位脉率。由于基础脉搏所具有的相对稳定性（平均 65～70 次 / 分钟），故在自我监督中，常以此作为评定锻炼水平和身体功能状况的客观指标。通常认为，经体育运动后，基础脉搏稳定或逐渐下降，说明机体机能状态良好，对运动量适应。但负荷逐渐加大之后，机体往往会有一个逐步适应过程，此时的基础脉搏一般都略有加快，但大致不超过 6 次 / 分钟。在未受其他因素影响的情况下，基础脉搏波动幅度若超过 12 次 / 分钟，应考虑是否负荷安排不当或过大。

2）运动脉搏的测定诊断

一般认为，运动后即刻心率达 180 次 / 分钟以上为大强度运动，150 次 / 分钟左右为中等强度运动，140 次 / 分钟以下为小强度运动。这样在体育锻炼中，可以根据上述参数估计运动负荷，然后通过测定运动和恢复期的心率，进而以此判断自己的机能水平。在通常情况下，体育运动后 20 分钟，脉率应逐渐恢复到正常水平，若 30 分钟仍未恢复，则表明还要经常参加锻炼，以继续提高心脏功能水平。

4. 学习效果评价

学校生活是丰富多彩的，在学习之余，有着广阔的第二课堂，诸如各种文艺团体、体育活动、书画诗社、摄影协会等。但任何第二课堂活动的开展，都必须以保证良好的学习为前提。因此，课余体育运动的合理性，仍应以不影响日常学习效果为原则。若因体育运动引起上课精力不集中、易瞌睡、无心做作业、学习成绩下降，就应考虑是不是由于运动持续时间过长或运动负荷过大所造成的。

二、身体应急性诊断与处置

身体应急性诊断指标，是指在体育运动过程中，反映身体突然出现异样感觉的指标。运动中出现的异样身体感觉有的是正常现象，有的则属于运动性病理状态。它们往往由准备活动不充分、运动方法不正确、锻炼水平不高或运动负荷超出机体承受能力等原因所致。

1. 腹部疼痛现象

在体育运动中，有时会突然发生腹痛，痛感部位多为右上腹、左上腹、脐部周围及下腹部等处，一般表现为钝痛、胀痛或绞痛。

【原因】腹部疼痛主要是由于剧烈运动引起血液循环不足，从而导致血液不能及时回流心脏，而导致肝脾脏淤血并刺激神经引起痛感的结果。

【处置】充分做好准备活动，使身体能有一个良好的适应过程，应是防止这种现象发生的必要措施。如果在运动时产生疼痛，那么只要适当降低运动强度，可采用稍减慢速度，调整呼吸节奏并做些舒展练习，疼痛就会减轻或消失。经上述处理后，若疼痛仍未减轻，则应立即停止运动。

还有一种是肠胃震动引起的疼痛，一般为牵拉性胀痛，可设法降低运动幅度，或者稍休息一段时间后继续锻炼。为了避免这种现象发生，饭后不应过早参加体育锻炼，锻炼前不要吃得过饱，喝水过多。

2. 运动性晕厥

【原因】运动中产生的晕厥，多见于剧烈运动时因骤停或马上坐下来停止肌肉活动而出现的“重力休克”。其主要原因系脑部缺血所致。体育运动时，血液大量流向下肢。为了完成血液循环，此时唯有依靠心脏的有力收缩和腿部肌肉的交替收缩和放松，方能压迫下肢末梢的静脉血顺利回到心脏。如果突然停止运动，失去肌肉压挤静脉的作用，加之受重力影响，血液大量滞留腿部，从而导致回心血量骤减，脑部暂时缺血。

【处置】运动前的准备活动和运动后的整理运动同样重要，切忌激烈运动后马上停下来。一般运动后，要慢跑逐步停下，一旦发生这种情况，就必须及时采取应急措施，平躺下，头部稍低，休息片刻，以帮助血液回流。

3. 肌肉痉挛现象

【原因】在对抗性激烈或游泳等运动项目中，有时突然会发生肌肉的强直性收缩，即肌肉痉挛，俗称抽筋。这一方面是因为运动时间过长，强度过大，或由于大量出汗丧失盐分，致使身体失去钠、氯等矿物质，从而改变了肌肉的内环境；另一方面则可能是由于受寒冷刺激，人体温度发生突然变化所致。

【处置】充分做好准备活动，冬季锻炼加强保暖，运动不要过于疲劳，游泳注意体温变化等，都是积极的预防措施。特别当大量出汗，感觉肌肉有紧张感时，就应及时喝些淡盐水来适当进行补充。如已经发生肌肉痉挛，主要是牵拉或重按正在挛缩的肌肉，促使其放松和伸长。如小腿后部肌肉或脚底抽筋时，只要脚趾背屈，脚跟用力前蹬，并施以局部按摩，肌肉痉挛现象一般即可消除。

4. 长跑“极点”现象

【原因】进行长跑锻炼时，在途中会感到胸部发闷、呼吸困难、动作失调、两腿沉重、速度明显减慢，甚至有不想再继续坚持跑完全程的感觉，运动生理学称这种现象为“极点”。产生极点的原因是中枢神经系统工作的暂时失调。因为运动神经远比植物性神经动员进入工作状态要快，所以往往会因供氧不足、引起肌肉中酸性物质不断堆积，刺激神经，引起上述现象。

【处置】出现“极点”现象，只要适当降低跑速、加深呼吸、调整跑的节奏，再稍微坚持一段时间，那么胸闷、气急等不舒服感就会全部消失，继后即转入“第二次呼吸”。动作开始感到轻松，呼吸又逐渐均匀。通常认为，当刚出现“极点”先兆感觉，就立即采取调节措施，一般转入“第二次呼吸”的时间就更快。“极点”可多次出现，至于出现时间的早晚，又是衡量与检查锻炼水平高低的标志。

单元二 女性体育生理卫生

一、女性生长发育的生理特点

女性体育生理卫生

由于女性青春期加速生长阶段比男性同一时期快，因此在这一阶段表现出女性比同龄的男性长得高。身体成分受青春期激素变化的影响，女性的脂肪长得也快。研究证明：青春期身体成分的变化是脑垂体中促性腺激素分泌增多引起的。这种激素有提高女性雌性激素水平的作用，趋向于使脂肪增多，而肌肉的体积却小于同龄男性，而且在整个成长过程中也表现出这种特点。

除生殖系统在青春期表现出的女性生理特点外，体态的变化尤为显著。在整个生长过程中，股骨、肱骨的直径、臂长、胸围和肩宽等指标始终小于男性，相对身体而言，髋部始终大于男性，由于女性肩带窄小，不利于发展上肢力量，而髋骨宽使股骨角比男性突出，奔跑能力亦很难达到男性的水平。但由于髋部大而重心低，有利于从事平衡能力要求较高的运动。又由于女性肌肉体积小，在力量性、速度性、腾空等运动项目上远不如男性强。

女性的摄氧量低于男性（约 20%），心脏的体积和容积亦比男性小。女性安静时及完成大运动量时的心率较高，只有以较高的心率完成同一运动负荷的需氧量，才能补偿较低的泵血机能。

肺通气量由于男性身体体积大于女性，表现出的能力也强，在青春期就表现出了这种差异。

女性在耐力和短时间、高强度的运动能力方面要比男性低 20% 左右。在力量性项目中更为明显，其原因主要在于身体体积（包括肌肉体积）和运输氧的能力的差异。虽然男女肌纤维的数量基本相同，但是肌纤维的横截面大小决定着力量素质的强弱。女性肌纤维的横截面积小于男性，因此表现出的能力差异也就较大，成年后的男女大多数肌群的力量比为（1∶0.7）～（1∶0.5）。

二、运动对月经周期的影响

女性参加体育运动，要注意经期的卫生，运动时要根据个人的健康情况、经期反应和训练水平做出不同的安排。若身体健康、经期正常，不必停止必要的体育运动，可适当调整运动量和运动项目。经期从事适当的体育运动对促进新陈代谢、改善盆腔的血液循环，减少经期的盆腔充血、小腹下坠及腰痛等感觉是有益处的，运动时腹肌的收缩与放松交替进行有助于经血的排出。经期参加适当的体育运动可使大脑皮层兴奋和抑制作用更加协调，有利于调节经期的情绪，使人精神愉快，从而减轻经期易激动、烦躁的症状。

经期要避免做剧烈的跑、跳、腹压加大的练习，也应避免做强度大的力量、耐力性练习。大强度剧烈的活动，可使生殖器官充血、韧带松弛、子宫位置改变和经血过多。若经期有明显的腰痛、背痛、下肢疼痛较重、流血过多等现象，则应停止体育活动。经期不宜参加剧烈的运动竞赛：一则比赛是在精神高度紧张状态下进行的，强烈的精神刺激易引起月经紊乱、经期延长或缩短、闭经、痛经，以及经血量过多或过少等症状；二则激烈的比赛本身，运动量和运动强度均比平时大得多，经期很难适应高强度的竞争，易引起月经周期的改变。

虽然近代的医学研究证明，除耐力性项目外其他运动项目对月经都影响不大，经期参加比赛夺奥运奖牌的亦有人在，但应承认运动员之间的个体差异和大学生所处的生长发育时期的特殊性。总之，大量研究都认为经期可以参加适当的体育运动，而且对经期的血液循环很有益处。耐力训练有直接影响月经周期的雌性激素水平下降的作用，所以应尽量避免经期参加大强度的耐力性练习。

知 识 链 接

女性参加运动的安全卫生

女性参加体育运动应注意适应女性的生理特点和遵循运动的基本原则，选择项目或练习方法，要从女性生理特点着手，做出科学的选择和训练。

大学阶段，男女在生理差异日渐显著，就与体育运动有关的生理机能来讲，女性长骨的横截面积小，重量也不如男性，骨骼承受压力和拉力的能力较差，肌肉力量低于男性，心脏、胸廓的体积都小于男性，因此胸围、肺透气量等都明显小于男性。根据这个时期女性的生理、心理、身体机能和身体形态的特点，应选择适当的身体练习方法，如仰卧起坐、仰卧举腿、踢腿、摆腿之类的练习，以促进腹肌、盆骨底肌的正常发育。从运动项目来讲，以体操、艺术体操、健美操、武术、技巧、田径、球类项目为宜。

运动时还应注意保护乳房。跑步时，未加保护的乳房的颤动可对胸部产生约13.5千克的撞击力，如不加保护，长期运动会导致乳头发炎、乳房组织松弛。在从事接触性运动项目中，也应加强自身的自我保护，防止不必要的撞击和损伤。

另外，女性经期要注意保暖，不宜参加水下运动，以免细菌从阴道进入子宫、输卵管等，引起炎症，影响身心健康。

单元三　运动损伤的预防与处置

在体育运动中，因缺乏卫生保健知识，违反运动生理规律或防护措施不当等原因，也会发生运动损伤及其他运动性疾病，甚至运动性猝死。为了保证体育运动更科学、安全地进行，有必要学习与掌握一些预防和处置常见运动损伤的知识和方法。

运动损伤的预防与处置

一、运动损伤的原因

在体育运动过程中，不管是直接的还是间接的身体损伤，统称为运动损伤。造成运动损伤的原因是非常复杂的、多方面的。据国内外大量综合研究分析，可以分为以下几方面的原因。

1. 思想麻痹大意

思想麻痹大意是造成运动损伤最主要的因素，特别是一些青少年缺乏运动经验，好胜好奇，盲目或冒失地进行运动而致伤害，也有的因急于求成造成身体某一部位的损伤。

2. 准备活动不当

准备活动不当主要指以下几个方面：运动前缺乏必要的准备活动或准备活动量过小，机体尚未达到较高的运动状态；准备活动量过大，时间过长，机体已经处在疲劳状态，再去运动；准备活动不当，缺乏针对性等。

3. 技术上的缺点和错误

例如，传接排球时，不正确的手形易引起手指扭伤，举重时上体过于后仰，跳水时两腿过于后摆，都可造成腰部受伤。

4. 运动量过大或过于剧烈

例如，运动时间过长，运动内容过多，特别是身体局部重复练习次数多，超过了生理负荷承受能力时，最易发生运动损伤。

5. 身体机能状态和心理状态低下

身体机能低下，固然容易发生运动损伤，但心理状态低下，同样会造成伤害事故的发生，甚至是更严重的运动损伤。例如，精神上受某种刺激或者受到慢性病的困扰，又缺乏自我保护能力，此时参加运动时最易致伤。

6. 教学组织不当

当运动者过于拥挤，又缺乏科学和严密的组织，以及运动场地、设施布局不合理时，都可能发生运动损伤。锻炼者若在气温过高时运动易发生中暑，在气温过低时运动易引起肌肉僵硬，而在身体不协调时运动，也易引起运动损伤。

二、运动损伤的预防

预防运动损伤的方法有多种，主要应当掌握以下原则。

1. 克服麻痹思想

运动者要提高预防运动损伤的意识，遵守体育运动的原则，切不可随心所欲。同时要有团结互助精神，发扬良好的体育道德作风。

2. 做好准备活动

要根据个人的机体情况和运动特点，有针对性地做好准备活动，既要做好身体方面的准备，更要做好心理方面的准备，方可参加运动。

3. 加强保护与自我保护，提高自我保护能力

运动者如摔倒时，要顺势做好屈膝、弯腰、低头、含胸、团身滚动，切不可用直臂或肘部撑地，平时要加强跳跃、滚翻等动作练习，以提高身体的灵敏性和应变能力。

4. 合理的组织

在教学、训练、比赛中，要根据学生的年龄、性别、健康状况和运动技术水平，做好严格的预防措施。

5. 科学地进行运动

科学运动包括五个要素，即全面性、个别性、渐进性、量力性及医务监督。特别当身体出现不良反应时，要分析原因，采取必要的保健措施。必要时需经医生诊治后，确定是否参加运动和施行多大运动量。

6. 要创造安全、适宜的运动环境

安全、适宜的运动环境包括平坦的运动场地，坚固、安全的运动器材设备及适宜的个人衣着等。

三、常见的运动损伤与处置

1. 肌肉拉伤

【原因】肌肉拉伤通常是由于肌肉猛烈收缩或用力牵伸时超过肌肉本身承受的能力所引起的。损伤后伤处肿胀，有压痛，肌肉痉挛，严重时可出现肌肉撕裂，产生剧烈疼痛。

【处置】轻者可即刻冷敷，局部加压包扎，抬高患肢，24 小时后可施行按摩或理疗。如果肌肉已大部分或完全撕裂时，在加压包扎后应立即送往医院手术治疗。

【预防】做好运动前的准备活动，防止运动量过大和过度疲劳，注意提高身体的协调性和动作技巧，切勿操之过急。

2. 肌肉挫伤

【原因】运动者与器械发生碰撞，或运动者之间发生冲撞而造成肌肉挫伤。单纯挫伤在损伤处出现红肿、皮下出血，并有疼痛。严重者会造成内脏器官损伤，并可出现头晕、脸色苍白、心慌气短、出虚汗、四肢发凉、烦躁不安，甚至休克。

【处置】肌肉挫伤者应立即施行冷敷后加压包扎，抬高患肢，以防止继续出血。24 小时后可施行按摩或理疗，也可用热敷，以活血消肿。如果怀疑内脏损伤，则送医院做进一步诊治。

【预防】运动者要控制好适宜的运动量，避免在过于疲劳状况下继续运动。运动时

要注意身体的协调性、机灵性，避免不必要的冲撞，特别要提高自我保护能力。

3. 韧带扭伤

【原因】韧带有较强的抗伤能力，以保护关节的正常活动，防止关节出现异常。但如果外力使关节活动超越韧带所能承受的范围时，就会发生韧带损伤。韧带轻度扭伤，只是产生轻微的疼痛或局部水肿，关节功能不会有明显的影响。严重时。会造成韧带撕裂，并丧失其功能。其主要症状，表现为伤处疼痛、肿胀和皮下淤血。

【处置】韧带扭伤者，应立即冷敷，加压包扎，抬高伤肢，24 小时后对伤部热敷或按摩，重度损伤乃至韧带撕裂时，可用绷带固定伤处，之后立即送医院治疗。

【预防】韧带扭伤易发部位是踝关节、腕关节和膝关节，所以平时要加强这些易伤关节周围韧带、肌肉的练习，以提高其抗伤能力。对曾经发生扭伤的部位，运动时可采用护踝、护膝、护腕等保护措施。

4. 腰扭伤

【原因】腰部扭伤后，当场疼痛，有时会出现肌肉痉挛，活动受阻。

【处置】腰扭者，应立即停止运动，平卧，一般不应搬动。如果疼痛剧烈，则应送医院诊治，处理后，应卧硬板床，腰下可垫个薄软枕头，以放松腰部肌肉，减轻疼痛；腰扭伤 24 小时后，可采用热敷和外敷伤药，也可施行按摩、针灸。

【预防】运动前要做好全身性准备活动，特别是腰部准备活动，如前后弯腰、左右转身、身体绕环、上伸下蹲等。运动时注意姿势的正确性、动作的协调性，用力要得当，平时要加强腰部肌肉的锻炼，以提高腰部肌力。

人体的腰椎是由 5 块脊椎骨连接起来的，连接腰椎骨有很多条韧带和细小肌肉群，腰部活动就是靠这些韧带、肌肉收缩牵动来进行的。如果人体运动超越了肌肉韧带的伸展限度，或收缩不协调，就会造成腰部扭伤。例如，举重时上体过于后仰，跳水时两腿过于后摆，做体操桥形时准备活动不够，均可使腰部直接致伤。

5. 骨折

【原因】造成骨折的原因有两种，第一种是受直接暴力撞击所致，如足球练习或比赛时，小腿直接被踢，造成胫骨骨折；高处跳下或奔跑时跪倒，引起髌骨骨折。第二种是间接暴力，如从单杠上摔下，用手撑地，发生肱骨骨折或尺骨、桡骨骨折，足球守门员扑球时摔倒引起锁骨骨折等。

骨折可分为完全性骨折和不完全断裂，骨折后的症状一般都比较严重，主要表现为疼痛、肿胀、皮下淤血、功能丧失、肌肉发生痉挛，有时在骨折部位出现畸形，移动时可听到摩擦声。严重时，伴有出血、神经损伤、发烧、口渴，直至休克。

【处置】骨折者，应立即停止运动，并进行急救。如果伤者有休克症状，应先进行点按人中穴，必要时进行对口人工呼吸或心脏胸外挤压，如伴有伤口出血时，应同时实施止血和包扎。骨折后切忌移动患肢，应用夹板或其他代用品固定伤肢，随后护送医院诊治。

【预防】运动前要做好充分的准备活动，运动时要提高动作的协调性和机体的灵敏性，并尽量减少冲撞性动作。

6. 脑震荡

【原因】脑震荡是脑部损伤中最轻的而又多见的一种，系指头部受到外力打击后神经细胞和神经纤维受到震荡后所引起的意识和机能的一时性障碍。例如，在体育运动中，头部直接被足球、棒垒球打击，或者从高处摔下，头部撞地等，都可发生脑震荡，其症状表现为：意识障碍。一般有轻度意识障碍，严重者可发生一时性意识丧失，直至昏迷，时间短则几秒钟，长则几分钟至20～30分钟不等。在意识丧失时，呼吸表浅，脉搏徐缓，肌肉松弛，瞳孔稍大，但对称，神经反射减弱或消失；逆行性健忘。意识恢复后，不能回忆起受伤时情境；自觉症状有头痛、头晕、恶心、呕吐（轻重不一）。此外，还可能出现情绪不稳定、易激动、不耐烦、注意力不集中、耳鸣、心悸、多汗、失眠等一系列植物性神经功能紊乱症状。

【处置】应立即让伤者安静、平卧，头部冷敷，身上保暖。若有昏迷，可指压人中、内关穴；若呼吸发生障碍，立即施行人工呼吸。若患者昏迷时间较长，两瞳孔放大且不对称，或耳鼻口内出血，表明情况严重，进行一般处理后，应立即送医院诊治。在运送途中，要让患者半卧，头部固定，避免颠簸。

脑震荡一般都可自愈，无须住院治疗，但要注意休息和必要的药物治疗，保持情绪安定，减少脑力劳动。

四、运动损伤的急救方法

急救是指在运动中对突然发生的损伤进行紧急和合理处理，并为转送医院进一步诊治创造条件。正确和有效的处置，对减轻患者的痛苦，预防并发症和感染乃至挽救生命，都具有十分重要的意义。

1. 止血法

（1）冷敷法。这种止血法常用于急性闭合性软组织损伤。最简便的方法是用冷水冲洗或冷毛巾敷于伤处，有条件的可使用氯化烷喷射。冷敷可以使血管收缩，减少局部充血，降低组织温度，抑制神经感觉，从而有止血、止痛和减轻局部肿胀的作用。

（2）抬高伤肢法。抬高伤肢即将出血的肢体抬高超过心脏水平位置。抬高伤肢可以降低出血部位的血压，以减少出血。如果已采用加压包扎后，仍应抬高伤肢。

（3）压迫法。压迫法可以分为指压法、止血带法、包扎法等。

① 指压法常用于动脉出血。方法是在出血部位盖上消毒纱布后，用手指腹压迫出血部位，也可指压出血部位的上端动脉管，以切断血流渠道。

② 止血带法常用的止血带有布条、皮带、皮管、毛巾等。止血时先将伤肢抬高，然后在患处上方缚扎止血，缚扎时最好在伤处加垫，其松紧适中，以防压迫肢体使组织坏死。

③ 包扎法主要用绷带包扎，并根据不同部位和伤势进行不同方法的包扎，如环形包扎、螺丝形包扎、反折螺旋形包扎等。

2. 搬运法

伤者经过现场急救后，应迅速和安全地转运到安全地去休息或直接送医院治疗。

搬运法包括扶持法、托抱法、椅抬法和三人托抱法等。

（1）扶持法。此法适用于神志清醒、伤势较轻、自己基本能步行的伤者。施救时挽住伤者的腰部，并让伤者一臂搭扶在自己肩上。

（2）托抱法。急救者托抱住伤者，并让伤员一臂挽住自己的肩颈部位。此法适合于身体虚弱的伤者。

（3）椅抬法。两名急救者两手搭成像椅子一样，让伤者像坐椅子一样进行运送。

（4）三人托抱法。三人站在同一侧，将伤员托抱起来，并协调地行走。此法适用于体力严重衰弱和神志不清的伤者。

3. 人工呼吸法

人工呼吸法有举臂压胸法、仰卧心脏胸外挤压法、俯卧压背法、口对口呼吸法等。其中以仰卧心脏胸外挤压法和口对口人工呼吸法效果最好。

（1）仰卧心脏胸外挤压法。将患者仰卧，急救者两手上下重叠，用掌根置于伤者的胸骨下半段处，借助于体重和肩臂力量，均匀而有节奏地向下施加压力，将胸骨向下压 3～4 厘米为度，然后迅速将手轻轻提起，胸骨也自然地弹回，如此反复进行，每分钟以 60～80 次的节律进行，直至恢复心脏跳动为止。

（2）口对口人工呼吸法。将伤者仰卧，头部后仰，托住下颌，捏住鼻孔，压住环状软骨（即食道管），防止空气吹入胃里，急救者深吸口气，两口相对，将大口气吹入患者口中，吹气后将捏鼻子的手松开，如此反复进行，吹气频率每分钟为 16～18 次，直至患者恢复自主呼吸为止。如果伤者牙关紧闭，一时撬不开，则采取口对鼻吹气法。进行时，其他操作方法同上。

4. 溺水及其急救

【原因】溺水窒息昏迷后，伤者脸色苍白而肿胀，双眼充血，口鼻充满泡沫，肢体冰冷，又因胃内充水，上腹部胀大，甚至出现呼吸、心跳停止。

【处置】

第一步：立即就地抢救，清除伤者口腔中分泌物和其他异物，并迅速进行倒水。

第二步：若伤者心跳已停止，应同时施行心脏胸外挤压法（以 1∶4 的频率进行）和口对口呼吸法。急救者之间应相互协调配合，积极、耐心，直至伤者自主恢复呼吸为止。

第三步：伤者苏醒后，应立即护送医院，做进一步检查和治疗。在运送途中，必要时继续进行人工呼吸。

总 结 案 例

运动伤害的 PRICE 处理原则

在运动时发生肌肉拉伤、关节扭伤或者关节脱臼、骨折等伤害时，需要在伤害发生后进行紧急处理，防止二次伤害并能有效缩短伤口愈合时间。通常，运动伤害的紧急处理应遵循 PRICE 原则，即保护（protection）、休息（rest）、冰敷（ice）、压迫（compression）、抬高（elevation）。按照PRICE的顺序正确处理伤口可以帮助减少伤害、止痛和消肿。

（1）保护（protection）。运动伤害发生时，首先应立即停止活动、保护受伤的部位，避免受伤部位二次受伤或负重。同时向周围人群求助，将伤者转移到运动场地外的安全地带。

（2）休息（rest）。在受伤后进行充分的休息能够保护肌肉、跟腱和其他组织，防止伤势恶化。此外，休息是运动伤害复原所必需的也是首要的步骤，休息不仅指受伤后立即停止活动，同时也指在恢复期内拒绝从事激烈的活动。如果是运动员则更应停止训练，因为任何微小的运动伤害如果不进行休息和治疗都可能导致大范围恶化。

（3）冰敷（ice）。冰敷时常用冰袋、碎冰，甚至可用毛巾包裹一袋冷冻豌豆来为伤处“制冷”，另外还有制冷效果更强烈的冰按摩法。冰敷可以在短时间内起到止痛作用，并使血管收缩、减缓受伤部位血液流通而达到消肿目的。冰敷时切勿将冰块直接放置在皮肤表面（冰按摩等非静止冰敷除外）。单次冰敷时常不得超过20分钟，冰敷时间过长可能损伤皮肤或导致冻伤。最佳冰敷方法是每敷15分钟后将冰袋拿开，让皮肤充分回暖后再进行下次冰敷。

（4）压迫（compression）。压迫通常在受伤后进行，持续24～48小时。压迫可以帮助减小肿胀，并通过对四肢施压增大组织压力进而减少内出血。同时压迫还可以减缓伤口发炎并减少组织液渗出。

（5）抬高（elevation）。可借助重力作用将受伤部位抬高，帮助积聚在受伤部位的组织液回流，继而减小肿胀和疼痛。最有效的抬高方式是使受伤部位高于心脏，上肢伤害可以借助垫子或吊腕带实现抬高，对于下肢伤害而言应尽量使受伤区域高于臀部。应在受伤后的第一个48小时内将受伤部位抬高，持续时间越长越佳。

在受伤后一到两天内利用PRICE原则进行处理，扭伤和拉伤等伤害即可缓慢恢复和痊愈。如果48小时后疼痛或肿胀依旧存在，则须根据伤情严重程度向医生预约详细的检查或求助急诊科医生。

探索与思考

1. 身体适应性诊断与处置内容有哪些？
2. 身体应急性诊断与处置内容有哪些？
3. 女性参加运动时应注意安全卫生有哪些？
4. 遇到运动损伤时，可以采取有效的处置方法有哪些？

第二部分
体育与文化

生活多美好啊，体育锻炼乐趣无穷。

——普希金

体操和音乐两个方面并重，才能够成为完全的人格。因为体操能锻炼身体，音乐可以陶冶精神。

——柏拉图

模块五　体育竞赛与体育竞赛欣赏

模块导读

体育竞赛是各种体育运动项目比赛的总称。按其规模和性质，可分为综合性运动会、单项锦标赛、等级赛、联赛、邀请赛、通讯赛、选拔赛、表演赛等。

随着时代与人类观念的不断进步和社会与经济的持续发展，体育竞赛已演变成为今天的在高科技、高投入的支撑下，在长期培养广泛选材和科学训练下，在严谨计划和周密组织下，所进行的具有强烈对抗性及显著观赏性的比赛活动。

现代体育运动比赛赋予了体育竞赛更为丰富和广泛的内涵。它要求运动员应具有更加充分和完善的准备与训练；要求竞赛条件必须更加符合科学理念和专项规则；要求参与比赛双方必须更加合乎道德规范准则和公平的原则，并要求能实现体育竞赛的交流、宣传、激励、教化和团结人民，推动进步的多重功效。

能力目标

分类	具体内容
知识目标	1．了解体育竞赛的种类与组织方式 2．了解体育竞赛的规程和方法
技能目标	1．掌握体育竞赛欣赏的文化内涵 2．具有一定的体育竞赛欣赏能力
素养目标	观赏体育比赛要有正确的态度，可以有倾向性，但不能有偏激情绪，更不能有偏激行动（如在现场骂裁判、向运动员投掷物品等）。可以和持不同见解的人争论，但要适可而止，以免影响团结

导入案例

足球的最早起源——蹴鞠

“蹴”有用脚蹴、蹋、踢的含义，“鞠”最早系外包皮革、内实米糠的球。因而“蹴鞠”就是指古人以脚蹴、蹋、踢皮球的活动，类似今日的足球。据史料记载，早在战国时期，汉族民间就流行娱乐性的蹴鞠游戏，从汉代开始蹴鞠成为兵家练兵之法，宋代又出现了蹴鞠组织与蹴鞠艺人，清代开始流行冰上蹴鞠。因此可以说，蹴鞠是中国古代流传久远、影响较大的一朵体育奇葩。

单元一　体育竞赛的种类与组织方式

体育竞赛种类繁多、方法各异，如果观赏者对其内容缺乏了解，仅看热闹却不懂门道，那就会严重影响观赏的效果。职业院校学生除了可以参加学校组织的大型体育竞赛，还可在校园内开展各种小型的班级间、年级间、系部间等体育比赛。走向社会后，还可以参与单位或社会团体的各种比赛。因此，学习和掌握组织小型体育竞赛的知识和能力，既便于平时自行组织比赛活动，也有助于将来服务社会，进行社会交往。

体育竞赛的种类与组织方式

为了提高我们对体育竞赛的鉴赏能力，并能组织一些小型体育比赛，现将常用体育竞赛的种类和竞赛方法的基本知识简介如下。

一、体育竞赛的种类

1. 锦标赛

锦标赛一般是指进行一个运动项目的比赛，并确定个人或团体冠军，故又称“单项锦标赛”或“冠军赛”。锦标原指中国古代赠给竞赛领先者的锦制旗帜，今泛指竞赛优胜者所得之奖品，如锦旗、银盾、银杯等。锦标赛的任务是检查某一运动项目的开展情况，交流和总结该项运动教学与训练的经验，促进运动技术水平的提高。国际单项锦标赛由该运动项目的国际体育组织定期举行，如国际足球联合会举办的世界足球锦标赛由主管体育运动的国家机关或该项运动的国家协会举办，地方和基层单位也可组织该项运动的锦标赛。

2. 杯赛

杯赛是以某种奖杯命名的体育竞赛，属锦标赛性质，如戴维斯杯网球赛。世界乒乓球锦标赛中的七项冠军赛也是杯赛。获得奖杯的方式方法在竞赛规程中予以规定，如果竞赛的目的不同，规定的方法也就不同。

3. 联赛

联赛是按运动队的技术水平分为甲级队、乙级队的比赛，如篮球、排球、足球的等级联赛。其目的在于检查训练工作质量、交流经验、相互学习，提高运动技术水平，推动群众性体育运动的开展。成绩较好或较差的队，一般有升降级的规定，乙级队的优胜者可晋升为甲级队，而甲级队的失败者则降为乙级队，并分别参加下一次所属级别的联赛。

4. 邀请赛

邀请赛是由一个或几个国家（地区）邀请其他国家（地区）进行的竞赛。其主要任务是促进国际交往，增进国家（地区）人民和运动员之间的友谊和团结；交流经验、互相学习，提高运动技术水平和训练工作质量。省、自治区、直辖市和基层单位也可举办邀请赛，如省际、埠际、校际之间的相互邀请，主要为推动体育运动的普及和提高。

5. 及格赛

及格赛是体育竞赛的一种措施。一般在参加人数过多时（如田径、游泳、举重等项目）先举行及格赛，达到预定成绩标准或在规定名额以内者，才能参加正式竞赛。

6. 选拔赛

选拔赛的主要任务是发现和挑选运动技术水平较高的运动员，组织或补充代表队，准备参加高一级的体育竞赛，常采用一些条件限制或简化比赛要求的方法进行。

二、体育竞赛的组织方式

1. 体育竞赛的组织

体育竞赛组织的主要程序包括以下几个步骤。

（1）确定竞赛主办单位。

（2）制定竞赛规程。

（3）编排竞赛程序表。

（4）召集领队会议。

（5）组织裁判培训。

（6）组织竞赛。

2. 体育竞赛的规程

体育竞赛规程是体育竞赛工作的依据，其主要内容包括以下几项。

（1）竞赛名称、任务，主承办单位。

（2）竞赛日期、地点。

（3）参加单位、组别。

（4）竞赛项目。

（5）参加办法：参加人数，每人可报几项，每项可报几人，参赛者的资格。

（6）报名办法：规定报名开始、截止日期，规定报名条件。

（7）竞赛办法：采用某规则及补充规定。

（8）竞赛的录取、计分及奖励办法。

（9）竞赛须知：对参赛单位的要求，如报到时间、地点、服装要求等。

单元二　体育竞赛的方法

常用的体育竞赛方法一般有淘汰法（单淘汰、双淘汰）、循环法（单循环、双循环）和混合法。

体育竞赛的方法

一、淘汰法

淘汰法是通过比赛逐步淘汰失利的队或运动员，最后决定优胜者的方法。其优点是比赛进程快，节省时间。其不足是参赛队（人）因一败或两败即被淘汰，不能合理地反映参赛队（人）的实际水平。为了弥补淘汰法的不足，使比赛变得较为合理，还可以采用种子法和补赛法。

淘汰法可分为单淘汰和双淘汰两种。单淘汰就是在比赛中失败一次即被淘汰，双淘汰就是在比赛中失败两次即被淘汰。不同轮次中的获胜者继续比赛，直到最后决胜出冠军、亚军为止。双淘汰可以弥补单淘汰的不足，给初次失败者增加一次比赛的机会。

淘汰法一般是在参加队数或人数较多，而比赛期限较短的情况下所采用的一种比赛方法。

二、循环法

循环法是所有参赛的队（人）均相遇比赛，以各队（人）比赛的胜负场数、得分多少来决定名次。其优点是名次产生更客观，偶然性小，参赛机会多，便于交流提高；缺点是场次多，赛期长。球类和棋类比赛多采用此法。

循环法可分为单循环、双循环和分组循环。

（1）单循环是指所有参赛的队（人）均相遇一次，最后按积分多少决定名次的办法。

（2）双循环是指所有参赛的队（人）均相遇二次，最后按积分多少决定名次的办法。

（3）分组循环是指将比赛分为两个阶段：第一阶段将比赛队平均分为若干小组，分别进行单循环赛，以决定小组名次；第二阶段可采取同名次相对或交叉法等进行比赛，以决定最后名次。

三、混合法

混合法是将淘汰法和循环法结合起来进行比赛的一种方法。一般将比赛分为两个阶段，第一阶段采用分组淘汰法，第二阶段采用分组循环法，或者相反，如乒乓球单打比赛一般采用这种方法。

组织竞赛时，应根据比赛的宗旨、规模、时间、项目特点、场地设备、参加人（队）数、运动员情况等来选择不同的竞赛方法。

学校常用体育比赛组织与方法见表 5-1 所示。

表 5-1　学校常用体育比赛组织与方法

内容	淘汰法		循环法		
	单淘汰	双淘汰	单循环	双循环	分组循环
要点	通过比赛逐步淘汰失败者。以失败次数区分单、双淘汰 注：田径比赛采用以预、决、复、决等赛次，属淘汰赛		所有参赛队（人）之间轮流比赛一次，根据得分评定名次	所有参赛队（人）之间轮流比赛二次	先把参赛队（人）分成若干组进行单循环赛，分组排出名次后，再进行下一阶段比赛

续表

<table>
<tr><th rowspan="2">内容</th><th colspan="2">淘汰法</th><th colspan="3">循环法</th></tr>
<tr><th>单淘汰</th><th>双淘汰</th><th>单循环</th><th>双循环</th><th>分组循环</th></tr>
<tr><td>特点</td><td colspan="2">适用于参赛队（人）数多，时间短的情况，比赛场次少
缺点：除第一名外，不能公正、准确地确定其余名次</td><td colspan="3">不论参赛队（人）水平高低，都要相互碰面，比赛机会多，有利于相互学习，比赛结果较为公正
缺点：比赛场次多，耗时长</td></tr>
<tr><td>场数计算</td><td colspan="2">注：以下介绍单淘汰法
队数－1</td><td colspan="3">注：以下介绍单循环法
$\frac{队数 \times (队数-1)}{2}$</td></tr>
<tr><td>轮次计算</td><td colspan="2">确定号码位置数 2 的乘方数</td><td colspan="3">队为偶数则队数－1，队为奇数则为队数</td></tr>
<tr><td>比赛秩序编排</td><td colspan="2">以 8 个队为例： 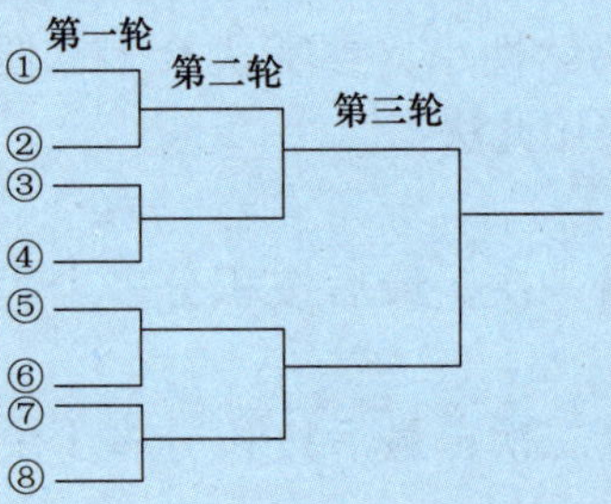
第一轮 第二轮 第三轮
①
②
③
④
⑤
⑥
⑦
⑧</td><td colspan="3">固定轮转法：
把参赛队平分为两半，前一半号数自上而下写在左边，后一半号数自下而上写在右边，用横线把相对的号连接起来，即第一轮比赛顺序。以 6 个队为例，如下所述：
左 1——6 右
↓ 2——5 ↑
3——4
以后轮转，1 号位固定不变，其余号数按逆时针方向依次移动一个位置
如参赛队为奇数，加“0”使之总数成双数，按上法排表</td></tr>
<tr><td>“种子”安排法</td><td colspan="2">“种子”数为 2 的乘方数，以 8 个“种子”为例，如下所示 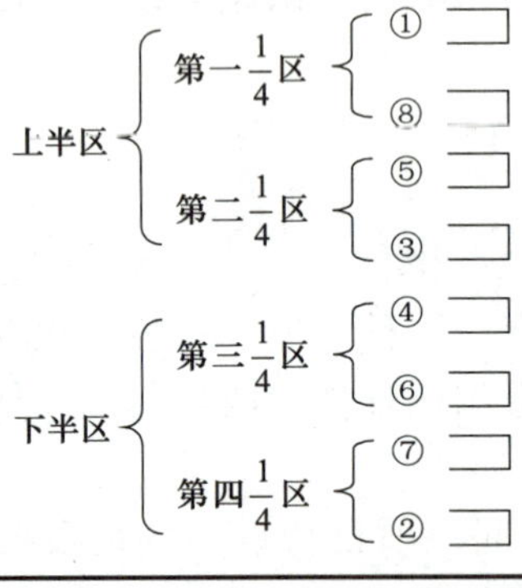
上半区：第一$\frac{1}{4}$区 ① ⑧；第二$\frac{1}{4}$区 ⑤ ③
下半区：第三$\frac{1}{4}$区 ④ ⑥；第四$\frac{1}{4}$区 ⑦ ②</td><td colspan="3"></td></tr>
</table>

球类比赛评定名次的方法如表 5-2 所示。

表 5-2　球类比赛评定名次方法

<table>
<tr><th>比赛结果</th><th>篮球</th><th>乒乓球</th><th>足球</th><th>排球</th></tr>
<tr><td>胜</td><td>2</td><td rowspan="4">循环赛按获胜次数决定名次</td><td>3</td><td>2</td></tr>
<tr><td>平</td><td></td><td>1</td><td></td></tr>
<tr><td>负</td><td>1</td><td>0</td><td>1</td></tr>
<tr><td>弃权</td><td>0</td><td>0</td><td>0</td></tr>
</table>

续表

<table>
<tr><th>比赛结果</th><th>篮球</th><th>乒乓球</th><th>足球</th><th>排球</th></tr>
<tr><td>两队（或以上）积分相等）</td><td>胜者列前</td><td>胜者列前</td><td rowspan="2">1. 按净胜球数决定
2. 仍相等，按进球总和决定
3. 抽签
分组循环赛第二阶段踢成平局。
（1）可进行加时赛（可以“突然死亡法”决定）
（2）如仍平，以罚点球决定</td><td rowspan="2">1. 按全赛胜负局比值 $\left(\frac{胜局总数}{负局总数}\right)$ 决定，比值高者列前
2. 仍相等，按全赛总得失分比值 $\left(\frac{得分总数}{失分总数}\right)$ 决定，比值高者列前</td></tr>
<tr><td>三队或以上积分相等</td><td>1. 按各队间相互比赛胜负场数决定
2. 仍相等，按各队间净胜分数决定
3. 仍相等，按各队间比赛得失分率 $\left(\frac{得分之和}{失分之和}\right)$ 决定
4. 按全组内所有比赛场次总得失分率决定</td><td>按各队间胜负比率 $\left(\frac{胜}{胜+负}\right)$ 决定。评定顺序：
1. 按次数
2. 按场数
3. 按局数
4. 按分数</td></tr>
</table>

赛后，应及时公布比赛结果，进行表彰奖励，总结经验。

单元三　体育竞赛的欣赏

一、体育竞赛欣赏的文化内涵

体育竞赛的欣赏

一场激烈的足球赛，一段优雅的体育舞蹈，相信每个人即使没有亲身经历，也曾观赏过并为之心醉神迷。

由于体育竞赛的竞争性、娱乐性，加之传媒形式的不断发展，体育竞赛欣赏已成为人们余暇生活的主要内容。通过轻松愉快地观赏体育竞赛，不仅得到了享受，还可以提高参与体育运动的兴趣和能力，培养高尚的道德情操。

在现代社会中，由于物质、文化水平的提高和生活观念的变化，人们在把人体、力量和运动作为外在审美对象的同时，还会自觉不自觉地把审美的意蕴引向内部，使自己的道德情操、意志品质、审美情趣受到美的熏陶。我们要提倡这种外观与内涵结合的现代审美观，在直感体育美的基础上，还必须注意深入观察运动员的内在表现力、意志力、想象力、创造力和艺术感染力，坚决摒弃那些有碍健康、伦理、道德及缺乏价值的审美观点，即需要通过欣赏形体美、健康美、运动美和行为美等内容，来全面提高对体育美的欣赏水平。

1. *形体美*

法国雕塑大师罗丹曾经说过：“自然界中没有任何东西比人体更美。”美学家也始终认为，人的美感最先产生于对“轮廓”的良好印象，而这里说的“轮廓”即指人体的外观形象，亦可简称为形体，它包括人的体型、姿态、神情和风度等内容。但体育竞赛作为人体生理性对抗的一种运动方式，由于以空间活动来表现人体运动姿态、艺术造型和表演风格，所以对运动形体美的欣赏，应更多地通过超凡的力量、动作技巧和造型艺术，去欣赏运动员匀称的肌肉、矫健的身姿、优美的体型；通过极富神韵的表演风格，去领略运动员的雍容仪态和内在情感，进而使观赏者从中体验一种朝气和青春活力。

2. 健康美

健康作为人体生存的基础，对追求和创造美的生活具有重要意义。观赏体育竞赛之所以能够体验健康美，是因为当观众见到运动员体态匀称，肌肉强健、动作敏捷、技艺超群、肌肤圆润等外观形象，就能产生由表及里的视觉效果，并把这些体育健康美的感觉印刻在心。著名诗人马雅可夫斯基就曾说过："世界上没有任何一件衣衫能比健康的皮肤和发达的肌肉更美丽。"但如果按更高的标准去要求，那么还可在欣赏运动员的青春活力的同时，对照自己的健康状况，以便通过启迪自我，从中接受活泼、欢快、纯洁、开朗和创造热情等健康因素的感染，进一步认识体育锻炼对塑造人体健康所起的作用，并由此建立对健康的信念，进而从中获得改善自我健康的勇气和力量。

3. 运动美

根据体育竞赛的竞技性特点，由动作、技术和战术综合表现的运动美，是观赏体育竞赛的核心内容。通常认为，动作对人体运动的影响至关重要，运动员也唯有完成各种动作，才能使人体运动具有实质性的内涵，而观众对动作美感的体验，则主要从身体姿势、动作方向、幅度、力量、速度、节奏、频率的变化和起伏跌宕中获得。与其他动作相比，由体育竞赛表现的动作又都含有很高的技术因素，尤其在激烈的运动对抗中，比赛能否获胜、表演是否精彩，很大程度上都取决于运动员对技术的熟练掌握与发挥。因此，为了提高运动水平，就必须寻求合理、有效完成动作的方法，而运动员为追求理想的动作模式，在高、难、险、新技术方面所做的努力，又让观众欣赏到其技术带来的美的魅力。至于由战术表现的美感，可通过比赛双方对战术的选择、应用和变化得到反映。此时，观众若能注意观察运动员根据各自情况，在合理分配体力、调整力量方面采取的措施，欣赏他们巧施计谋，在比赛中"以柔克刚""出奇制胜"的风采，就自然能站在更高层次去体验运动美的意蕴。

4. 行为美

按伦理学观点，体育道德规范是判断体育行为美与丑的标准，其内涵包括对集体、国家的责任心和使命感；同心协力、顽强拼搏的精神；胜不骄、败不馁的道德风尚；遵守纪律、尊重裁判和观众的体育道德原则等。如果就此而言，欣赏体育竞赛中的行为美，主要是对运动员的行为道德、思想作风进行客观评价。例如，运动员敢于在与强手的对抗中永不言败，面对困难勇于向极限挑战，力求通过奋勇拼搏不断挑战自我，以及运动员之间为维护集体荣誉而表现的团结协作等精神品质，都应当为我们日常生活、学习与工作所效仿。因此，尽管体育竞赛是以取胜为目的的一种运动方式，但如果运动员心怀集体、魂系祖国，并能够竭尽全力表现出为国争光和赶超世界水平的坚定信念，那么比赛即使失败，观众也会对他们的执著、勇敢、顽强的精神持肯定态度。我们常说的“虽败犹荣”，其实就是对这种高尚体育道德行为的赞美之词。相反，若为取胜不择手段、投机取巧，或畏强欺弱，甚至采取蛮横粗野等手段，也会遭到人们的谴责。实践证明，观众对行为美的正确判断和评价，不仅有助于良好社会风尚的形成，也是对自身文化、教育和审美修养的考验。

5. 精神美

面对强手，敢于拼搏，敢于斗争；对自己永不满足，不断超越自己，向人类的极限挑战；运动员之间团结协作，公平竞争……这些运动场上所展现的精神已不仅仅属于体育，同样也是我们在学习、工作、生活中应具备的。

二、欣赏体育竞赛的意义

1. 体育比赛的特点

（1）竞争性。体育比赛之所以吸引人，与其他表演最大的区别在于它的竞争性，最终要以输赢定胜负。攻防转换，胜负交替，使气氛格外激烈。

（2）技艺性。任何体育运动都由一定的技术和艺术构成，并有统一的规范，运动员高超的技艺，是观赏的核心所在。

（3）规范性。体育比赛采用统一的规则、严格的制度，可以客观地反映参赛水平，并给运动员提供公平竞争的机会，体现了体育的精神。

（4）多样性。体育比赛项目丰富多彩，或静、或激烈、或典雅，可谓雅俗共赏。

（5）变化性。体育运动虽有规范的技术和统一的规则，但在比赛中，运动员可在规定的范围内进行创造与编排（如体操自选动作），充分发挥自身水平，还需根据场上变化灵活运用（如球类），使比赛千变万化，叠彩纷呈，扣人心弦。

此外，各个项目都有各自不同的特点和风格，如足球的狂放激烈；体操的严谨优美；短跑的奔放，如水银泻地；跳水的舒展，似花朵绽放，它们都风格迥异，各具魅力。我们在观赏体育竞赛时，应尽可能了解该项目的基本特点，才能更好地欣赏到它们的精妙之处。

2. 体育比赛的规则

比赛规则是规范比赛的准则。观赏任何体育比赛，了解其规则是起码的要求，否则就会不知其所以然，更无法公正评价比赛，而导致兴趣索然。

3. 体育比赛技术和战术

体育运动是由一定的技术动作组成的，比赛的精彩与否，很大程度上取决于运动员对技术的掌握情况。战术则是采取合理的行动，充分发挥己方优势，限制对方特长，以求取胜的竞争艺术，尤其是球类运动等集体项目，高超的技术、灵活的战术、默契的配合，给人以天衣无缝、出神入化的感觉。所以，了解了各项运动的基本技战术，我们就可以不仅“看热闹”，还能“看门道”了。

知识链接

如何观看跳水比赛

跳水，是一项极具观赏性的竞技体育比赛项目，运动员借助比赛器械腾空而起，在空中展示着各种姿态，而后轻盈地入水，这一连串的动作常常带给观众非常美的感受，很多观众都会带上照相器材，在运动员起跳腾空时留下美丽的一瞬间。经常观看比赛的观众一定知道，在跳水运动员比赛时不能大声喧哗，在运动员起跳时不能使用闪光灯等，这是为什么呢？

在跳水比赛中，运动员需要一个非常安静的气氛来做比赛动作起跳之前的准备，这时就需要赛场内看台上的观众给予默契的配合。当运动员走上跳台或者跳板时，场内的广播中会报出他们的姓名和国籍，以及准备比赛的动作，这时我们会听到一声哨响，这意味着运动员可以做比赛动作了。当观众看到了自己喜爱的运动员就要出场时，可以欢呼鼓掌，但当听到这一声哨响时，就一定要立即保持赛场的安静，给运动员一个安静思考比赛动作的氛围。同样，观众随身携带的手机等通信工具都要保持静音状态，不要在比赛中发出声响。另外，在跳水运动员做动作时是非常忌讳受到外界的光源干扰其在空中视线的，那样很容易导致运动员因晃到眼睛而看不清水面，所以闪光灯是不允许在跳水比赛场上使用的。

如果在运动员起跳时，受到场内或者观众席上的声音或者光线的干扰是可以向裁判举手示意重新跳的，但这会对运动员的心理造成很大的影响。当运动员跳完比赛动作后，无论他们来自哪个国家和地区，观众都应该为他们鼓掌喝彩，如果运动员在比赛中出现了失误，观众也不要长时间大声地发出嘘叹的声音，这会给运动员的心理带来很大的压力从而影响他们后续比赛的正常发挥。

三、提高体育竞赛欣赏的水平

为了进一步提高自己的体育竞赛欣赏水平，还需要观众明确竞赛的根本宗旨，树立正确的胜负观，力求在大致了解各种运动项目特点的基础上，按不同竞赛方式、约定俗成的道德规范，去恰当把握宣泄情感的合理程度。

1. 提高对体育竞赛目的性的认识

体育竞赛与体育健身不同，它最本质的特征就是具有鲜明的竞争性，为了追求“更快、更高、更强”，处于竞赛中的双方运动员势必都要全身心地投入，充分发挥技术、战术水平去争取胜利。人们在欣赏的过程中，固然赞美和崇拜竞赛优胜者，但同样应对在竞赛中表现的高尚风格、精神品德与道德规范加以称道。如果观众都能以这样的认识高度去观赏体育竞赛，相信在享受运动美的同时，就会把精神上获取的许多情感变化，更多地转化为激励自己在生活中勇往直前的一种动力。

2. 用正确的态度对待胜负

运动场上激烈的竞争和胜负瞬间的转换，常常会引起观众的强烈共鸣，继而会产生不同的情感反应。观众往往会采取各种形式，对自己所支持的胜方表达内心的喜悦。

尽管体育竞赛的本质特征就是要分出胜负，但获取胜利不是体育竞赛的唯一目的，更不是终极目标。胜败乃兵家常事，不应以一时成败论英雄，我们在体育竞赛欣赏中，应该得到积极向上、永远不断进取精神的启迪。

3. 体育竞赛欣赏的修养

体育竞赛欣赏的修养指的是人们在观赏体育竞赛时，长期形成的、约定俗成的道德规范，包括尊重运动员，尊重裁判，言谈举止文明，不粗鲁、野蛮等。此外，根据不同项目的特点，观众感情表达也会有不同的方式，如观赏田径、篮球、排球、足球、拳击等比赛时，可以呐喊加油，尤其是足球，可以尽情地宣泄感情，而观赏体操、体育舞蹈、网球、保龄球一类比赛时则应保持文雅，不宜喧闹，只需给运动员掌声鼓励即可。尤其是运动员正在比赛时，切不可大声叫嚷，否则，有可能影响运动员的技术发挥，还可能扰乱他人观赛。

总结案例

台球

台球是一项在国际上广泛流行的高雅室内体育运动，也叫桌球、撞球，是一种用球杆在台上击球、依靠计算得分确定比赛胜负的室内娱乐体育项目。

台球比赛有多种形式，如中式八球、俄式落袋台球、英式落袋台球、开伦台球、美式落袋台球和斯诺克台球等，其中斯诺克台球最为普遍。现在的台球都是用合成树脂制作的，主要有聚酯、不饱和聚酯、酚醛树脂、脲醛树脂等品种，国际比赛的标准用球是用酚醛树脂制作的。

1986 年，中国成立了中国台球协会，各省（区、市）也相继成立地方的台球协会。2002 年 5 月，年仅 15 岁的丁俊晖为中国夺取首个亚洲斯诺克锦标赛冠军。同年 8 月 31 日，他又获得世界青年台球（斯诺克）锦标赛冠军，成为中国第一个台球世界冠军。

探索与思考

1. 体育竞赛的种类有哪些？
2. 体育竞赛的组织方式包括哪些？
3. 试着编写一个学校运动会的田径竞赛规程。
4. 体育竞赛欣赏的文化内涵包括哪些？
5. 如何提高体育竞赛的欣赏水平？

模块六　世界和我国的主要体育竞赛

模 块 导 读

奥林匹克运动会（简称“奥运会”）是在奥林匹克主义指导下，以体育运动和四年一度的奥林匹克庆典——奥运会为主要内容的活动。其宗旨是促进人的生理、心理和社会道德的全面发展，沟通各国人民之间的相互了解，在全世界普及奥林匹克主义，维护世界和平。

原定于2020年7月在日本东京举办的第32届奥运会，由于全球性新型冠状病毒肺炎疫情的形势，国际奥林匹克委员会（简称“国际奥委会”）与东京奥林匹克运动会组织委员会发表联合声明，宣布将改期至2021年7月23日开幕。

亚洲运动会（简称“亚运会”）是亚洲规模最大的综合性运动会，由亚洲奥林匹克理事会（简称“亚奥理事会”）的成员国轮流主办，每四年举办一届，与奥林匹克运动会相间举行，分为亚洲夏季运动会（亚运会）、亚洲冬季运动会（亚冬会）、亚洲青年运动会（亚青会）、亚洲残疾人运动会（亚残运会）。

在我国，全国性的运动会有中华人民共和国运动会（简称“全运会”）、全国残疾人运动会、全国少数民族传统体育运动会、全国农民运动会等。

本模块主要介绍这些世界和我国的主要体育竞赛的起源、发展和相关知识。逐鹿赛场，比赛结果自然重要，但更重要的是看待胜负的态度，随着人民生活水平的提高，国人对体育运动的理解也在逐渐转变，不论运动员或观众，思想都应更开放、更包容，对体育精神的解读也应更深入。

能 力 目 标

分类	具体内容
知识目标	1. 了解奥林匹克运动会的起源、发展和有关奥林匹克运动相关的知识 2. 了解亚洲运动会的起源和发展 3. 了解我国各种全国性运动会的起源和发展
技能目标	学会欣赏各种体育竞赛
素养目标	弘扬奥林匹克体育精神，学习运动员拼搏进取、无私奉献的精神

导 入 案 例

奥林匹克运动会吉祥物

提到奥林匹克运动会，少不了吉祥物。在奥林匹克运动会历史上，吉祥物第一次出现在1972年慕尼黑奥运会上。当时的吉祥物以当地的代表动物为主，所以第一个吉祥物是一只叫作“瓦尔德”的德国小猎犬。

2008 年北京奥运会的吉祥物是“福娃”(图 6-1)，为五个拟人化的娃娃，分别为贝贝、晶晶、欢欢、迎迎、妮妮，各取它们名字中的一个字有次序地组成了谐音“北京欢迎你”。其设计者是清华大学美术学院教授韩美林。

贝贝　晶晶　欢欢　迎迎　妮妮

图 6-1　2008 年北京奥运会的吉祥物“福娃”

“福娃”的原型和头饰蕴含着其与海洋、森林、火、大地和天空的联系，应用了中国传统艺术的表现方式，展现了灿烂的中国文化的博大精深。吉祥物的每个娃娃都代表着一个美好的祝愿：贝贝象征繁荣，晶晶象征欢乐，欢欢象征激情，迎迎象征健康，妮妮象征好运。

单元一　奥林匹克运动会

奥林匹克运动会（希腊语：Ολυμπιακοί Αγώνες；法语：Jeux olympiques；英语：Olympic Games）是国际奥林匹克委员会主办的世界规模最大的综合性运动会，每四年一届，会期不超过 16 天，是世界上影响力最大的体育盛会。

奥林匹克运动会

一、奥林匹克运动会的起源和发展

1. 古代奥运会的发源地

古代奥运会发源地在希腊首都雅典西南的奥林匹亚镇。古代奥运会最初以宗教祭典、集会为主，逐步发展为体育比赛。古代奥运会从公元前 776 年到公元 393 年，一共举行了 292 届，时间长达 1169 年。后因罗马帝国入侵希腊废止了运动会。古代奥运会之所以能够延续如此长久，最根本的原因是它的活动内容、形式、传统与精神体系，都植根于爱琴海丰饶的文化土壤之中。古希腊民族与大海为伴，崇尚自然，敢于冒险、竞争，致使许多表现在祭奠庆典中的传统习俗和竞技运动文化，都为古代奥林匹克运动提供了良好的文化氛围。

2. 现代奥运会

现代奥林匹克运动会的创始人是法国教育家皮埃尔·德·顾拜旦。经他倡导，于1894年成立了国际奥林匹克委员会。1896年在希腊雅典举行了第一届现代奥运会，一直延续至今。

现代奥运会受古希腊文化遗产的深刻影响，但它不是古代奥运会的延续，也不是它的翻版，而是带有古希腊奥运会传统色彩的、具有现代思想内涵的国际体育盛会。随着奥林匹克运动的发展，其活动内容逐步增多，设施日趋完善，组织与制度越来越健全，思想内涵越来越深刻，影响也越来越大，已经成为参与国家和地区众多具有巨大吸引力、穿透力和凝聚力的一项全球性活动。

二、奥林匹克运动会的组织体系

奥林匹克运动会的组织包括国际奥林匹克委员会、各个国家或地区的奥林匹克委员会（简称“国家奥委会”）及国际单项体育联合会，这三大组织是奥林匹克运动的支柱。

1. 国际奥林匹克委员会

国际奥林匹克委员会是奥林匹克运动的最高权力机构。它是一个国际性的、非政府的社会组织，是奥林匹克运动的指导者、捍卫者和促进者。

2. 国家奥林匹克委员会

国家奥林匹克委员会是按照《奥林匹克宪章》的规定建立起来的，并得到国际奥委会承认的负责在一个国家或地区开展奥林匹克运动的组织。

3. 国际单项体育联合会

国际单项体育联合会是在世界范围内管辖一项或几项运动项目，并接纳若干这些项目的国家和地区级团体为其成员的非官方的国际性组织。

三、奥林匹克运动的思想体系

奥林匹克主义。奥林匹克主义是将身心和精神方面的各种品质均衡地结合起来，并使之得到提高的一种人生哲学。它将体育运动与文化和教育融为一体。奥林匹克主义所要建立的生活方式是以奋斗中所体验到的乐趣、优秀榜样的教育价值和对一般伦理的基本原则的推崇为基础。其中心思想是人的和谐发展，而体育运动是实现人的和谐发展的重要途径。

奥林匹克宗旨。奥林匹克宗旨是通过没有任何歧视，具有奥林匹克精神——以友谊、团结和公平精神互相了解体育活动来教育青年，从而为建立一个和平、美好的世界做出贡献。

奥林匹克精神。奥林匹克精神就是互相了解、友谊、团结和公平竞争的精神。旨在促进人的全面发展和社会进步。

奥林匹克格言：更快、更高、更强。此言出自顾拜旦的好友亨利·迪东。其含义是指在竞技场上面对强手时，发扬大无畏的精神，敢于斗争，敢于胜利；在自己生活的各个方面不断地超越自我，不断地更新，永远保持蓬勃的朝气。

奥林匹克运动还有一句广为流传的名言，即“重要的是参加，而不是取胜”。

四、奥林匹克运动的活动体系

奥林匹克运动有丰富多彩的活动与内容。

奥运会是奥林匹克运动最重要的活动，分为夏季奥林匹克运动会、夏季残疾人奥林匹克运动会、冬季奥林匹克运动会（简称“冬季奥运会”）、冬季残疾人奥林匹克运动会、夏季青年奥林匹克运动会、冬季青年奥林匹克运动会、世界夏季特殊奥林匹克运动会、世界冬季特殊奥林匹克运动会、夏季聋人奥林匹克运动会、冬季聋人奥林匹克运动会。奥运会中，各个国家用运动交流各国文化、切磋体育技能，其目的是为了鼓励人们不断进行体育运动。

五、奥林匹克运动的常识

《奥林匹克宪章》是国际奥委会制定的关于奥林匹克运动的基本原则、规则和附则的法典。它指导奥林匹克运动的组织和运行，并规定了奥林匹克运动会的举办条件。

奥林匹克标志由五个奥林匹克环套接组成。其颜色为蓝、黄、黑、绿、红（也可是单色）（图 6-2），象征五大洲的团结，全世界运动员以公正、坦率的比赛和友好的精神，在奥林匹克运动会上相见。

图 6-2　奥林匹克标志

奥林匹克旗为白底、无边，中间是五色的奥林匹克标志。

奥林匹克会歌为《萨玛拉斯颂》，由希腊人帕拉玛斯作词，萨玛拉斯作曲。1896 年在第一届现代奥运会开幕式上演唱，1958 年在东京国际奥委会第 55 次全会通过作为会歌。

奥林匹克圣火和奥林匹克火炬。在奥林匹克运动发源地奥林匹亚用凹面镜聚焦日光点燃的火焰称为奥林匹克圣火。用圣火点燃或由它复燃的火炬通过接力、运送于奥运会开幕式时，进入主会场，点燃塔上焰火，直至闭幕时方会熄灭。奥林匹克圣火象征着光明、团结、友谊。

奥运会誓词。为弘扬奥林匹克精神，从1920年第7届奥运会开始，恢复了古奥运会的宣誓仪式。宣誓运动员由东道国著名运动员担任，誓词为："我代表全体运动员宣誓，为了体育的光荣，为了本队的荣誉，我们将以真正的体育精神，参加本届运动会比赛，尊重和遵守各项规则。"

从1968年第19届奥运会起又增加了裁判员宣誓，由主办国裁判代表担任，誓词为："我代表全体裁判员和工作人员宣誓，我们在本届奥运会上，将以真正的体育精神尊重和遵守奥运会一切规则，公正无私地履行自己的职责。"

六、奥林匹克运动与社会

1. 奥林匹克运动与社会经济

现代社会提供了奥林匹克运动所需要的经济基础，而奥林匹克运动又由于其独有的形式和规模，以其国际性、综合性和大型化的特点，为加速经济发展、技术交流提供了良好的机会，产生了巨大的经济效益，促进了经济的繁荣。

2. 奥林匹克运动与政治

奥林匹克运动与政治有千丝万缕的联系，它的宏大规模没有任何其他国际文化活动可以与其相比。通过奥林匹克运动维护世界和平；教育人们将爱国主义统一起来；促进各民族间的平等，促进国际正常关系准则的确立。它所产生的巨大的凝聚力、感染力，已超出了体育本身的范畴。

3. 奥林匹克运动与文化

奥林匹克运动将体育与文化牢牢地结合在一起，反映了人类的文明。例如，它的象征性标志，开幕式和闭幕式等，无不具有丰富的文化内涵。奥林匹克运动的发展，也促进了文化艺术的发展。

4. 奥林匹克运动与现代科学技术

奥林匹克运动是以现代科技为依托发展起来的，科学发展的水平同样影响着奥林匹克运动。由于现代科学技术手段的广泛应用，科技工作者不断研究、完善，从设备器材到技术与训练，以及各种测试技术，包括对兴奋剂的检测，不断更新、改进，使得运动水平迅速提高。现代传播媒介的进步，使世界各国人民更多地了解奥林匹克运动，进一步促进了奥林匹克运动的发展。

5. 奥林匹克运动与中国

中华人民共和国成立前，1922年王正廷当选为国际奥委会委员；1931年中华全国体育协会被国际奥委会承认为"中国奥委会"。1932年，我国首次正式派出运动员参加在美国洛杉矶举行的第10届奥运会，而后又参加了第11届、第14届，均无建树，反映了当时中国在政治、经济、文化教育等方面的落后状态。

1949年，由于国际体育组织少数人企图制造"两个中国"，我国被迫与国际奥委会中断了关系。此后，为维护国家主权和独立，我国进行了严正的斗争，经过努力，终于在1979年恢复了我国在国际奥委会的合法地位和权利。中国奥委会是中国唯一代表，而中国台北奥委会作为我国一个地方性组织在国际体育组织中仍留有席位。

1984年，我国派出了1949年以后第一个代表团参加了美国洛杉矶举行的第23届奥运会。射击运动员许海峰以震惊世界的一枪，为中国获得奥运会史上首枚金牌，实现了零的突破。此届奥运会共获金牌15枚，奖牌32枚，金牌总数列第四名，揭开了我国奥运会史上新的一页。

第29届夏季奥林匹克运动会（又称“2008年北京奥运会”），2008年8月8日晚上8时整在我国北京举办，上海、天津、沈阳、秦皇岛、青岛为协办城市，香港承办马术项目。

2008年北京奥运会共有参赛国家及地区204个，参赛运动员11 438人，设28个大项、302小项，共有60 000多名运动员、教练员和官员参加。其间共创造43项新世界纪录及132项新奥运会纪录，共有87个国家和地区在赛事中取得奖牌，中国以51枚金牌居金牌榜首名，是奥运会历史上首个登上金牌榜首的亚洲国家。

第24届冬季奥林匹克运动会（又称“2022年北京冬季奥运会”），将于2022年2月4日至2022年2月20日在我国北京市和河北省张家口市联合举行。这将是中国历史上第一次举办冬季奥运会。

随着社会的发展，奥林匹克运动面临着前所未有的机遇和挑战，它不仅成为人类社会规模最大的体育运动，而且在社会的经济、教育、道德、哲学、美学、新闻媒体等重要领域产生了极其广泛而深刻的影响。它的前景是光明的，并将在世界和平事业中发挥更加积极的作用。

单元二　亚洲运动会

一、亚洲运动会的起源和发展

亚洲运动会

亚洲运动会（Asian Games）是亚洲地区规模最大的综合性运动会，每四年举办一届，与奥林匹克运动会相间举行。最初由亚洲运动会联合会主办，1982年后由亚洲奥林匹克理事会（简称“亚奥理事会”）主办。自1951年第1届始，迄今共举办了16届。国际奥林匹克委员会承认亚洲运动会为正式的亚洲地区运动会。

亚运会的前身是远东运动会，1911年由菲律宾体育协会发起，每两年举办一届，轮流在菲律宾的马尼拉、中国的上海和日本的大阪举行。远东运动会先后共举行了10届，1937年因日本侵华战争爆发而中止。

第二次世界大战结束后，随着战争创伤的平复，人民生活日趋安定，体育运动也逐渐活跃起来。因战争而中断了12年的奥林匹克运动会又再次恢复举行。在这一历史背景下，亚洲体育界人士产生了组建一个统一的亚洲体育领导机构，以推动亚洲体育运动发展的愿望。1948年伦敦奥运会举办期间，中国与菲律宾的体育界人士计划恢复远东运动会。1949年2月，亚洲各国体育界代表在新德里召开会议，会上正式成立了“亚洲业余体育联合会”，该联合会后来更名为“亚洲运动会联合会”，1981年更名为“亚洲奥林匹克理事会”至今。1951年3月，第1届亚运会在印度首都新德里举行，当时只有489人参加。到1978年第8届时，参加人数已超过了4 000人。

二、亚洲运动会的常识

1. 会徽

亚洲奥林匹克理事会的第一代会徽中间为一轮放射16道光芒的红日，象征着亚洲是太阳升起的地方，代表着亚洲运动的蓬勃发展与迅速推广。红日上方是国际奥委会的标志——五环，下面写有“EVER ONWARD”，底部是“OLYMPIC COUNCIL OF ASIA”的字样。

第二代的会徽于2006年12月2日多哈亚运会期间公布。新会徽的中央也是红日，红日上面环绕着一条龙，下面环绕着一只鹰，代表亚洲的团结，并强调了东方巨龙中国及鹰所代表的阿拉伯国家在亚洲体育中所起的重要作用。会徽下方是五环及“OLYMPIC COUNCIL OF ASIA”的字样（图6-3）。新的会徽首次使用是2007年的亚洲室内运动会。

图6-3 亚奥理事会新会徽

2. 比赛项目

亚洲运动会的比赛项目不像奥林匹克运动会那样有严格的规定，除田径、游泳、足球、篮球等广为开展的项目每届都必须列入外，主办国可根据自身的条件和运动技术水平适当增减。如第3届亚洲运动会在日本举行，日本增加了其强项乒乓球、排球、网球等；第4届在印度尼西亚举办时，印度尼西亚增加了该国擅长的羽毛球；第10届韩国列入了跆拳道；第11届我国则取消了跆拳道，增加了武术等项目。当然，比赛项目的增减与变换都必须得到亚奥理事会的同意和批准，东道国无权随意安排。亚洲运动会迄今已举行了16届，比赛项目也经历了从少到多的发展过程，从第1届的6项逐渐增至第16届的42项。前16届运动会举办过的项目分别有射箭、田径、羽毛球、棒球、篮球、台球、保龄球、拳击、皮划艇、自行车、马术、击剑、足球、高尔夫球、体操（含艺术体操、蹦床）、手球、曲棍球、柔道、卡巴迪、空手道、现代五项、赛艇、橄榄球、藤球、射击、软式网球、垒球、壁球、游泳（含花样游泳、跳水和水球）、乒乓球、跆拳道、网球、排球（含沙滩排球）、举重、摔跤、武术、帆船、铁人三项、标枪。

知　识　链　接

中国和亚洲运动会

1951 年，第 1 届亚洲运动会在印度新德里举行时，中华全国体育总会应邀参观了大会。1973 年 9 月 18 日，亚洲运动会联合会执委会在曼谷会议上确认中华全国体育总会为该联合会会员。同年 11 月 16 日，亚洲运动会联合会理事会在德黑兰会议上批准了执委会 9 月 18 日的决定。自 1974 年第 7 届始，中国组队参加了历届亚洲运动会的比赛。

1990 年 9 月 22 日至 10 月 7 日，在我国北京市举办了第 11 届亚运会（又称“北京亚运会”），这是中国第一次举办大型运动会。这届亚运会一共有 37 个国家和地区 6 500 多名运动员参加，创造了历史之最，中国共获得 183 块金牌，占了此届亚运会金牌总数 308 块的 60%。北京亚运会的成功，让世界看到了中国的能力，史无前例的金牌数，让中国人无比骄傲。2010 年 11 月 12 日至 27 日，在我国广州市举办了第 16 届亚运会（又称“广州亚运会”）。广州亚运会共设 42 项比赛项目，是亚运会历史上比赛项目最多的一届。广州市还在广州亚运会后举办了第 1 届亚洲残疾人运动会。在广州亚运会上中国运动员代表团以 199 块金牌、119 块银牌和 98 块铜牌，高居金牌榜和奖牌榜的首位。2022 年在我国杭州市即将举办第 19 届亚运会（又称“杭州亚运会”）。其间，杭州亚运会组委会按照“中国新时代 · 杭州新亚运”的定位，以及“中国风范、浙江特色、杭州韵味、共建共享”的目标，秉持“绿色、智能、节俭、文明”的办会理念，高质量地推进着亚运会的筹办工作。

三、亚洲冬季运动会

亚洲冬季运动会（Asian Winter Games）是由亚洲奥林匹克理事会主办、每四年一届的综合性洲际冬季运动会，简称亚冬会，参赛国家和地区为亚奥理事会所有会员。1982 年日本奥林匹克委员会第一次提出举办冬季亚洲运动会的想法，1986 年第一届亚洲冬季运动会在日本札幌举行。迄今为止，亚冬会共举办 7 届，中国的哈尔滨市和长春市分别于 1996 年和 2007 年举办第 3 届和第 6 届亚洲冬季运动会。

亚洲冬季运动会的比赛项目从 1986 年第 1 届札幌亚冬会的 7 大项 35 个小项，发展到 2011 年阿斯塔纳 - 阿拉木图亚冬会的 11 个大项 69 个小项，历届比赛项目会略有调整，但是亚冬会比赛项目总体上还是与冬季奥林匹克运动会项目非常接近的，单板滑雪和在欧美普及度较高的北欧两项、有舵雪橇、无舵雪橇和俯式冰橇等冬奥会比赛项目没有进入亚冬会，而在滑雪定向和在亚洲地区有一定普及度的班迪球等非奥运会比赛项目则在亚冬会的比赛中得以亮相。

单元三 我国各项体育赛事

一、中华人民共和国全国运动会

我国各项体育赛事

中华人民共和国全国运动会（简称“全运会”）是中国国内水平最高、规模最大的综合性运动会，每四年举行一届，一般在奥运会结束后一年举行。全运会比赛项目的设置除武术外基本与奥运会相同，其原意是为国家的奥运战略锻炼新人，选拔人才。首届全运会于 1959 年 9 月 13 日至 10 月 3 日在北京举行。前 9 届全运会由北京、上海、广东三地轮流举办。2001 年初，国务院办公厅正式发布了《关于取消全国运动会由北京、上海、广东轮流举办限制的函》，2001 年由广东省获得了第 9 届全运会的主办权，2005 年江苏省获得了第 10 届全运会的主办权，2009 年山东省获得了第 11 届全运会的主办权，2013 年辽宁省获得了第 12 届全运会的主办权，2017 年天津市获得了第 13 届全运会的主办权。

二、中华人民共和国全国冬季运动会

中华人民共和国全国冬季运动会（简称“全国冬季运动会”）是全国性冬季综合运动会。全国冬季运动会共举办了 14 届（第 2 届停办）。第 1 届全国冬季运动会于 1959 年 2 月在黑龙江省哈尔滨市和吉林省吉林市举办，2020 年由内蒙古自治区呼伦贝尔市举办了第 14 届全国冬季运动会。

三、全国残疾人运动会

1984 年开始，我国正式举办全国残疾人运动会，每四年举行一届。除全国残疾人运动会以外，全国部分省、市、自治区的残疾人运动会每 3～4 年举行一次；部分省、市、自治区还定期举行特殊教育学校残疾学生运动会。至今为止，全国残疾人运动会已举办 10 届，2019 年 8 月 25 日，全国第 10 届全国残疾人运动会在天津市奥林匹克中心体育场举行。

四、全国少数民族传统体育运动会

全国少数民族传统体育运动会，是在 1953 年举办的全国民族形式体育表演和竞赛大会的基础上发展而来的。它由国家民族事务委员会和国家体育运动委员会联合主办、地方承办，每四年举行一次。该项赛事以其民族性、广泛性和业余性等特色，已成为全国较有影响的大型综合性体育运动会之一，为发掘整理各民族民间传统体育形式，弘扬民族体育文化，发展民族体育事业和全民健身运动，增强各族人民身体素质，促进各民族团结等方面做出了积极的贡献。迄今为止，全国少数民族传统体育运动会已举办 11 届，2019 年 9 月 8 日至 16 日在河南郑州举办了第 11 届全国少数民族传统体育运动会。

五、全国农民运动会

我国是世界上唯一定期举办全国农民运动会的国家。在我们国家，全国农民运动会是仅次于全运会的大型运动会。全国农民运动会由中国农民体育协会 1988 年创办，每四年举办一次。1988 年 10 月在北京举办了第 1 届全国农民运动会。

六、中华人民共和国城市运动会

中华人民共和国城市运动会（简称“全国城市运动会”）每四年举办一次，是全国大型综合性体育盛会，旨在推动城市体育事业的发展，发现培养优秀体育后备人才。第 1 届全国城市运动会于 1988 年 10 月 23 日至 11 月 2 日在山东省济南市举行，2011 年 10 月 16 日至 10 月 25 日在江西省南昌市举办了第 7 届全国城市运动会举行。由于 2013 年起，中华人民共和国城市运动会更名为中华人民共和国青年运动会，因此第 7 届全国城市运动会是最后一届全国城市运动会。

七、中国水上运动会

首届中国水上运动会于 2007 年 8 月 28 日至 9 月 8 日由山东省日照市主办。中国水上运动会是中国继全运会、全国城市运动会、大运会之后创立的又一项国家综合性体育赛事。中国水上运动会不仅是我国竞技水平最高的水上体育盛会，更是融竞技性、观赏性、娱乐性于一体。

总 结 案 例

奥运会上的那些趣闻趣事

1. 起步姿势五花八门

首届奥运会上，100 米跑还没有统一起跑姿势，有的站着，有的双手叉腰，有的弯着腰……只有美国选手托·伯克在地上挖两个坑，双手撑地，两腿前后分开，臀部高抬准备起跑，这个引起观众好奇和哄笑的起跑姿势却使他赢得了冠军。

2. “自由”发挥的游泳赛

1896 年首届奥运会游泳比赛报名的人很多，参加比赛的人却很少，200 米比赛报名 9 人，参赛的 5 人，500 米比赛报名 29 人，来比赛的只有 3 人。比赛开始以后，裁判员先用小轮船将运动员载离海岸，发令员们看到距离差不多了，就发令让运动员们往回游，不求泳姿，自由发挥，最终到达岸边的先后决定名次。

3. 篮球赛的“足球比分”

第11届奥运会篮球决赛时，碰巧下大雨，在艰难的条件下，美国以19∶8战胜加拿大夺冠，这一创纪录的低比分，在现在看惯了NBA（National Basketball Association，中文译名为国家篮球协会，但一般直接称作NBA或美国NBA篮球联赛）风风火火比赛的人眼里，肯定会误以为是足球比分。

4. 比赛让女人走开

1992年中国射击女选手张山在男女混合的双向飞碟比赛中击败了50多名男选手取得了金牌。这次比赛后国际射击联合会决定下届比赛中排除女性参赛，理由是“为更多的高水平的男性留下提高的余地”。

探索与思考

1. 奥林匹克宗旨是什么？
2. 奥林匹克精神是什么？
3. 奥林匹克格言是什么？
4. 奥林匹克标志有什么含义？
5. 北京冬奥会的举办对弘扬奥林匹克体育精神有什么作用？

第三部分
体育运动技能

体育竞赛之最绝妙处乃由于它只在手做，不在口说。

——赫尔巴特

只有运动才可以除去各种各样的疑虑。

——歌德

模块七 球类运动

模块导读

世界上共有28种不同的球类运动，包括手球、篮球、足球、排球、羽毛球、网球、高尔夫球、冰球、沙滩排球、棒球、垒球、藤球、毽球、乒乓球、台球、板球、壁球、沙狐球、冰壶、克郎球、橄榄球、曲棍球、水球、马球、保龄球、健身球、门球、弹球。

足球可以说是世界第一球类运动，男女老幼皆宜，令无数观众陶醉。篮球是奥运会核心比赛项目，是以手为中心的身体对抗性体育运动。中国国家女子排球队（简称“中国女排”）在1981年和1985年世界杯、1982年和1986年世界排球锦标赛、1984年洛杉矶奥运会上夺得冠军，成为世界上第一个“五连冠”，使中国人爱上了排球。林丹2010年11月21日成为了世界羽毛球运动历史上唯一一位全满贯选手，使我们认识了羽毛球。中国乒乓球队成立于1952年，其队训是“你不要这一分，祖国还要这一分”。自容国团1959年赢得第一个世界冠军至2019年，中国乒乓球队60多年共产生115位世界冠军。

能力目标

分类	具体内容
知识目标	1. 了解球类运动的分类 2. 了解足球运动、篮球运动、排球运动、乒乓球运动和羽毛球运动的特点、基本技术、基本战术和部分比赛规则
技能目标	掌握足球运动、篮球运动、排球运动、乒乓球运动、羽毛球运动的技术要点
素养目标	1. 树立正确的体育价值观，形成积极参与体育锻炼的良好意识 2. 在运动中体验体育的乐趣和成功的感觉，同时表现出良好的体育道德和合作精神 3. 能自觉通过体育运动改善心理状态，建立良好的人际关系，养成积极乐观的生活态度

导入案例

为什么喜欢NBA

NBA是美国第一大职业篮球赛事。

为什么会喜欢上NBA？

正因为我们喜欢篮球运动，而NBA是现在篮球运动的最高殿堂，是每位篮球运动员向往的地方。篮球运动不只是一个体育运动，它给我们带来很多，如运球告诉我们基本功要扎实，做事要脚踏实地；传球，则体现一个团队的精神，相信自己，相信队友；得分，分数的高低关系整个球队的成败，需要密不可分的团队精神，因为团队能力和个人能力是相辅相成的。

篮球运动是和平年代的战争，是美感的事物。男生喜欢 NBA，不仅是 NBA 明星球员的投篮帅气、潇洒，更多的是，NBA 的某个球星或球队一直给予他们精神的力量，给予他们感动，陪伴他们成长。这些 NBA 球员，之所以能进入 NBA，正因为他们有能力并且能得到别人的认可。他们每个人并不是为篮球而生，但却通过努力的训练，不断地提高自己。

NBA 精神就是体育精神，拼搏、进取，面对强敌不服输，正如前美国职业篮球运动员迈克尔·乔丹所说的一样："我可以接受失败，但我不能接受放弃。"

单元一 足球运动

一、足球运动简介

足球运动

足球运动起源于中国东周时期的齐国，当时把足球命名为"蹴鞠"，汉代蹴鞠是训练士兵的手段，制定了较为完备的体制，如专门设置了球场，规定东西方向为长方形，两端各设六个对称的"鞠域"，也称"鞠室"，各由一人把守。场地四周设有围墙。比赛分为两队，互有攻守，以踢进对方鞠室的次数决定胜负。现代足球运动则起源于英国，1857 年英国成立了第一个足球俱乐部，1863 年在伦敦成立了第一个足球运动组织——英格兰足球协会。1900 年，足球运动成为奥运会比赛项目。1904 年 5 月 21 日，国际足球联合会（Fédération Internationale de Football Association，FIFA）在法国巴黎成立。1930 年，第 1 届世界足球锦标赛（世界杯）举行。

二、足球运动的基本技术

足球的基本技术包括无球技术和有球技术。无球技术是指队员在比赛中不控球的情况下，所有合理动作的总称。在一场足球比赛中，队员大部分活动都需要用无球技术来完成，因此它对队员与整场比赛极为重要。无球技术大致包括起动、跑、跳、停、转身、假动作、移动等，有球技术包括踢球、停球、运球、头顶球、抢截球、掷界外球、假动作和守门员技术等。以下就有球技术进行重点介绍。

（一）踢球

踢球技术各有不同，但都由助跑、支撑脚位置、踢球腿摆动、脚触球和踢球后的跟随前移动作五个环节组成。

1. 脚内侧踢球

脚内侧踢球［图 7-1（a）～（e）］要领：直线助跑，支撑脚距球 15 厘米左右，脚尖正对出球方向，踢球腿大腿带动小腿向前摆动的过程中外展，微屈膝，脚尖稍上翘，踝关节紧张，用脚内侧部位触球，踢球后身体跟随前移，髋关节送出。

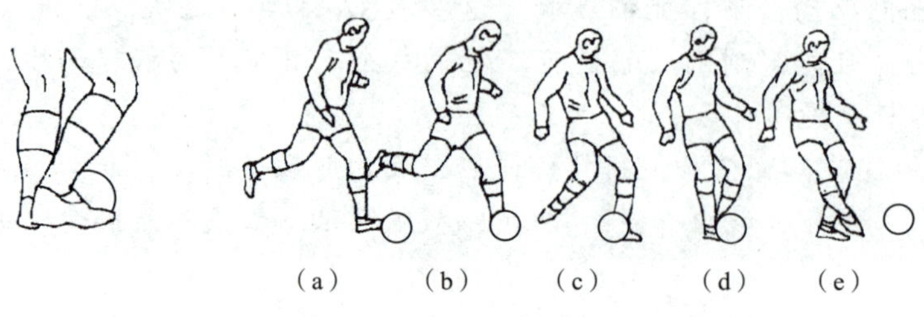

图 7-1　脚内侧踢球

2. 脚背正面踢球

脚背正面踢球［图 7-2（a）～（e）］要领：支撑脚距球 10 厘米左右，脚尖正对出球方向，踢球腿大、小腿折叠，大腿带动小腿由后向前摆动，当膝关节接近球的正上方时，小腿做爆发式摆动，脚背绷直，从脚背正面击球，击球后身体跟随球前移。

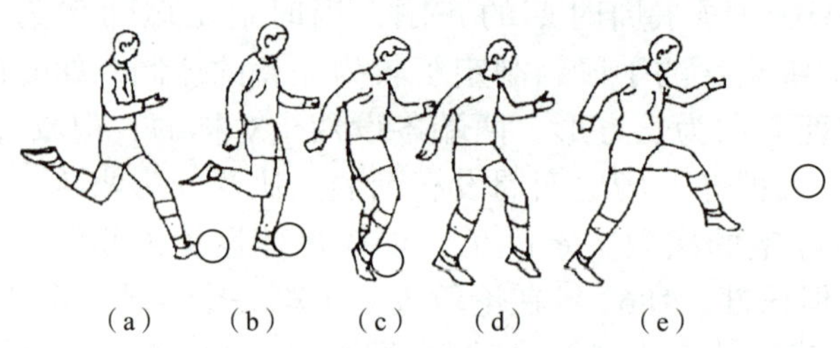

图 7-2　脚背正面踢球

3. 脚背内侧踢球

脚背内侧踢球［图 7-3（a）～（e）］要领：助跑方向与出球方向约成 45°，支撑脚在球内侧后方 20～25 厘米，脚尖正对出球方向，踢球大腿、小腿折叠，大腿带动小腿由后向前摆动，当大腿接近支撑脚同一平面时，小腿做爆发式摆动，脚尖稍外转，脚背绷直，以脚背内侧击球，击球后身体随球前移。

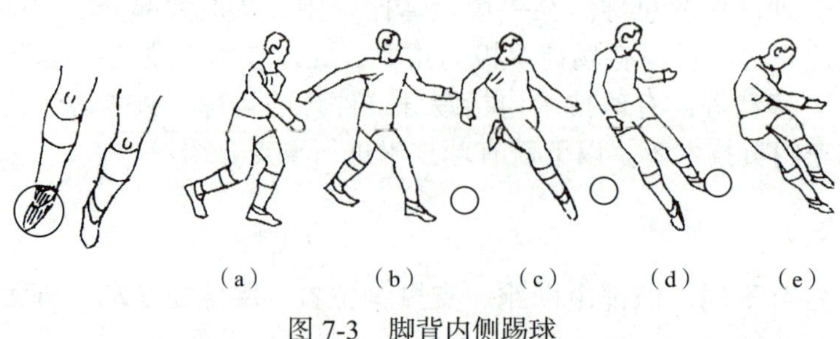

图 7-3　脚背内侧踢球

4. 脚背外侧踢球

脚背外侧踢球［图 7-4（a）～（e）］要领：前三个步骤与第五个步骤和脚背正面踢球相同，只有当小腿做爆发式摆动时，要求脚尖内转，脚背绷直提踵，脚趾扣紧，用脚背外侧击球。

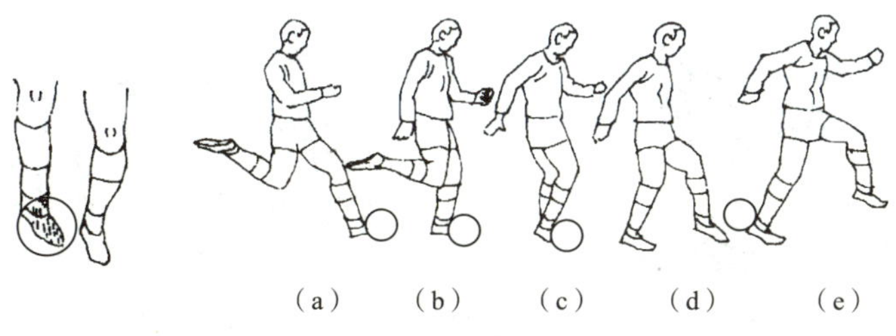

图 7-4 脚背外侧踢球

（二）停球

常用的停球技术有脚底、脚内侧、脚背正面、脚背外侧、胸部等部位的停球。在实际应用中应该把球停成活球。

1. 脚底停球

脚底停球技术主要用来停地滚球和反弹球。

（1）停地滚球［图 7-5（a）～（e）］要领：支撑脚尖正对来球，停球脚提起微屈膝，脚背略屈，使脚底与地面约成 45°，脚跟与地面距离小于球的直径，来球时用前脚掌下点停住球。

（2）停反弹球［图 7-6（a）～（c）］要领：判断落点，支撑脚在落点侧后方，在球落地瞬间，抬起停球脚，用前脚掌触球的中上部，使球在地面与脚底之间反弹，减小力量将球停下来。

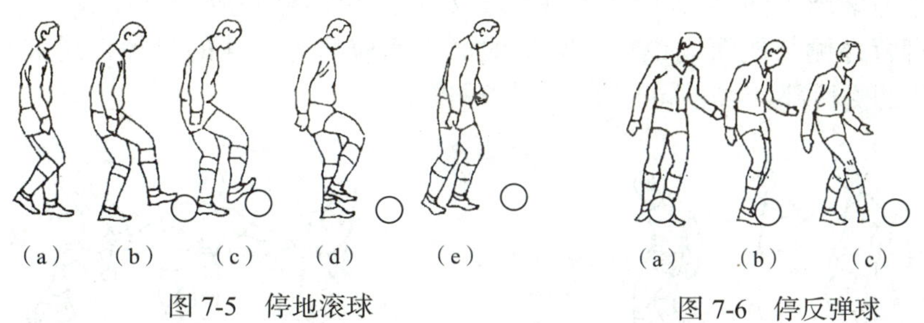

图 7-5 停地滚球　　图 7-6 停反弹球

2. 脚内侧停球

脚内侧停球技术主要用来停地滚球、反弹球和接空中球。

（1）停地滚球［图 7-7（a）、（b）］要领：支撑脚尖正对来球，接球腿外展脚尖微翘，脚内侧正对来球前迎，在与球接触的瞬间迅速后撤把球停在脚下（图 7-7）。

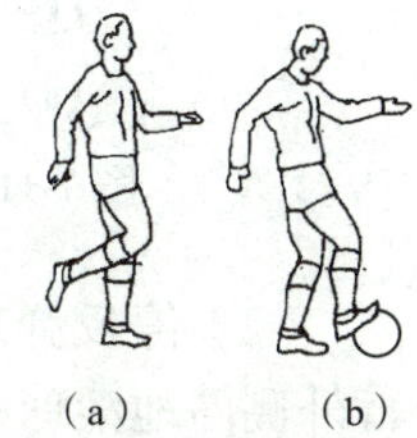

图 7-7 停地滚球

（2）停反弹球［图 7-8（a）～（c）］要领：判断落点，支撑脚在落点的侧前方，停球腿提起，脚内侧对准球的反弹路线并成锐角，当球落地反弹时迅速用脚内侧部位轻推球的中上部将球停下来。

（3）接空中球［图 7-9（a）～（d）］要领：判断球的速度与运行轨迹，接球腿屈膝、抬高，脚内侧对准来球前迎，在接触球的瞬间后撤缓冲将球停下来。

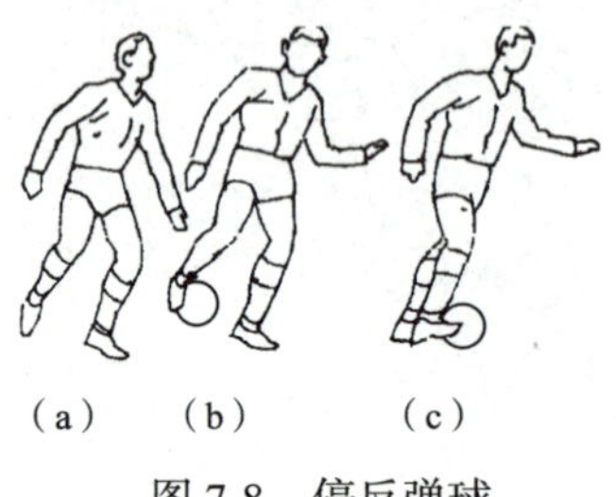

（a） （b） （c）

图 7-8 停反弹球

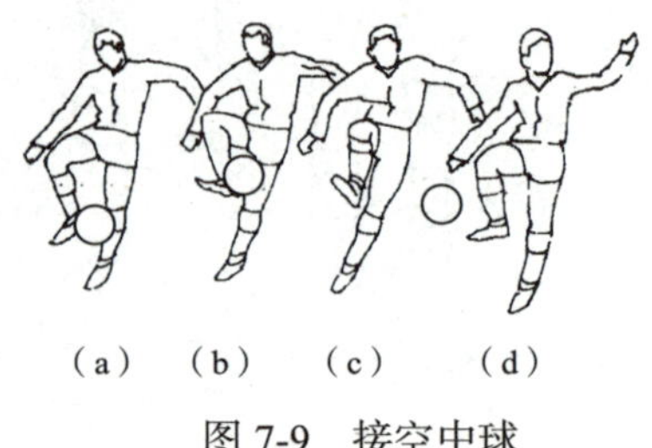

（a） （b） （c） （d）

图 7-9 接空中球

3. 脚背正面停球

脚背正面停球主要用来停大抛物线的来球。

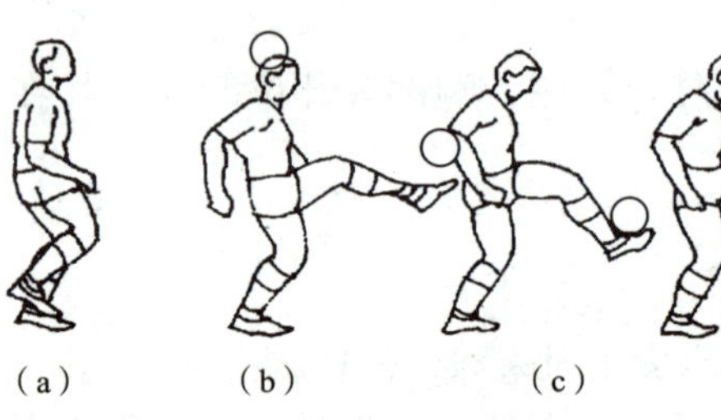

（a） （b） （c） （d）

图 7-10 脚背正面停球（1）

脚背正面停球（1）［图 7-10（a）～（d）］要领：判断落点，停球腿脚背正面上迎来球，当球与脚面接触的瞬间，停球腿迅速下撤缓冲，将球停下。

脚背正面停球（2）［图 7-11（a）～（c）］要领：判断落点，停球腿微抬起，屈脚背，当球接触脚背的瞬间，踝关节放松将球停下。

4. 脚背外侧停球

脚背外侧停球技术主要用来停地滚球和反弹球，有隐蔽性强的特点。

（1）停地滚球［图 7-12（a）～（c）］要领：身体重心放在支撑脚，停球腿抬起，脚内翻使脚背外侧与地面成锐角，脚与地面距离应略等于球的半径，对准来球用脚背外侧轻推球的侧后部，重心同时外移，将球停下。

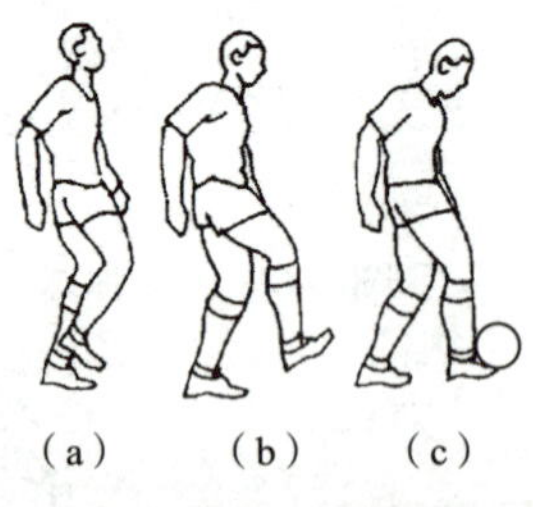

（a） （b） （c）

图 7-11 脚背正面停球（2）

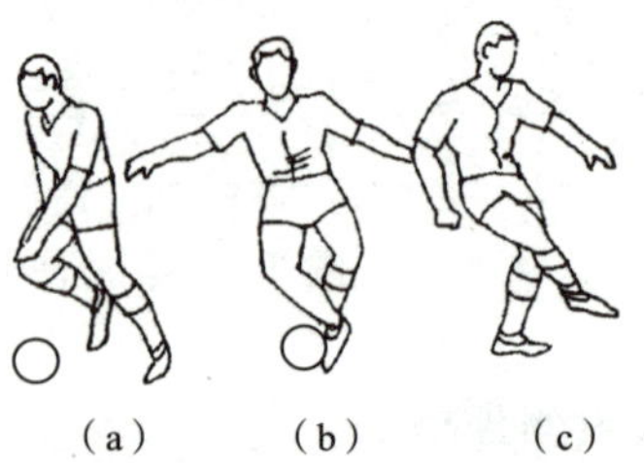

（a） （b） （c）

图 7-12 停地滚球

（2）停反弹球（图 7-13）要领：除了触球部位是球的侧上部外，其他环节都与脚背外侧停地滚球相同。

5. 胸部停球

胸部停球技术主要用于停空中球，有挺胸和收胸两种停球方法。

（1）挺胸式停球［图 7-14（a）、（b）］要领：面对来球，两膝微屈，重心置于支撑面内，上体后仰，下颏微收，两臂自然张开，接触球瞬间，两脚蹬地，膝关节伸直，用胸部轻托球的下部，使球微微弹起于前胸上方。

（2）收胸式停球（图 7-15）要领：面对来球，两脚开立，两臂自然张开，挺胸迎球，触球瞬间收胸收腹缓冲球的力量将球停下。

图 7-13 停反弹球

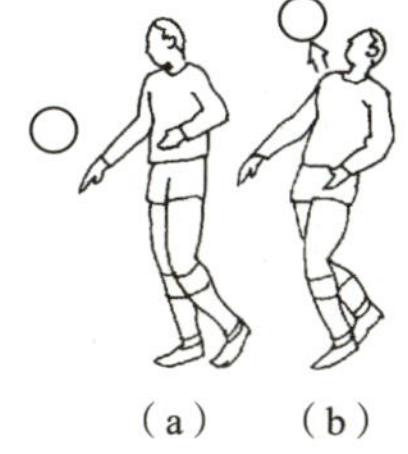

（a） （b）

图 7-14 挺胸式停球

图 7-15 收胸式停球

（三）运球

运球技术主要有脚内侧运球、脚背正面运球、脚背内侧运球、脚背外侧运球等。

1. 脚内侧运球

脚内侧运球［图 7-16（a）～（c）］要领：支撑脚位于球的侧前方，指向运球方向，重心在支撑脚上，运球腿提起屈膝，用脚内侧推球前进。

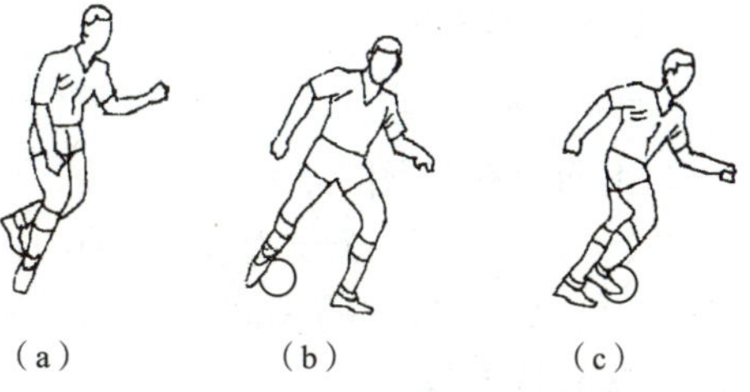

（a） （b） （c）

图 7-16 脚内侧运球

2. 脚背正面运球

脚背正面运球［图 7-17（a）～（e）］要领：运球时身体放松，上体稍前倾，步幅不宜过大，运球腿提起，膝关节稍屈，髋关节前送，脚尖下指，用脚背正面推球前进。

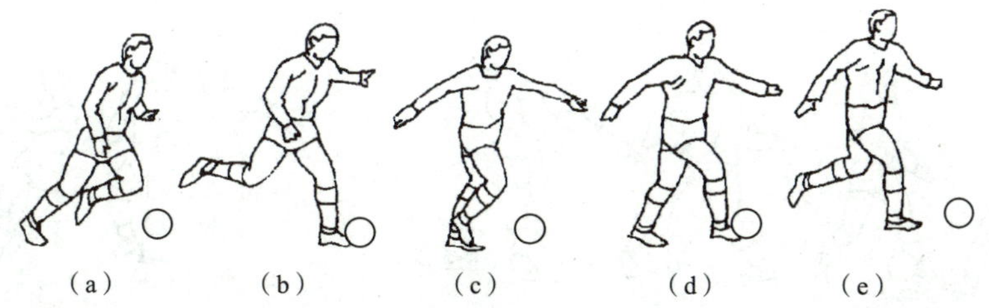

（a） （b） （c） （d） （e）

图 7-17 脚背正面运球

3. 脚背内侧运球

脚背内侧运球［图 7-18（a）～（c）］要领：身体自然放松，稍侧转，步幅不宜过大，运球腿膝微屈外转，提踵，脚尖外转，用脚背内侧推球前进。

4. 脚背外侧运球

脚背外侧运球要领：身体自然放松，步幅不宜过大，运球腿膝微屈，脚尖稍内转，用脚背外侧推球前进。

（四）头顶球

前额正面原地头顶球［图 7-19（a）～（d）］要领：身体正对来球，自然成背弓，两脚开立，膝关节微屈，两臂自然张开，微收下颌。当球接近、通过重心垂直面时，两腿用力蹬地，迅速向前摆体。触球瞬间颈部做快速振摆，用前额正面击球，身体随球前摆。

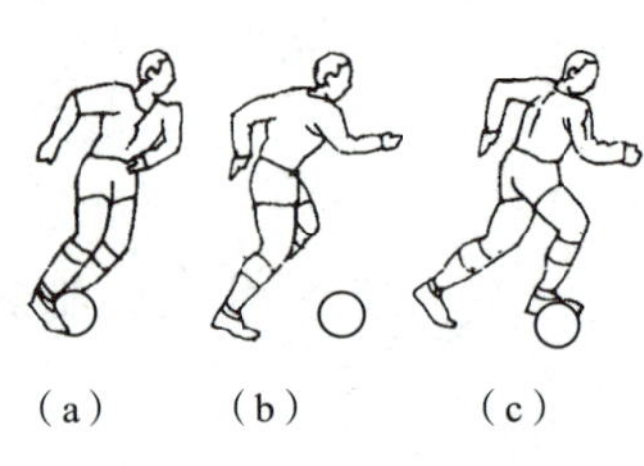

（a）（b）（c）

图 7-18 脚背内侧运球

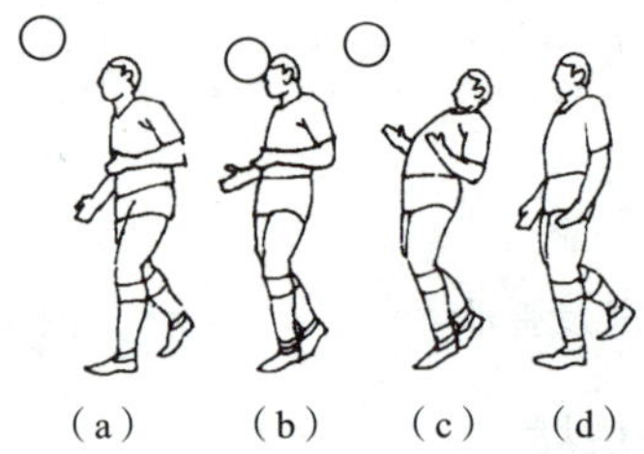

（a）（b）（c）（d）

图 7-19 前额正面原地头顶球

（五）抢截球

1. 正面抢球

正面抢球［图 7-20（a）～（c）］要领：正对对手时，在对手没有完全接好球、离球较远等情况下，跨步上前用脚内侧去封堵截球。此时踝关节应紧张，上体前倾，腿部用力。如遇双方的脚同时触球，则尽可能早地向上做提拉运作，使球从对手脚背滚过，从而控制球。

2. 侧面抢球

侧面抢球［图 7-21（a）、（b）］要领：当与对手并肩跑动时，利用合理冲撞使其失去平衡，乘机将球控制。

（a）（b）（c）

图 7-20 正面抢球

（a）（b）

图 7-21 侧面抢球

合理冲撞：与对手并肩跑动时，自己远离对手一侧的腿落地时重心稍下降，用靠近对手一侧的手臂紧贴身体，利用对手同侧脚离地的过程，用肘关节以上部位适当冲撞对手同样部位，使对手身体失去平衡，乘机控制球。

（六）掷界外球

掷界外球技术有原地掷界外球和助跑掷界外球两种。

1. 原地掷界外球

原地掷界外球［图 7-22（a）～（e）］要领：面对出球方向，两脚开立，身体后仰成背弓，两手自然张开，持球，虎口相对，持球侧后部，屈肘将球置于头后；掷球时，两脚用力蹬地，收腹摆体，两臂迅速前摆，当球摆过头顶时用力甩腕，将球掷入场内。掷球时脚可沿地面滑动但不得离开地面。

图 7-22 原地掷界外球

2. 助跑掷界外球

助跑掷界外球要领：双手持球于胸前，在助跑迈出最后一步时，两手持球至头后，同时身体后仰成背弓，其余的动作与原地掷界外球动作相同。

（七）假动作

假动作渗透在各项技术中，几乎所有的技术动作都有假动作存在。以下列举几个常见的假动作。

1. 传球前的假踢

传球前的假踢要领：传球前先向一个方向做假踢动作，让对手上当去封堵假踢路线，然后可向另一方向传球或运球。

2. 接球前的假接

接球前的假接要领：先向一侧做假接球动作，当对手重心向那一侧偏移时，突然改为另一侧接球

3. 接球前的假顶

接球前的假顶要领：在接高空来球时，对手准备在接球者接球后立即拦截，此时接球者可做假顶球动作，使对手上当减速或停下。此时突然用胸部停球将球控制好。

（八）守门员技术

守门员技术包括接球、扑接球、发球、拳击球和托球等。

1. 接球

（1）接地面球要领：常用的方法有直腿式接地面球［图 7-23（a）～（c）］和跪撑式接地面球［图 7-24（a）～（e）］两种。

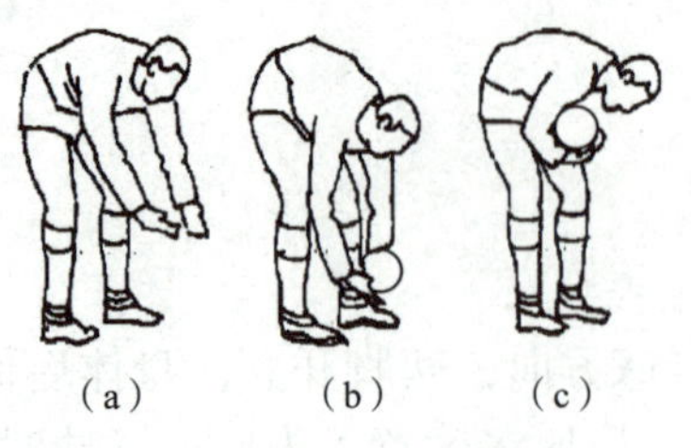

（a）（b）（c）

图 7-23　直腿式接地面球

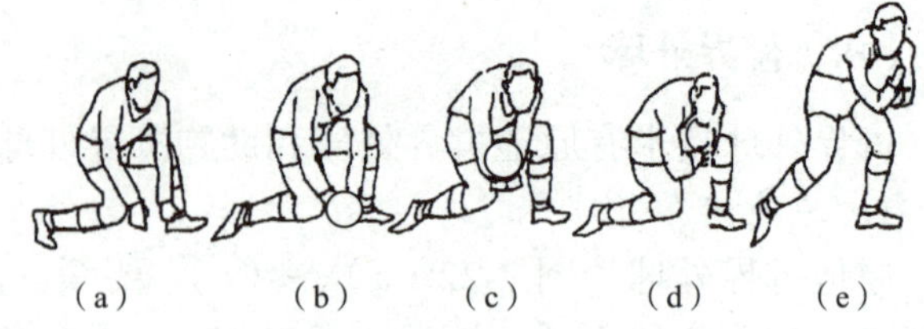

（a）（b）（c）（d）（e）

图 7-24　跪撑式接地面球

（2）接平直球［图 7-25（a）～（e）］要领：身体正对来球，两脚开立，上体稍前倾，两手掌心相对，向斜前上方，手部呈圆勺状，伸臂略屈肘前迎，球触手时手指、手腕适当紧张用力，并屈肘回撤缓冲，将球抱于胸前。

（3）接高空球［图 7-26（a）～（d）］要领：两臂上伸，两手迎球，手指张开，两拇指相对，当手触球时两臂后撤缓冲，手指和手腕适当用力转腕，将球抱于胸前。

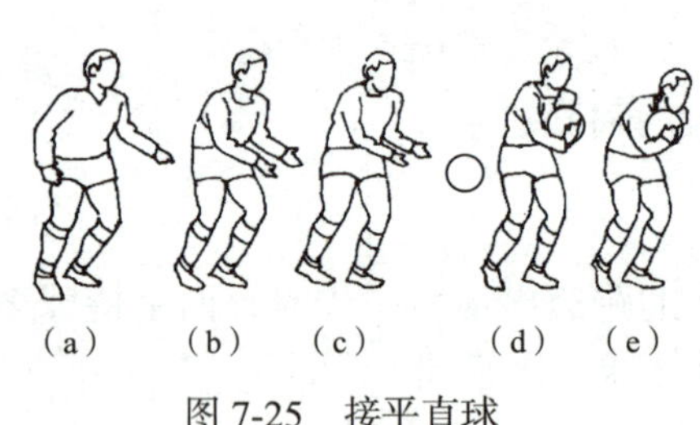

（a）（b）（c）（d）（e）

图 7-25　接平直球

（a）（b）（c）（d）

图 7-26　接高空球

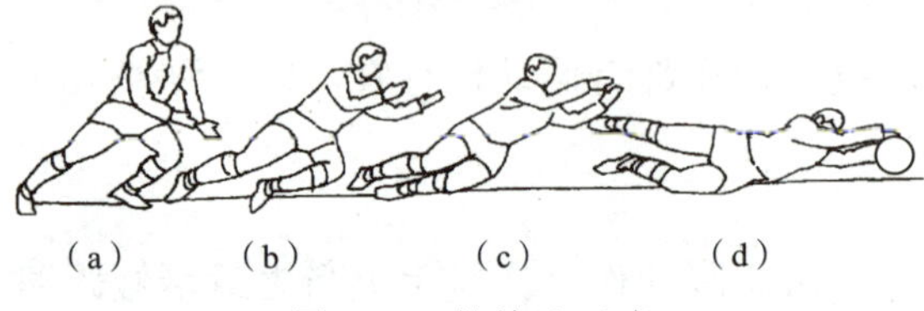

（a）（b）（c）（d）

图 7-27　扑接地面球

2. 扑接球

（1）扑接地面球［图 7-27（a）～（d）］要领：注视来球，重心降低，向侧面倒地扑球时，异侧脚用力侧蹬，同侧脚屈膝迎球向斜前跨出，上体顺势加速倒地，双臂伸出，同侧手在球后封堵，异侧手在球上按压球。将球接住，并快速将球收回抱于胸前。倒地时顺序依次是小腿、大腿、臀部、肩和手臂外侧。

（2）扑接空中球［图 7-28（a）～（h）］要领：注视来球，身体重心迅速向球的那侧移动倾斜，当重心移到起跳脚时，发力快速侧蹬，使身体向球方向跃出；同时身体充分伸展，两臂迅速向球伸出，两手成半球形触球的侧方及侧后方将球接住。着地时双手持球屈肘，以前臂、肩部、上体、侧面的下肢依次着地，并迅速将球收回在胸腹前。

3. 发球

1）脚踢球发球

（1）踢凌空球［图 7-29（a）～（d）］要领：守门员双手将球向体前抛起来与腰同高，当球下落时，以脚背正面击球后下方，将球向空中沿 45°踢出。

（a） （b） （c） （d）

（e） （f） （g） （h）

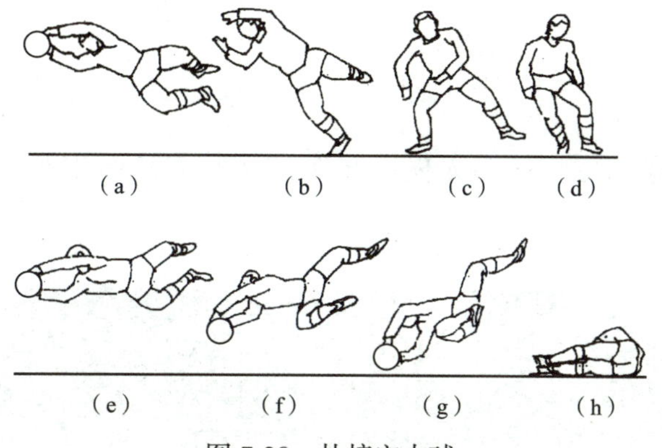

图 7-28 扑接空中球

（2）踢反弹球（图 7-30）要领：守门员双手将球向体前抛起来与腰同高，当球落地刚弹起时，以脚背正面击球后下方，将球向空中沿 45°踢出。

（a） （b） （c） （d）

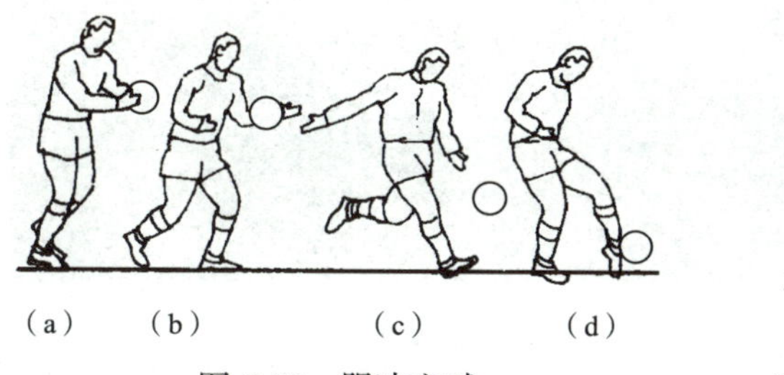

图 7-29 踢凌空球

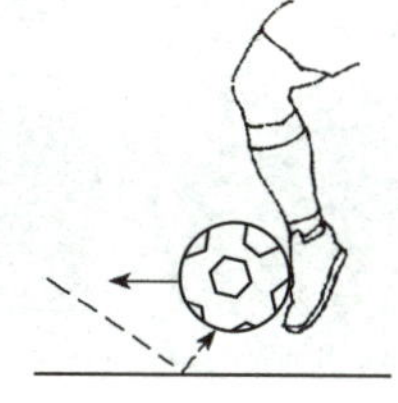

图 7-30 踢反弹球

2）手掷球发球

手掷球发球要领：包括单手肩上掷球［图 7-31（a）～（e）］、单手低手掷球［图 7-32（a）～（c）］和勾手掷球［图 7-33（a）～（d）］。

（a） （b） （c） （d） （e）

图 7-31 单手肩上掷球

（a） （b） （c）

图 7-32 单手低手掷球

（a） （b） （c） （d）

图 7-33 勾手掷球

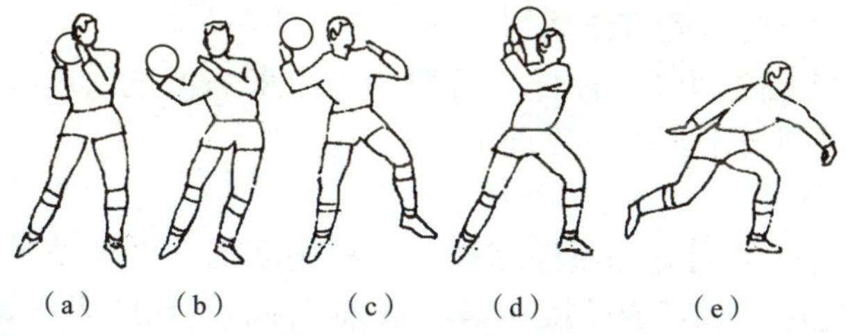

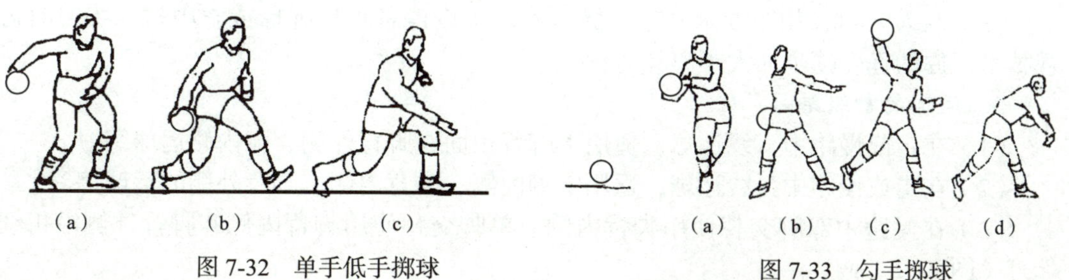

（九）初级练习

1. 踢球的初级练习

（1）一人用脚底挡球，另一人做上步踢球。此方法适用于各种踢定位球的练习（图 7-34）。

图 7-34　踢定位球的练习

（2）离足球墙 1～2 米用脚内侧对墙踢球。最初一踢一停，然后逐步过渡到连续对墙踢球，最后是左右两脚交替对墙踢球（应该有意识地对某一点踢球）。

（3）离足球墙 10 米左右对墙踢球。注意踢球的每一环节，力量不宜过大，然后逐步过渡到 25 米左右。先踢定位球，有一定基础后再踢足球墙反弹的活动球。注意，应该有意识地踢向预定目标。此方法适用于各种踢球练习。

（4）在足球墙与人之间竖立标杆或模型，可用来练习过顶球或弧线球。标杆或模型与墙和人的距离可视技术掌握程度而定。

2. 停球的初级练习

（1）对足球墙踢球的同时练习停球技术，利用墙的反弹球速的大小增加停球的难度，可用来练习停地滚球和普通的反弹球。但练习停旋转球效果不好。

（2）用手向上抛球或将球踢高进行停反弹球练习或脚背正面和大腿停球练习。

（3）两人一组，相距 5 米左右一抛一停，可以停各种反弹球或空中球，练习时可视技术掌握的程度逐步加大距离和力量。

3. 运球的初级练习

（1）在走或慢跑中直线运球，适用于脚背正面、脚背外侧、脚内侧运球练习。

（2）在走或慢跑中弧线运球，适用于脚内侧、脚背内侧、脚背外侧的运球练习。

（3）在慢跑中双脚交替使用脚背内侧或单脚交替使用脚背内侧和脚背外侧沿折线运球（图 7-35）。

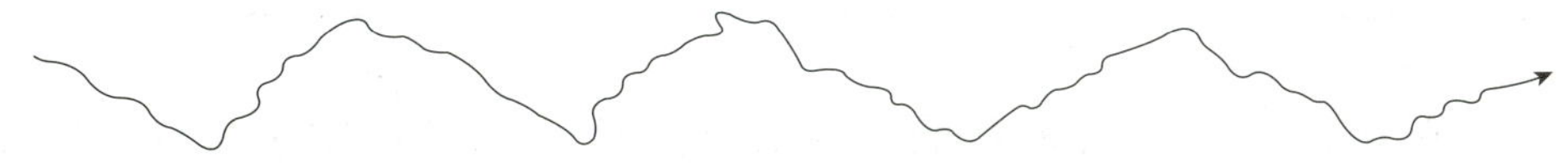

图 7-35 折线运球

4. 头顶球的初级练习

（1）先徒手做各种头顶球动作练习，然后双手举球在头前，用前额正面或侧面去触球，双眼注视球，体会触球的感觉。

（2）把球吊在合适的高度，进行各种顶球的练习。

5. 抢截球的初级练习

（1）两人一球面对面，一人带球，一人正面封堵，并在触球的瞬间做提拉动作。在练习一段时间后，可在触球的瞬间两人同时提拉，体会提拉时机的掌握。

（2）两人同方向慢跑，做合理的冲撞，体会冲撞的时机和部位；在练习一段时间后，可一人带球，一人赶至并肩时伺机合理冲撞并控制球。

知识链接

足球提高练习（选修课）

（1）两人一球，面对面脚内侧传球，不停球。熟练后逐步过渡到一进一退中传球。

（2）两人一球，同方向相距 5 米左右，在跑步中相互传球，注意传同伴身前的空当并考虑同伴的跑进速度，熟练后将距离逐渐增大（图 7-36）。

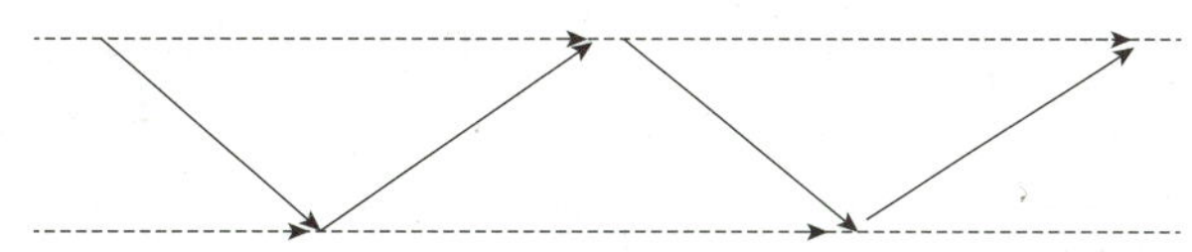

图 7-36 两人跑步中相互传球

（3）两人一球，相距 25 米左右，使用各种踢球与停球技术相互传、接球。视技术掌握程度逐步过渡到踢活动球。

（4）两人或多人一球，使用各种传球与停球技术进行传、接球练习。注意要停活球，身体的重心向接球后球运动的方向移动，以避开对方的冲撞与抢截，更好地处理球。例如，停球转身、停球变向等。

（5）两人一球，相距 20 米左右，甲传高球给乙，乙将球顶给甲或顶向球门，多次后轮换。

（6）三人一球，甲传球，乙和丙一攻一守，进行对抗练习。

（7）运球绕杆练习，在球场上插相距 1.5 米或 2 米的杆，若干练习者绕杆蛇形运球。

（8）运、扣、拉组合练习，每人一球，在运球时听场外一人发令做运、扣、拉等练习，熟练后尽量抬起头来运球。此练习较难，需要一定的基础。

（9）背对足球墙，运球转身踢向足球墙，迎上接球，转身运球，如此反复练习。

（10）两人一组一抛一顶，进行各种头顶球的练习，可以是正面的，也可以是侧面的。

（11）在 10 米 ×10 米的区域内，三名进攻队员和一名防守队员进行传抢练习。四名队员轮流作防守队员，防守队员积极封堵、抢截进攻队员的传接球。

（12）在 15 米 ×15 米的区域内，四名进攻队员和两名防守队员进行传抢练习，六名队员轮流做防守队员。进攻队员注意配合、跑位。防守队员积极封堵、抢截，且两人应密切配合，一抢一堵。练习一段时间后，可以增加难度，如规定进攻队员一次触球。

（13）在足球场或与之相近大小的场地上进行三对三或四对四的小场地比赛，没有守门员，球门相对较小。限制射门的高度，可以提高局部小组配合的能力和球员的控球能力。此练习对硬件要求不高，在各基层足球运动中占很大的比重。

（14）局部“二过一”配合练习。

斜传直插“二过一”（图 7-37）要领：进攻队员⑥斜传球，⑦直接插到④的身后空当接球。

直传斜插“二过一”（图 7-38）要领：进攻队员⑨直线传球，⑩从②的身后空当插入接球。

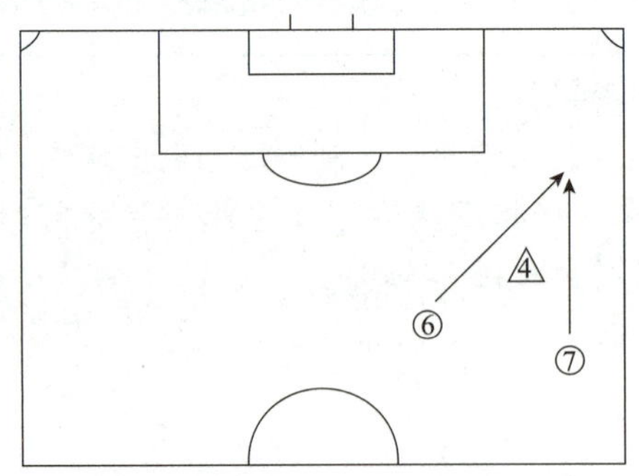

图 7-37 斜传直插“二过一”

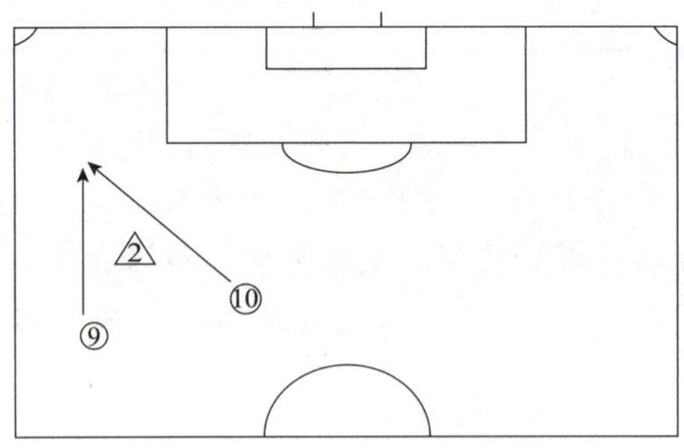

图 7-38 直传斜插“二过一”

贴墙式“二过一”（图 7-39）要领：进攻队员⑨带球靠近防守队员③后传球给⑧，⑧直接将球传到身后空当，⑨快速插入接球。

回传反切“二过一”（图 7-40）要领：进攻队员⑨接⑩传球立即回传给⑩，然后快速切入②身后空当接⑩的传球。

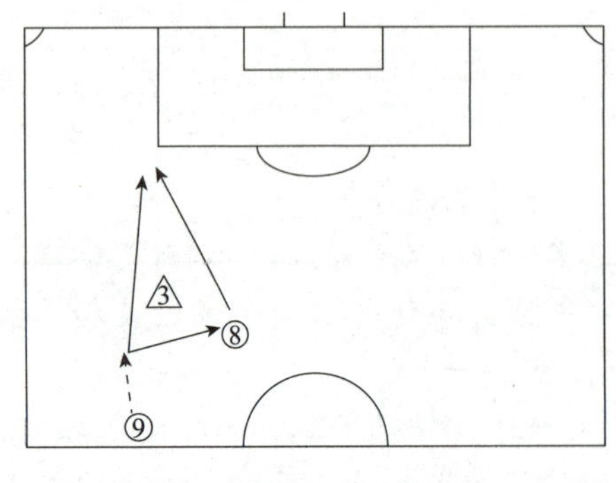

图 7-39 贴墙式“二过一”

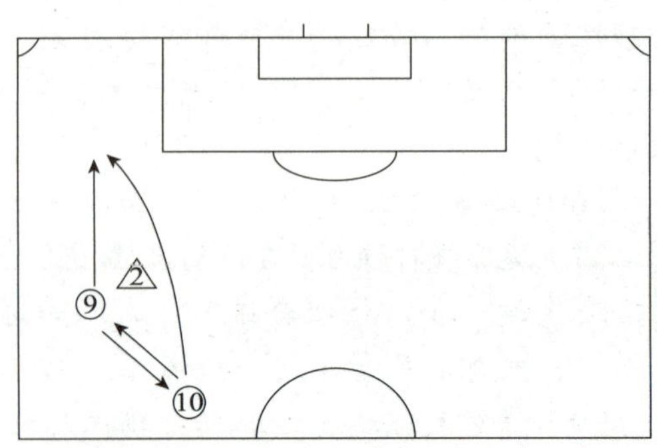

图 7-40 回传反切“二过一”

三、足球运动的基本战术

足球运动的战术就是比赛中为战胜对手，根据主客观的实际所采取的个人和集体的手段的综合表现。实践比赛证明，熟练而巧妙地运用全队战术是夺取胜利的重要因素。

（一）比赛阵型

现代足球运动至今已有百余年的历史，比赛阵型也在发展和演变。它的演变可归纳为以下过程。

1. “一卫九锋式”阵型

“一卫九锋式”阵型要领：当时的足球规则规定了本方任何队员只要在球的前面就是越位，因此，在比赛中，限于规则的规定和技术水平低下，只设一名后卫防守可抵挡九名前锋的进攻。

2. “三卫七锋式”阵型

随着技术水平的提高，一名后卫的防守越来越难以阻挡九名前锋的攻击，为了加强防守，在英国首先出现了“三卫七锋式”阵型。

3. “四卫六锋式”阵型

1866 年，越位规则发生了变化，规定进攻队员与对方端线之间，对方队员不足三名为越位。这一变化，使无球队员可以跑到球的前面去而有利于进攻，促进了传递配合，进球增多，暴露了三名后卫的弱点，于是，1870 年由苏格兰人创造了“四卫六锋式”阵型。

4. “塔式”阵型

英国人根据三名后卫难于防守进攻的情况，在 1884 年创造了“塔式”阵型，它体现了攻守力量基本平衡，对足球运动的发展曾起到积极作用。

5. “WM”式阵型

1925 年，国际足联修改了越位规则，将进攻队员与对方端线之间对方队员不足三名改为不足两名时为越位，这对攻方极为有利，进球变得容易了，从而丰富了战术内容。英国人契甫曼于 1930 年首创了“WM”式阵型，这是在“塔式”阵型基础上的产物，也是一个攻守平衡阵式。

6. “四前锋式”阵型

由于“W”的三前锋很容易被“M”的三后卫盯死，匈牙利人在 20 世纪 50 年代初期创造性地运用了“四前锋式”的阵型。该阵型的优点在于能利用四个前锋的人数优势攻击三名后卫的防守，在前锋线的每一局部地区，都能以准确的短传配合于频繁的交叉换位，有效地突破对方防线。

7. “四二四”式阵型

巴西人针对“四前锋式”攻守不平衡状态，于 1958 年在瑞典举办的第 6 届世界杯赛上成功运用了“四二四”式阵型，出色地解决了防守的弱点，又一次使进攻和防守达到了平衡，并保持了四名前锋攻击力强的优点，弥补了三名后卫防守的不足。

8. “四三三”与“四四二”式阵型

由于20世纪50年代的匈牙利、巴西的攻势足球和卓越的个人技术所产生的威慑，迫使世界各国的球队不得不加强防守以遏制进攻。在整个60年代的10年间，各种势在加强防守的阵式应运而生。巴西队在“四二四”的基础上于第7届世界杯赛运用了“四三三”式的阵型，从而加强了中场的力量。英国人在1966年第8届世界杯赛上采取旨在加强防守伺机反击的“四四二”式阵型，并获得成功，第一次登上世界冠军的宝座。直到1970年第9届世界杯赛才改变这种防守踢法的局面。

9. 全攻全守式踢法

以荷兰、联邦德国、波兰为代表的总体性全攻全守式踢法在1974年第10届世界杯赛上获得了极大的成功。这种踢法要求运动员能攻善守，不论跑到那个位置都能胜任那个位置的职能，也必然要求运动员的意志、技术、战术、身体和心理素质的全面化，从而达到实际上的攻守平衡。从1974年至今的历届世界杯赛上，各队都是在全攻全守的基础上，根据各队技战术与队员的特点，采用相应的阵型与打法，先后出现了“三五二”“五三二”“四二三一”“三四二一”等新的阵型，并显示出了其新的生命力。

（二）各位置主要职责

1. 边后卫

（1）防守。边后卫防守的主要职责是防守边路，在战术上的任务是：①严防边路通道；②封锁攻门通路；③参与制造越位。

（2）进攻。提高边后卫的进攻质量对于确保攻守平衡和增强全队的进攻力量具有重要意义，边后卫参加进攻的形式大体上有以下几种：①迅速发动进攻；②接守门员发球；③参与中场的组织进攻；④担当临时边锋。

2. 中卫

（1）防守。双中卫身居门前要害地域，是防守中的支柱，通常把双中卫中突前的叫作突前中卫，把拖后者称作自由中卫。

突前中卫的主要防守职责是：①看守突前中锋；②向后交叉补位。

自由中卫是全队防守的关键性人物，其主要防守职责：①驻守防区，截获传球；②断抢渗透性直传球，弥补门前空当；③阻击离开自己基本位置的插上“骑兵”；④机动保护，及时补位；⑤掩护进攻，弥补空当；⑥居后指挥，稳固防守。

（2）进攻。中卫的主要任务是防守，但是，一旦战术时机成熟，就参与进攻。

突前中卫的具体任务是：①抢的球后可将球传给边卫、前卫或前锋来发动进攻；②在中场接应同伴传球来组织进攻，加强中场进攻力量；③战机成熟时可直接投入一线进攻，并力争射门，进攻结束迅速回位。

自由中卫参与进攻的战术任务大体上有如下几种：①夺球发动进攻；②居后接应配合；③突然插上进攻。

3. 前卫

前卫队员，起着锋卫间的桥梁和攻守的枢纽的作用，根据比赛的需要，前卫又可分为以下三种类型。

（1）组织型前卫。在中场负责组织与发动进攻，其基本的战术任务是：①组织进攻；②控制节奏；③威胁球门；④积极防守。

（2）防守型前卫。其基本的战术任务是：①对口盯人；②机动防守；③及时补位；④伺机进攻。

（3）进攻型前卫。其基本的战术任务是：①制造空当；②组织进攻；③攻击球门；④边锋内切拉出边路空当，前卫套边替代边锋进攻职责；⑤积极防守。

4. 突前前锋

突前前锋位于进攻的最前线，通常起着尖刀和炮手作用，其基本的战术任务是：①积极射门；②扯动看守；③传球配合；④积极反抢。

5. 边锋

边锋不仅需要承担起边路进攻的职责，而且通过交叉换位要完成多种战术任务，具体如下：

（1）侧翼进攻。①通过带球突破或配合突破，打开边路缺口，进行传中或者射门；②通过有球或者无球的活动，扯动防守，拉出边路空当，让前卫或后卫插上；③中路或侧翼进攻时，拉边牵制防守，并随时准备接应转移传球；④大范围交叉换位，起到另侧边锋的作用。

（2）中路进攻。①内切中路，进行配合突破射门；②与中锋交叉换位，起到中锋作用；③异侧边路传中，及时包抄射门。

（3）积极防守。①由攻转守时，边锋应紧盯“自己的后卫”，不让其自由助攻；②必要时应积极参与中场或后场的集体防守；③当对方罚角球或在罚球区附近踢任意球时要积极参与门前的防守；④当本方边卫出击时，应临时代行边卫之职。

（三）比赛原则

1. 进攻原则

进攻的四条原则，实际是进攻过程中的四个阶段。

（1）制造宽度。发动进攻的第一步是通过跑动充分利用球场的宽度，拉开两翼，扩大防守面，使进攻的空隙增大，出现空当，有利于穿插配合。

（2）传切渗透。在充分拉开的基础上，控球者必须通过传球，带球逐步渗透寻找空当，一旦出现空当则应迅速地切入渗透，加快进攻速度，使对手措手不及，难于防范。

（3）机动灵活。当进攻至对方罚球区前沿时，守方定会采取紧盯、换位、补位等措施加强防守，这时进攻者必须运用各种有球无球的活动，发展已有的优势，使防守顾此失彼，防不胜防。

（4）随机应变。进攻的深入发展必然遇到守方全力以赴的逼抢，在这种情况下进攻者必须要创造性地运用技战术的突然变化，造成对方猝不及防。

2. 防守原则

（1）延缓进攻。当对球失去控球权转入防守的刹那，是夺回球最重要的时机，如果不能立即夺回球，那么失球的队员或在他附近的队员应立即逼近对手，不让对手向前传球或快速带球向前推进，这将有利于其他同伴迅速调整防守。

（2）对口平衡。在延缓对手进攻速度的同时，其他队员赢得了退守到位调整防守位置的时间，因此，无论是盯人防守还是区域防守，都要“对口”达到攻守人数平衡，才有可能稳固防守。

（3）收缩保护。在实现力量平衡的同时，需要组织好整体防守，使防守集体性得到加强。这时每个人都要负起分工防守的责任，并注意互相保护和补位，缩小防卫间的空隙，有效地破坏和控制对手的进攻。

（4）紧盯控制。当对方向本方罚球区及其附近推进时，每个防守队员都必须紧盯自己的对手，尽自己最大能力不让对手在有利位置控球、越位、传球、射门。当守门员出击和扑球时，要及时做好保护或补门。

（四）全队攻守战术

1. 全队进攻战术

所谓全队进攻战术，是指进攻面比较广，参加进攻的人数比较多的战术配合。具体运用千变万化，但最终都离不开边路进攻和中路进攻。

1）边路进攻和中路进攻

所谓边路进攻，是指在对方半场侧面地区发展的进攻。边路进攻由于两侧地区防守队员相对较少，空隙较大，攻方在这一地区便于发展进攻，突破防守线，创造攻门机会。但是由于离门远，角度小，直接得分的可能性小，大多数的攻门仍然由边路突破传中后，由中路和异侧同伴包抄完成。所谓中路进攻，是指在对方半场中间发展的进攻。中路进攻由于离门近，角度大，一旦突破防守，威胁大，得分的可能性大。

在组织进攻战术时，必须考虑本方的特点和对手的实际，确定是以边路为主结合中路，还是以中路为主结合边路的战术。实践证明，采用单一的战术是不会取得令人满意的结果的。

2）进攻方法

（1）外围吊中。采用这种战术要做到：①传球要准。传出的球速度要快，抛物线不宜太大，最好是弧线。②传球的落点要在防守队员身后，而守门员又难于出击的位置上。③中锋争顶球能力要强，要在跑动中抢占有利位置跳起顶球，决不要在原地起跳顶球。④其他队员应及时抢占有利进攻位置，要有抢点射门和敢于在任何困难情况下起脚射门的勇气和能力。

（2）快速反击。采用这种战术要做到：①要有1～2名突破能力强，速度快，善于捕捉战机的“尖子”人物。②传球次数宜少不宜多，传球必须准确、及时、恰到好处。③既要有明确的突破口、反击点，又能根据场上的变化机动灵活的选择突破口和反击点。④一旦突破，其他队员的跟进、包抄、协同配合也是保证反击成功必不可少的条件。

（3）插上进攻。使用这种战术要做到：①中后场队员必须掌握进攻队员所具备的射门、传中、运球过人等一切技术、战术、心理和身体素质。②前场队员必须积极穿插、扯动、接应，为前卫、后卫插上制造空当。③控球队员在传球前应全面观察场上情况，将球传向最有威胁的空当；其他队员的跑位应多向，时间应有先后，以利于一人制造空当，另一人插入空当。

（4）转移进攻。转移进攻时应做到：①无论用一次长传或两次传球转移都需要及时准确，这是转移进攻成功的首要条件。②控球队员要随时观察以掌握转移的时机。③异侧队员及时地到达空当，突破防守。

（5）边路传中和切底回传。边路快速带球传中和切底回传一般由边锋完成，传球一般可传高球，但抛物线不宜太大，传中落点稍靠中间时可传平直球。

2. 全队防守战术

目前全队防守战术有区域防守、盯人防守、混合防守。

（1）区域防守。每个防守队员负责防守一定区域，当对方谁进入该区域就由该队员负责盯防。

（2）盯人防守。分全场盯人，半场盯人及门前 30 米内盯人。采取盯人战术是指被盯防的对手不管跑到哪个位置就盯防到哪里。

（3）混合防守。该防守战术是指所有队员进行防守，有的队员进行盯人防守；或者有的区域进行盯人防守，有的区域采取区域防守，如进入门前 30 米地区采用盯人防守，离开这个区域采取区域防守。采用这种防守战术，每个防守队员都必须按下列要求行动：①丢球即抢或迅速封堵；②层层设防，保持队形；③局部紧逼、相互保护、及时补位；④重点盯住进攻的组织者和攻击手；⑤夹击和围抢；⑥制造越位；⑦切忌在罚球区内或附近犯规。

3. 整体攻守需要处理好的关系

整体攻守需要处理好以下关系：①攻守平衡；②快与慢；③数量和质量；④稳健和冒险；⑤集体与球星；⑥计划与应变；⑦特长与全面。

四、足球运动部分规则

（一）场地与器材

1. 场地

足球运动场地应为长方形，其长度不得多于 120 米或少于 90 米，宽度不得多于 90 米或少于 45 米（国际比赛的场地长度不得多于 110 米或少于 100 米，宽度不得多于 75 米或少于 64 米）。在任何情况下，长度必须超过宽度。足球运动场地如图 7-41 所示。

2. 球门

球门应设在每条球门线的中央，由两根相距 7.32 米、与两面角旗点相等距离、直立门柱与一根下沿离地面 2.44 米的水平横木连接组成，为确保安全，无论是固定球门或可移动球门都必须稳定地固定在场地上。门柱及横木的宽度与厚度，均应对称相等，不得超过 12 厘米。球网附加在球门后面的门柱及横木和地上。球网应适当撑起，使守门员有充分活动的空间。（注：球网允许用大麻、黄麻或尼龙制成。尼龙绳可以用，但不得比大麻或黄麻绳细。）

3. 球

足球比赛用球应为圆形，它的外壳应用皮革或其他许可的材料制成，在它的结构

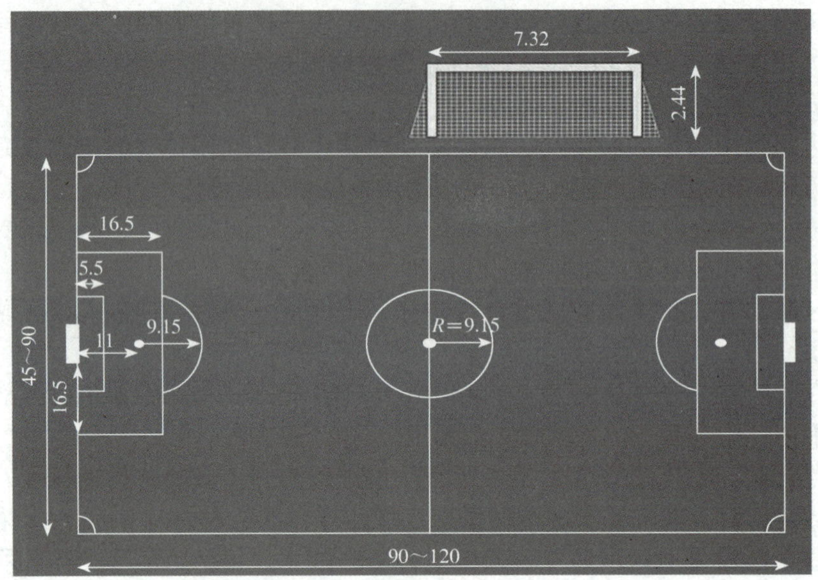

图 7-41　足球运动场地（单位：米）

中不得使用可能伤害运动员的材料。球的圆周不得多于 71 厘米或少于 68 厘米。球的重量，在比赛开始时不得多于 453 克或少于 396 克。充气后其压力应相当于 0.6～1.1 个大气压力（1 标准大气压＝101.3 千帕）。在比赛进行中，未经裁判员许可，不得更换比赛用球。

4. 赛制

目前国际正式足球比赛除室外 11 人制和室内五人制两种外，还有七人制和三人制等比赛形式。正式足球比赛，每队上场 11 名队员，有一名是守门员。

5. 比赛时间

比赛时间应分为两个相等的半场，每半场 45 分钟，一场球 90 分钟。中场休息不超过 15 分钟。如平局则加决胜期 30 分钟，分上下半场，各 15 分钟，中间不休息。如仍是平局可以通过互罚点球来决定比赛胜负。

特殊情况双方同意另定除外，并按下列规定执行：

（1）在每半场中由于替补、处理伤员、延误时间及其他原因损失的时间均应补足，这段时间的多少由裁判员决定。

（2）在每半场时间终了时或全场比赛结束后，如执行罚球点球、角球、前场任意球或带球进入对方禁区且暂未完成进球，则应延长时间至进攻结束为止。

6. 替补

（1）替补队员比赛前应先通知裁判员。

（2）替补队员在被替补队员离场，并得到裁判员许可后，方可进入比赛场地。

（3）替补队员应在比赛成死球时从中线处进场。

（4）被替补下场的队员不得再次参加该场比赛。

（5）替补队员无论上场与否，裁判员均有权对其行使职权。

（6）替补队员进入比赛场地，即成为场上队员，同时被替换出场的队员不再是场上队员，至此替补结束。

（二）运动规则

1. 越位判罚

比赛中，当队员处于下列情况时，即为该队员处于越位位置：①在对方半场；②较球更接近对方端线；③在该队员与对方端线之间，对方队员不足两人。

判罚时机：以同队队员将球传给处于越位位置队员的一刹那，同时，该队员在干扰比赛或干扰对方或企图从越位位置获得利益，就判对方间接任意球。

以下情况，队员虽处于越位位置，但不判越位：①队员仅仅处在越位位置，应理解为没有干扰比赛或对方队员，没有从越位位置获得利益；②队员直接接得球门球、角球、界外球。

2. 判罚直接任意球

（1）踢或企图踢对方队员。

（2）绊摔或企图绊摔对方队员。

（3）跳向对方队员。

（4）猛烈地或带有危险性地冲撞对方队员。

（5）从背后冲撞对方队员。

（6）打或企图打对方队员或向他吐唾沫（情节严重者应发令出场）。

（7）拉扯对方队员。

（8）推对方队员。

（9）用手或臂部携带、击或推球。

3. 判罚间接任意球

（1）危险动作。

（2）目的不在踢球，球又未在其控制范围以内的“合理冲撞”。

（3）队员不去踢球而故意阻挡对方者。

（4）冲撞守门员。

（5）守门员违例。

4. 黄牌警告

（1）比赛时，队员不经裁判允许，擅自离场或进场。

（2）队员连续违反规则。

（3）用语言或行动对裁判员的判决表示不满者。

（4）有不正当行为者。

5. 红牌罚令出场

（1）犯有暴力行为。

（2）严重犯规。

（3）用污言秽语或进行辱骂。

（4）经黄牌警告后，因犯规给予第二次黄牌警告。

（5）对有明显射门得分的队员进行犯规。

6. 不正当行为

（1）罚任意球时，守方队员故意不退出足够距离。

（2）用语言或行动对裁判员表示不满。

（3）对方掷界外球、踢任意球时，故意在前方挥动手臂、高声叫喊或投掷物品进行干扰。

（4）抽烟。

（5）跳起用手拉球门横木。

（6）撑在同队队员肩上顶球。

（7）故意延误比赛时间。

（8）扑向地面，故意用身体盖住球，不让他人踢球。

（9）向观众做鬼脸、打手势及对话。

（10）故意伸展双臂上下摆动，并移动位置阻挡对方前行。

单元二 篮 球 运 动

一、篮球运动简介

篮球运动

篮球运动是 1891 年由美国马萨诸塞州斯普林菲尔德市基督教青年会训练学校体育教师 J. 奈史密斯（James Naismith）博士创造的。起初，他将两只桃篮分别钉在健身房内看台的栏杆上，桃篮上沿距离地面 3.04 米，用足球作为比赛工具，向篮投掷。投球入篮得 1 分，按得分多少决定胜负。每次投球进篮后，要爬梯子将球取出再重新开始比赛。以后逐步将桃篮改为活底的铁篮，再改为铁圈下面挂网。1908 年美国制定了全国统一的篮球规则，并用多种文字出版，发行于全世界。这样，篮球运动逐渐传遍美洲、欧洲和亚洲，成为世界性运动项目。

1936 年第 11 届奥运会将男子篮球列为正式比赛项目，并统一了世界篮球竞赛规则，此后，随着技术、战术和运动员身体素质的发展，规则多次修改。女子篮球是 1976 年第 21 届奥运会上才列为正式比赛项目的。1992 年巴塞罗那第 25 届奥运会篮球赛中美国“梦之队”的绝妙表现，显示出篮球运动整体内容结构和优秀运动队伍综合智能、技能、能力结构质的变化。

我国篮球运动是在 1895 年前后由天津中华基督教青年会传入中国的，随后北京、上海基督教青年会里也有了此项活动。1936 年 8 月我国第一次参加了奥运会篮球赛（男子）；1984 年在美国洛杉矶举行的第 23 届奥运会女子篮球比赛中荣获第三名；1992 年在西班牙巴塞罗那举行的第 25 届奥运会女子篮球比赛中获得了亚军。1995 年我国推出了男子篮球甲级联赛；中国男子篮球队在奥运会上最好的成绩是第八名，分别是在

1996 年亚特兰大奥运会、2004 年雅典奥运会、2008 年北京奥运会。在 2019 篮球世界杯中国男子篮球队获得第 24 名。因此与世界强国相比，我国的篮球运动水平仍有较大的差距。

二、篮球运动的基本技术

篮球运动的基本技术分为进攻技术和防守技术两大部分。进攻技术有传接球、投篮、运球、持球突破等；防守技术有防守对手、抢球、打球、断球等。进攻技术和防守技术中都有移动和抢篮板球。这里仅选择介绍一些最基本的、常用的和主要的技术动作。

篮球技术动作分类如图 7-42 所示。

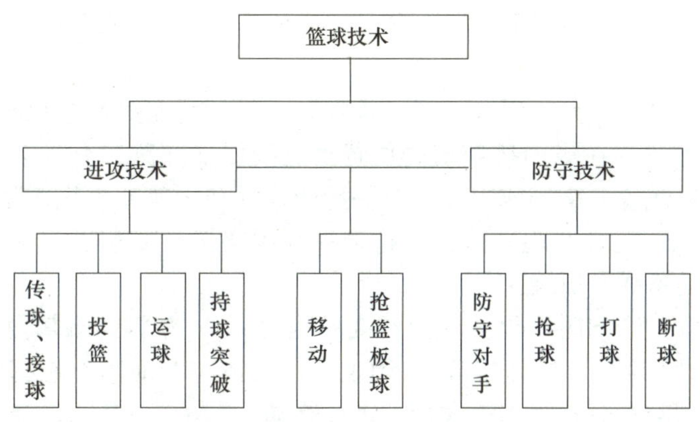

图 7-42　篮球技术动作分类

（一）移动

移动是篮球比赛中队员为了改变位置、高度等所采用的各种步法动作的通称。

篮球比赛情况错综复杂、千变万化，在攻守的激烈对抗中，要求队员在短时间内及时地变换各种动作。队员在场上需要经常保持一个既稳定又机动的站姿（图 7-43）——两脚左右或前后自然站立，约与肩宽，两膝稍弯曲，大、小腿之间的角度在 135°左右，重心降低，重心落在两脚之间，上体稍前倾放松，两手屈肘自然下垂置于体侧，两眼注视全场情况，即基本站立姿势，才能迅速地、协调地进行移动，完成各种攻守技术。

图 7-43　稳定、机动的站姿

1. 起动

起动是队员在球场上由静止到运动状态的一种动

作，是摆脱、保持或抢占有利位置的位移初速度的一种方法。

起动要领：启动时，上体和重心迅速向行进方向倾移，一只脚的前脚掌内侧用力蹬地，手臂协调摆动，迅速向跑动方向迈出。起动后的前两三步要迅速，在最短的距离内提高速度。一般在防守转进攻时起动接应、进攻转防守时起动快跑进入防守。

2. 跑

跑是队员在球场上改变位置和速度的重要方法，也是比赛中运用得最多的移动方法之一。篮球场上的跑需要快慢有变，随时能够变换速度和方向，跑的路线大部分是弧线或折线，跑的方法主要有以下几种。

（1）变速跑。变速跑是队员在跑动中利用速度的变化来完成攻守任务。进攻队员利用突然的加速或减速破坏防守者的正确防守位置，获取主动。防守队员同时变化速度来防住对手，避免被动。

变速跑要领：加速时，上体稍向前倾，同时脚前掌短促有力地向后蹬地。前两三步要短小，步频要快。减速时，上体直起，步幅要大，前脚掌用力抵地，从而降低跑速。

变速跑运用时机：对方紧逼或一对一攻守时，可利用变速跑摆脱或防守。

变速跑练习方法：在场内按规定的位置沿直线做变速跑；全场或半场一对一徒手攻守利用速度变化摆脱；全场或半场一对一运球攻守利用速度变化摆脱。

（2）变方向跑。变方向跑是队员在跑动中利用突然改变前进方向来摆脱防守队员的一种方法。跑动路线是折线。

变方向跑要领：变向时（以从左向右变向跑为例），左脚前脚掌内侧用力蹬地，脚尖稍加内扣，迅速屈膝，腰部内转，移动重心，上体向右前倾，左脚向左前方向跨出一小步，随即右脚向右前方跨出一大步，迅速跑动。

变方向跑运用时机：对付紧逼防守时，可用变方向跑摆脱防守创造机会接球。

（3）侧身跑。比赛中队员在跑动时为了抢位和接球经常采用的一种跑的方法。

侧身跑要领：脚尖对着前进方向，面对球转体侧看，眼睛注视球和场上情况。

侧身跑运用时机：快攻时队员沿边线快进跑动纵切和内线队员弧线跑横切时经常运用。

3. 急停

急停是队员在跑动中突然制动速度的一种动作方法。急停有时可以直接甩开防守对手，创造更多的进攻机会。常见的有跨步急停（也称两步急停）和跳步急停（也称一步急停）。

（1）跨步急停要领：队员在快速跑动中急停时，先向前跨出一大步，利用脚跟过渡到全脚掌抵住地面，屈膝，上体稍后仰，重心后移。在跨出第二步脚着地时，脚尖内扣，屈膝，身体稍侧转，上体稍前倾，重心在两脚之间。两臂屈肘微张，保持好身体平衡。

跨步急停运用时机：在对付紧逼防守时，在快跑中用跨步急停甩开防守；一对一攻守中，为摆脱对手接球时，以跨步急停过渡和变化步法。

（2）跳步急停要领：队员在慢跑中，用单脚或双脚跳起（离地不高），上体稍后仰，两脚同时落地，落地时两膝弯曲降低重心，两肘自然张开，保持身体平衡，如图 7-44（a）～（d）所示。重心落在两脚之间，两脚内侧用力蹬地。

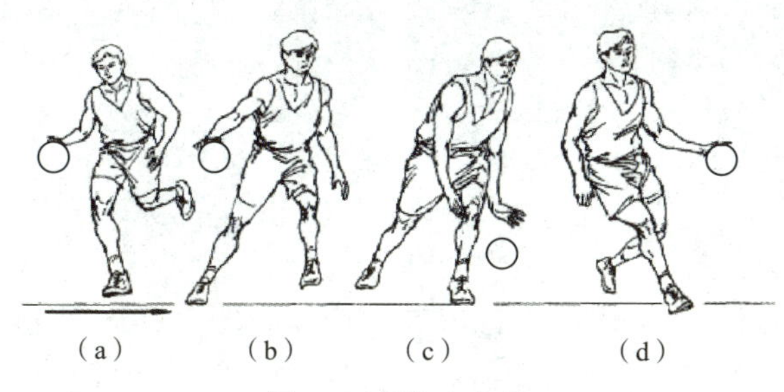

图 7-44 跳步急停

跳步急停运用的时机：进攻队员突破前接球时，利用跳步急停主动接近防守人，为传球、突破和跳投创造条件；做策应的内线队员在背对球篮接球时，可利用跳步急停接球，迅速转身进行攻击。

4. 跳

跳是队员在球场上争取高度及远度的一种动作方法。双脚跳多在原地运用，也可在上步、并步、跳步或助跑情况下运用，多用于跳球、抢篮板球和投篮及抢断来自不同方向的球。单脚跳多在有助跑情况下进行，常用于接球、投篮、断球、盖帽、冲抢篮板球等。

5. 转身

转身是队员一脚作中枢脚，另一脚蹬地向前或后跨出，改变原来身体方向的一种动作方法。其目的是通过改变原来的身体方向、站位，借以抢占有利位置（防守时）或摆脱防守。

转身可分为前转身和后转身。移动脚向自己身前（中枢脚尖方向）跨出的同时，中枢脚蹍地旋转使身体改变方向，称为前转身。移动脚向自己身后（中枢脚脚跟方向）跨出的同时，中枢脚蹍地旋转使身体改变方向，称为后转身。

转身要领：转身前，两脚左右开立，两膝微屈，上体稍前倾，重心在两脚之间。转身时，重心移向中枢脚，移动脚的脚前掌蹬地跨出的同时，中枢脚以脚前掌为轴蹍地，上体随着移动脚转动，向前或向后改变身体的方向。在转动过程中，要保持身体重心的平稳，不要起伏。转身后，重心仍落在两脚之间。接球转身时，要注意利用身体做好护球动作。

转身运用时机：当进攻队员背对球篮接到球后，可利用前转身或后转身进行突破、跳投或传球；如果持球队员面对对手，可用前转身突破对手或躲避对手的抢球；无球队员利用转身可以摆脱对手接球。

6. 滑步

滑步是队员防守时阻截对方移动，保持有利的防守位置和及时起动的一种并步移动方法。滑步分为侧滑步、前滑步和后滑步三种。滑步动作要领如下。

（1）侧滑步［图 7-45（a）、（b）］要领：两脚左右分开站立，两膝微屈，上体稍

（a）

（b）

图 7-45　侧滑步

向前倾，两臂自然张开。向左滑步时，右侧前脚掌内侧向右蹬地，左脚向左跨出一步，在落地的同时，右脚紧随滑动，靠近左脚，两脚不交叉，左脚又继续跨出。身体不要上下起伏，重心保持在两脚之间。向右侧滑步时则相反。

（2）前滑步要领：由两脚斜前后站立开始，向前滑步时，后脚的前脚掌内侧蹬地，前脚向前迈出一步，着地后，后脚迅速擦着地面向前跟进一步，保持前后开立姿势，依次连续向前滑动。滑步时身体不要上下起伏。

（3）后滑步要领：动作方法与前滑步相同，只是向后滑步。

滑步运用的时机：滑步多用于一对一防守移动时。当对手转向变速时，运用交叉步、后撤步后，防守移动应该迅速转为侧滑步，以便在移动中控制面积，使对手难以摆脱。当防守位置离对手较远时，可用前滑步调整；当对手面向球篮后退运球或后撤步投篮时，可用前滑步跟随移动，以便保持正确的防守位置。当进攻队员向篮下移动或运球突破时，防守者经常采用后滑步，随时调整和保持正确的防守位置。

7. 攻击步

攻击步是防守队员用来进行抢球、打球或造成对手接球、传球、投篮等动作的困难的一种突然向前跨步的移动方法。

攻击步要领：攻击步时，后脚用力蹬地，前脚迅速向前跨出，逼近对手身前，前脚落地，后脚的前脚掌蹍地跟进。后腿屈膝，重心在偏后方，前脚同侧手伸出打球或干扰球。

攻击步运用的时机：进攻队员刚接到球或运球后停球一刹那，防守队员常用攻击步向前抢、打球，造成对手慌乱、失误，或使之投篮、突破和传球发生困难。

8. 后撤步

后撤步是变前脚为后脚的一种起步方法。

后撤步要领：撤步时，用前脚掌内侧蹬地，加上腰部用力向后转动，转向时后脚蹍地，前脚后撤，紧接滑步，保持有利的防守位置。

后撤步运用的时机：当进攻队员从防守者的前脚外侧持球突破或摆脱时，防守者就应迅速做后撤步以堵截或接侧滑步保持正确的防守位置。

（二）传球、接球

传球和接球是篮球运动中运用最多的技术。它是队员之间相互联系、相互配合、组织进攻、实现战术的手段，也是培养队员团结协作，充分发挥集体力量的重要环节。

1. 传球

传球是比赛中进攻队员之间有目的地转移球的方法。因此，传球应具有明确的目的性，既要能安全地被同队队员接住，又能为他接球后顺利地完成下一个攻击动作提供方便。要达到上述目的，要求队员传球时必须做到快速、隐蔽、及时、到位。随着篮球技术的发展和为了适应篮球比赛千变万化的需要，传球的方式越来越多，有单手、双手、原地、行进间、跳起传球等。由于出球部位和方向的不同，又分为头上、肩上、胸前、体侧、背后、钩手传球等不同的形式。下面介绍几种比赛中常用的传球技术。

（1）双手胸前传球。它是一种最基本、最常用的传球方法。可在不同方向、不同距离中使用。其特点是快速、有力、准确，便于与投篮、突破等技术结合。

双手胸前传球要领：持球于胸前，五指自然分开，两拇指相对成八字形，用指根以上部位触球，掌心空出（图 7-46），两臂自然弯曲于体侧，身体成基本姿势站立，眼睛注视传球目标。传球时，后脚蹬地，身体重心前移，同时前臂短促地前伸，手腕急促向上翻转，用手腕抖动和拇指、食指、中指向传球方向用力弹拨将球传出［图 7-47(a)～(e)］。

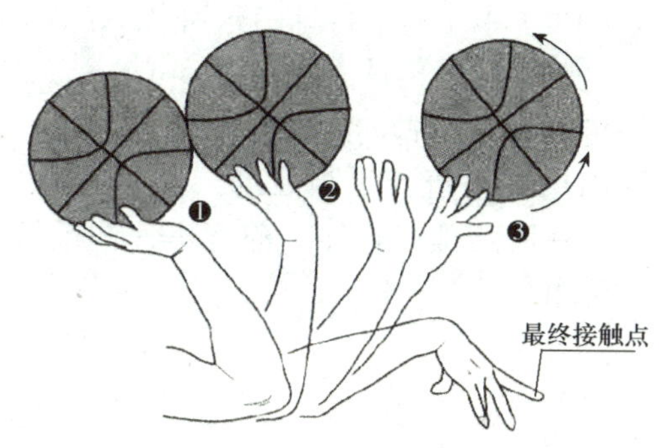

图 7-46 持球

跑动中双手胸前传球和接球是一个连贯动作。接传球时，手、脚动作必须协调配合。一般左（右）脚上前接球后，右（左）脚上步，左（右）脚抬起，在落地前出球。手的动作过程是：双手接球后迅速收臂后引，接着迅速伸前臂、翻腕出球。

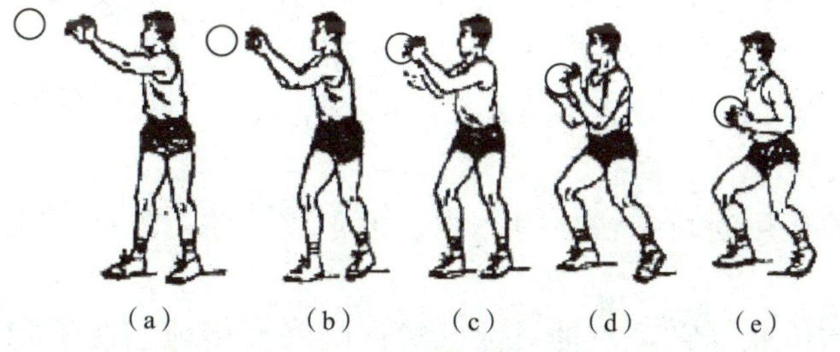

图 7-47 双手胸前传球

（2）双手头上传球。它的特点是出手点高，便于与头上投篮结合，但不利于与突破、运球及其他隐蔽传球的动作结合。因此，它适用于高大队员采用。

双手头上传球［图 7-48（a）～（d）］要领：将球置于头上，持球方法同双手胸前传球。传球时，前臂前摆，手腕前扣并外翻，同时拇指、食指、中指用力将球传出，

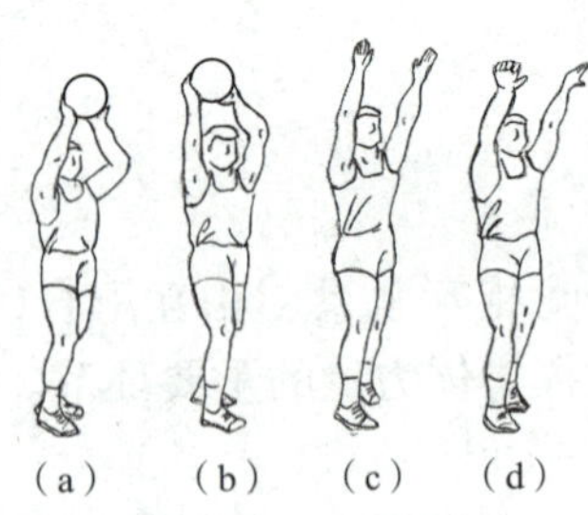

图 7-48 双手头上传球

传球距离较远时，可以加上腰腹和腿部力量。

双手头上传球运用的时机：多用于中、近距离，如抢到篮板球后的快攻一传，外线队员转移传球，外线队员向内线队员传高吊球等。

（3）双手低手传球。这种方法是一种较近距离的隐蔽传球，有时传、接球的两个队员擦身而过。因此，传球必须柔和，有时近似手递手将球轻轻一挑而出。

双手低手传球要领：双手持球于腹前或腹侧。两脚左右或前后开立，屈膝，传球时，手臂向外翻转，小指、无名指和中指用力拨球，将球传出。

跑动中双手低手传球时，如是左脚上步出球，则将球持于腰部右侧。上步的同时，前臂前伸，翻腕和手指拨球，用协调而柔和的力量将球传出。

双手低手传球运用的时机：内线策应队员传给交叉切入或从身前绕切的同队队员时；运球掩护及突破分球时。

（4）单手肩上传球。这种传球的特点是力量大、速度快。

单手肩上传球［图 7-49（a）～（f）］要领：双手持球于胸前，两脚平行开立。右手传球时，左脚向传球方向迈出半步，同时将球引到右肩上方，肘关节外展，上臂与地面近似平行，手腕后仰，右手托球，左肩对着传球方向，重心落在右脚上。传球时，右脚蹬地，转体，前臂迅速向前挥摆，手腕前屈，用食指、中指的力量拨球，将球传出。

图 7-49 单手肩上传球

单手肩上传球运用时机：快攻时，中、远距离传球；阵地进攻时，中、远距离对角传球等。

（5）单手胸前传球。它是一种灵活、短促的隐蔽传球，便于和运球突破、双手胸前投篮结合运用。多用于近距离快速传球。

单手胸前传球要领：以右手传球为例，持球方法与双手胸前传球基本相同。传球时，上体稍右转。左手离开球，右手持球的侧后下方，伸臂、屈腕、拨指，最后通过手指拨动球将球传出。

单手胸前传球运用时机：持球队员与防守人的距离很近，与同队队员的距离也比较近，就可以用这种传球方法突然从防守人的头顶、耳旁或肩侧传过。

（6）单手体侧传球。近距离的隐蔽传球方法，一般在外围队员传球给内线队员时常用。

单手体侧传球要领：以右手传球为例。两脚开立，两膝微屈，双手持球于脑前。传球时，右手持球后引，经体侧向前弧线摆动，手腕前屈，用食指、中指的力量拨球，将球传出。

2. 接球

接球可分为双手接球和单手接球。双手接球的方法又有双手接胸部高度的球、双手接头部高度的球、双手接低于腰部的球，双手接反弹球和双手接地滚球之分。只有采用正确的动作接稳球，才能顺利地进行传球、投篮和运球等。

（1）双手接胸部高度的球要领：接球时，两眼注视来球，两臂伸出迎球，手指自然分开，两拇指成八字形，手指向前上方，两手成一个半圆形。当手指触球后，两臂随球后引缓冲来球的力量，两手接球于胸腹之间。保持身体平衡，做好传球、投篮或突破的准备。

（2）单手接球要领：以右手接球为例。接球时，右脚向来球方向迈出，两眼注视着来球，接球时右臂微屈，手掌成勺形，手指自然分开，迎着球的方向伸出。当手指触球时，手臂顺势将球向后下引，左手立即握球，双手将球握于胸腹之间。保持身体的平衡，做好传球、投篮或突破的准备。

（三）投篮

投篮是进攻队员用投、拍、扣等方法进行得分尝试的动作，是篮球运动的主要进攻技术，是唯一的得分手段。投篮得分的多少决定一场比赛的胜负。实践证明，在篮球比赛中要想提高投篮的命中率，就必须做到：掌握正确的投篮技术；投篮的一刹那精力要高度集中；要不畏强手，满怀信心，大胆运用投篮技术；要善于寻找和积极创造良好的投篮时机。正确的投篮技术要求持球与用力方法正确，选择正确的瞄准点，抛物线适中，球的旋转合理。投篮技术的种类很多，按手法可分为单手和双手两大类。它们可以在原地、行进间和跳起空中完成。

1. 原地双手胸前投篮

原地双手胸前投篮的优点是投篮力量大，距离远，便于同传球或突破相结合。缺点是投篮时持球和出手点较低，防守易封盖。比赛中女运动员运用较多。

原地双手胸前投篮［图 7-50（a）～（c）］要领：双手持球于胸前，肘关节自然下垂，两脚前后（或左右）开立，两膝微屈，重心落在两脚之间，目视瞄准点。投篮时下肢蹬地发力，伸展腰腹，两臂向前上方伸出，两手腕外翻，食指、中指用力拨球，通过指端将球投出。

2. 原地单手肩上投篮

原地单手肩上投篮是篮球比赛中应用比较广泛的投篮方法。具有出手点高，便于结合和转换其他攻击动作，可以在不同的距离和位置上应用的特点。

原地单手肩上投篮［图 7-51（a）～（f）］要领：以右手投篮为例。右手持球于肩上，

图 7-50 原地双手胸前投篮

图 7-51 原地单手肩上投篮

五指自然分开，托球的后下方，手心略空出，手腕后翻，球的重心投影落在食指和中指之间的指根部位；前臂与地面接近垂直，大臂与地面平行，左手持球的侧面；投篮时，下肢蹬地发力，手臂向前上方伸直，手腕前屈，食指、中指用力拨球，通过指端将球投出。

3. 行进间单手肩上投篮

行进间单手肩上投篮适用于篮下或中距离应用。

行进间单手肩上投篮［图 7-52（a）～（e）］要领：以右手投篮为例。右脚跨出一大步的同时接球，接着左脚跨出一小步并用力蹬地起跳，举球于肩上，当身体接近最高点时，右臂向前上方伸直，手腕前屈，食指、中指用力拨球，通过指端投出。

图 7-52 行进间单手肩上投篮

（四）运球

运球是持球队员在原地或移动中，用单手连续拍球的动作。其包括高运球、低运球、运球急停急起、体前变向换手运球、体前变向不换手运球、背后运球、运球后转身和胯下运球等。

1. 高运球

高运球是指球弹起的高度在腰、膝之间的运球。一般在快速进攻中，如无防守队员阻挠时，用高运球可加快向前推进的速度。它的优点是重心高，速度快，便于观察场内情况。

高运球要领：运球时，两腿微屈，目平视，手用力向前下方推按球，把球的落点控制在身体侧前方，使球的反弹高度在腰、肋之间，手脚要协调配合，使球有节奏地向前运行。

2. 低运球

低运球是指球反弹的高度低于膝的运球，这种运球主要用在接近对手或对手抢球时的摆脱。它的优点是便于控制球和摆脱防守继续前进。

低运球要领：屈膝降低身体重心，上体前倾，用上体和腿保护球。同时，用手短促地按拍球，使球从地面向上反弹的高度在膝关节上下，以便更好地控制球和摆脱防守继续前进。

3. 运球急停急起

在防守较严的情况下，利用“动”和“静”的突然变化，摆脱防守的一种方法。一般在对手防守较紧时用急停急起的变化来摆脱对手。它是运球、急停和起动三个动作的组合。

运球急停急起要领：在快速运球中，突然急停时，手按拍球的前上方；急起时，手按拍球的后上方。运球急停的脚步动作与移动中急停的脚步动作相同；在运球急起急停时，要起动快，停得牢，人和球的速度要一致，手、脚和上体要协调配合。

4. 体前变向换手运球

当对手堵截运球前进路线时，突然向左或向右换手运球，借以摆脱防守。

体前变向换手运球要领：运球队员从对方右侧突破时，先向对手左侧变向运球，当对手向左侧移动时，运球队员突然用右手按拍球的右后上方，使球从自己身体的右侧拍向左侧前方。同时，右脚向左前方跨出，上体向左转用肩挡住对手，然后换左手按拍球的后上方，左脚跨出，从对手的右侧突破；换手时球要低，动作要快。

5. 背后运球

背后运球是一种在身体背后改变运球方向的运球方法。

背后运球要领：以右手运球，向左侧变向为例。变向时，右脚在前，用右手将球拉到身后，迅速按拍球的右侧后方，将球从身后拍至左脚的侧前方，并立即换左手运球，左脚迅速向前跨出，用左手继续运球前进。

6. 运球后转身

在运球中利用后转身动作掩护球摆脱对手的一种方法。对手逼近并堵截一侧时，可利用运球转身，改变运球路线以摆脱防守。

运球后转身［图 7-53（a）～（h）］要领：以右手运球为例。当对手靠近自己

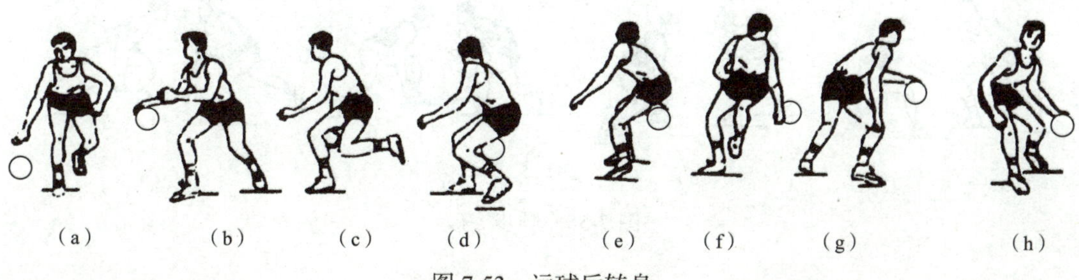

图 7-53 运球后转身

的右侧时，应迅速调整成自己的左脚在前，并以左脚为中枢脚。右手按拍球的前上方，随着后转身动作，将球拉向身体的后侧方，然后换左手运球，从对手的右侧突破。

（五）持球突破

持球突破是持球队员运用脚步动作和运球技术快速超越对手的一项攻击性很强的技术。掌握好持球突破技术和时机，与投篮、分球等相结合，进攻将会更加灵活机动。

持球突破技术分为交叉步（异侧步）突破、顺步（同侧步）突破、前转身突破。它们又可在原地或行进间运用。不论哪种突破技术都由蹬跨、转体探肩、推放球和加速四个技术环节组成。

1. 常用持球突破的方法

（1）交叉步突破是指突破时，转动脚向中枢脚侧前方跨步的一种突破技术。

交叉步突破［图 7-54（a）～（e）］要领：以右脚作中枢脚为例。两脚左右开立，屈膝，降低身体重心，持球于胸腹之间。突破时，左脚前脚掌内侧迅速蹬地，上体稍向右转，左肩向前下压，重心向右前方移动，左脚向右侧前方跨出一大步，将球引于右侧，接着运球，中枢脚蹬地向前跨出迅速超越对手。

图 7-54 交叉步突破

（2）顺步突破是指突破时，转动脚向同侧前方跨步的一种突破技术。

顺步突破［图 7-55（a）～（d）］要领：以左脚作中枢脚为例。突破前的动作与要求同交叉步突破。突破时，右脚向右前方跨出一大步，向右转体探肩，重心前移。右手运球。左脚前脚掌迅速蹬地，向右前方跨出，突破防守。

图 7-55 顺步突破

2. 持球突破的运用

（1）利用对手防守位置的错误进行突破：对手离自己过近时，可立即从他的任何一侧持球突破。如对手偏于左侧，则可迅速从右侧突破；如对手偏于右侧，则可迅速从左侧突破。

（2）根据对手站立的姿势进行突破：若对手斜步站立，则可从他的前脚一侧突破。

（3）利用假动作破坏对手重心的稳定或使其失去正常位置后进行突破，如做投篮假动作后持球突破，做传球假动作后突破。

（六）抢篮板球

比赛双方队员在空间争抢投篮未中从篮板或篮圈反弹出的球，统称为抢篮板球。进攻队争抢本队投篮未中的球，称为抢进攻篮板球。防守队争抢对方投篮未中的球，称为抢防守篮板球。

篮球比赛中，抢篮板球是获得控球权的重要来源之一，是攻守转化的关键。进攻队抢篮板球若占优势，不仅可以增加进攻的次数，造成篮下得分的机会，而且可以提高运动员中、远距离投篮的信心，同时能减少对方发动快攻的机会。防守队抢篮板球若占优势，不仅可以掌握控球权，减少对方进攻次数，而且可以为由守转攻时创造更多的快攻条件，对取得主动权和发展快速打法起着重要的作用。

比赛中抢篮板球的基本要点是：具备积极拼抢的意识；掌握球的反弹方向、时间和落点的规律，并正确判断；及时抢占有利的抢球位置；起跳和抢球的方法得当及时；得球后迅速、正确地处理球。

1. 进攻时抢篮板球

进攻队投篮，一般进攻队员是站在防守队员的外侧，本身是处在不利于直接抢篮板球的位置，因此，要突出一个“冲”字，当本队队员投篮时，既要及时判断球弹出的方向，又要立即摆脱对手冲抢或补篮。

（1）篮下进攻队员抢篮板球。当同伴投篮时，靠近球篮的进攻队员，要判断球反弹的方向，运用假动作，摆脱防守队员的阻挡，及时移向球的反弹方向。迅速起跳，跳到最高点，进行补篮或抢篮板球。

（2）外围进攻队员抢篮板球。外围队员离篮较远，同伴投篮时稍有迟疑就会失去抢篮板球的机会，因此，外围队员的拼抢意识非常重要。每当同伴投篮时都要有充分的冲抢准备，趁防守队员不备，突然冲向球反弹的方向，进行补篮或抢篮板球。

2. 防守时抢篮板球

防守队员一定要充分利用自己靠近篮圈的有利条件，养成“先挡人再抢球”的习惯。

（1）篮下防守队员抢篮板球。当对方投篮时，篮下防守队员要根据进攻队员的行动，选择不同的挡人方法。如距离对手 1 米，可采用前转身成上步的转身挡人。如果对手距离自己较近或已贴近身体，可采用后转身或撤步后转身挡人。抢位挡人的动作应是低重心，两肘外张，争取扩大空间的面积，保持一个最有利的起跳姿势。挡人主要是为了延误对手抢位起跳。当挡人动作完成以后，自己要迅速起跳，向上摆臂，伸展腰腹，跳至最高点用双手或单手迅速抢球，力争能在空中传球或及时将球点拨给同伴发动快攻。如果没有空中传球的机会，可迅速将球持于脚前或头上，落地同时脚侧对前场，球要远离对手，迅速观察场上情况，不能消极地保护球，而要迅速突破或传球，发挥篮板球的攻击作用。

（2）外围防守队员抢篮板球。当对方投篮时，外围防守队员第一个任务就是要运用左右滑步，或前后转身，阻截对手冲抢篮板球的路线。然后应及时判断球的反弹方向，去抢夺篮板球。

（七）防守对手

防守对手是防守队员合理地运用脚步移动和手臂动作积极地抢占有利位置，阻挠和破坏对手的进攻意图和行动，并以争夺控球权为目的。它是集体防守的基础。防守对手有防守无球队员和防守有球队员两种形式。

1. 防守无球队员

不让或者少让对手在有效的攻击区内接球，尽可能地抢断传向自己对手或越过自己防守区域的球是防守无球队员的主要任务。

1）防守无球队员的基本原则

（1）一般情况下应以主要精力防止对手摆脱接球，但要随时注意人球兼顾，要做到“内紧外松”（近球者紧，远球者松），松紧结合。

（2）特别注意不让对手在篮下或有效的攻击区内接球。

（3）尽可能破坏对手接球后的身体平衡，使其接到球也不便于衔接下一个进攻动作。

（4）必要时果断地放弃自己防守的对象，协助同伴防守对方的持球队员，并注意培养及时夹击、补防和换防的集体配合意识。

2）防守无球队员的位置选择

防守时，位置的选择非常重要。正确、合理地占据有利位置，会使防守主动。防守队员要根据对手、球篮、球的位置和距离，以及对手的身高、速度、进攻特点，以战术需要和防守的能力来选择防守位置和距离。一般应站在对手与球篮之间偏向有球一侧的位置上，做到人球兼顾。与对手的距离要根据对手与持球人的距离而定，一般是离球近则近，离球远则远些。

3）防守无球队员的方法

防守时应积极移动，运用滑步、撤步防守脚步移动步法堵截其移动路线。同时手臂应积极挥动，以便有效地阻挠对手接球和争取断球。防守距离球较近的对手时，一般采用面向对手，近球一侧的脚在前的斜前站立防守姿势，与对手保持半步距离，卡断对手的接球路线，不让对手接球。当防守距离球较远的对手时，经常采用面向球侧向对手的平行站立姿势，以便断球或协同防守。当对手离球近且靠近篮下时，经常采用侧前或绕前防守，不让对手接球。

2. 防守有球队员

在比赛中，有球队员是通过传球、运球突破、投篮等技术进行攻击的，因此，防守队员的主要任务就是尽力干扰和破坏其投篮，堵截其运球突破，封锁其助攻传球，并积极地抢、打、断球来争取转守为攻。

1）防守有球队员的原则

（1）防守有球队员时，一定要最大限度地阻挠和干扰其投篮、突破和传球等动作，一定要做到“球到人到”，即对手接球，防守人已抢占正确的防守位置。

（2）要及时发现和摸清对手的主要技术特点，如他是善投还是善切，善于用什么方式、在什么位置投篮，善于用什么方式、从哪一侧突破，善于用什么传球方式及有什么习惯动作等，以便尽快地确定防守的对策。

（3）对手运球后停球成“死”球时，一定要上前积极封堵，并及时和同伴一起进行夹击围守。

2）防守有球队员时的选位

防守持球队员是比较困难的，因为此时持球队员可以传球，也可以突破，还可以投篮，共有三种威胁。所以当防守的对手一旦接到球时，应该立即调整防守位置。用短促而迅速的步伐，占据对手与球篮之间的有利位置。根据对手距篮的距离和对手的技术特点（善投、善突或善于传球）选择合理的防守距离和防守姿势。一般是对手距篮远，则离对手远些，对手距篮近，则离对手近些。对手善于投篮时则距对手近些，对手善于突破时，则离对手远些。

3）防守有球队员的方法

（1）斜步防守。防守者两脚斜前站立，前脚同侧的手臂向斜上方伸出，另一手臂侧伸。这种步法便于前后移动，适合防守善于投篮的对手。

（2）平步防守。防守者两脚平行站立，两臂侧伸进行不停地挥摆。这种步法防守的面积大，便于左右滑动，适合于防守运球突破的对手。在对手运球停止时，迅速逼近，封堵传球、进行夹击时也可运用平步站法。

三、篮球运动的基本战术

篮球运动基础战术配合是指二三人之间所组成的简单配合方法，它是组成全队攻防战术的基础，可分为进攻与防守两个部分，篮球比赛的战术打法多，变化多，但各种战术都离不开这些基础配合。

（一）进攻战术的基础配合

进攻战术的基础配合是指二三名进攻队员，为了创造进攻机会，合理运用技术而组成的合作方法。它包括传切配合、策应配合、突分配合、掩护配合、快攻配合五种方法。

1. 传切配合

传切配合是利用传球和切入技术组成的简单配合，内容包括一传一切和空切。在半场和全场进攻中经常采用。

（1）传切配合的要求。队员除掌握熟练准确的战术外，还应具有良好的配合意识和队员之间的默契。在配合过程中持球队员应做瞄篮、突破或其他进攻假动作，来吸引防守者的注意力，当切入队员摆脱对手时，采用不同的传球方式及时准确地将球传出或自己突破。

（2）传切配合要领。

示例（1）（图 7-56）：④传球给⑤后，立刻摆脱对手向篮下切入，接⑤传来的球投篮（虚线为传球路线，实线为移动路线）。

示例（2）（图 7-57）：在④与⑥互相传球之际，⑤乘其对手不备之机，突然空切篮下，接外围同伴的传球，然后投篮。

2. 策应配合

策应配合是进攻队员背对或侧对球篮接球后，与同伴的空切或绕切相结合，借以摆脱防守，创造各种进攻机会的一种配合方法。

（1）策应配合的要求。策应队员首先要抢占有利的策应位置接球。接球后，保持身体平衡，用臂和身体保护球，随时注意攻守者的场上变化。根据同伴的移动，做传球配合。同时自己也要伺机进攻。外线持球队员要根据策应者的位置和机会，及时将球传给策应者，争取做到人到球到，实现内、外结合的进攻目的。

（2）策应配合要领。示例（图 7-58）：⑤传球给④后，利用假动作摆脱防守，上提到外策应位置接④的传球做策应，④传球后摆脱防守，然后接球投篮或上篮。

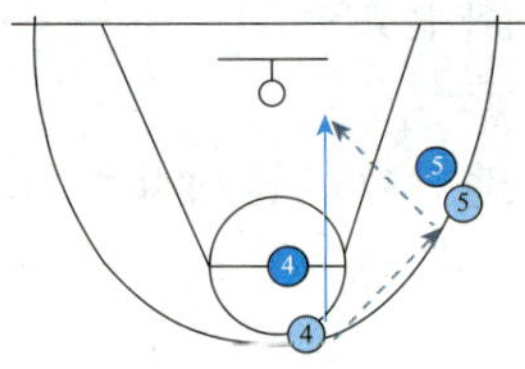

图 7-56　传切配合示例（1）

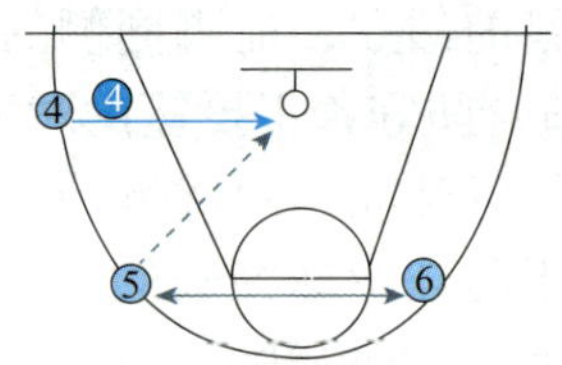

图 7-57　传切配合示例（2）

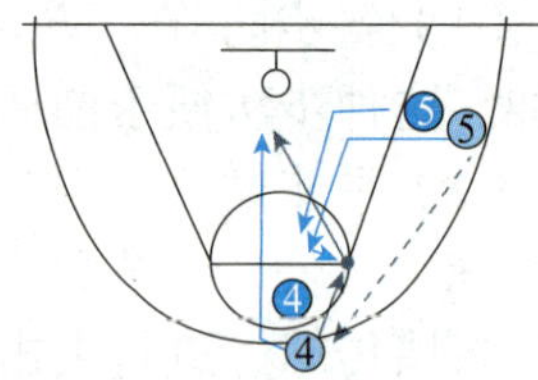

图 7-58　策应配合示例

3. 突分配合

进攻者持球突破或运球突破对手后，遇到对方补防或“关门”时，及时将球传给空隙地带的同伴。

（1）突分配合的要求。同伴之间要有良好的配合默契，突破者在突破过程中要注意观察攻守队员的位置变化，既要做好投篮准备，又能在遇到对方补防时巧妙地分球给同伴投篮。

（2）突分配合要领。示例（图 7-59）：⑤突破后，遇到⑦迎上补防，立刻把球传给切入篮下的⑦，⑦接球后投篮或与其他同伴配合。

4. 掩护配合

掩护配合是指进攻者以合理的行动，用身体挡住同伴防守者的通路，为同伴摆脱防守，创造接球和投篮机会的一种配合方法。掩护配合有许多形式和方法，如前掩护、侧掩护、后掩护等形式。

（1）掩护配合的要求。掩护时，队员要保持正确的身体姿势，距离适当，动作合理，行动隐蔽。被掩护者要利用假动作配合行动，当同伴到达掩护位置时，摆脱对手要及时、突然、快速，并根据情况变化，及时应变，争取第二个攻击机会。

（2）掩护配合要领。

前掩护：是掩护队员站在同伴的防守者前面，用身体挡住防守者向前移动的路线，使同伴借机摆脱防守的配合方法。

示例（图 7-60）：④传球给⑤后，先做向篮下切入的假动作，然后突然跑到⑤身前，形成前掩护。⑤接球后投篮或做其他进攻动作。

后掩护：掩护队员站在同伴的防守者身后，挡住他的移动路线，使同伴借以摆脱防守的配合方法。

示例（图 7-61）：⑤传球给④的同时，⑥到⑤身后做掩护。⑤传球后先做切入假动作，然后利用同伴的后掩护摆脱防守，切入篮下，接④的传球投篮。⑥及时转身跟进。

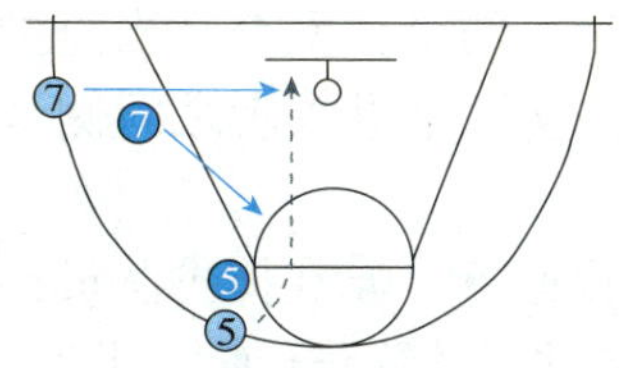

图 7-59　突分配合示例

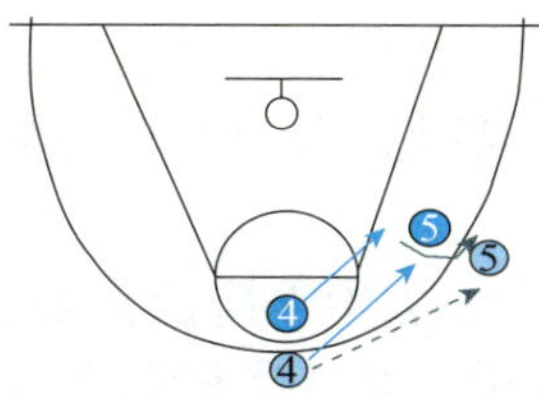

图 7-60　前掩护示例

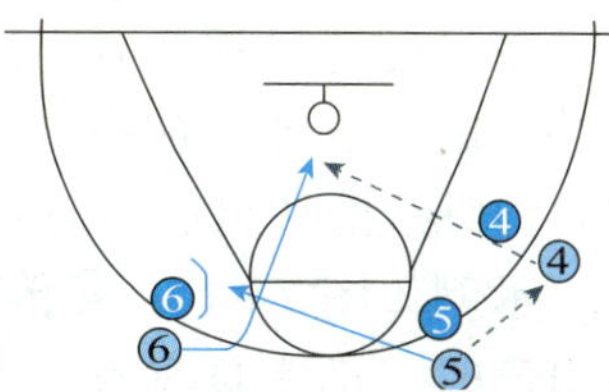

图 7-61　后掩护示例

侧掩护：掩护队员站在同伴防守者侧面，用身体挡住防守者的移动路线，使同伴借以摆脱防守的一种配合方法。

示例（图 7-62）：⑤传球给④后，跑到④的侧后方做侧掩护。④接球后利用假动作吸引住④，当⑤到达掩护位置时，④迅速摆脱防守，突破投篮，⑤及时转身跟进。

定位掩护：是进攻队员利用同伴的身体挡住对手的去路从而摆脱防守、创造投篮机会的一种配合方法。

示例（图 7-63）：⑤传球给④后，利用假动作把⑤带到⑥的身旁，然后贴近⑥切入篮下，④接球后利用假动作吸引对手，一旦同伴摆脱防守，立即传球给他。

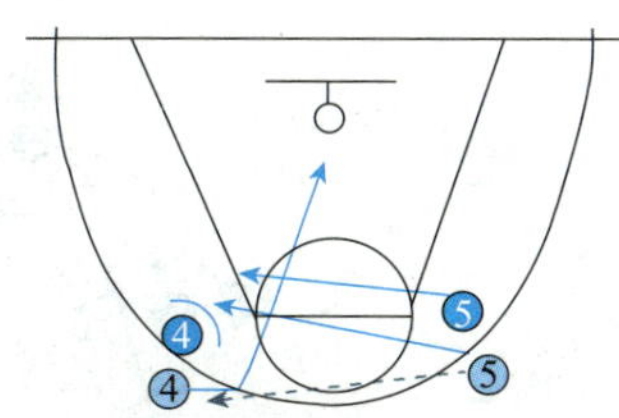

图 7-62　侧掩护示例

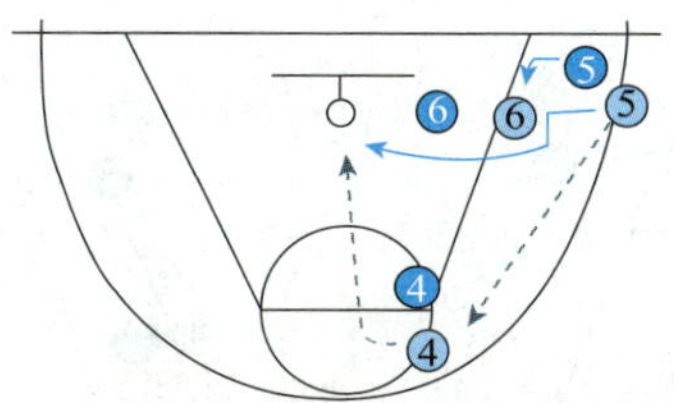

图 7-63　定位掩护示例

5. 快攻配合

快攻是由防守转入进攻时，以最快的速度，最短的时间，在对方尚未部署好防守之前，创造人数上、位置上的优势，果断而合理地进行攻击的进攻战术。

（1）发动快攻的时机：抢到防守篮板球时发动快攻；抢断球时发动快攻；掷界外球时发动快攻；跳球获球后发动快攻。

（2）快攻配合的组织形式。长传快攻，是防守队员在后场获球后，立即快速地用一次或两次传球给迅速超越对手的同伴进行投篮的一种配合方法。短传快攻，是防守队员在获球后，立即快速地短传推进和快速跑动获得投篮机会的一种配合方法。结合运球突破快攻，是指由守转攻时，持球队员在不便于传球的情况下，及时向前场快速运球突破、摆脱防守创造机会的一种快攻战术形式。

（二）防守战术的基础配合

防守战术的基础配合包括挤过、穿过、绕过、换人、关门、夹击、补防七种方法，其中前四种是用来破坏掩护配合的。现分别叙述如下。

1. 挤过配合

挤过配合要领：对方采用掩护进攻时，防守者为了破坏对方的掩护配合，当掩护者临近的一刹那，被掩护者的防守者主动靠近自己的对手，并从两个进攻者之间侧身挤过，继续防住自己的对手。

示例（图 7-64）：④传球给⑤后，去给⑥掩护，❹要及时提醒❻，❻在掩护队员接近自己时，迅速向前跨一步，靠近⑥，并从⑥与④之间侧身挤过，继续防住⑥，此时，❹应向后撤一步，以备补防。

2. 穿过配合

穿过配合要领：当进攻队员掩护时，防掩护者的队员及时提醒同伴并主动后撤一步，让同伴及时从自己和掩护队员之间穿过，继续防守自己的对手。

示例（图 7-65）：⑤传球给⑥，④给⑤掩护，❺后撤从④和❹中间穿过，继续防守自己的对手。

3. 绕过配合

绕过配合要领：当进攻队员掩护时，防掩护者的队员贴近对手，让同伴从自己的身后绕过，继续防守自己的对手。

示例（图 7-66）：④传球给⑥后，去给⑤掩护，❺切入，❺发现不便于挤过或穿过时，从❹身后绕过，❹要配合默契，主动贴近对手，以便同伴顺利通过。

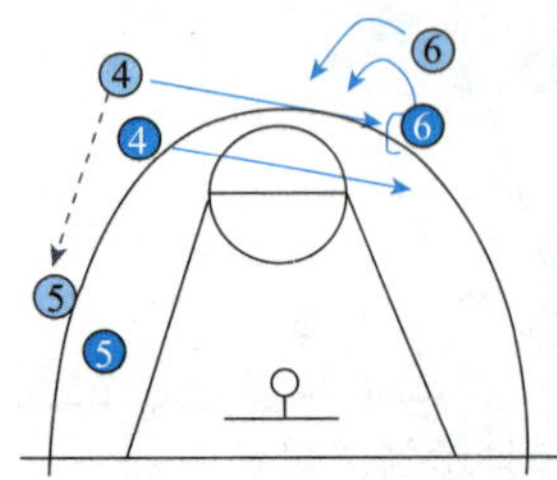

图 7-64 挤过配合示例

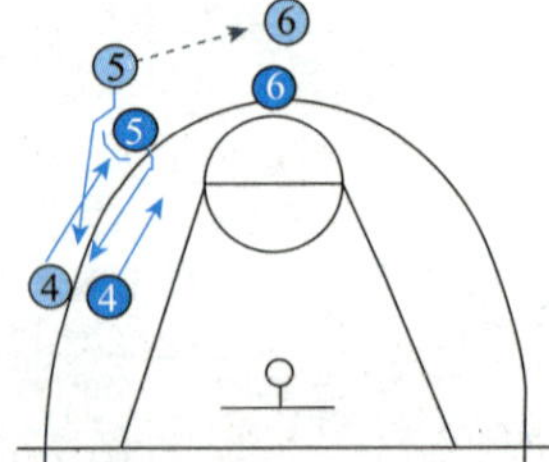

图 7-65 穿过配合示例

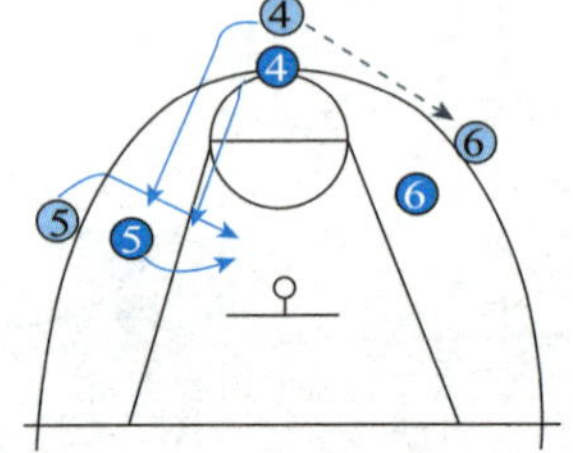

图 7-66 绕过配合示例

4. 换人配合

换人配合要领：进攻队员利用掩护已经摆脱防守时，防掩护者的队员应及时发出换防的信号，与同伴互换各自的对手。在适当时候再换防原来的对手。

示例（图 7-67）：⑤去给④掩护，⑤要提示同伴，④被挡住时，⑤主动呼唤同伴换防，⑤防守④的运球，④应迅速调整位置防守⑤。

5. 关门配合

关门配合要领：两个防守队员协同防守突破的配合方法。当进攻队员运球突破时，防守突破的队员向侧后方移动挡住其移动路线，临近突破一侧的防守队员，应及时快速向突破队员的前进方向移动，堵住进攻者的前进路线。

示例（图 7-68）：④向右侧突破时，④和⑥进行“关门”，向左侧突破时，④和⑤进行关门。

6. 夹击配合

夹击配合要领：夹击是两个防守者采取突然的行动，封堵和围守边角运球者或边角停球者的一种防守配合。限制持球者的正常传球和活动范围，并创造断球机会造成对方失误或违例。

示例（图 7-69）（1）：对方④在后场掷界外球，④放弃对④的防守，协同⑤夹击⑤。④面对⑤，积极封阻⑤从正面接球，⑤在⑤的身后控制其快下的路线，并准备截断④的高吊球。④和⑤协同配合，防止⑤接球。

示例（图 7-69）（2）：当④沿边线运球过中线时，⑤突然迎上去迫使其停球，并协同④夹击停球的④。

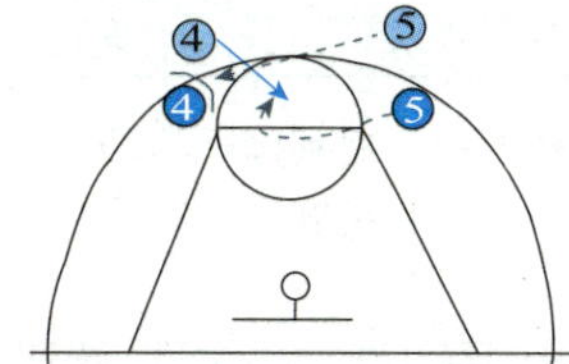

图 7-67 换人配合示例

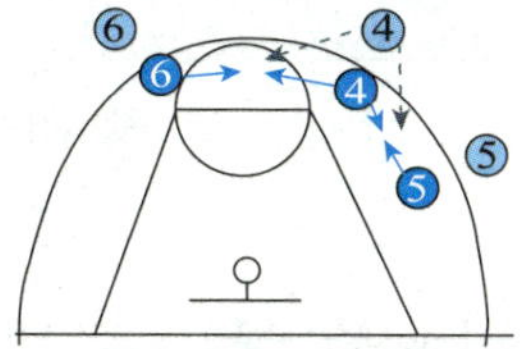

图 7-68 关门配合示例

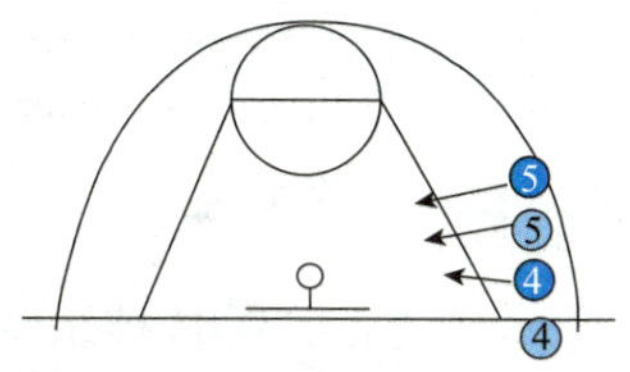

图 7-69 夹击配合

7. 补防配合

补防配合要领：补防是防守队员之间协同防守的配合。当一名防守队员漏人时，另一名防守队员应立即补位防守。

（三）篮球运动战术的配合

篮球运动战术是组织全体队员充分发挥集体力量、密切配合、团结战斗的一种手段。进攻战术主要是靠五人的传球、运球切入、掩护等配合，最后选择良好的时机投篮。两人的传球、切入配合，是战术配合的基础，也是进攻战术的一种表现形式。

1. 人盯人防守与进攻人盯人防守

1）人盯人防守

人盯人防守战术就是每个防守队员守住一个进攻队员，在防住自己对手的基础上相互协作的全队防守战术。根据防守的区域可分为半场人盯人和全场人盯人防守；根据盯人的松紧程度又可分为松动人盯人和紧逼人盯人防守。

（1）人盯人防守的基本要求。防守时应以人（各自防守的对手）为主，人球兼顾，时刻注意人、球、对手、篮圈等的方位，随时调整自己的防守位置，并注意协助同伴防守，干扰和破坏自己附近的球和进攻队员。全队要有良好的配合意识，思想统一，配合默契，前后呼应，行动迅速，积极抢占有利位置，争取在气势上占据主动。防守无球队员时，以防止或减少对手接球为主，特别要防止对手在有威胁的区域内接球，人球兼顾，及时准备补防和断球。防守持球队员时，首先要防止对手的投篮和突破，干扰其传球。对手运球时，要迫使其向边、角方向移动并使其停球。对手停球后，要立即贴近进行紧逼防守，封堵传球。在整个防守有球队员的过程中，要积极利用抢、打、封、盖等技术和各种假动作，破坏和夺取对方的控球权。

（2）人盯人防守的基本站位和基本练习方法。人盯人防守的基本站位如图 7-70 所示；其基本练习方法如下所述。

示例（1）：⑥传球给⑦时，▲7快速上前防守⑦（图 7-71），▲6、▲8错位防守强侧⑥与⑧，弱侧▲5移到罚球线附近协防，▲4缩到篮下协防（图 7-72）。

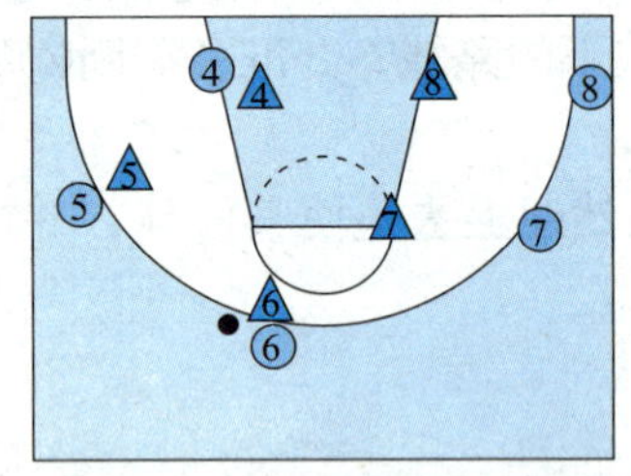
图 7-70　人盯人防守示例的基本站位

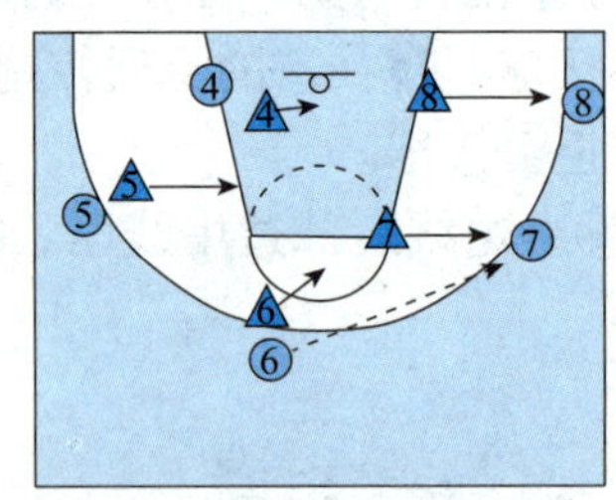
图 7-71　快速上前防守示例

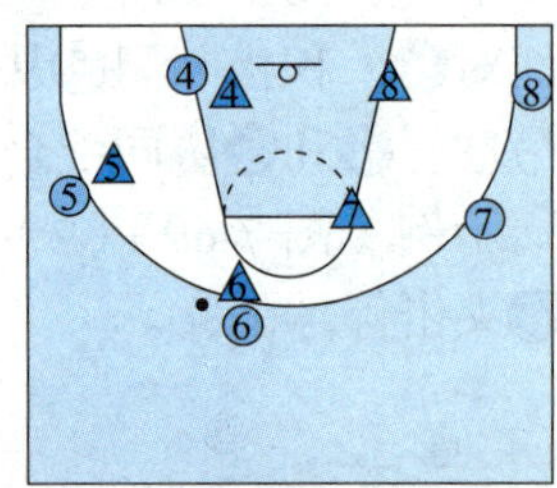
图 7-72　缩到篮下协防示例

示例（2）：⑦传球给⑧时▲8快速上前防守⑧，▲7错位防守⑦（图 7-73），▲6下滑到罚球线附近协防，▲4缩到篮下保护篮下和协防▲5也往内缩协防（图 7-74）。

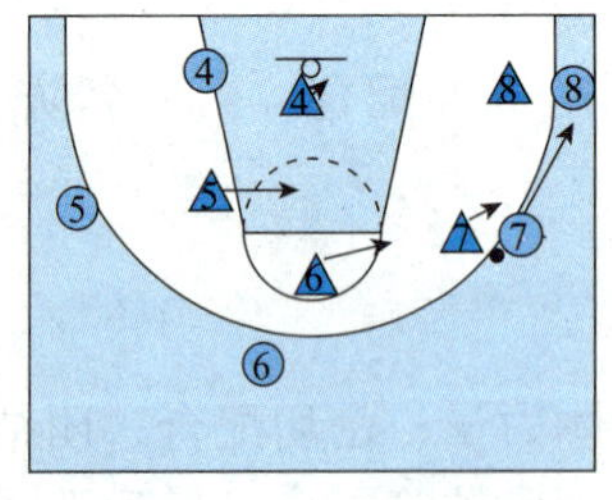
图 7-73　错位防守示例

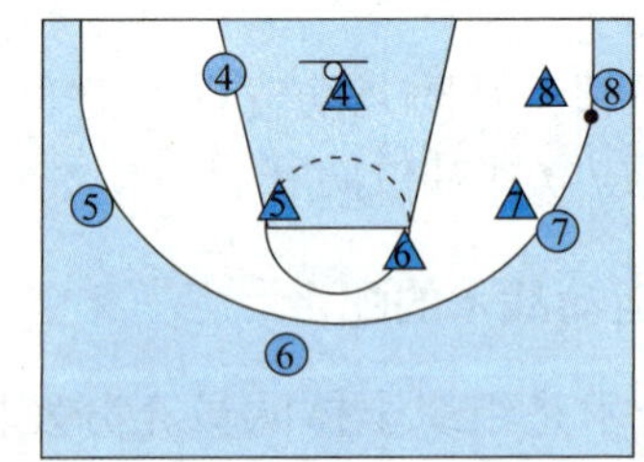
图 7-74　内缩协防示例

2）进攻人盯人防守

由于人盯人防守是篮球比赛中运用最普遍的防守战术，所以每一个篮球队都必须掌握进攻人盯人防守的战术。

（1）进攻人盯人防守的基本要求。思想上要有所准备，沉着冷静。队员在场上要保持一定距离或分散队形，拉大防区以便于各个击破。根据双方情况，扬长避短，发挥自己优势，有所侧重地组织进攻。控球队员不要急于处理球，特别应注意不要在边、角处停球，应积极组织队友运用传切、突分、掩护和策应等配合，加强突破，打乱其防守阵型，寻找战机。

（2）练习方法。示例：当⑥传球给⑤，中锋④上提给⑥掩护，⑥切进篮下接⑤上篮（图 7-75），④拉出也接⑤传球，如⑥的防守跟上，⑤没有机会传球，⑥继续从底线穿过，这时⑧也向底线移动给⑥掩护（图 7-76）。这时④传球给⑦，⑦再传球给⑥，⑥接球后可投 3 分（图 7-77），如⑥在没有机会，⑦横插到罚球线接④传球，可强攻篮下（图 7-78），当⑦接到球时⑧给⑤掩护，⑤插入篮下可接⑦传球上篮，如再没有机会⑦再传球给⑥，从右侧重新发动（图 7-79）。

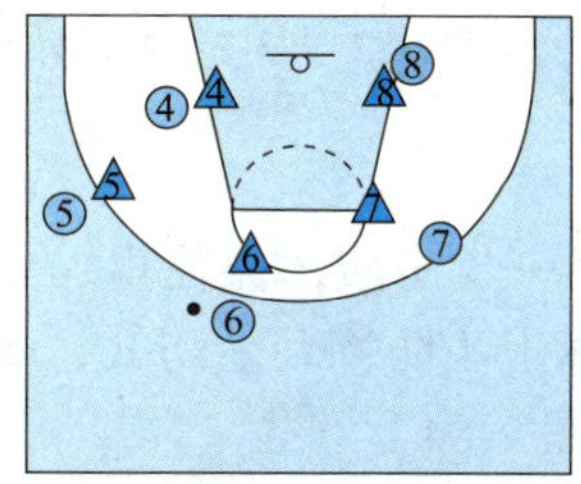
图 7-75　切进篮下示例

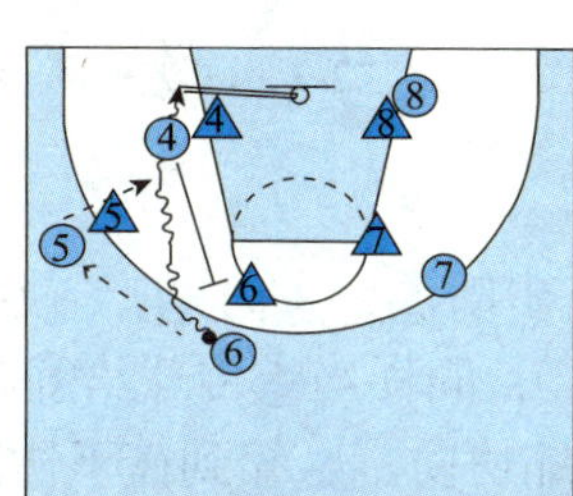
图 7-76　掩护示例

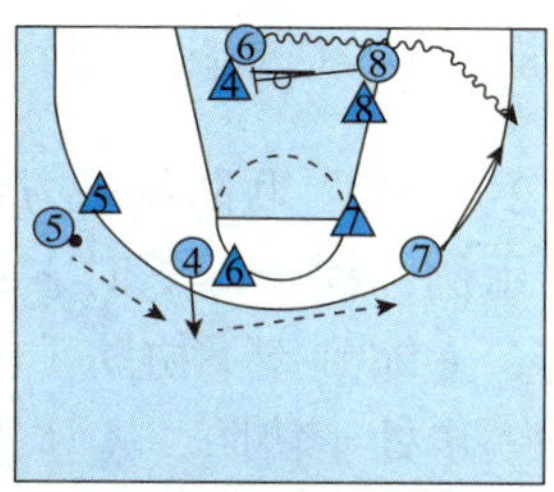
图 7-77　接球后可投 3 分示例

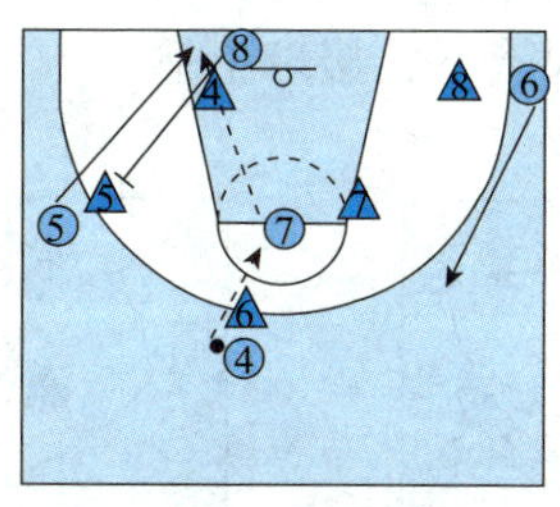
图 7-78　可强攻篮下示例

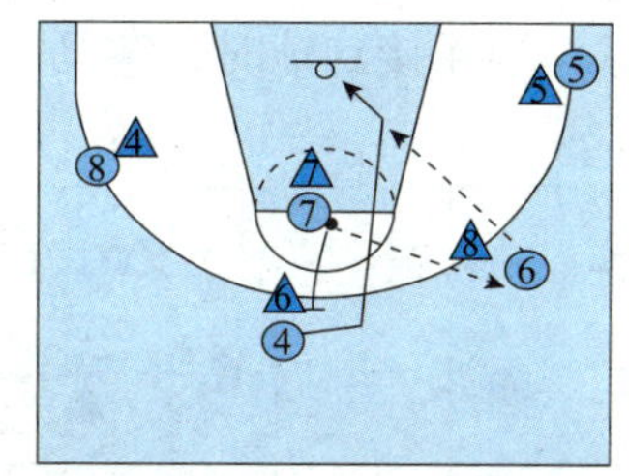
图 7-79　从右侧重新发动示例

2. 区域联防与进攻区域联防

1）区域联防的分类

区域联防是由每个防守队员分工负责防守一定的区域，严密防守进入该区域的球和进攻队员，并与同伴协同防守，用一定的队形把每个防守区域有机地联系起来而组成的全队防守战术。它的特点是在每个人防守一定区域的基础上，随着球的转移和进攻队员的穿插移动而不断地调整防守的位置和队形（也简称为球动人动，人随球动），形成在有球的区域以多防少，并对运球突破者实施关门、夹击和补防等；而无球区域则收缩篮下，积极堵防进攻企图。

依据防守队员的站位形式，常把区域联防分为“2-1-2”联防、“2-3”联防、“3-2”联防、“1-3-1”联防及对位联防等几种。

介绍几种联防站位。“2-1-2”联防如图7-80所示。“2-3”联防如图7-81所示。“3-2”联防如图7-82所示。

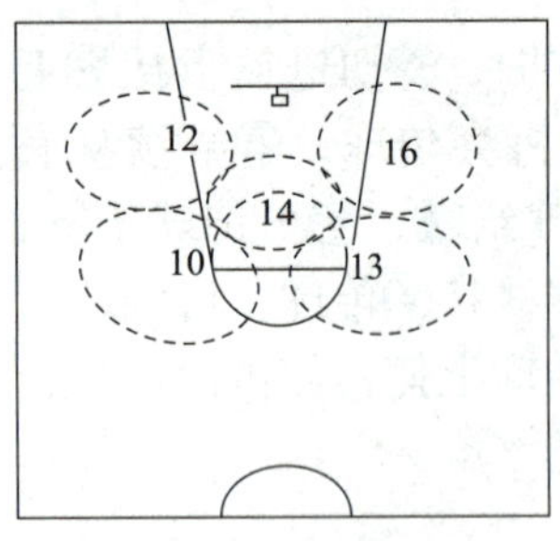

图7-80 “2-1-2”联防示例

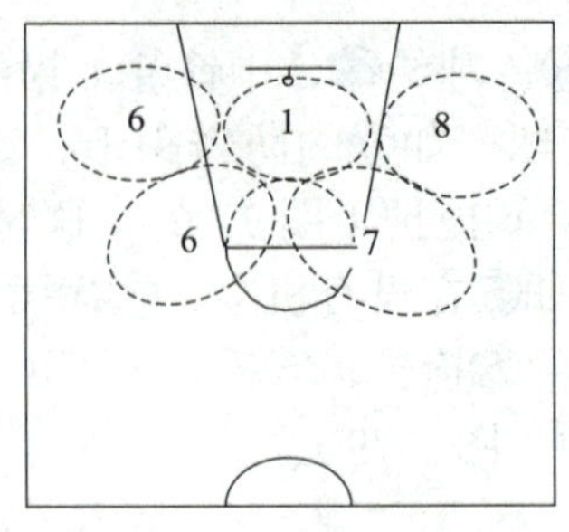

图7-81 “2-3”联防示例

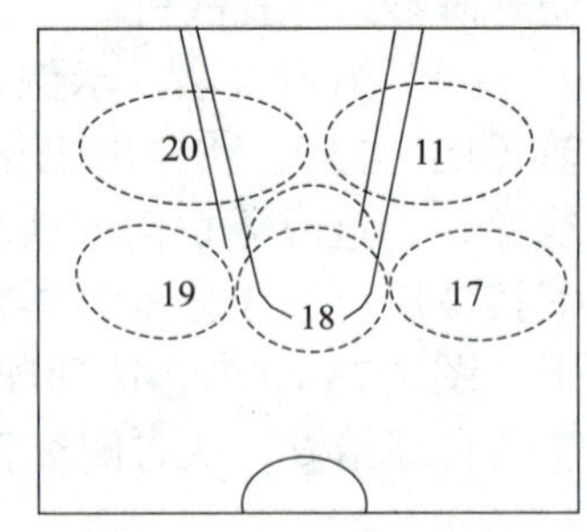

图7-82 “3-2”联防示例

2）“3-2”联防练习方法

示例：④传球⑤时▲5快速上步防⑤，▲7防⑦，▲4往里缩一步协防，▲6往里缩处于协防，▲8缩到篮下协防（图7-83），同样当⑤传球给⑥时，▲6上步防⑥，▲8防⑧，▲4往⑥缩一步处于协防，▲5往罚球线缩协防，▲7缩到篮下协防（图7-84）。

3）进攻区域联防

介绍“1-3-1”破联防进攻路线，如图7-85所示。

示例：当⑥⑧来回传球，当⑧接到球时，中锋⑤下滑接⑧传球，④也迅速上提到罚球线，接⑧传球，当④接到球时，⑦马上插到篮下，接球上篮。

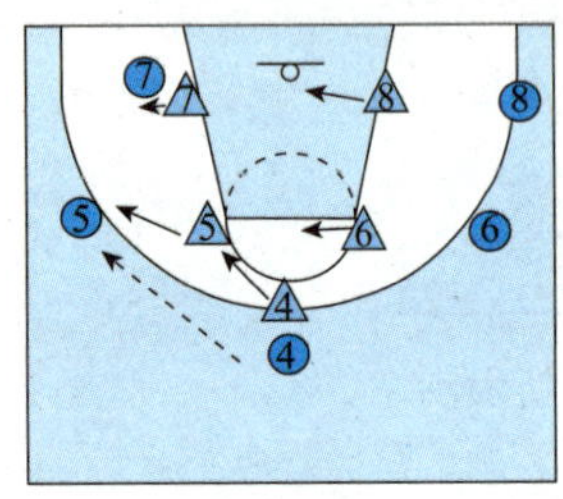
图7-83 往里缩一步协防示例

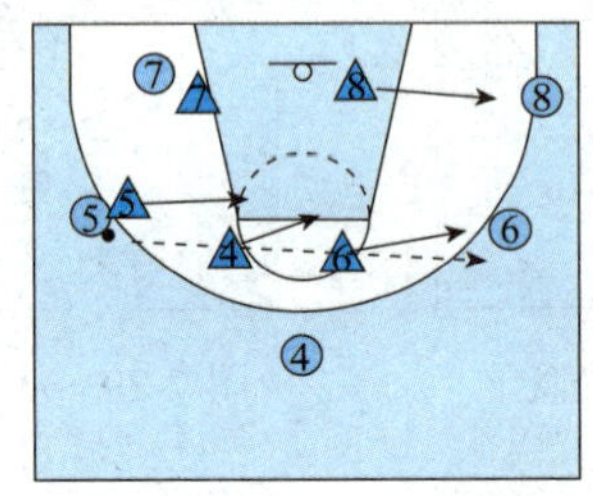
图7-84 往罚球线缩协防示例

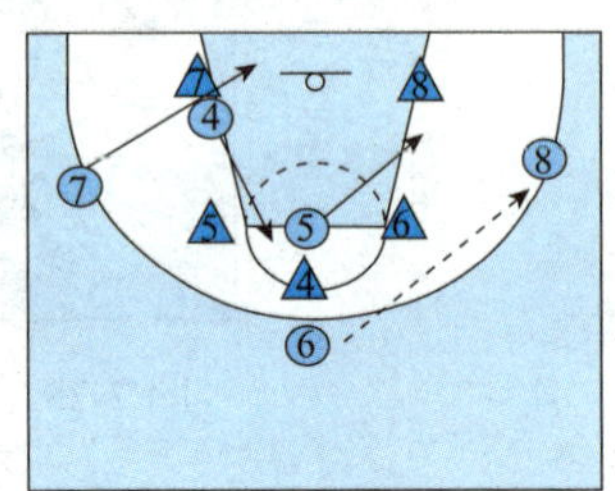
图7-85 “1-3-1”破联防进攻路线示例

四、篮球运动部分规则

（一）场地与器材

1. 场地

篮球运动场地为长28米、宽15米的长方形坚实平面，无障碍物。场内有中圈、罚球区、限制区、3分投篮区、2分投篮区和球队席区域等（图7-86）。

2. 篮筐和篮架

篮筐：内缘直径最少为0.45米，最多为0.457米。篮筐距地面3.05米，篮板下沿

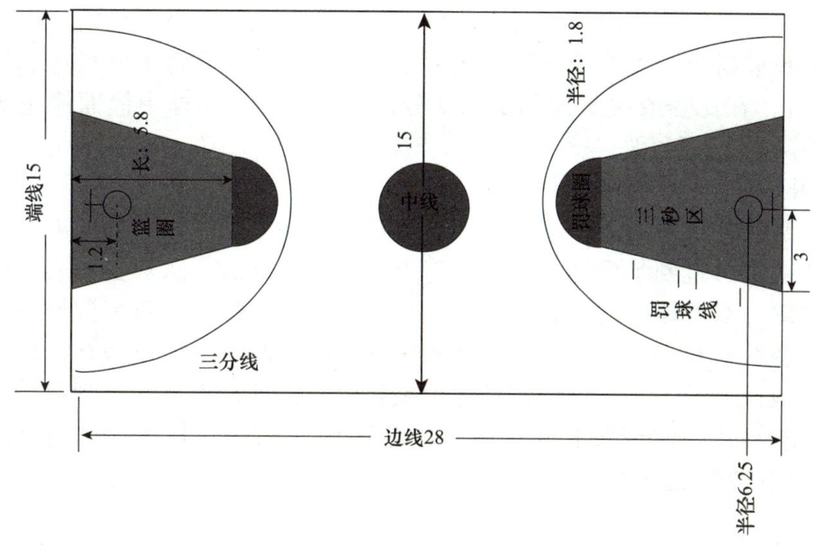

图 7-86 篮球运动场地（单位：米）

距地面 2.90 米。

3. 球

篮球比赛用球标准：充气后，球从 1.80 米的高度（从球的底部量起）落到球场的地面上，反弹起来的高度不得低于 1.20 米，也不得高于 1.40 米（从球的顶部量起）。主裁判员是确定球是否合乎标准的唯一鉴定人。

（1）标准男子比赛用球标准：重量为 600～650 克，圆周为 75～76 厘米。

（2）标准女子比赛用球标准：重量为 510～550 克，圆周为 70～71 厘米。

（3）青少年比赛用球标准：重量为 470～500 克，圆周为 69～71 厘米。

（4）儿童比赛用球标准：重量为 300～340 克，圆周为 56～57 厘米。

4. 赛制

每场篮球比赛由两个队参加，每队由 10 名队员组成（对于 4×12 分钟的比赛中；一个队超过 3 场比赛时，可增至 12 名）。比赛时，每队必须出场五名队员，由双方各一名队员在中圈跳球开始比赛，各队力争将球投入对方球篮并阻止对方获得球或得分。除在 3 分投篮区投中得 3 分外，投中得 2 分，罚中得 1 分。比赛以得分多少决定胜负。若终场时间到而两队得分相等，应延长一个或几个决胜期继续比赛，直至分出比赛的胜负为止。

5. 比赛时间

篮球比赛分为上、下两个半时，每半时 20 分钟，或 4 节，每节 12 分钟，其中第 1 节和第 2 节为上半时，第 3 节和第 4 节为下半时，半时之间休息 10 分钟或 15 分钟，在 4 节的比赛中第 1 节和第 2 节、第 3 节和第 4 节中间的休息时间为 2 分钟。每个决胜期为 5 分钟，每个决胜期前给予 2 分钟休息时间。

对于 4×12 分钟的比赛，每队在每半时（两节）的比赛时间内可以准许三次暂停，每一决胜期内准许一次暂停。每次暂停时间为 1 分钟。未用过的暂停不准挪到下半时或决胜期内使用。请求暂停必须由教练员或助理教练员亲自到记录员处，用规定的手势明确地提出。教练员请求暂停后，在球成死球并停止比赛计时钟时均可给予双方暂停，如对方投篮得分，可给予该队一次暂停（该请求必须在球离开投篮队员的手之前提出）。此外，在比赛或决胜期的最后2分钟期间，由于投球中篮而停止比赛计时钟时，得分的队不允许暂停。

6. 替补

篮球比赛替补必须由替补队员向记录员报告，并立即做好比赛的准备，替补应尽快完成。当裁判员宣判了争球、犯规、请求暂停被允许后、队员受伤或其他原因裁判员中断比赛时，双方球队均可替补队员。违例后掷界外球时，只有掷界外球的队可要求替补，该替补被允许后，对方也可要求替补，跳球队员不能被替补，罚球队员只有在最末一次或仅有的一次罚球中篮后才可被替补，但该请求要在裁判员持球或不持球进入罚球区执行第一次或仅有的一次罚球之前提出，这时对方也可以获得一次替补，只要该请求在裁判员进入罚球区执行最后一次或仅有一次罚球之前提出。

（二）运动规则

1. 违例

篮球比赛违例是违反规则的行为。罚则是发生违例的队失去球权，将球判给对方队在最靠近发生违例的地点最近的界线外掷界外球，直接位于篮板后面的地方除外。如果投篮或罚球的球中篮无效，则要在罚球线延长部分的界外掷界外球。下列情况应判违例：

（1）两次运球、带球跑、拳击球、故意地踢球、攻方干扰球、使球出界等。

（2）某队在场上控制球且比赛计时钟正在走动时，该队队员在对方的限制区内停留超过持续的3秒钟。

（3）持球队员被严密防守，在5秒钟内没有传、投、滚或运球。

（4）当一名队员在后场获得控制活球时，该队在10秒钟内未使球进入前场。

（5）当一名队员在场上获得控制一个活球时，该队在30秒钟内未投篮出手。

（6）某队在前场控制活球，该队的队员在前场使球回后场，且该队队员在后场又首先触及该球。

（7）跳球时，在球达到最高点前，跳球队员触及球或离开自己的位置，或在球未被拍击前非跳球队员进入圆柱体。

（8）掷界外球时发生下列情况者：①掷界外球的队员在球离手前消耗的时间超过5秒钟。②掷界外球的队员在球离手前从裁判员指定的地点横向移动超过正常的一步，并向不止一个方向移动。③在球触及了另一队员前在场内触及球。④球离手前或离手时踏场地。⑤掷球越过篮板传给场上另一队员。⑥掷界外球离手后，在球接触场上队员前，停留在篮圈支架上或进入球篮。⑦在球掷过界线前，任何其他队员使身体的任何部分越过界线。

2. 特殊的罚则

篮球比赛下列情况违例后，执行特殊的罚则：

（1）守方干扰球。罚则为违例时球成死球，根据投篮的地点判给投篮队员得2分或 3 分，由防守队在端线后掷界外球继续比赛。

（2）罚球队员出现下列情况而违例。①在球未触及篮圈前接触罚球线或罚球线前的地面。②做假动作罚球。③在 5 秒钟内未能投篮出手。④投出的球未触及篮圈或进入球篮。

罚则为：罚中无效，由对方球队在正对罚球线的延长部分的边线外掷界外球。如属教练员、助理教练员、替补队员或随队人员的技术犯规，或队员违反体育道德的犯规，或队员违反体育道德的技术犯规，或取消比赛资格的犯规的罚球，违例后，仍由罚球队在边线的中点处掷界外球；若属非最末一次罚球或仅有的一次罚球，违例后应继续执行剩余的罚球。

（3）罚球时，非罚球队员出现下列情况而违例。①不占位的其他队员在球触及篮圈前或显然不会中篮前进入罚球线的延长部分和 3 分投篮线之前。②占位队员在球离开罚球队员的手前，进入限制区。③对方队员扰乱罚球队员。

罚则：罚球队员的同队队员违例，罚中有效，违例不究。如未罚中，由对方掷界外球；罚球队员的对方队员违例，罚中有效，违例不究。如未罚中，由罚球队员重新罚球一次；双方违例，罚中有效，违例不究。如未罚中，在罚球线跳球继续比赛。

3. 犯规

篮球比赛犯规是违反规则的行为，并有身体接触和不道德的举止。

（1）侵人犯规。侵人犯规是不论在活球还是死球时涉及与对方队员非法接触的队员犯规。往往是由队员伸展臂、肩、髋、膝或过分地弯曲身体成不正常姿势而与对方队员发生身体接触所造成。分为推人、撞人、阻挡、拉人和非法用手等。

罚则：登记犯规队员一次侵人犯规，并按下列情况处理。①如被侵犯的队员未做投篮动作，应由被侵犯的球队在犯规地点最近的界线外掷界外球继续比赛。②如被侵犯的队员在做投篮动作，投中有效再判给一次罚球；未投中，根据投篮地点判给被侵犯的队员两次或三次罚球。

（2）违反体育道德的犯规。裁判员认为队员不是在规则的精神和意图的范围内合法地直接地试图抢球，造成的侵人犯规是违反体育道德的犯规。

罚则：登记犯规队员一次违反体育道德的犯规，判给被侵犯规队员一定次数的罚球和被侵犯的队在边线外中点处掷界外球。①如果对未做投篮动作的队员犯规，则判给两次罚球。②如果对在做投篮动作的队员犯规，投中应判得分，再判给一次罚球；如未投中，则根据投篮地点判给该队员两次或三次罚球。

对于屡次发生违反体育道德犯规的队员可以取消其比赛资格。

（3）双方犯规。两名对抗的队员大约同时互相发生接触犯规的情况。

罚则：登记每个犯规队员一次侵人犯规，不判给罚球。由下列方式重新开始比赛。①由双方犯规时已经控制球的队在距犯规地点最近的界外掷界外球。②如果双方犯规发生时两队都不控制球时在距犯规最近的圆圈内跳球。③如果双方犯规的同时投篮有效并得分对方队员在端线使球进入比赛。

（4）技术犯规。有意的、不道德的或给违犯者带来不正当利益的技术性违犯为技术犯规。①队员技术犯规。是指所有不包括与对方队员身体接触的队员犯规。队员技术犯规有两种。a. 队员技术犯规。登记犯规队员一次技术犯规，并由对方队长指定罚球队员罚球两次；对行为十分恶劣或屡次违犯的队员，应取消其比赛资格。b. 队员违反体育道德的技术犯规。登记违犯者一次违反体育道德的技术犯规，判给对方队员两次罚球和一次边线外中点处掷界外球。②教练员、助理教练员、替补队员或随队人员的技术犯规。登记教练员一次技术犯规，对方队长指定罚球队员罚球两次，无论罚球成功与否，都由罚球队任一队员在记录台对面边线的中点处掷界外球继续比赛。③比赛休息时间内的技术犯规。如果宣判了队员或替补队员的技术犯规，则登记在该犯规队员的名下；如果宣判了教练员、助理教练员或随队人员的技术犯规，则登记在教练员名下；判给对方两次罚球，在执行完罚球后，双方在中圈跳起开始比赛。

（5）取消比赛资格的犯规。它是指队员或教练员以十分恶劣的行为造成的侵人或技术犯规。

罚则：登记一次犯规，取消其比赛资格，令其离开球场附近，并不得以任何方式再和他的球队联系。判给对方两次罚球和在边线的中点处掷界外球。

（6）队员 5 次（或 6 次）犯规。对于 2×20 分钟的比赛，一名队员不论侵人犯规或技术犯规共达 5 次，必须自动退出比赛并在 30 秒钟内被替换；在 4×12 分钟的比赛中，一名队员不论侵人犯规或技术犯规共达六次，必须自动退出比赛并在 30 秒钟内被替换。

（7）全队犯规——处罚规则。在 2×20 分钟的比赛中，每半时，一个队的队员侵人犯规或技术犯规一共达七次或在 4×12 分钟的比赛中，每节，一个队的队员侵人犯规或技术犯规一共达四次时，所有以后的侵人犯规要处以两次罚球，由那个受到侵害的队员罚球两次。

单元三　排球运动

一、排球运动简介

排球运动

排球运动始于 1895 年，创始人是美国马萨诸塞州的霍利沃克城基督教青年会干事威廉·莫根，他想把当时已广为流行的网球搬到室内，在篮球场上用手来打。但室内篮球场面积较小，网球容易出界，于是他做了某些改进：一是把网球允许球落地后再回击的规则改为不许落地；二是把网球的体积扩大，用篮球胆充气来打。第二年，有位博士将此球命名为“华利波”，意为“空中飞球”。排球运动起初为一种消遣的娱乐游戏，被视为空中飞球，传入欧洲后始成为竞赛性项目，1949 年举行了第 1 届世界男子排球锦标赛。1905 年，排球运动传入我国，也是我国开展得最广泛的运动项目之一。中国国家女子排球队曾在 1981 年和 1985 年世界杯、1982 年和 1986 年世锦赛、1984 年洛杉矶奥运会上夺得冠军，成为世界上第一个“五连冠”，并又在 2003 年世界杯、2004 年奥运会、2015 年世界杯、2016 年奥运会、2019年世界杯五度夺冠，共十度成为世界冠军（包括世界杯、世锦赛和奥运会三大赛）。中国女排是中国三大球中唯一一个拿到冠军奖杯的队伍。

二、排球运动的基本技术

（一）准备姿势

准备姿势是各项技术的基础，正确的准备姿势能够快速地起动和移动，在合理的位置上完成技术动作，达到战术目的。正确的准备姿势分半蹲、稍蹲和低蹲三种。其中半蹲准备姿势运用率最高。

准备姿势（图7-87）要领：两脚开立，距离比肩稍宽（其女子比男子更宽些），两脚尖适当内扣，脚跟抬起，膝关节弯曲，大小腿之间约成90°。上体前倾，重心着力点在两脚前脚掌拇指根部，两肩前探超出膝关节，两臂自然弯曲置于胸腹之间，抬头看球，准备随时移动。稍蹲和低蹲的准备姿势与半蹲基本相同，只是两膝与半蹲准备姿势躯干弯曲度大于或小于半蹲姿势。

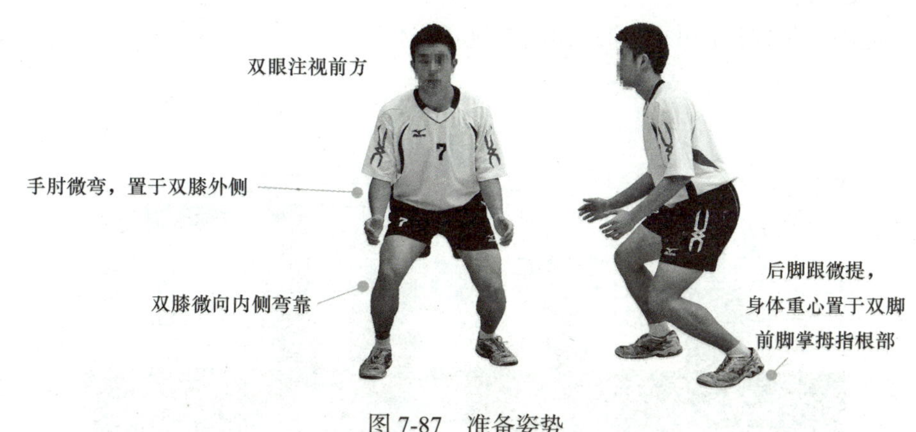

图7-87 准备姿势

（二）移动

队员从起动到制动的人体位移称移动，合理的移动可使队员及时接近球，找好人与球的关系，便于合理地击球。迅速的移动可占据场上有利的位置，争取时间和空间。移动的基本方法如下。

1. 并步与滑步

并步与滑步要领：如果向前移动，则后脚蹬地，前脚向来球方向跨出步，后脚迅速并上，做好击球前的准备姿势。

2. 前跨步和侧跨步

前跨步（图7-88）和侧跨步（图7-89）要领：前跨步，则后脚用力蹬地，前脚向前跨出一大步，屈膝，上体前倾，身体重心移至前腿上。侧跨步，用力蹬向另一侧，另一侧脚向侧方跨一大步，重心移至跨出脚上。

图 7-88　前跨步

图 7-89　侧跨步

（三）拦网

拦网指队员在球网上空阻拦对方来的球，是防守反击的第一道防线，也是得分的手段。因此，它是积极主动并具有攻击性的防守。拦网有单人拦网和集体拦网，拦网的技术由准备姿势、移动、起跳、空中阻拦和落地等相互衔接的五个动作组成。

1. 单人拦网

单人拦网是集体拦网的基础，如图 7-90 所示。

图 7-90　单人拦网

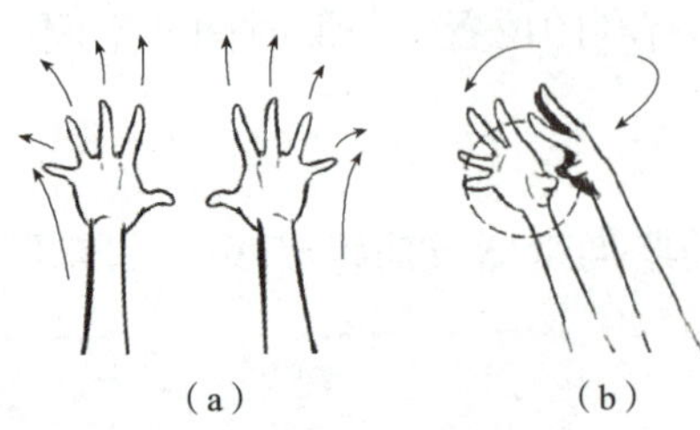

图 7-91　拦网手形

单人拦网要领：面对球网，两脚平行开立约与肩同宽，两膝微屈，两臂在胸前自然弯曲，运用各种步法起跳，两手向网上沿的前上方伸出［图 7-91（a）］，两肩上提，触球时，两手成勺形［图 7-91（b）］，手腕紧张，击球后身体自然缓冲。

2. 拦网击球

拦网击球［图 7-92］要领：两臂尽力伸直，两手间距不大于球的直径，用盖帽等手法进行拦击。

图 7-92 拦网击球

（四）扣球

扣球指队员通过合理的助跑和起跳，将高于球网上沿的球有力地扣入对方场地的一种击球方法，是进攻中最积极的得分手段，也是衡量一个球队进攻能力和决定比赛能否取胜的重要因素之一。

1. 正面扣球

正面扣球［图 7-93（a）～（h）］要领：正面扣球是扣球中的一种最基本方法。扣球助跑前，采用稍蹲姿势，两臂自然下垂，在离球网约 3 米处，观察判断，做好向各方向助跑起跳的准备，起跳后，挺胸展腹，上体稍向右转（以右手扣球为例），右臂向后上方抬起，身体成反弓形，挥臂时，以迅速转体、收腹、动作发力，依次带动肩、肘、腕各关节向前上方挥动，击球时五指微张，成勺形，并保持紧张，以全手掌包满球。

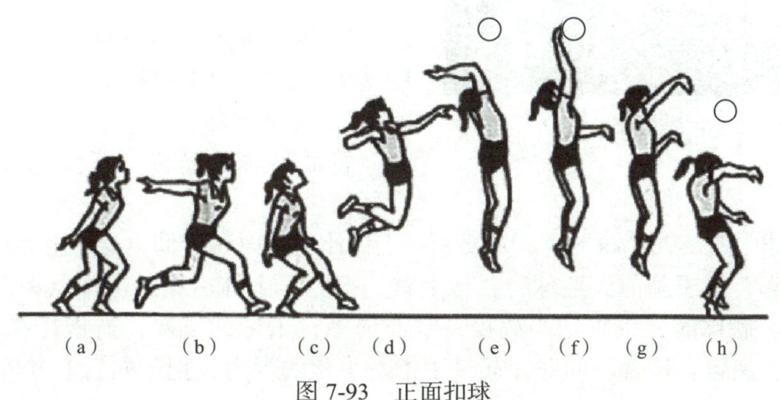

图 7-93 正面扣球

2. 快球

快球指二传队员将球传出或传出前，扣球队员已跳在空中等球；当球传到合适的击球点时，扣球队员以极快的速度挥臂击球。

快球要领：速度快、变化多、牵制力强、命中率高、实效好。

快球技术能给对方有效的打击。快球种类有以下几种：近体快、背快、短平快、背平快、平拉开快、半快球、调整快球、远网快球、单脚起跳快球、快抹等。

3. 自我掩护扣球

用自己扣各种快球的假动作来掩护自己第二实扣的半高球进攻，叫自我掩护扣球。可分为时间差、位置差、空间差。

（1）时间差是指我方队员进攻时，利用对方拦网队员起跳时间的误差，达到突破对方拦网目的的打法，即打快球队员佯做扣球的起跳姿势，而实际并未离开地面，待对方拦网队员受骗起跳下落时，扣球队员再迅速原地起跳扣杀，二传手预定传来半高球，造成空当进攻。

（2）位置差是指扣球队员佯做起跳姿势，准备打快球，以吸引对方拦网队员起跳做拦网动作时，扣球队员突然向侧方跨跳一步，在无人拦网处起跳扣杀的打法。

（3）空间差是一种借助跑起跳空间上的误差来迷惑对方的战术，扣球队员利用起跳后身体在空中移动的幅度来避开对方的拦网，达到空当进攻目的的打法。由于利用了起跳点和实扣点在空间上的差距，故名“空间差”。

（五）传球

利用手指、手腕的弹击力量将球传至一定目标的击球动作称为传球。传球是排球运动的基本技术之一，也是组织战术的基础。

图 7-94　正面传球手势

1. 正面传球

正面传球要领：双手相对成半球形置于脸前（图 7-94），一般在额前上方 20 厘米处，触球瞬间，手指和手腕保持一定的紧张度，以增加弹性，产生适当的缓冲，同时向前上方伸臂，以指和腕的弹力为主，配合两脚蹬地和身体伸展的协调动作将球传出，如图 7-95（a）～（f）所示。

2. 背面传球

背面传球（简称“背传”）是指向头的后方传球。

背面传球［图 7-96（a）～（e）］要领：上体比正传时稍后仰，身体重心在两脚之间，双手自然抬起，置于脸前。迎球时，抬上臂，挺胸，上体后屈。击球点保持在额上方，比正传偏后。触球时，手腕适当放松，掌心向上，击球的下部，拇指托在球下。背传用力靠蹬腿、展腹、抬臂、伸肘，通过手指、手腕的弹力，把球向后上方传出。

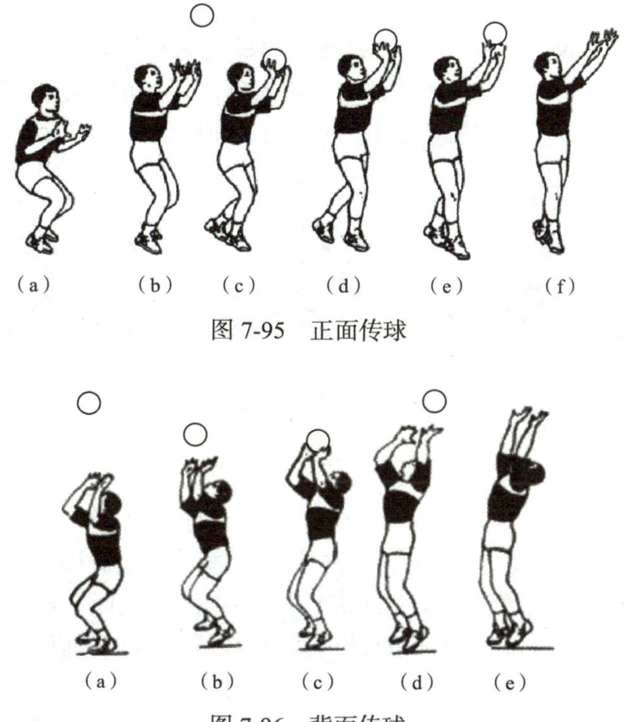

图 7-95　正面传球

图 7-96　背面传球

（六）垫球

用手臂或手的坚硬部位击球的动作称为垫球［图 7-97（a）、（b）］。它是排球运动最基本技术之一，是用于接发球、接扣球、接吊球、接拦回球和处理各种难球的主要方法，也是保证进攻的基础。垫球时必须有正确的准备姿势、合理的击球手形、准确的击球动作、合理的击球部位及调整手臂与地面的适宜用力角度，才能取得良好的垫球效果。

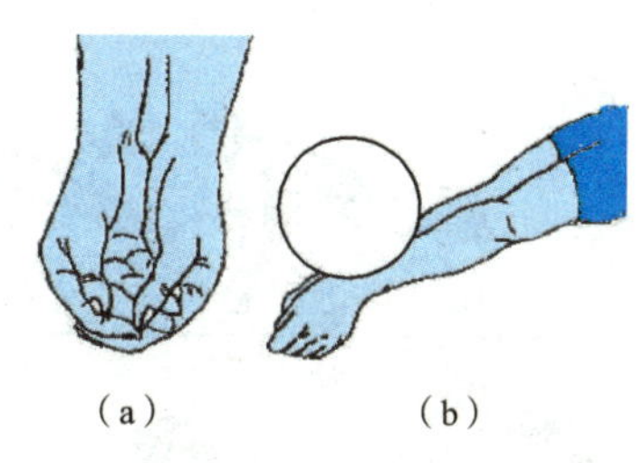

图 7-97　垫球手势

1. 正面垫球

正面垫球［图 7-98（a）～（d）］要领：正面垫球是各项垫球的基础，控制面积大，容易保持平衡，起球效果好，可以减少持球的现象。

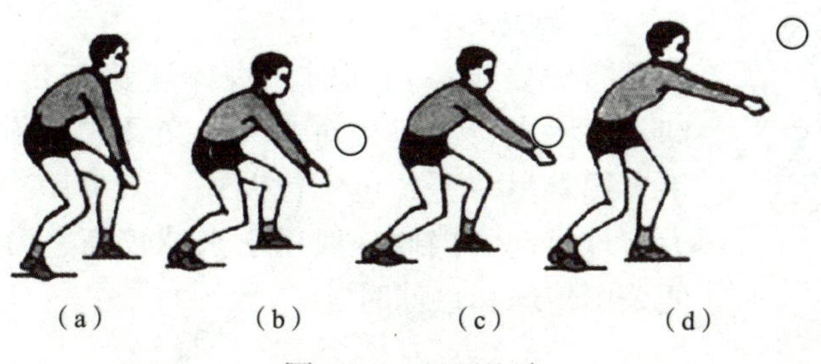

图 7-98　正面垫球

2. 半跪垫球

半跪垫球［图 7-99（a）～（c）］要领：垫球时两脚间距离自然拉大，成低姿半跪姿势，手臂贴近地面置于球下。上体前倾，腰肩低压。用虎口上部对准球的中下部，用翘腕抖击动作将球垫起。半跪垫球适用于速度快、弧度低、落点又正对体前稍远时的球。

（a）（b）（c）

图 7-99　半跪垫球

3. 鱼跃垫球

鱼跃垫球［图 7-100（a）～（g）］要领：当来球低而远、来不及移动到位时，采用猛然跃出利用双手（或单手）在空中击球。上体前倾或低姿势，蹬地使身体向前腾空，猛然跃出，以双手或单手的手背或虎口在空中由下向上击球后，双手先着地支撑，然后两肘弯曲缓冲下落力量，同时抬头挺胸，身体成反弓形，以胸、腹、腿依次着地。

4. 跨步垫球

跨步垫球（图 7-101）要领：队员向前或向侧方跨出一步垫球，在接发球和防守时运用较多。

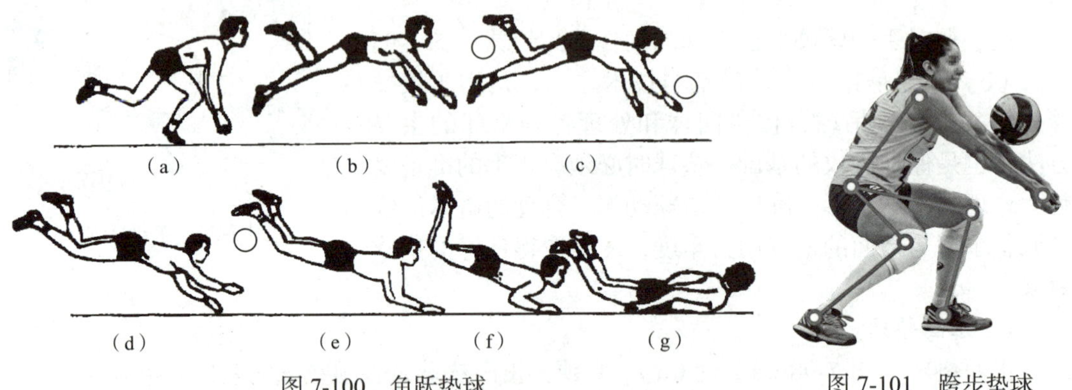

（a）（b）（c）

（d）（e）（f）（g）

图 7-100　鱼跃垫球

图 7-101　跨步垫球

（a）（b）

图 7-102　挡球

5. 挡球

挡球要领：挡球时，身体姿势与传球相同，重心稍后仰，两手虎口部位相对交叉［交叉式，图 7-102（a）］，或一手半握拳另一手外包［包握式，图 7-102（b）］，利用球的弹力将球接起。挡球一般用于来球较高、力量大、速度快，不便采用传球和垫球时。

（七）发球

发球是排球运动的基本技术之一，指队员站在端线之后，用手抛球后，用单手将球击入对方场区内。发球是比赛开始的第一个技术动作，也是一项先发制人的进攻技术。

发球时可运用正面、侧面、上手、下手、助跑或起跳发球，击球手法可以用全手掌、掌根、半握拳、虎口和腕部，发球有 5 秒钟限制。队员如抛球不当，可在球落地后再行抛球，不算犯规，但不得有意拖延比赛时间，发球后，即可迅速入场参加比赛。

发球的作用：发球是排球技术中唯一不受别人制约的技术。准确而有攻击性的发球，不仅可以得分，而且还可以破坏对方的战术组成，起到先发制人，争取主动，摆脱被动的作用。

1. 正面上手发球

正面上手发球［图 7-103（a）～（g）］要领：面对球网，两脚自然开立，左脚在前（以右手发球为例），左手持球于身前，用抬臂和手掌的升托上送，将球平稳地垂直抛于右肩的前上方，高度适中。在左手抛球的同时，右臂抬起，屈肘后引，肘与肩平，上体稍向右转。击球时利用蹬地，使上体左转，同时收腹，带动手臂挥动，在右肩前上方伸直手臂到最高点，用全手掌击球的后中部。

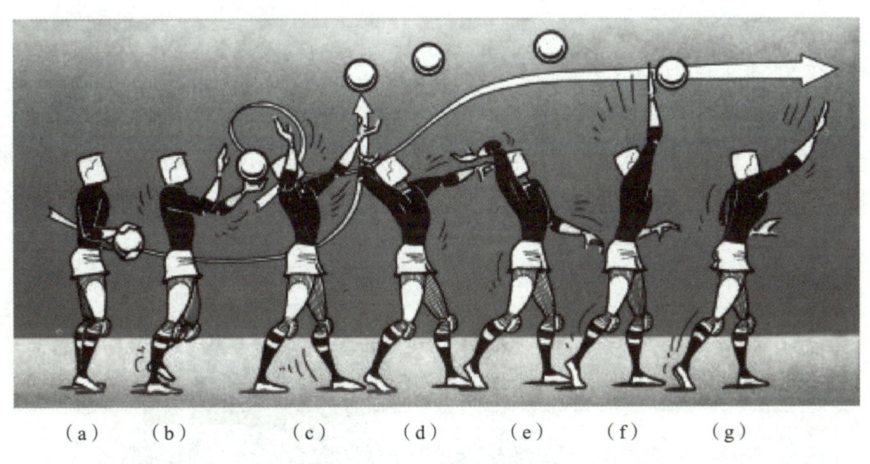

（a） （b） （c） （d） （e） （f） （g）

图 7-103 正面上手发球

击球时，手指自然张开吻合球，手腕迅速做主动推压动作，如图 7-104（a）、（b）所示。

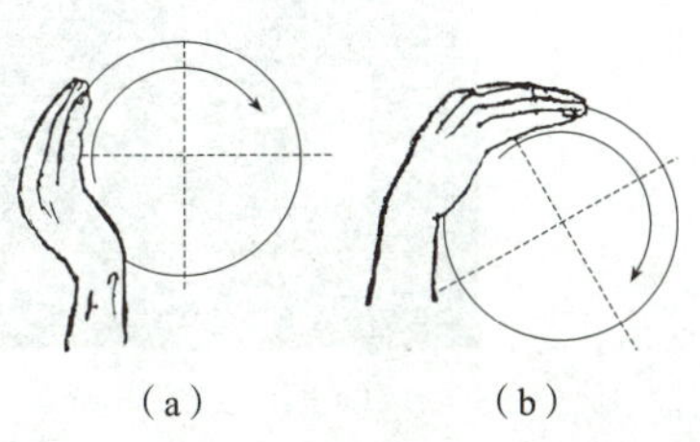

（a） （b）

图 7-104 正面上手发球手势

使球呈上旋飞行，击球后，随着身体重心前移，迅速入场比赛。

2. 正面上手发飘球

正面上手发飘球［图 7-105（a）～（g）］要领：发球动作基本同于正面上手发球，但抛球比正面上手发球稍低、稍靠前一些。击球时五指并拢，手腕稍后仰，用掌根平面击球主体中下部，作用力通过球心（图 7-106）。击球瞬间，手指、手腕紧张，手形固定，不加推压动作。

击球结束后，手臂有突停动作，击球后，队员迅速入场比赛。这种发球，球在空中不旋转，飘晃不定，给对方接球队员造成很大困难。

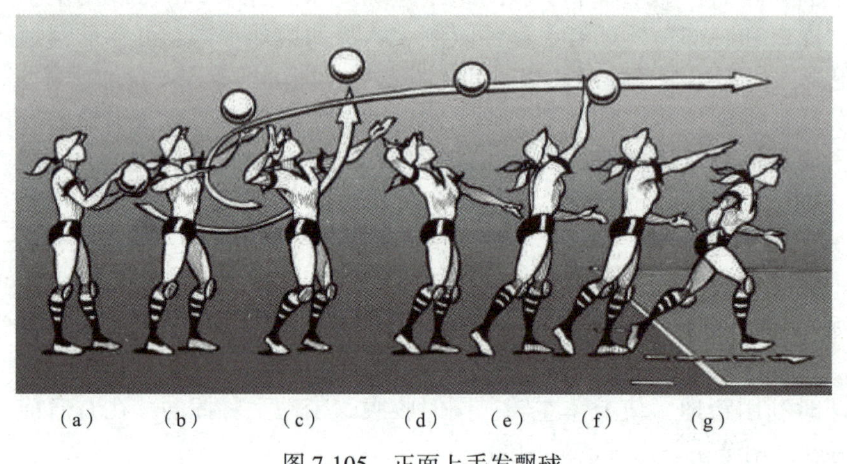

(a) (b) (c) (d) (e) (f) (g)

图 7-105 正面上手发飘球

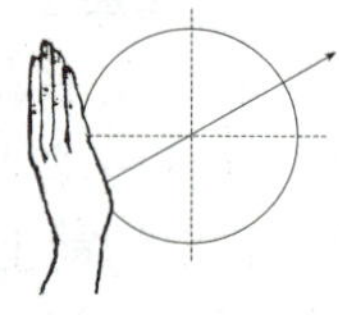

图 7-106 正面上手发飘球手势

3. 正面下手发球

正面下手发球［图 7-107（a）～（f）］要领：面对球网两脚前后开立，左脚在前，两膝稍屈，上体稍前倾，重心偏后脚，左手将球轻轻抛起在体前右侧，离手高约 20 厘米，右臂伸直，以肩为轴向后摆动，借右腿蹬地的力量，身体重心随着右手向前摆动击球移至左脚，在腹前以全手掌击球的后下方，触球时，手指、手腕紧张，手成勺形吻合

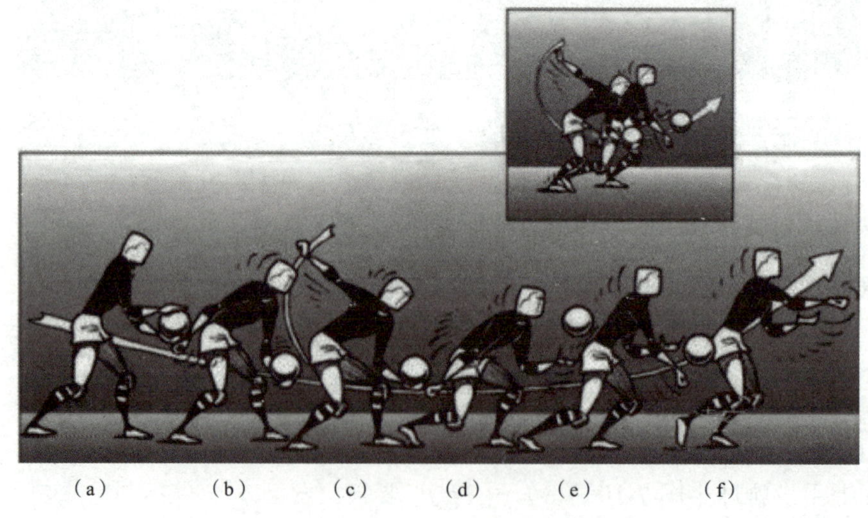

(a) (b) (c) (d) (e) (f)

图 7-107 正面下手发球

球，随着击球动作，重心迅速前移进入比赛场地。

4. 侧面下手发球

侧面下手发球［图 7-108（a）～（e）］要领：左肩对网，两脚左右开立，约与肩宽，两膝稍屈，上体稍前倾，重心落在两脚之间，左手将球平稳抛于腹前，距身体一臂之远，离手高约 30 厘米，在抛球的同时，右臂摆至右侧后下方，接着利用右脚蹬地向左转体的力量，带动右臂向左前方摆动，在腹前用全手掌击球的右下方。

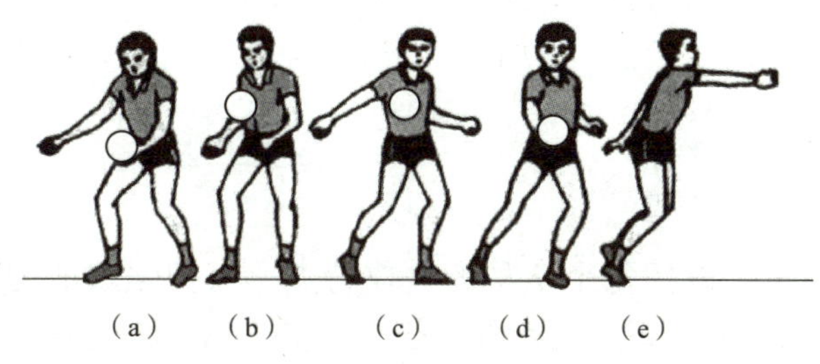

图 7-108 侧面下手发球

三、排球运动的基本战术

排球运动战术是运动员在比赛中根据排球运动的比赛规律、彼此双方的具体情况和临场变化，合理地运用技术及所采用的有组织、有目的和有预见的配合行动。

战术意识即战术素养，是指运动员在发挥各项技术的过程中，支配自己行动并带有一定战术目的的心理活动。根据排球运动的规律与特点，战术意识包括八个内容：①技术的目的性；②行动的预见性；③判断的准确性；④进攻的主动性；⑤防守的积极性；⑥战术的灵活性；⑦动作的隐蔽性；⑧配合的集体性。

（一）阵容配备

阵容配备就是从本队的实际出发，合理地把全队的力量组织起来，最大限度地发挥每位球员的技、战术特长，包括“四二”配备、“五一”配备、“三三”配备三种类型。

1. “四二”配备

“四二”配备（图 7-109）：安排两个二传手站在对角位置上，两个主攻手和两个副攻手站成两个对角，使前排在任何时候都能保持一个二传手和两个进攻手，以充分发挥攻击力量。

2. “五一”配备

“五一”配备（图 7-110）：安排一个二传手和五个进攻手。这种配备攻击性强，容易组织快速、多变的进攻战术。

3. “三三”配备

“三三”配备（图 7-111）：由三个进攻手和三个二传手组成，站位时一个进攻手间隔一个二传手。

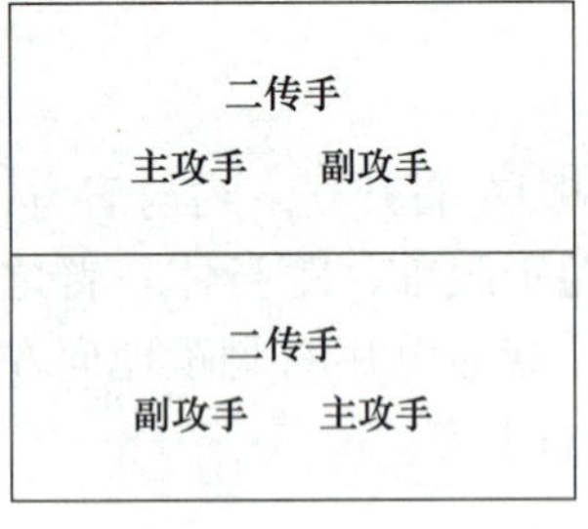

图 7-109 “四二”配备

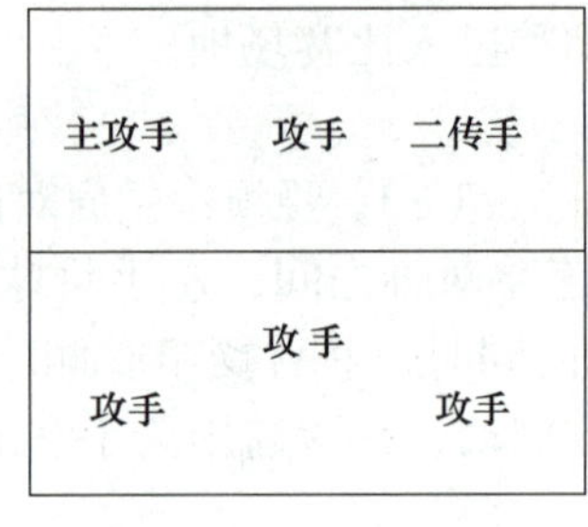

图 7-110 “五一”配备

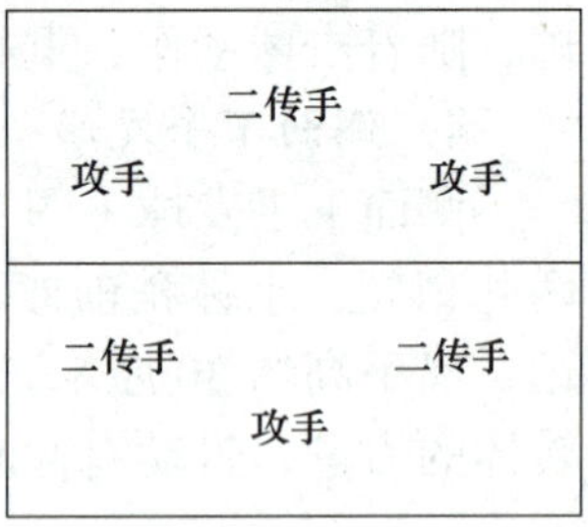

二传手
攻手 攻手
二传手 二传手
攻手

图 7-111 “三三”配备

（二）位置变换

1. 前排队员间的换位

为了加强进攻力量，发挥每个队员的进攻特点，可把强攻能力强的队员换到最便于扣球的位置上。如右手扣球强的换到 4 号位，左手扣球强的换到 2 号位，善于扣快球的换到 3 号位。为了加强拦网，把身材高、弹跳力好、拦网技术好的队员换到网前。

2. 后排队员间的换位

为了加强后排防守，发挥个人防守特长，可把队员互换到各自擅长防守的区域，采用定位防守。如两侧防守能力强的队员，在采用“边跟进”防守时可放在 6 号位防守，采用“心跟进”防守时放在 1 号位或 5 号位防守。

（三）集体进攻战术

1. “中一二”进攻战术

前排 3 号位队员充当二传手，2 号和 4 号位队员做攻手，当二传人员轮到 2 号或 4 号时，可换到 3 号位做二传手。“中一二”进攻战术有“大三角”和“小三角”两种站位，如图 7-112 所示。

2. “边一二”进攻战术

前排 2 号位或 4 号位队员当二传手，其他两名队员做攻手。一般是二传手在 2 号位组织进攻即正“边一二”进攻；如果二传手在 4 号位组织进攻，则为反“边一二”进攻。两种进攻阵形如图 7-113 所示。

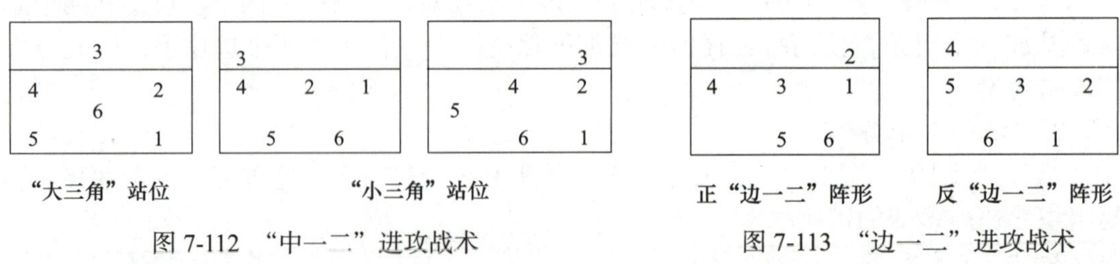

“大三角”站位 “小三角”站位

图 7-112 “中一二”进攻战术

正“边一二”阵形 反“边一二”阵形

图 7-113 “边一二”进攻战术

3. 插上进攻

后排队员从后排插上到前排做二传手，使前排保持三人进攻，充分利用网的长度，组成以快球为核心的跑动配合，打出多种战术变化。插上进攻有“1 号位插上”“6 号位插上”“5 号位插上”三种站位方法，如图 7-114 所示。

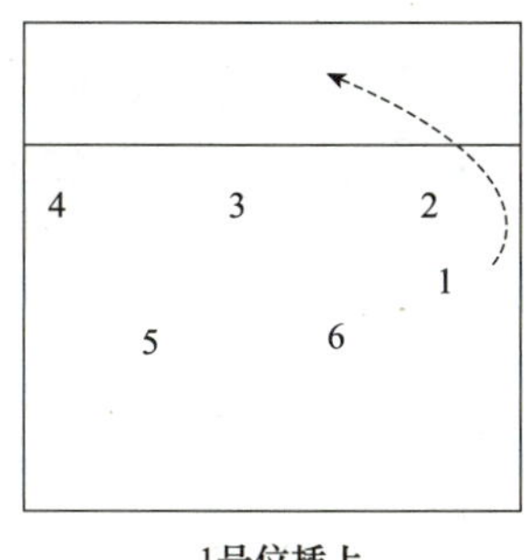

1号位插上

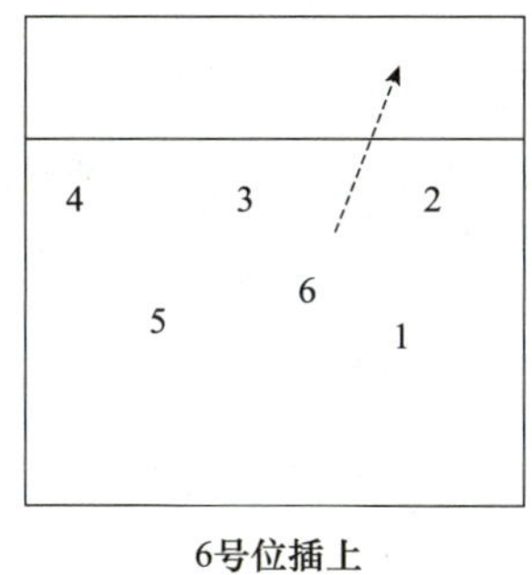

6号位插上

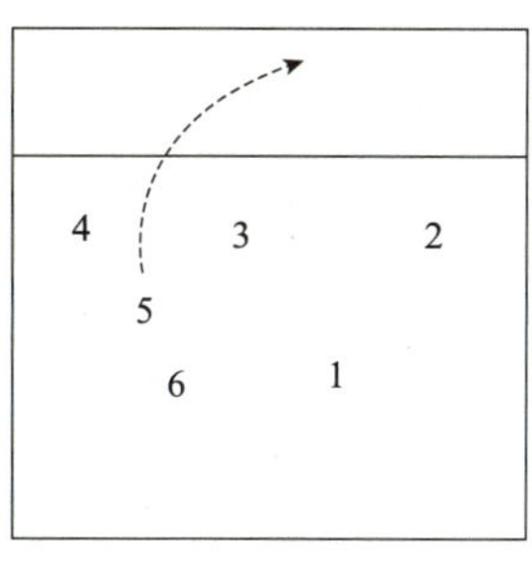

5号位插上

图 7-114　插上进攻

4. 两次球进攻

一传队员直接将球垫传到网前适当位置，供前排队员扣球。

5. 掩护进攻

这是队员利用自我掩护或他人掩护后进行扣杀的进攻方法。扣球时利用假动作即时间差、位置差、空间差等自我掩护，其他队员以交叉跑动、换位、佯攻等方法掩护。

6. 围绕进攻

围绕进攻（图 7-115）指进攻队员围绕二传队员从前到后，或从后到前跑动换位进攻，有前围绕与后围绕。从后绕前为前围绕，反之为后围绕。

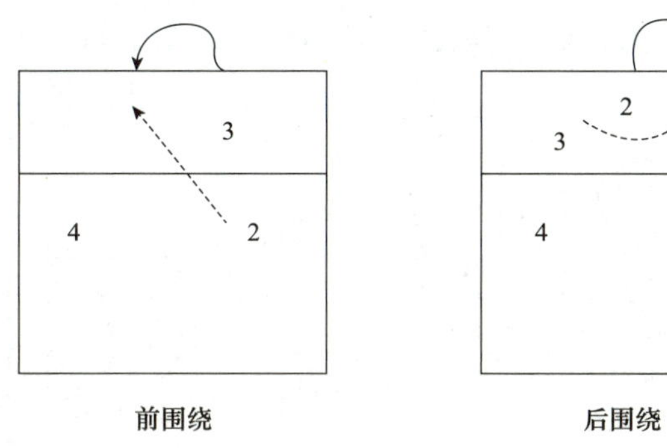

前围绕　　后围绕

图 7-115　围绕进攻

7. 前交叉进攻

4 号位队员内切做快球掩护，吸引对方拦网，同时 3 号位和 4 号位队员做交叉跑动扣半快球或半高球，如图 7-116 所示。

8. 后交叉进攻

3 号位队员做快球掩护，同时在二传手后面的 2 号位队员与 3 号位队员做交叉跑动，绕至二传手前面扣半快球或半高球，如图 7-117 所示。

（四）集体防守战术

1. 边跟进防守

当对方进攻时，由前排组成双人拦网，另一名不拦网的前排队员后撤协同后排三

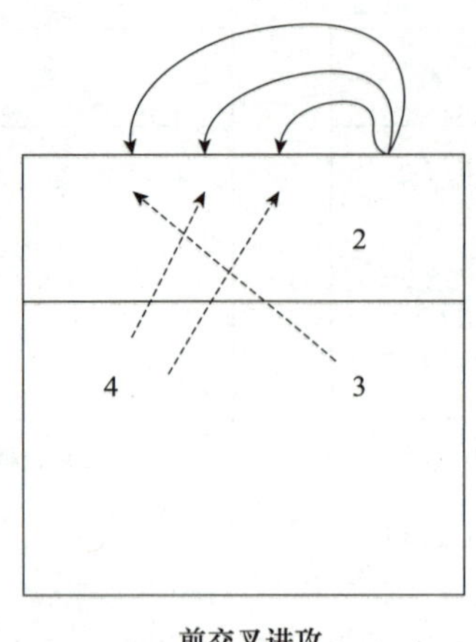

图 7-116　前交叉进攻

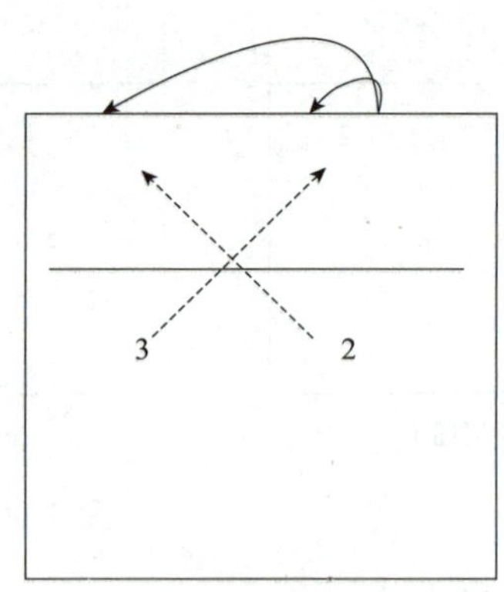

图 7-117　后交叉进攻

人组织防守。当对方队员吊球时，由后排两侧 1 号位或 5 号位队员跟进，6 号位队员立即向跟进队员原防守区补位，又称马蹄形防守，如图 7-118 所示。

2. 心跟进防守

心跟进防守即中跟进防守，指后排 6 号位队员在本方拦网时跟上去保护，防止对方吊球。当对方进攻时，本方组成双人拦网，不拦网的队员后撤，防守对方可能进行的小斜线扣球，1 号位和 5 号位队员在后排机动防守，如图 7-119 所示。

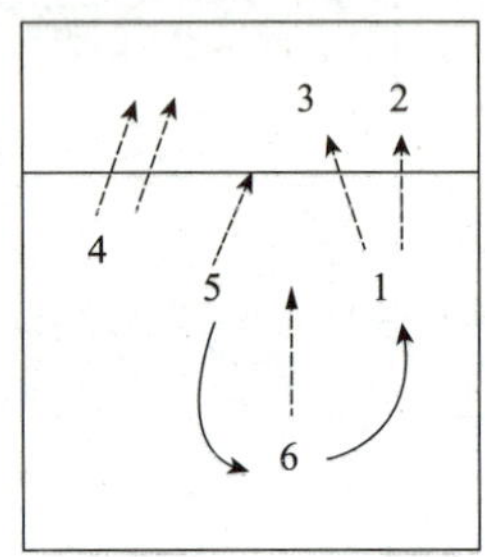

图 7-118　边跟进防守

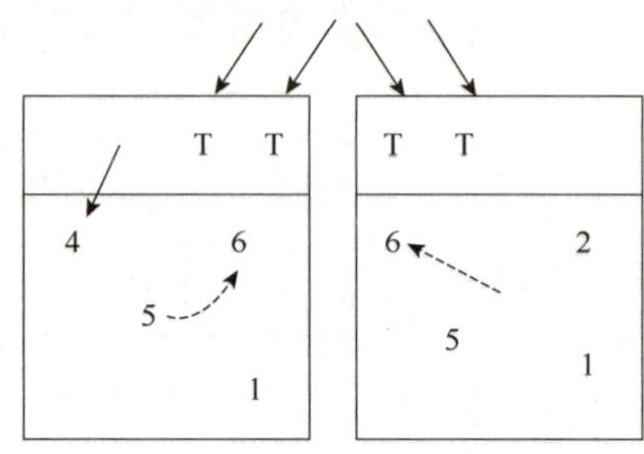

图 7-119　心跟进防守

四、排球运动部分规则

（一）场地与器材

1. 场地

排球运动场地为长 18 米、宽 9 米的长方形，如图 7-120 所示。

2. 排球球网和球杆

排球球网为黑色，长 9.50 米、宽 1 米，网孔为 10 厘米 ^{2}。男子网高 2.43 米，女子网高 2.24 米。

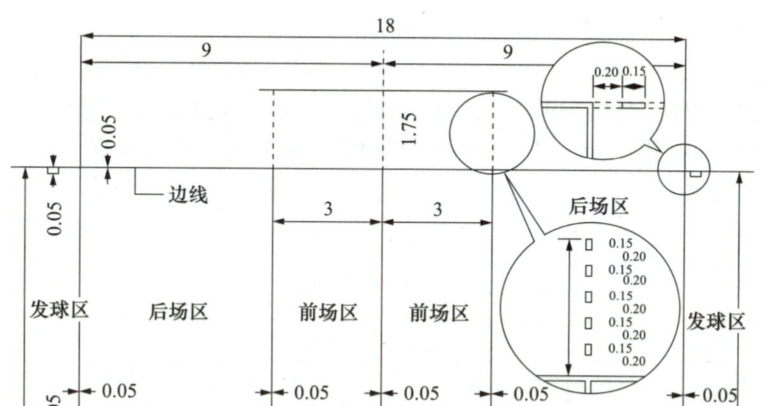

图 7-120 排球运动场地（单位：米）

排球标志杆长 1.80 米、直径 1 厘米，高出球网 80 厘米。高出部分每 10 厘米应涂有不同颜色，一般为红、白相间。

3. 球

排球正式比赛用球应为一色浅色或国际排联批准的花色球，圆周为 65～67 厘米，重为 260～280 克，气压为 29.42～31.87 千帕。

排球比赛场地的地面必须平坦、水平，不得有任何可能伤害队员的隐患。正式比赛的场地的地面只能是木质的或合成物质的，场地的界线为白色。比赛场区和无障碍区分别为不同颜色。

4. 赛制

比赛规则规定一个队最多有 12 名队员，教练员、助理教练员、医生各一名。

每队上场六名，站成两排，从左至右，前排为 4、3、2 号位，后排为 5、6、1 号位。在发球时，双方队员都必须按规定位置站好，否则将被判失发球权或对方得 1 分。

排球比赛经常采用的制度有三种，即循环制、淘汰制和混合制。

1）循环制

循环制使参加比赛的各队都有相遇比赛的机会，是一种公平合理的比赛制度，能够合理地确定名次。

（1）单循环。单循环比赛，各队都参加完一场比赛即为一轮，比赛的队数为单数时，比赛轮数就等于队数，如五个队比赛，则比赛轮数为五轮。比赛的队数是双数时，比赛轮数等于队数减 1，如六个队比赛，则比赛轮数为五轮。

单循环比赛的场数用下面的公式计算：

$$\text{比赛场数}=\frac{\text{队数}\times(\text{队数}-1)}{2}$$

单循环比赛的编排方法：

参加比赛的队是双数时，把参加比赛的队平均分成两半，前一半由 1 号开始，自上而下写在左边，后一半自下而上写在右边。如果参赛队是单数时，最后以“0”表示，以形成双数。然后把相对的号数用横线连接起来，这就是第一轮比赛。

现代排球从 1985 年以后，国际上采用贝格尔编排法。如六个队参加比赛，先将各队按 1～6 呈 U 形排列（序号由抽签方法确定）即成第一轮比赛组合，以后按贝格尔表顺序排列，如表 7-1 所示。

表 7-1 贝格尔编排法

队数	轮次				
	一	二	三	四	五
六队（含五队）	1～（6）	（6）～4	2～（6）	（6）～5	3～（6）
	2～5	5～3	3～1	1～4	4～2
	3～4	1～2	4～5	2～3	5～1

如比赛队为单数，尾数队后加 0，组成偶数队。排列原则：尾数队把（奇数队为 0）右下角队提到第一排，其余队依次跟上来。

（2）双循环。在比赛中各个参赛队相遇两次。一般是在参赛队较少，增加学习和锻炼机会时采用。其编排方法与单循环相同。

（3）分组循环。在参加比赛队数多、时间短时采用分组循环，为合理地确定名次，一般分为 2～4 组，小组进行单循环比赛，然后再把各组的优胜队或同名次队分别组织单循环决赛，排出名次。如各小组第一名为一组决出前几名，第二名为一组决出后几名，或各小组一、二名为一组决出前几名，各小组三、四名为一组决出后几名，以此类推。

（4）循环制比赛的成绩计算和决定名次的方法。每队胜一场得 2 分，负一场得 1 分，弃权取消全部比赛资格，积分多者名次列前。

如遇两队或两队以上积分相等，C 值高者名次列前。

$$C\text{值}=\frac{\text{胜局总数}}{\text{负局总数}}$$

如果 C 值仍然相等，则 Z 值高者名次列前。

$$Z\text{值}=\frac{\text{总得分数}}{\text{总失分数}}$$

如果两队 Z 值相等，则按两队之间胜负来决定名次。如三个队以上 Z 值相等，则按净胜局数决定，即胜局总数减负局总数。

2）淘汰制

淘汰制分单淘汰和双淘汰。单淘汰是指在比赛中失败一次就失去比赛资格，获胜一方继续比赛，直到决出冠亚军的比赛方法。双淘汰是指在比赛过程中失败两次就失去继续比赛资格的比赛制度。一般在队数多，时间少时采用。

（1）轮数。参赛队如果是 2 的乘方数，则轮数是以 2 为底的幂的指数。如 $8=2^3$ 则 8

个队比赛就是 3 轮。如果参赛队介于两个 2 的乘方数之间，则轮数是较大的一个 2 为底的幂的指数。如 14 个队参加比赛，则按 16 个队的轮数来计算为 4 轮。

（2）比赛场数。单淘汰比赛总场数等于队数减 1。

（3）单淘汰比赛秩序的编排。如果参赛队数是 2 的乘方数，则第一轮比赛没有轮空队，全部参赛，如图 7-121 所示。

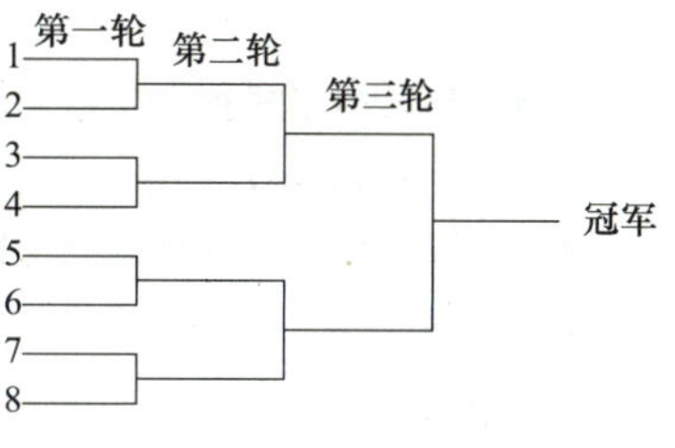

图 7-121 单淘汰比赛秩序的编排

如果参赛队不是 2 的乘方数，根据参赛队数选择最接近、较大的以 2 为底的幂的指数作为号码位置数，号码位置数减去参加队数即为轮空数。如 13 个队参赛应选用 16 个号码位置数，有三个队轮空。

3）混合制

混合制指一次竞赛中同时采用循环制和淘汰制。一般情况下，竞赛分两个阶段进行，即前一阶段采用分组循环，后阶段采用淘汰制进行决赛。例如，预赛时采用分组循环，复赛中打交叉，即 A 组第一名对 B 组第二名，A 组第二名对 B 组的第一名，决赛时胜队和胜队决冠亚军，负队和负队决三、四名，以此类推。

5. 比赛时间

前 4 局比赛采用 25 分制，每个队只有赢得至少 25 分，并同时超过对方 2 分时，才胜 1 局。正式比赛采用 5 局 3 胜制，决胜局的比赛采用 15 分制，一队先得 8 分后，两队交换场区，按原位置顺序继续比赛到结束。在决胜局（第 5 局）的比赛，先获 15 分并领先对方 2 分为胜。

6. 替补

比赛成死球时，教练员和队长可向裁判员请求暂停或换人。每次暂停不得超过 30 秒。一局比赛每队可要求两次暂停。每队在一局比赛中，换人最多不得超过 6 人次。

（二）运动规则

1. 触网

比赛时身体任何部分（不含头发）触及球网都属违例，会判对方得分。最常见的触网犯规是，拦网或扣球落地前身体或手臂触碰到球网。

2. 发球违例

（1）发球踩端线。发球队员击球时前脚不能踏入球场，也不能踩到端线，击球后可踩端线或落入场地。

（2）8 秒违例。主裁鸣哨 8 秒钟球仍未击发，会判失分并转换发球权。

3. 后排违例

后排队员不能参与拦网，进攻只能在 3 米进攻线后起跳，踩到 3 米线即判后攻违例。与发球一样，落地时可踩 3 米线或落入前场。

4. 连击

一名队员（不包括拦网队员）连续击球两次或球连续触及他身体的不同部位。

5. 持球

身体的任何部分皆可触球，但不能有明显的停顿，超过 0.3 秒钟即可判为持球。

6. 球撞标志杆

标志杆位于球网两侧，排球须从球网上方两根标志杆内通过，扣球或拦网时球撞标志杆即为出界，判对方得分。

7. 位置错误

发球队员击球的瞬间，对方六名队员都必须在规定的位置上。造成位置错误最常见的原因，就是当发球队员将球抛起尚未击打时，接发球队员提前移动了。

8. 轮次错误

（1）未按记录表上登记的次序发球。

（2）发球队得 1 分后，换由其他队员继续发球。

9. 过网击球

（1）拦对方的发球。

（2）击球时手与球的接触点在对方场区。

10. 过网拦网

在对方完成击球动作之后，可以伸手过网进行封拦，反之，过网拦网则是干扰进攻，是不允许的。

单元四　乒乓球运动

一、乒乓球运动简介

乒乓球运动

乒乓球运动是一项以室内为主的球类运动，它不仅动脚、动手，更重要的是动脑，既能锻炼身体，又能锻炼意志品质，既有乐趣又能广交朋友。关于乒乓球运动的起源有很多说法，最为流行的说法是，乒乓球运动于 19 世纪末起源于英国，是由网球运动派生而来的。乒乓球英文名也叫“桌上网球”（table tennis）。19 世纪中期包括网球在内的球类运动，向两个方向发展，一个是向室外露天场地发展，另一个是向室内场馆发展，于是就出现了“室内网球”。可以说“室内网球”是乒乓球运动的前身，至于从“室内网球”过渡到乒乓球，也就是从地板上打球转到在桌子上打球，则是在 19 世纪末开始出现的。从 1884 年所使用的球拍来看，球拍全长 49.5 厘米，类似小的网球拍，初期使用的球是硬而轻的实心球。1900 年左右出现有用塑料制的球。随着球的变化，球拍也改为木拍，因为木拍击塑料球时发出“乒”的声音，当球落在桌子上时又发出“乓”的声音，所以“乒乓”的名字由此产生了。由于长把球拍在桌上打球使用不便，也就改成短把球拍。乒乓球最初是一种宫廷游戏，在欧洲一些国家的贵族间作为娱乐活动，后来逐渐流入民间。乒乓球拍的演变促进了乒乓球技术的发展，最初的球拍是面贴羊皮纸的空心球拍，其后改用木板拍。1902 年英国人发明了胶皮拍，1950 年奥地利人发明了海绵拍，此间又出现了正胶海绵拍和反胶海绵拍，此后随着技术的不断发展，各种不同性能的球拍也应运而生。反过来，球拍的改革又促进了乒乓球技术的发展。

1900 年左右，由于轻工业的发展，乒乓球才改成用硝化纤维塑料制成的空心球，此后乒乓球运动便逐步发展起来。竞赛活动也就相应地发展起来，各国之间的交往也日益增多，许多国家相继成立了乒乓球协会。第一次大型乒乓球比赛于 1900 年 12 月在英国伦敦举行，参加比赛的有 300 多人。1926 年国际乒乓球联合会正式成立，并决定举行第 1 届世界乒乓球锦标赛。1926 年 12 月 12 日在英国伦敦举行了第一次历史性的国际乒乓球联合会代表大会，在会议上，正式通过了国际乒乓球联合会（简称“国际乒联”）章程和竞赛规则，并选举了国际乒联领导机构。第 1 届欧洲乒乓球锦标赛后来因为印度的参加而改名为世界锦标赛。第 2 届世界锦标赛于 1928 年 1 月在斯德哥尔摩举行，此后每年举行一次。1940～1946 年因第二次世界大战中断比赛，1947 年在法国巴黎继续举行第 14 届世界锦标赛，1957 年后改为每两年举行一次。为促进地区间高水平的交流与提高，国际乒联从 1980 年决定举办“世界杯”赛。1988 年在第 24 届奥运会上乒乓球终于被列为正式比赛项目。至此，国际乒联已发展成为一个拥有 100 多个协会的国际体育组织，在世界体坛中享有很高的声誉。1926～1951 年，国际乒联共举行了 18 届世界锦标赛，除第 13 届在埃及举行外，其余 17 届均在欧洲国家举行。在 18 届锦标赛 117 项冠军中，欧洲选手共取得 109 项冠军，当时是欧洲的全盛时期。

1952～1959 年日本称雄乒坛。1952 年日本选手在第 19 届世界锦标赛中利用海绵拍，采用远台长抽的进攻型打法，一举夺得四项世界冠军。这一时期日本选手成功地运用海绵拍，创造了“长抽攻击型”打法，冲破了欧洲保持 20 多年传统的削球防线，使乒乓球运动的优势从欧洲转到亚洲。

乒乓球运动是在 20 世纪初传入我国的，1949 年前长期得不到发展，1949 年后，在党和政府的关怀下，迅速得到了普及和提高。我国于 1952 年加入国际乒联，1953 年第一次参加世界乒乓球锦标赛，即第 20 届世界乒乓球锦标赛，从第 25 届世界乒乓球锦标赛容国团打开了中国乒乓球运动员通向世界冠军的大门之后，中国运动员就成了世界乒乓球锦标赛冠军的主要得主。截至 2019 年 11 月，中国乒乓球队 116 人成为世界冠军，共获得 240 枚金牌，其中奥运会金牌 28 枚，包括 6 个团体冠军，22 个单项冠军；世界乒乓球锦标赛金牌 145 枚，包括 42 个团体冠军，103 个单项冠军；乒乓球世界杯金牌 67 枚，包括 21 个团体冠军，46 个单项冠军（含 1 个女双冠军）。

二、乒乓球运动的基本技术

（一）握拍法

握拍法分为直拍握拍法和横拍握拍法两种。

1. 直拍握拍法

（1）快攻型握拍法［图 7-122（a）～（c）］要领：柄握于虎口，贴于拇指的第二关节和食指的第三关节之间。拇指的第一指节和食指的第二指节自然压住拍肩，食指的第一指节向内自然弯曲，其他三指自然弯曲斜叠于拍后，由中指的第一指节或第一关节顶于拍后，顶点靠近拍柄的延长线。

（2）弧圈球握拍法［图 7-123（a）、（b）］要领：拇指的第一指节和食指的第二关节压扣拍肩，食指的第一指、第二指节成环状紧扣拍柄，其他二指在拍背面自然叠伸，中指的第一指节顶于拍柄的延长线上，顶点较远，正手拉弧圈时，拇指、中指和无名指协调用力。

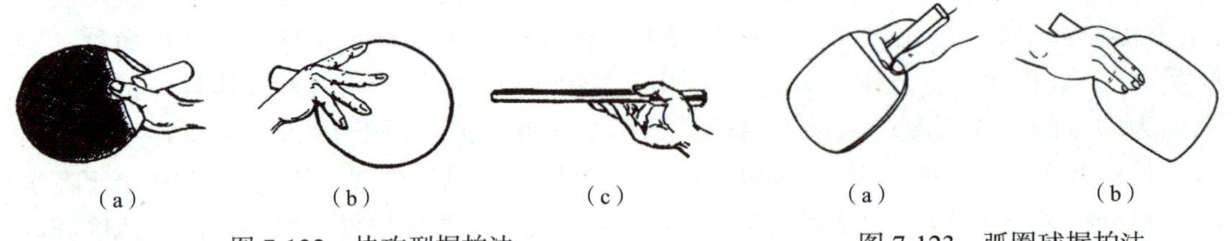
（a） （b） （c）
图 7-122 快攻型握拍法
（a） （b）
图 7-123 弧圈球握拍法

2. 横拍握拍法

横拍握拍法［图 7-124（a）、（b）］要领：形同握刀，拇指在前，食指在后，其他三指自然握住拍柄。

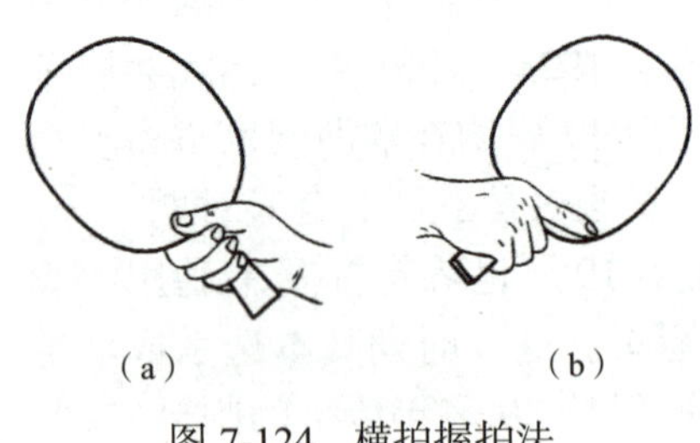
（a） （b）
图 7-124 横拍握拍法

（1）削攻型握拍法要领：拇指弯曲自然贴于拍柄，食指在拍后斜伸并自然贴于拍面，拍肩轻靠于虎口和中指的第二关节，其他三指自然握住拍柄。

（2）攻击型握拍法要领：拇指自然斜伸，贴于拍面，食指伸于拍后，食指第一指节顶住球拍，顶点略偏上。这种握拍法用于快攻型和弧圈型打法，握法稳定，与削攻型握拍法相比，动作的发力较为有利。

（二）基本姿势与基本站位

1. 基本姿势

基本姿势要领：两脚平行开立，略比肩宽，微提踵，脚前内侧用力着地，两膝稍屈，上体略前倾，略收腹，含胸，头颈部平稳自然，两眼注视来球，两肩放松，上臂自然下垂，执拍手的前臂自然弯曲置于身体右侧，肘稍内收，腕自然放松。

2. 基本站位

基本站位要领：

（1）直拍攻击型打法的基本站位在近台中线偏左的位置，左脚稍前。

（2）两面攻打法的基本站位在近台中间。

（3）削攻结合打法的基本站位在中台附近。

（三）发球与接球

发球是乒乓球技术中的重要技术，它是运动员按照自己的意图不受对方限制地把球击到对方球台的唯一技术，在比赛中争取主动。发球按球性可划分为以速度为主、以旋转为主和以落点为主的发球。

1. 正手发球

（1）正手发下旋与不转球［图 7-125（a）～（e）］要领：抛球时，持拍手前臂向后上引拍，当球下落接近网高时，挥拍击球；发加转下旋球时，前臂旋外发力，用拍面的左侧下部摩擦球的中下部向前下方用力；发不转球时，腕、指和前臂固定拍形成一体，用球拍的右侧上部向前撞击球的中下部，球出手后，球拍顺势向前下挥动后还原。

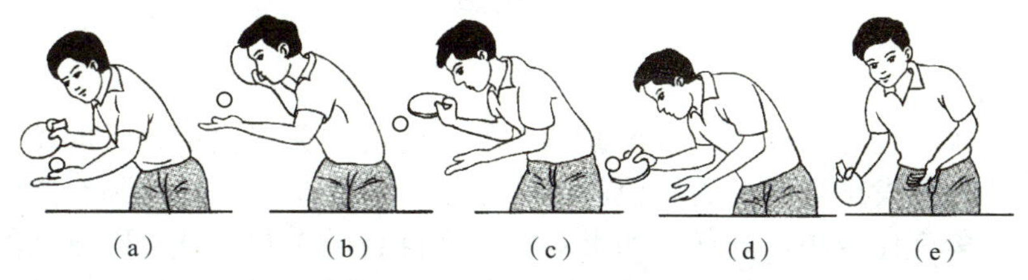

图 7-125 正手发下旋与不转球

（2）正手发侧旋球要领：抛球时，持拍手从腰后转向后上引拍，当球下落至网高时，收腹转腰，上臂带动前臂向前下弧。

（3）正手发高抛球［图 7-126（a）～（e）］要领：抛球手应尽量靠近身体，借助膝关节的屈伸和前臂上摆将球向上用力垂直抛起，使球在身体的右侧前方下落，球开始下落时，持拍手随转腰向后上引拍，当球落到接近网高时，收腹转腰，上臂带动前臂挥拍击球；做出发下旋球或不转球的动作则可以发出正手加转与不转球。

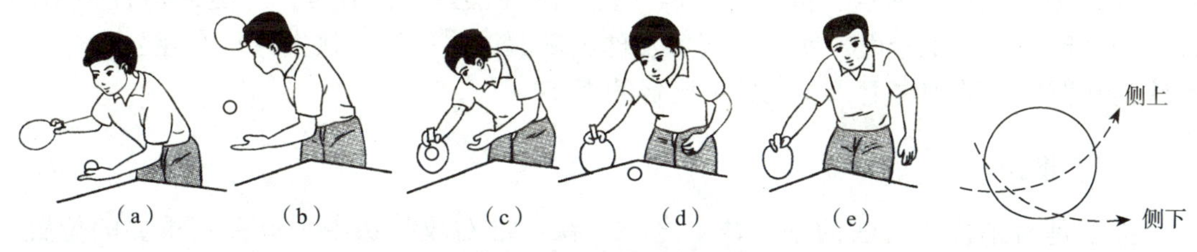

图 7-126 正手发高抛球

2. 反手发球

（1）反手发轻短球要领：站位近台，两脚开立，右脚偏前，身体略向左转，发球时将球向上轻轻抛起，持拍手在持球手下向后引拍，上臂自然靠近身体，当球下降到接近网高时，持拍手前臂向前下挥摆，拍面稍后仰，轻微用力，将球送出。

（2）反手发侧旋球［图 7-127（a）～（e）］要领：发球动作与发反手发轻短球相似，引拍时拍面稍后仰，手腕适当内屈，拍头上抬，当球下落到接近网高时，持拍手在前臂带动下成弧形挥摆；发侧下旋时，持拍手由后上向前下，球拍触球的右中下部向前下摩擦；发侧上旋球时，球拍触球的右中下部向前上摩擦。

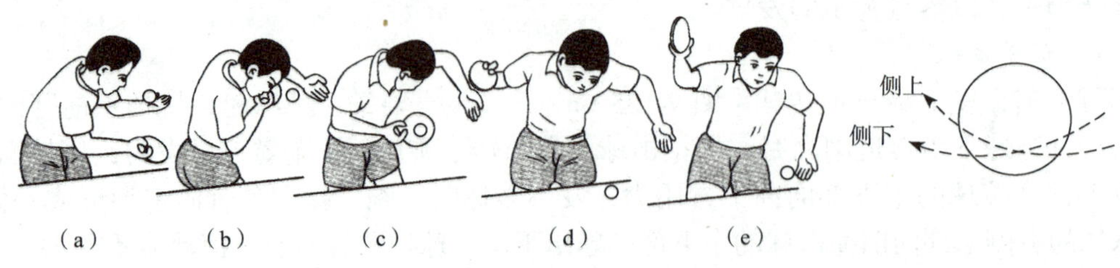

图 7-127　反手发侧旋球

3. 接发球

（1）接发球站位的选择。通常根据对方发球时的位置来决定自己的位置。如果对方站在球台的右角发球，自己的站位就应该中间偏右些，因为来球到右方的角度比较大，到左方的角度比较小。同样，如果对方站在球台的左角发球，则自己的站位应该中间偏左一些。

（2）接发球的判断。一般情况下，判断来球路线的变化，应该注意对方挥臂的方向。对方发斜线球时，手臂常会向斜前方用力；对方发直线球时，手臂多由后向前方用力；对方发急球时，手臂动作幅度大；对方发轻短球时，手臂动作幅度小。判断来球落点的变化，可以从对方击球的力量轻重来判断，撞击力大，落点较远；也可以根据对方发球时摆臂振幅的大小和手腕用力的不同程度判断来球落点的远近和旋转的强弱。

（3）接发球要领：发球能力的强弱，往往取决于基本技术水平的高低。只有掌握较全面的击球技术，如点、拨、拉、推、搓、削、摆短、侧旋等，才能回击各种不同性能的来球。技术不全面，就可能使接发球出现漏洞。所以，接发球只有建立在全面、熟练地掌握技术基础之上，才能满足比赛的需要。

（四）推挡

推挡是直拍快攻打法的基本技术之一，在左推右攻打法中占有极其重要的位置。推挡技术的特点是站位近、动作小、摆速快、变化多。

1. 推挡技术

推挡技术要领：站位近台偏左，上臂和肘部自然下垂靠近身体，前臂与上臂角度约为 100°，肩部放松。握拍的食指稍用力，拇指放松，球拍成半横状，拍面与台面近似垂直，如图 7-128（a）～（d）所示。

1）挡球

挡球要领：

（1）前臂稍前迎，在上升期击球的中部。

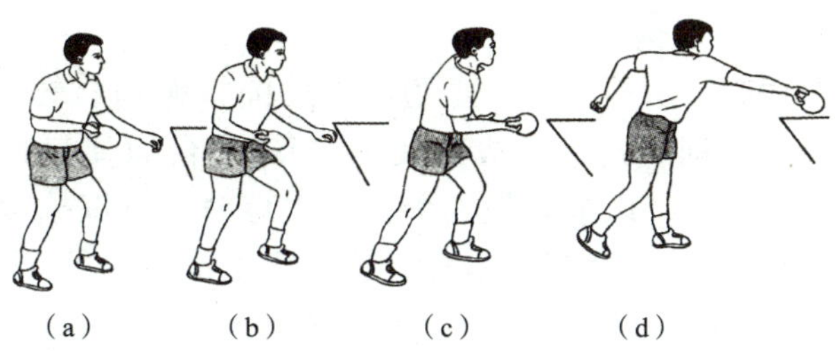

图 7-128 推挡的站位与姿势

（2）以借助对方来球的反弹力为主将球挡回。

2）快推

快推要领：

（1）击球前，上臂或前臂适当后撤引拍（动作要小）。

（2）击球前手臂迅速迎前，击球上升期。

（3）拍触球时，前臂稍旋外，手腕外展，拍面稍前倾，触球中上部，手臂向前同时稍向上用力。

3）加力推

加力推要领：

（1）击球前，前臂必须提起，上臂后收，肘部贴近身体。

（2）在上升后期或高点期击球。

（3）击球时适当运用伸髋和转腰动作加大手腕发力，并用中指顶住拍背面向前用力。

4）减力推

减力推要领：

（1）击球前不用撤臂引拍，稍屈前臂使球拍略微提高，拍面稍前倾。

（2）当球在台面弹起时手臂轻轻前移，同时身体重心略升高，在上升期触球。

（3）球拍触球瞬间，手臂和手腕稍向后收。

2. 推挡易犯错误和纠正方法

（1）推挡时，手腕下垂，使球拍与小臂垂直。纠正时，手腕向外展，使球拍拍柄向左些。

（2）推挡时，拍形角度掌握不好。纠正时，加强手腕的灵活性和调节拍角度的能力。

（3）推挡时，拍形前倾过大，击球时间过早。纠正时，迎球时期稍晚一些。

（4）快推前，肘关节离开身体。纠正时，击球前上臂和肘关节靠近身体。

（5）加力推，腰部配合不够。纠正时，击球时上臂和肘关节前送，并配合上体向左转动。

（五）攻球

攻球是乒乓球技术中的一个重要组成部分。攻球往往由于具有进攻的主动权及直接得分的可能性，因而决定着比赛的胜负。攻球技术可以充分运用乒乓球速度、力量、落点、旋转等击球要素的特性，可分为正手攻球、反手攻球和侧身攻球三大部分。

1. 正手攻球（以右手为例）

正手攻球［图 7-129（a）～（c）］要领：击球前，腰稍右转，前臂向后下引拍，直握拍成半横状（横握拍前臂与手腕成直线）。当球从台面弹起时，重心由右脚移至左脚，手臂向左前上方挥动，以前臂发力为主。击球时，直握拍食指放松，拇指压拍（横握拍前臂带动手腕略旋内），使拍面前倾，击球中上部。

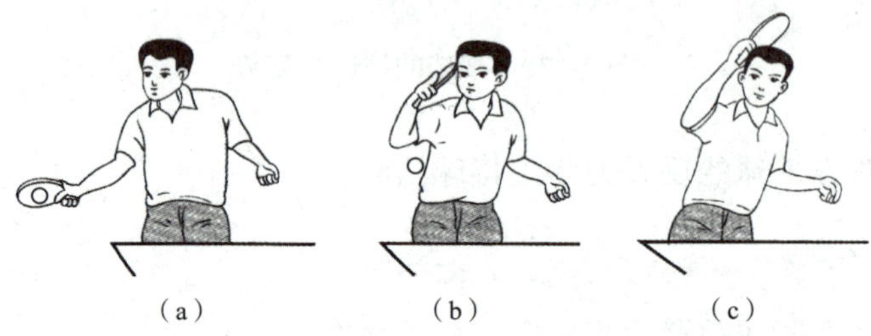

图 7-129　正手攻球

1）正手快攻

正手快攻要领：

（1）前臂与台面略平行，以前臂发力为主，击球上升期。

（2）前臂挥动要快，根据来球长短、高度调节发力。

（3）要依靠调节拍面方向，改变击球部位和挥拍方向来变化击球路线。

2）正手扣杀

正手扣杀要领：

（1）根据来球长短，确定站位。来球短站位近，反之站位远。整个手臂随腰转动向后引拍，借以拉大拍与来球的距离，增大挥拍的加速度。

（2）要在来球的上升期或高点期击球，并向前下挥拍击球中上部。

（3）要充分利用腰和下肢协调用力，增大扣杀力量。

3）正手中远台攻

正手中远台攻要领：

（1）站在中远台，右脚偏后，转腰引拍时前臂与地面平行，手臂放松，拉大上臂与身体的距离。

（2）击球时，上臂带动前臂向前上方挥拍，触球中上部。

（3）要适当运用腰和下肢的力量，协调发力。

2. 反手攻球

反手攻球要领：击球前，拍引至腹前左侧，肘关节略前出，上臂与前臂约大分开100°。击球时上臂贴近身体，前臂旋外向右上方挥动，配合转腕，拍面稍前倾，击球中上部。

1）反手快攻

反手快攻要领：

（1）击球上升期，手腕控制拍面角度。

（2）以前发力为主并力求放松，球拍与来球要拉开距离，以加大攻球力量。

（3）反手攻球突然性要强，攻斜线球时击球中左部，攻直线球时击球后部。

2）反手快拨（横拍）

反手快拨（横拍）要领：

（1）引拍时，上臂贴近身体，前臂前伸迎击来球。

（2）击球上升前期，拍触球中上部。

（3）击球时手腕控制拍面略前倾，以向前用力为主。

（4）拍触球时稍用力即可。

3. 侧身攻球

侧身攻球的技术内容和动作要领与正手攻球相似，只是在站位、引拍方向和挥臂方向上视来球需要而有所调整，这里不再赘述，仅就需要注意的问题做出提示。

（1）掌握侧身移步的时间。起动过早，易被对方觉察而突变我方正手空当；起动过晚，又会错过最佳的击球时间。通常来说，最好在对手球拍触球的瞬间判断清楚来球后即侧身。

（2）侧身的步法要高效迅速，一般是向侧后方移动（而非纯粹向后），并要具备连续进攻的能力（包括扑右方空当）。动作幅度应根据需要灵活调整，切忌统统拉后手发死力。

（3）明确侧身攻球的战术意识，避免盲目侧身或习惯性侧身。

（4）侧身时应大胆果断，攻球必须有较大杀伤力。

4. 攻球技术易犯错误和纠正方法

（1）正手攻球时，手腕下垂，使球拍与小臂垂直。纠正时，球拍拍柄向左些，做徒手模仿练习。

（2）正手攻球时，手腕太挺直，使球拍与小臂成一条直线。纠正时，握拍手腕放松些。

（3）正手攻球时，大臂和肘关节抬得高。纠正时，手臂放松，肘关节下垂做近台快攻练习。

（4）反手攻球时，拍面前倾过早。纠正时，使拍面稍后仰，徒手做引拍动作练习。

（5）反手攻球时，拍面前倾不够。纠正时，手腕和前臂要配合外旋。

（六）搓球

搓球是近台还击下旋球的一种技术。搓球技术的主要特点是站位近、动作小，多在台内进行。搓球技术主要是通过旋转、落点的变化制约对方的进攻，作为一种过渡性技术，又可以给进攻制造机会。

正手搓球［图 7-130（a）］要领：击球前，右手向右上方引拍，拍面稍后仰，击球时，前臂和手腕向左前下挥动，摩擦球的中下部。

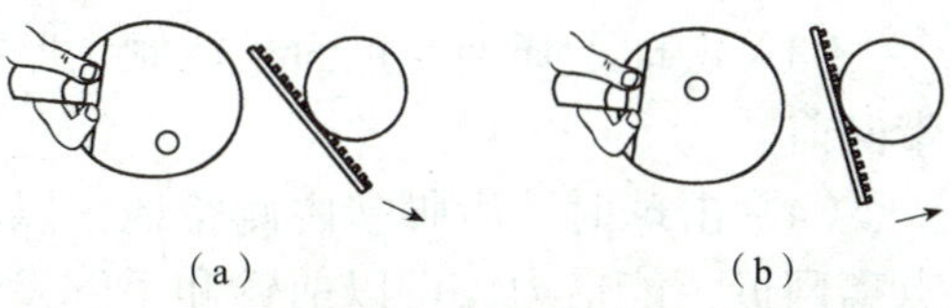

图 7-130　搓球技术

反手搓球［图 7-130（b）］要领：击球前，手臂自然弯曲向左上方引拍，击球时，前臂旋内配合转腕动作，向前下方用力，拍面稍后仰，摩擦球的中下部。

1. 快搓

快搓要领：

（1）站位近台，击球上升前期。

（2）击球时，手臂要迅速前伸。

（3）根据来球的旋转调节拍面角度和用力方向。来球下旋强，拍触球的底部，向前用力要大一些；来球下旋弱，拍触球的中下部，向前下用力要大些。

2. 慢搓

慢搓要领：

（1）站位近台，身体向前，击球上升前期。

（2）有明显的腰部动作，提臂引拍向前下方用力。

3. 快摆

快摆要领：

（1）站位近台，身体向前，击球上升前期。

（2）拍面后仰，触球中下部或底部。

（3）击球时，前臂前伸的动作和快搓相似，只是拍触球时手臂和腕用力很小。

4. 搓球技术易犯错误和纠正方法

（1）球拍没有上引，击球时前臂由上向下动作不明显。纠正时，持拍进行前臂和手腕向上再下切的模仿练习。

（2）击球时，拍面后仰不够。纠正时，练习慢搓接对方发来的下旋球，体会拍面后仰前送的动作。

（3）击球时，球触拍的部位不准。纠正时，做对搓练习，体会摩擦球的动作。

（4）击球后，前臂前送力量不够。纠正时，两人做慢搓练习，体会击球后前臂前送的动作。

（七）弧圈球

弧圈球又称加转上旋球，是反胶海绵球拍在拉球技术上的发展，是现代乒乓球运动中的一项重要技术。弧圈球的重要特点是上旋强、稳健性高、攻击威力大。

1. 正手拉高吊弧圈球

正手拉高吊弧圈球要领：

（1）左脚在前，右脚在后，身体向正手扭转，右肩略低，略收腹。

（2）手臂自然下垂，球拍后引的幅度较小。

（3）击球下降期，拍面稍前倾，摩擦球的中部或中部偏上，以向上发力为主，略带向前。

（4）击球时，后脚掌内侧蹬地，以转腰带动肩、上臂、前臂和手腕发力。如击球点离网近，能借力，可以前臂和手腕发力为主；如击球点离网远，不能借力，则应以上臂发力为主。

2. 正手拉前冲弧圈球

正手拉前冲弧圈球［图 7-131（a）～（e）］要领：

图 7-131 正手拉前冲弧圈球

（1）准备动作与拉加转弧圈球相似，手臂后引略高，持拍手稍下沉，拍与腰同高。

（2）击球高点期或下降前期，拍面前倾的角度比拉加转弧圈球大，摩擦球的中上部，以向前发力为主，略带向上。

（3）击球时，直握拍可在拍后顶一下，以加强对拍的支撑力。

3. 弧圈球技术易犯错误和纠正方法

（1）在引拍过程中，前臂和上臂在肘关节处的夹角没有打开，而是靠拉肘向后引拍，影响拉球能力。在训练中有意识地把前臂放下来，配合脚部的转动和重心移动，引拍效果会好些。

（2）击球前，腰部向后转动过大，形成掷铁饼式的准备姿势，影响向前发力。在实践中只要感到身体的重心，能够移至击球的一侧脚时即可。

（3）击球时，球拍过于前倾，摩擦球过薄，使拉球的力量减弱、准确性降低，容易打在拍边，出现人们常说的“飞碟”现象。击球时球拍不要过于前倾，同时注意手腕向内、向前的转动，这样方可拉出高质量的弧圈球。

（4）拉球过程中，手臂由后直接向前挥动，近似一条直线，难以制造拉球的弧线。正确的挥动方法是手臂由右后下方，以肘关节为轴，向左前上方挥动，其挥动轨迹近似于小弧形。

（5）肩部过于紧张，动作僵硬。由于弧圈球的动作比一般攻球动作稍大些，因此要做到拉后手臂，尤其是肩部要迅速放松还原，以易于连续拉和提高拉后扣杀的命中率。

（八）削球

削球技术的特点概括起来有两点：一是稳健性，二是积极性。它通过旋转和落点的变化，调节对方，伺机反攻得分。

1. 正手削球

正手削球［图 7-132（a）～（d）］要领：判断来球，选好站位，一般为中远台。左脚稍前，双膝微屈，球拍向右后上方引，拍横立，身体向右后方转动，引拍位置在右肩上。

挥拍击球时，球拍向前下方挥动，在腰侧方击球的下降期，摩擦球的中下部。触球时腰部转动，带动手臂一同发力，重心向前移动。击球后，球拍向前随势送出，并迅速还原。

图 7-132 正手削球

2. 反手削球

反手削球［图 7-133（a）～（d）］要领：判断来球，选好站位。右脚稍前，球拍随腰部的转动向左后上方引，拍形横立，引至左肩上方，拍面后仰，重心在左脚上。

挥拍击球时，手臂向右前下方挥动，同时转腰，在身体侧前方击球的中下部，身体重心随挥拍前压，触球时发力要集中。击球后，迅速还原成准备姿势。

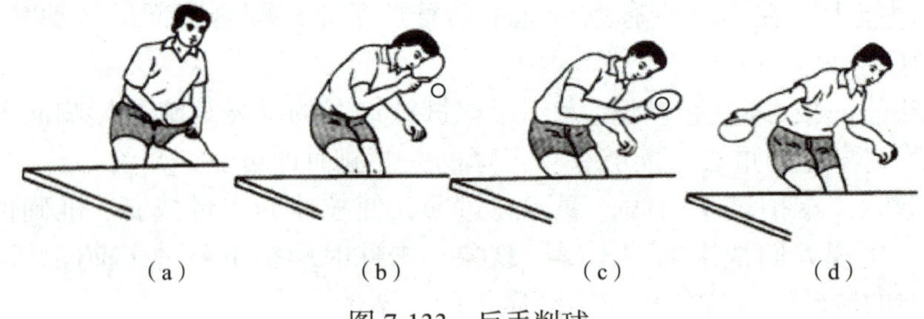

图 7-133 反手削球

3. 削弧圈球

削弧圈球要领：

（1）应在来球下降后期触球，此时球的旋转已减弱。

（2）击球点一般选在右腹前为宜，并适当放低些，这样可利用来球部分向上的反弹力形成自然的回球弧线，有利于提高削球的准确性。

（3）球拍触球时，拍面不能过分后仰，应触球的中下部，如果来球旋转较强，可使拍面竖直些，并适当加大手臂向下压球的力量。

（4）触球时，手腕应相对固定，以免回球过高。

4. 削球技术易犯错误和纠正方法

（1）引拍上提不够，削击路线短。纠正时，按动作要领徒手反复做引拍练习。

（2）拍面过于后仰。纠正时，拍面稍竖，多练削对方平击发球。

（3）向下挥拍削球球拍向前用力过大。纠正时，多球练习，体会接重板球时前臂下压动作。

（4）击球后上臂前送不够，使球下网。纠正时，多练远削球，体会上臂前送动作。

三、乒乓球运动的基本战术

乒乓球运动的战术即乒乓球运动员在比赛中为战胜对手所采取的计谋和行动。技术是战术的基础，只有掌握了全面和实用的技术，才有可能运用多变的战术。同样，在比赛中，只有合理地运用战术，才能使技术得以充分发挥。在训练中，只有带着战术意识去练技术，才能练就真正实用的技术。

（一）发球抢攻战术

通过发球旋转、落点和速度的变化，直接为进攻制造机会，这种战术就是发球抢攻战术。发球的质量和变化是基础，因为，如果发不出使对方感到为难、不适应或判断错误的球，就不可能出现适合自己进攻的机会。但是，如果球发出去后，自己没有做好准备，缺少主动进攻的意识和进攻行动，那么，就会错失许多机会。

1. 发旋转球的抢攻战术

（1）正、反手发下旋球伺机抢攻。

（2）正、反手发上旋球伺机抢攻。

（3）正、反手发不转球伺机抢攻。

2. 发球变化线路和落点后的抢攻战术

（1）正手发急长球至对方底线配合近网短球，伺机抢攻。

（2）反手发急下旋球至对方底线配合近网短球，伺机抢攻。

（3）正、反手发侧旋球至对方反手位配合正手近网球，伺机抢攻。

（4）正、反手发侧上旋球到对方反手，伺机抢攻。

（5）正、反手发不转球到对方正手、反手或中路，伺机抢攻。

（6）正、反手发侧旋球至对方台内，伺机抢攻。

（二）相持球战术

1. 抢攻战术

（1）推（拨）压对方反手或中路，伺机抢攻。

（2）推（拨）压对方两角，伺机抢攻。

（3）搓压对方反手或中路，伺机抢攻。

（4）搓压变化，伺机抢攻。

2. 变化（点）战术

（1）连续推（拨）压对方反手然后变正手。

（2）连续推（拨）压对方正手或中路然后变反手。

（3）连续搓对方反手然后变正手底线。

（4）连续搓对方反手然后变正手短球。

（5）连续搓对方正手然后变反手。

（6）连续攻对方反手和中路然后变正手。

（7）连续攻对方正手和中路然后变反手。

（三）接发球战术

1. 接发球控制

控制包括两个方面：一是适应来球的性能，保证回球的命中率；二是要对来球有制约力，运用自己已掌握的战术，在速度、力量、弧线、旋转、线路和落点的变化方面，有效地控制对方。

（1）接上旋发球时，主要是防止接球出界或出高球。此时，要运用自己掌握的技术，尽可能压低回球弧线，配合落点的变化，达到控制的目的。

（2）接下旋发球时，主要是防止接球下网。此时，主要是运用搓球技术，配合旋转、落点的变化，调动对方。

2. 接发球抢攻

根据对方发球的落点和质量，及时抢位，进行抢攻。

（1）接发球抢攻对方正手。

（2）接发球抢攻对方反手。

（3）接发球抢攻对方中路。

（四）双打

1. 双打配对

（1）一个左手和一个右手握拍的攻球手相配。这种配对有利于减少走动范围，并充分发挥正手攻球的威力。

（2）一个两面攻和一个左推右攻打法相配。这种配对有利于减少走动范围，并充分发挥正手攻球的威力。

（3）两个两面攻（拉）打法相配。这种配对能够发挥全台进攻的威力。

（4）一个使用两面不同性能球拍和一个快攻打法相配。这种配对由于不断改变回球旋转性能与击球节奏，使对方较难适应。

（5）两个削球打法相配。这种配对有利于发挥削球的威力。

2. 双打的基本走位

双打走位的要求：让位快、抢球及时；既有利于自己的发挥，又不阻挡同伴回击。

（1）对方回球在右方，击球后应向左后斜退，如图 7-134 所示。

（2）对方回球是右方大角度，击球后应向右闪开，如图 7-135 所示。

（3）对方回球在中线靠右处，击球后应向左闪开，如图 7-136 所示。

（4）一左一右的运动可做“八”字走位，如图 7-137 所示。

（5）对方连续攻击右方一点，就需要轮流向右后方移动，如图 7-138 所示。

3. 双打战术

（1）连续进攻一角，突攻相反方向。这样可以把对方挤到一角，然后突出反方向。

（2）交叉进攻两角，伺机进攻空当。

（3）有针对性地将球击向两人的弱点，使对方处于被动，然后伺机抢攻。

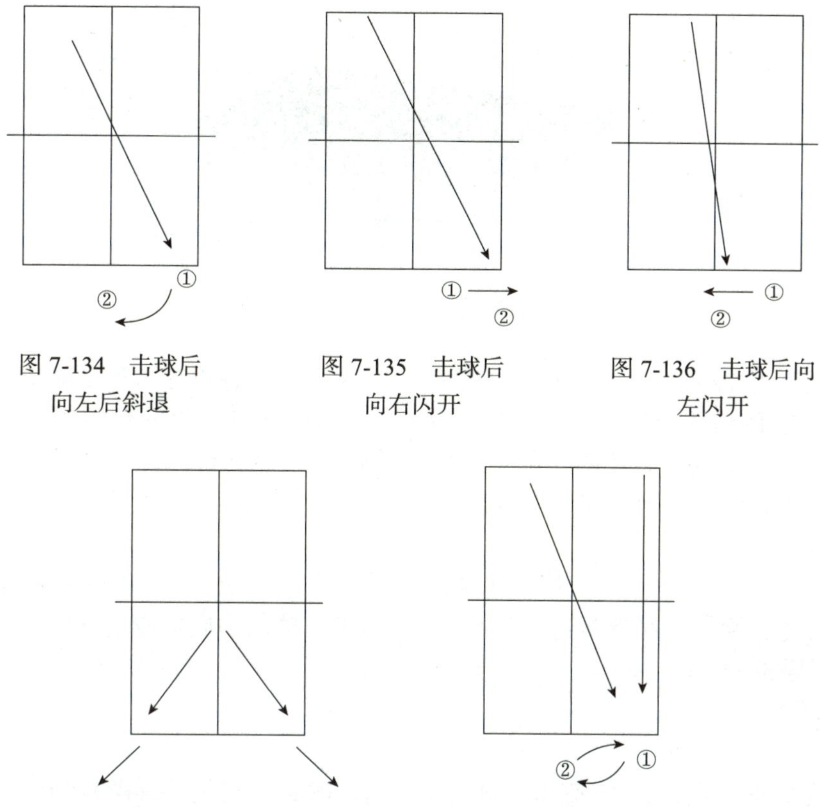

图 7-134　击球后向左后斜退

图 7-135　击球后向右闪开

图 7-136　击球后向左闪开

图 7-137　“八”字走位

图 7-138　轮流向右后方移动

（4）打追身球，指专门向击球员所处的位置击球，给击球员造成让位和给接球员造成抢位的困难。

（5）运用旋转的变化，制造抢攻机会。

（6）利用落点的变化，控制、调动对方，争取主动。

四、乒乓球运动部分规则

（一）场地和器材

1. 场地

乒乓球运动场地和灯光可按具体条件决定。一般国际比赛，每张球台用 75 厘米高的深暗色挡板围成长 14 米、宽 7 米的比赛场地，场地上空 4 米内没有障碍物，场地上各点的光度不低于 400 勒克斯。场地的光源最好使用顶灯，应避免日光的直接照射，也不要使用一般日光灯，以免妨碍运动员的视觉。

2. 球台和球网

1）球台（图 7-139）

球台的上层表面，称作台面。它是与水平面平行的长方形，长 2.74 米、宽 1.525

图 7-139　乒乓球台（单位：厘米）

米，离地面高度 76 厘米。台面应一律呈暗色，无光泽，各边有一条 2 厘米宽的白线：①沿 2.74 米长的台面边缘所画的线叫作边线；②沿 1.525 米长的台面边缘所画的线叫作端线。比赛台面应由一个垂直的球网划分为两个相等的台区，在各区的整个面积应被看作是一个整体，球网与端线平行。

2）球网

球网包括网、其悬挂物及支柱。球网应悬挂在一根绳子上，绳子两端系在高 15.25 厘米的直立网柱上，网柱外缘离开边线外缘 15.25 厘米。球网的底边应尽量贴近台面，网的两端应尽量贴近网柱。

3. 球和球拍

1）球

球应为球形，直径为 40 毫米。球重 2.7 克。球应用硝化纤维塑料制成，呈白色或黄色。

2）球拍

乒乓球球拍的大小、形状或重量不受限制，但球拍的底板应为木料制成、平整而坚硬。用来击球的拍面覆盖物可以是一层普通的颗粒胶，颗粒向外，连同黏合剂不超过 2 毫米；也可以是颗粒向内或向外的海绵胶，连同黏合剂不超过 4 毫米。球拍两面的表面不管是否用来击球，一律为暗色无光泽，拍身边缘上的滚条或包边不得呈白色，也不得反光。由于褪色、磨损或意外的损坏，造成颜色上轻微差异的球拍，如果未改变拍面的性能，可以继续使用。

在比赛时，运动员有权对对方球拍进行检查。

4. 赛制

乒乓球正式比赛时，球处于比赛状态的一段时间叫作一个回合。不予记分的回合叫作重发球。记分的回合叫作得分。

一场比赛可采用五局三胜制或三局两胜制。在一局比赛中，先得 11 分的单打或双打运动员为胜方，但打到 11 分平以后，先多得 2 分者为胜方。

5. 比赛时间

当球在发球员不执拍手中被抛起前静止状态的最后一刻起即处于比赛状态。比赛状态终止为球触及除比赛台面、球网、网柱、执拍手中的球拍或执拍手手腕以下部位以外的任何东西，或者这个回合被判为重发球或判 1 分。

比赛应连续进行，但一场比赛的第三局、第四局之间，任何运动员有权请求不超过 5 分钟的休息，其他连续进行的各局之间休息不得超过 1 分钟。

（二）运动规则

1. 选择发球、接球和方位

每场比赛用抽签的方法确定首选择者。胜方可以做如下选择：①选择先发球或先接发球，则负方选择方位。②选择方位，则负方选择先发球或先接发球。③要求负方先做选择，留下的给胜方。

在双打中，得到首先发球权的一方可以决定由谁首先发球。①在一场比赛的第一局里，接球一方应决定由谁首先接发球。②在该场比赛的以后各局，按照规则规定，由发球方确定谁首先接发球。

2. 发球和接发球次序及方位

（1）在记录的比分到 2 分以后，接发球一方即成为发球一方，以此类推，直到一局结束。如果两方比分都达 11 分，开始实行轮换发球法。

（2）在双打比赛中发球和接发球的次序如下：①由取得发球权一方选出的同伴发球，由对方有关同伴接发球。②第二个发球员为第一个接球员，而第二个接球员为第一个发球员的同伴。③第三个发球员为第一个发球员的同伴，而第三个接球员为第一个接球员的同伴。④第四个发球员为第一个接球员的同伴，而第四个接球员为第一个发球员的同伴。⑤第五个发球员即第一个发球员，以此类推，直到一局结束。

（3）双方比分都达 11 分，实行轮换发球法以后，发球和接发球次序同上，但每个运动员每次只轮发一个球，直到该局结束。

（4）一局中首先发球一方，在该场下一局应首先接发球。

（5）在双打比赛中，除第一局外，每一局选出第一个发球员后，首先接发球的应是前一局发给他球的发球员。

（6）一局中某一方位的单打或双打运动员在下局应换到另一方位。

3. 发球、接发球次序错误和方位错误

（1）如果运动员应交换方位却没有交换，错误一旦发现，应立即终止比赛，并按该场比赛开始时的次序，根据场上比分来确定运动员应该站的方位，再继续比赛。

（2）运动员在未轮到他时错发了球或错接了球，一旦发现，应中断比赛，并按该场比赛开始时的次序，从场上比分开始，由应发球或接发球的运动员发球或接发球。在双打比赛中，按发现错误时那一局中有首先发球权的一方的次序进行纠正，再继续比赛。

4. 比赛次序

（1）在单打中，首先由发球员发合法球，再由接球员合法还击，然后两者交替合法还击。

（2）在双打中，首先由发球员发合法球，再由接球员合法还击，然后由发球员的同伴合法还击，再由接球员的同伴合法还击。此后，运动员按此次序交替合法还击。

5. 合法发球

（1）发球时，球应放在不执拍手的掌上，手掌应静止、张开、伸平，四指并拢，

拇指随意。

（2）发球时，从球在不执拍手掌上开始，不执拍手和球应该始终高于球台水平面。

（3）从球停留在静止的不执拍手掌上的最后一刻直到发球时击球，整个球拍应高于球台水平面。

（4）发球时，发球者将球向上直抛，不得使球旋转，至少抛到离不执拍手手掌 16 厘米。

（5）当球从抛起的最高点降落时，发球员才能击球。

（6）发球员发球时不能挡，应让接球员看清楚发球员的手和球的位置。

（7）发球击球时，球必须处在发球员台区端线或其假设延长线之后，但不得远于发球员身体（除手臂、头和腿以外）离球网最远的部分。

6. 合法还击

在发球或还击以后，运动员必须击球，使球直接越过或绕过球网，或在触网、网柱以后落在对方台区。

7. 重发球

（1）发出的合法球越过或绕过球网时触网或网柱，或触网或网柱后被接球员或其同伴拦击或阻挡。

（2）如果球已发出，而裁判员认为接球员或其同伴尚未准备好（接球员或其同伴企图击球，则不能认为未准备好）。

（3）如果裁判员认为由于发生了无法控制的意外事故，运动员未能合法发球或未能合法还击或不符合规则。

（4）由于纠正发、接球次序或方位次序错误而中断回合。

（5）由于实行轮换发球法而中断回合。

（6）由于怀疑发球是否正确，警告运动员而中断回合。

（7）如果裁判员认为比赛受到干扰，似乎将影响这个回合的结果而中断比赛。

8. 判失 1 分

除非一个回合被判重发球，下列情况均判失 1 分：

（1）未能发出合法球。

（2）未能合法还击。

（3）拦击或阻挡。

（4）连续击球两次。

（5）球连续两次接触本方的台区。

（6）用不合规则规定的拍面击球。

（7）在球处于比赛状态时，运动员或其穿戴的任何物品移动台面。

（8）在球处于比赛状态时，不执拍手触及台面。

（9）在球处于比赛状态时，运动员或其穿戴的任何物品触网或网柱。

（10）发球时，运动员或其同伴跺脚。

（11）在双打比赛中，运动员未按发球员和接球员确定的顺序击球。

单元五 羽毛球运动

一、羽毛球运动简介

羽毛球运动

现代羽毛球运动诞生于英国。1873 年，在英国格拉斯哥郡的伯明顿镇有一位叫鲍弗特的公爵，在他的领地开游园会时，几个从印度回来的退役军官向大家介绍了一种隔网用拍子来回击打毽球的游戏，人们对此产生了浓厚的兴趣。这项活动极富趣味性，很快就在上层社会社交场上风行开来。“伯明顿”（badminton）即成为羽毛球的英文名字。

1893 年，英国 14 个羽毛球俱乐部组成羽毛球协会。

在 1992 年巴塞罗那奥运会上羽毛球被列为正式比赛项目，设男、女单打和男、女双打及混合双打共五项比赛。

羽毛球运动约于 1920 年传入我国，1949 年以后得到迅速发展。20 世纪 70 年代我国羽毛球队已跻身于世界强队之列，当时国际羽毛球坛是印度尼西亚与中国平分秋色。1981 年 5 月羽毛球世界联合会重新恢复了中国在羽毛球世界联合会的合法席位。中国国家羽毛球队，包括中国女子羽毛球队和中国男子羽毛球队，1982 年首次参加汤姆斯杯就勇夺冠军，从此奠定在世界羽坛上的霸主地位。至 2019 年中国国家羽毛球队已经赢得了 10 次汤姆斯杯、14 次尤伯杯和 11 次苏迪曼杯，团队综合水平处于世界领先，为世界羽毛球运动的发展做出了不可磨灭的贡献。

羽毛球运动可以强身健体，锻炼人们的思维反应能力，提高和发展速度、灵敏性、协调性、柔韧性、爆发力等素质，提高调控情绪的能力，养成顽强的意志，培养和谐的人际关系，增强社会人际交往的活动能力，适应现代社会的合作与竞争，获得现代社会具有挑战性的运动乐趣。

二、羽毛球运动的基本技术

（一）握拍法

1. 正手握拍法

正手握拍法［图 7-140（a）～（d）］要领：虎口对着拍柄窄面的小棱边，拇指和食指贴在拍柄的两个宽面上，食指和中指稍分开，中指、无名指和小指并拢握住拍柄，掌心不要紧贴，拍柄端与近腕部的小鱼际肌平，拍面基本与地面垂直。正手发球、右场区各种击球及左场区头顶击球等，一般都采用这种握法（以右手握拍者为例）。

2. 反手握拍法

反手握拍法［图 7-141（a）～（e）］要领：在正手握拍的基础上，拇指和食指将拍柄稍向外转，拇指顶点在拍柄内侧的宽面上或内侧棱上，中指、无名指和小指并拢

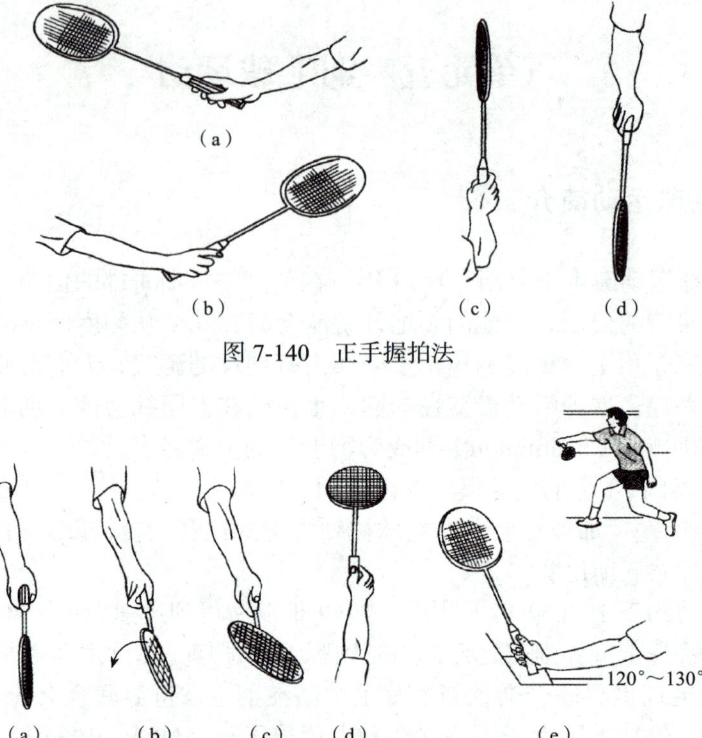

图 7-140　正手握拍法

图 7-141　反手握拍法

握住拍柄，柄端靠近小指根部，使掌心留有空隙。球拍斜侧向身体左侧，拍面稍后仰。一般来说，击身体左侧的来球，先转体（背对网），然后用反手握拍法击球。

（二）发球法

1. 正手发高远球

正手发高远球［图 7-142（a）～（h）］要领：准备姿势为站在前发球线后 1 米左右处，身体左肩侧对网，两脚分立，左脚在前，右脚在后，重心在右脚上。准备发球时，右手握拍向左后侧举起，肘部微屈，左手拇指、食指、中指握球，举在体前。发球时左手将球落下，右肩带动臂，从右上方往左前上方挥动，当球拍与球快要触到的一刹那，紧握球拍，并利用手腕屈伸的力量将球拍向前上方发力击出。击球后，球拍顺势向左上方挥动并缓冲，身体重心也由右脚移于左脚。

正手发高远球是初学者学习基本技术内容中一项最重要的技术。发好高远球必须注意：身体重心的移动、手臂挥动和手腕屈伸、鞭击这几个动作的力量要协调好，使动作柔韧、连贯、协调，把上肢、下肢及身体各部分的力量通过球拍作用到球上。

2. 正手发网前球

正手发网前球［图 7-143（a）～（f）］要领：准备姿势同上，握拍要放松，上臂动作要小，主要靠前臂带动手腕向前推送，球轨迹的弧度要尽量小，控制贴网而过，落点在前发球线附近。

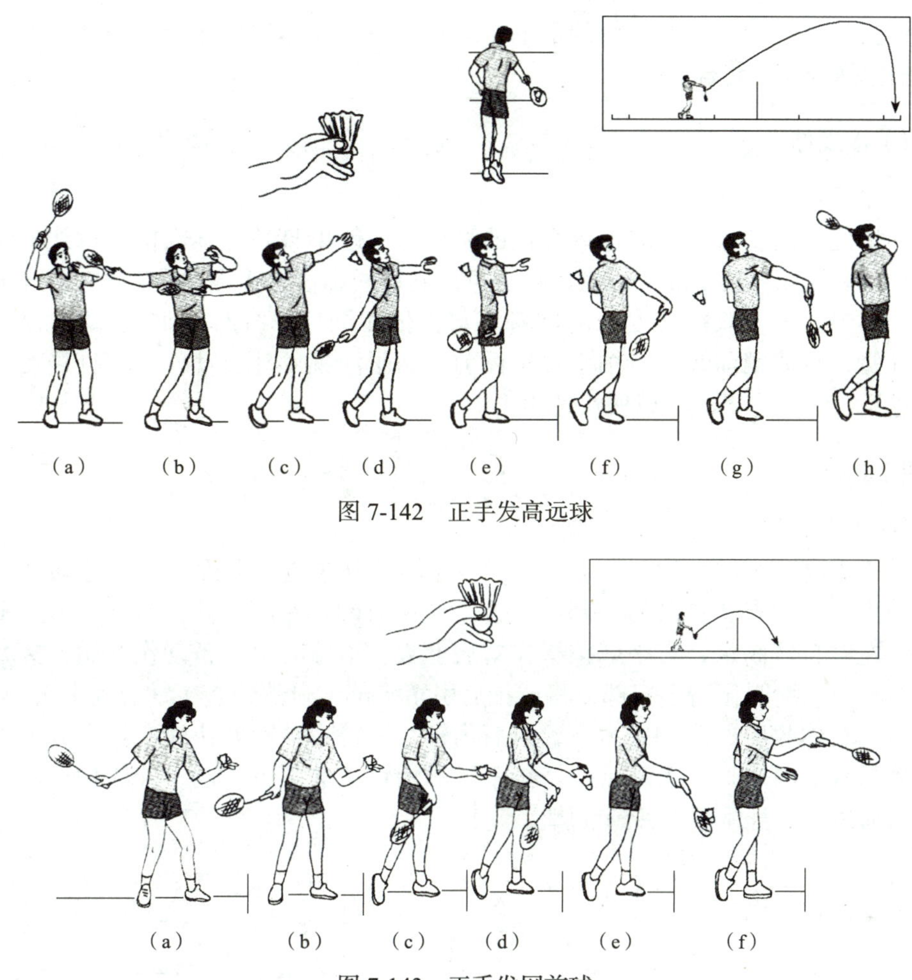

图 7-142 正手发高远球

图 7-143 正手发网前球

3. 反手发网前球

反手发网前球［图 7-144（a）～（e）］要领：可在前发球线后 10～15 厘米及中线附近，正面对网，两脚前后站立，重心在前脚，右手反手握拍屈肘，拍头向下横于腰

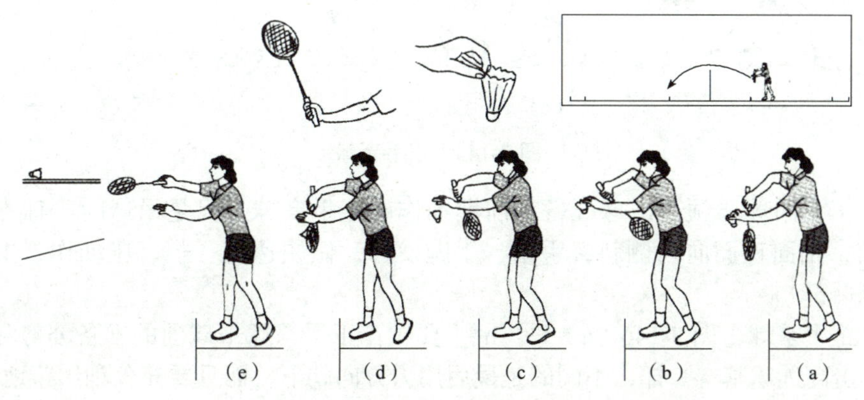

图 7-144 反手发网前球

间，左手拇指、食指、中指捏球的羽毛，球托朝下，球体在拍面前，击球时前臂带动手腕朝前推送或切击将球击出。

（三）接发球

接发球要领：

（1）站位。接发球首先应选择合适的站位，一般单打站位均在前发球线后 1～1.5 米处，双打因受双打后发球线限制，可靠近前发球线站位，重点防范对方发网前球。

（2）姿势。单、双打接发球的准备姿势大体相同。单打时左脚在前，右脚在后，重心在前脚，身体稍前倾，持拍手置于体前，两眼注视发球员动作；双打接发球时球拍高举过头，注意力集中，以便快速出击。

（四）击球法

1. 高手击球

（1）正手高球［图 7-145（a）～（g）］要领：以快速、合理的步法移动到球降落点的位置上，击球点在自己的头部前上方。左肩对网，左脚在前，右脚在后，重心在右脚上，左臂自然高举，右手握拍举在右肩上方。击球时由准备动作开始，接着上臂后引，肘关节上抬明显高于肩部，将球拍后引至头部，自然伸腕（掌心朝上），然后在后脚蹬地、转体收腹的协调用力下，以肩为轴，上臂带动前臂快速向前上方甩腕，在手臂伸到最高点时击球。击球后，持拍手臂顺惯性往前下方挥动，并收拍至体前，同时右脚向前迈出，身体重心移到前脚上。

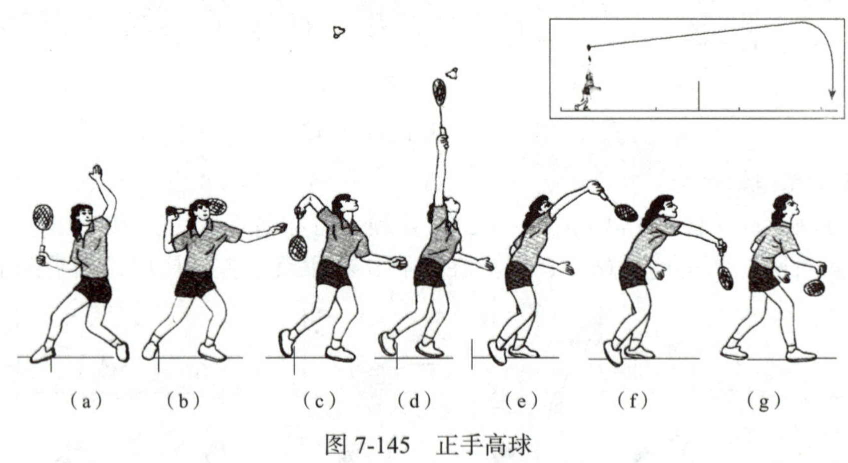

图 7-145 正手高球

（2）正手吊球要领：击球准备和前期动作同正手高球，只是吊球时击球点比击高远球稍前，拍面正面向内侧斜，手指、手腕发力，做快速切、削、压动作，击球托的后部和侧后部。

（3）正手杀球［图 7-146（a）～（h）］要领：正手杀球击球前的准备姿势和击球动作与正手击高远球基本一样，不同的是最后用力方向朝下，而且要充分利用蹬地、转体、收腹，以及手臂和手腕的爆发力，全力地将球向前下方击出，击球的一刹那要紧握球拍。

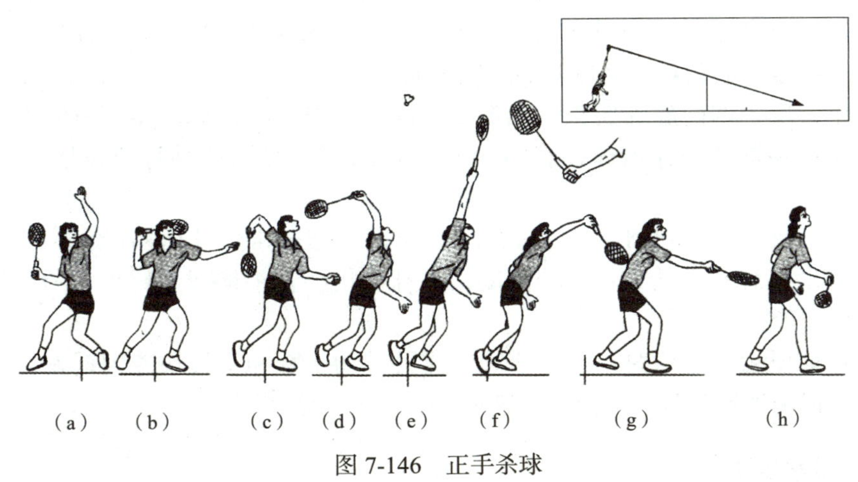

图 7-146　正手杀球

2. 低手击球

（1）挡球要领：两脚屈膝平行站立，两眼注视“杀球”，若杀过来的球在右侧，即用正手挡球，右脚向右跨出一步，重心移向右脚，右臂放松握拍。若用反手挡球，动作同正手挡球，方向相反。

（2）正手抽球要领：当对方击来右后场低球时，快速移至适当位置上，重心在右脚上，用正手握拍法，右臂屈肘举拍于右肩上方，当右脚着地一刹那，靠前肩带动手腕做“抽鞭”式的挥拍，将球抽向对方。

3. 网前击球

网前击球准备姿势：侧身对网，右脚跨步成弓箭步，左脚在后自然拉开，上体微前倾，右手持拍前伸约与肩平。肘关节微屈，注意握拍要放松。网前击球有搓球、勾打角球、网前放球、推球、扑球等。

（1）搓球［图 7-147（a）～（g）］要领：击球前准备姿势同上，击球时，拍面稍

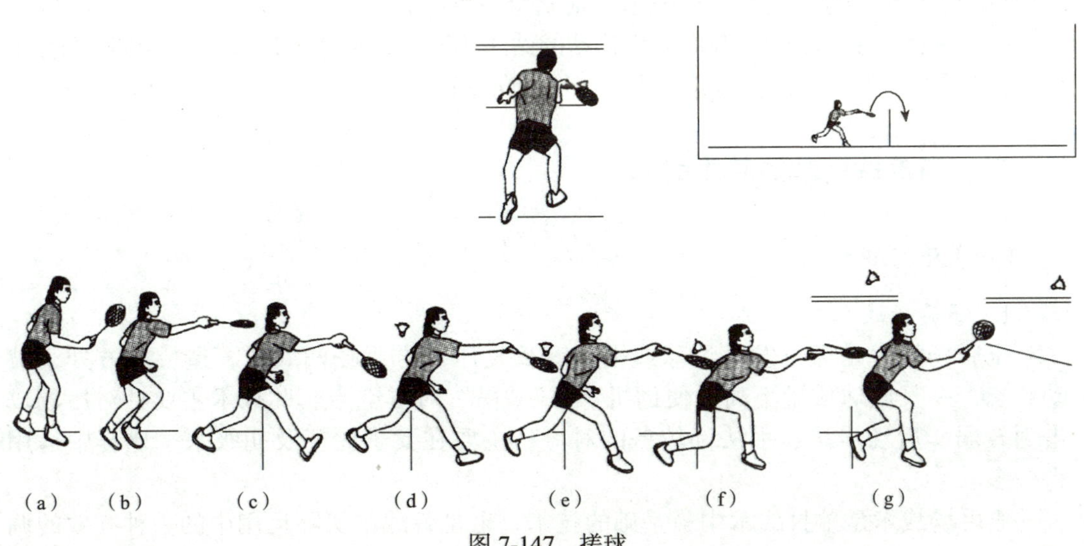

图 7-147　搓球

前倾，利用手腕和手指的力量向前“切削”球托底部或“提拉”球，使球击出后旋转或滚过网。搓球一般在对方来球较靠近网上时运用。

（2）正、反手网前放球要领：准备姿势同上，击球时，拍面朝下方倾斜，前臂带动手腕和手指用前送动作击球托底部。正、反手网前放球时除握拍不同外，其他要领相同。

（3）正、反手网前推球要领：准备姿势同上，击球时，拍面前倾几乎与网平行。利用前臂带动手腕和手指，快速“闪动”将球击出。正手推球多用食指的力量，反手推球多用拇指的力量。

（4）扑球要领：击球时，拍面前倾，前臂带动手腕和手指快速闪动发力，击球后立即收拍，以免触网犯规，要求动作速度快、爆发力强。

（五）基本步法

1. 上网步法

上右网前步法要领：若站位靠前，可用两步交叉上网。若站位靠后场，则采用三步交叉跨步的移动步法。为了加速上网，可采用垫步上网，即右脚向右前方迈出一小步后，左脚快速跟进到右脚跟后，右脚掌内侧后蹬，右脚向右前跨出一大步。这样蹬得有力、跨得远，能争得网前高击球点主动进攻，所以称为主动步法。

上左网前步法要领：只是方向与上右网前相反，其他相同。

2. 后退步法

后退步法要领：一般用侧身后退，才有利于到位后挥拍击球。以正手后退右后场为例，若是右脚稍前的站位，则先右脚后蹬接髋部右后转，成侧身后退，再采用三步并步后退或交叉步后退。

3. 左、右两侧移动步法

向右侧移动步法要领：两脚开立，右脚跟稍提起，利于向右侧起动。离来球较近时用蹬跨步到位击球，若距来球较远，则先垫一小步。

向左侧移动步法要领：与向右侧移动的站法相同，距来球较近时可一步蹬跨到位击球，若离来球较远，则左脚先移一小步，然后向左转身，右脚跨一大步到位反手击球。

三、羽毛球运动的基本战术

（一）单打战术

1. 压后场战术

压后场战术是通过发高远球或平高球反复压对方后场两底线，造成对方处于被动状态，一旦回球质量不高，便伺机“杀”“吊”对方空当。此战术主要针对后场攻击力较弱，后场步法、手法都较差的对方，主要在女子比赛及初级水平比赛中运用得较多。

压后场战术是单打战术中最基础的技术，也是各战术实际运用中的一种有效的调节节奏的打法，因此必须熟练掌握并运用。在运用发球抢攻战术时必须做到“发球质量高，抢攻速度快”，这样才能获得战术效果。

2. 发球抢攻战术

发球抢攻战术主要是以发网前球和平射球、平高球为主，限制对方的进攻，迫使对方挑球，然后用杀球或吊球进攻对方的空当和弱点。

发球抢攻战术主要用于对付防守能力较差的对方。在比赛进入关键时刻运用此战术，往往使临场经验不足的选手措手不及。

3. 杀球上网战术

杀球上网战术是指当对方打来后场高球时，先以杀球配合吊球把球下压，落点要选择在场区的两边线附近，迫使对方被动回球；当对方还击网前球时，迅速上网搓、推、杀球，创造在中场大力扣杀的机会。

（二）双打战术

1. 二打一战术

无论哪一方，上场的两队员技术水平都不可能一样，总有强、弱之分，当一方取得进攻机会时，应专攻弱者；防守时，应想方设法，把弱者调至后场，让其进攻，以减小进攻的威胁，伺机反攻。这种战术在对付对方两人技术水平有较大差异时是最有效的。

2. 攻中路战术

当对方左右站位防守时，可把进攻目标放在对方两人之间的空当，这样使对方两人互相争抢击球或两人都犹豫而漏接失误，这种战术主要用于对付两人配合较差的对方。

3. 攻后场战术

遇到后场扣杀能力差的对方，可采用平高球、推平球或挑高球等，迫使对方一人在底线两角移动，对方一旦受攻击而被动时，便大力扑杀，若另一对方后退支援时，即可攻网前空当。

四、羽毛球运动部分规则

（一）场地和器材

1. 场地

羽毛球场呈长方形，各条线宽均为 4 厘米，场地上空 12 米以内和四周 4 米以内不应有障碍物，如图 7-148 所示。球场界限最好用白色、黄色或其他易于识别的颜色画出。按国际比赛规定，整个球场上空的空间最低为 9 米。球场四周的墙壁最好为深绿色，场地不应有风。

地面应为塑胶或经国际羽联批准的草绿色。地板应具有弹性，没有其他体育项目的标线和标识。地板的颜色不能太浅或反光强烈，可为绿色或草绿色；不能过量使用油或蜡，以避免打滑。

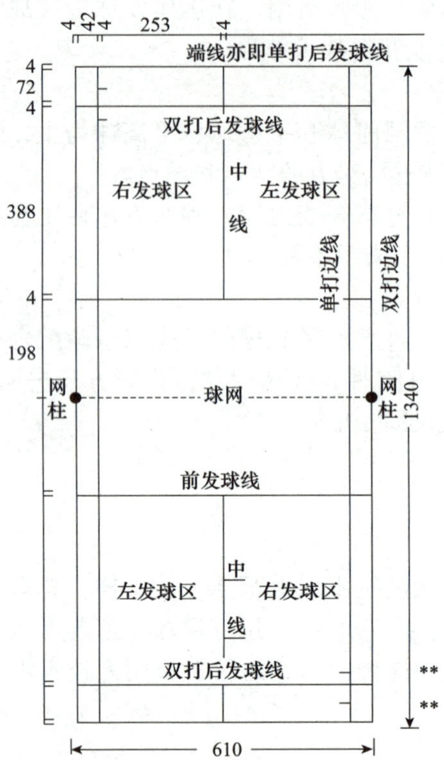

图 7-148 羽毛球运动场地（单位：厘米）

2. 羽毛球网和网柱

羽毛球网长 6.10 米、宽 76 厘米，为优质深色的天然或人造纤维制成，网孔大小为 15～20 毫米，网的上沿应缝有 75 毫米宽的双层白布（对折而成），并用细钢丝绳或尼龙绳从夹层穿过，牢固地张挂在两网柱之间。标准球网应为黄褐色或草绿色。网柱高 1.55 米，无论是单打或双打，两根网柱都应分别立在双打场地边线的中点上。正式比赛时，球网中部上沿离地面必须为 1.524 米高，球网两端高为 1.55 米。球网的两端必须与网柱系紧，它们之间不应该有缺缝。

3. 球

羽毛球可以由天然材料、人造材料或它们混合制成。只要球的飞行性能与用天然羽毛和包裹羊皮的软木球托制成的球性能相似即可。优质的羽毛球用毛必须采用鹅刀毛，如果采用的是鸭刀毛和其他的毛片，其品质就很难保证。

羽毛球球体应有 16 根羽毛固定在球托部，羽毛长 62～70 毫米，每一个球的羽毛从球托面到羽毛尖的长度应该一致。羽毛顶端围成圆形，直径 58～68 毫米。羽毛应用线或其他适宜材料扎牢。球托底部为圆球形，直径为 25～28 毫米。球重 4.74～5.50 克（标准的羽毛球为 5.0 克）。

4. 赛制

羽毛球比赛项目可以分为单项赛和团体赛两大类。若按运动员年龄分，有少年组、青年组和成年组。单项赛设有男子单打、女子单打、男子双打、女子双打和混合双打五项。团体赛通常设有男子、女子和混合三项。一场羽毛球团体赛通常由数场比赛组成，常用的比赛方式有三场决胜制和五场决胜制两种。

羽毛球比赛采用 21 分制，即双方分数先达 21 分者胜，3 局 2 胜。每局中，一方先得 21 分且领先至少 2 分即算该局获胜，否则继续比赛；若双方打成 29 平后，一方领先 1 分，即算该局取胜。

新赛制中每球得分，并且除特殊情况（如地板湿了，球打坏了），球员不可再提出中断比赛的要求。但是，每局一方以 11 分领先时，比赛进行 1 分钟的技术暂停，让比赛双方进行擦汗、喝水、休息等。

得分者方有发球权，如果本方当前得分为单数，从左边发球；当前得分为双数，从右边发球。在第三局或只进行一局的比赛中，当一方分数首先到达 11 分时，双方交换场区。

（二）运动规则

1. 交换场区

（1）第一局结束。

（2）第二局结束（如果有第三局）。

（3）在第三局比赛中，一方先得 11 分时。

（4）运动员未按规定交换场区，一经发现，在死球时立即交换，已得分数有效。

注意：羽毛球比赛中死球包括以下四种情况。①球撞网并挂在网上或停在网顶；②球撞网或网柱后向击球者一方下落；③球触及地面；④已宣报“违例”或“重发球”。

2. 发球

（1）发球时任何一方都不允许非法延误发球；发球员和接发球员都必须站在斜对角发球区内发球和接发球，脚不能触及发球区的界线；两脚必须都有一部分与地面接触，不得移动，直至将球发出为止。

（2）发球员的球拍必须先击中球托，与此同时整个球要低于发球员的腰部。击球瞬间，球拍杆应指向下方，从而使整个拍头明显低于发球员的整个握拍手部。发球开始后，发球员的球拍必须连续向前挥动，直至将球发出为止。发出的球必须向上飞行过网，如果不受拦截，应落入接发球员的发球区内。

（3）一旦双方运动员站好位置，发球员的球拍头第一次向前挥动即为发球开始。发球员在接发球员准备好后才能发球，如果接发球员已试图接发球，则被认为已做好准备。一旦发球开始，球被发球员的球拍触及或落地即为发球结束。

（4）双打比赛，发球员或接发球员的同伴站位不限，但不得阻挡对方发球员或接发球员的视线。

3. 单打

（1）一局中，发球员的分数为 0 或双数时，双方运动员均应在各自的右发球区发球或接发球。

（2）一局中，发球员的分数为单数时，双方运动员均应在各自的左发球区发球或接发球。

（3）球发出后，由发球员和接发球员交替对击，直至“违例”或“死球”。

（4）发球员胜一回合则得 1 分。随后，发球员再从另一发球区发球。

（5）接发球员胜一回合则得 1 分。随后，接发球员成为新发球员。

4. 双打

（1）一局比赛开始和每次获得发球权的一方，都应从右发球区发球。

（2）一局中，发球方的分数为单数时，发球方应从左发球区发球。

（3）接发球方上一回合最后一次发球的运动员应在原发球区接发球，他的同伴接发球的站位与其相反。

（4）接发球员应是站在发球员斜对角发球区的运动员。

（5）发球方每得 1 分后，原发球员变换发球区再发球。

（6）每一回合发球被回击后，由发球方的任何一人和接球方的任何一人，交替在各自场区的任何位置击球，如此往返直至死球。

5. 违例

（1）发球不合法。

（2）发球员发球时未击中球。

（3）发球时，球过网后挂在网上或停在网上或网顶。

（4）比赛时，球落在球场界线外，球从网孔或网下穿过，球不过网；球碰屋顶、天花板或四周墙壁；球触及运动员的身体或衣服，球触及场外其他人或物体。

（5）比赛时，球拍与球的最初接触点不在击球者网的一方（击球者击球后，球拍可以随球过网）。

（6）比赛中运动员的球拍、身体或衣服触及球网或球网的支撑物；运动员的球拍或身体从网上侵入对方场区［规则（5）情况除外］；运动员的球拍或身体从网下侵入对方场区。

（7）比赛时，运动员妨碍对方，如阻挡对方紧靠球网的合法击球；故意分散对方注意力的任何举动，如喊叫、故作姿态等。

（8）击球时，球夹在或停滞在拍上，紧接着又被拖带；同一运动员两次挥拍，连续两次击中球；同一方两名运动员连续各击中球一次；球触及运动员球拍后继续向其后场飞行。

总结案例

足球赛事

足球赛事是关于足球的比赛，一般国家都会有不同等级的联赛，由该国的俱乐部参加，如意甲、英超、西甲、德甲、法甲等欧洲五大联赛是世界最高水平的联赛。中国最高级别的职业足球联赛是中国足球协会超级联赛，简称“中超”。

欧洲冠军杯、丰田杯、欧洲优胜者杯等跨国联赛由各国联赛排名前几名的俱乐部参加球趣，属于商业性质联赛。世界杯、欧洲杯、亚洲杯、非洲杯、美洲杯属于国家级的比赛，由世界足联或者各洲足联组织，各国的国家队参赛。奥运会、各洲锦标赛等其他组织举办的国家级比赛，对于一些足球强国来说并不是很重要，但是观赏性还是比较高。各个国家的联赛，由足球俱乐部参加。各大洲的足球赛事冠军杯、联盟杯，由各大洲的足球俱乐部参加。

欧洲足球五大联赛，是指意大利足球甲级联赛、英格兰足球超级联赛、西班牙足球甲级联赛、德国足球甲级联赛、法国足球甲级联赛。有时不含法国足球甲级联赛而称为四大联赛。这些联赛代表了当今世界足坛顶级的足球水平，吸引了众多球星。也常常引导足球发展的新方向。

探索与思考

1. 足球运动的基本技术和基本战术有哪些?
2. 篮球运动的基本技术和基本战术有哪些?
3. 排球运动的基本技术和基本战术有哪些?
4. 乒乓球运动的基本技术和基本战术有哪些?
5. 羽毛球运动的基本技术和基本战术有哪些?

模块八 田径运动

模块导读

远在上古时代，人们为了获得生活资料，在和大自然及禽兽的斗争中，不得不奔跑相当的距离，跳过各种障碍，投掷石块和使用各种捕猎工具，在劳动中不断地重复这些动作，便形成了走、跑、跳跃和投掷等各种技能。随着社会的发展，人们有意识地把走、跑、跳跃、投掷作为练习和比赛形式，就成为现代田径运动。

田径运动作为一个基础性运动项目，是一项可行性较强且健身价值较高的运动项目，易于在群众中推广和普及。通过适当的田径运动，可以锻炼身体的协调性、灵敏性，增强身体力量、速度及体质，培养人体智力及非智力因素。

能力目标

分类	具体内容
知识目标	1. 了解田径运动的分类 2. 了解走、跑、跳跃、投掷运动的特点和技术要求
技能目标	掌握走、跑、跳跃、投掷运动的基本技术
素养目标	1. 树立正确的体育价值观，形成积极参与体育锻炼的良好意识 2. 在运动中体验体育的乐趣和成功的感觉，同时表现出良好的体育道德和合作精神 3. 能自觉通过体育运动改善心理状态，建立良好的人际关系，养成积极乐观的生活态度

导入案例

中国有我，世界有我

回顾刘翔的职业生涯，实在是令人难以想象。2001 年，刘翔在世界大学生运动会（简称“大运会”）上以 13 秒 33 的成绩获得冠军，这是中国在大运会上的首枚田径金牌，也是他拿到的第一个世界冠军。2002 年瑞士国际田联大奖赛中，刘翔跑出 13 秒 12 的成绩，打破了男子 110 米栏亚洲纪录，并打破了保持长达 24 年之久的 13 秒 23 的世界青年纪录。2004 年，刘翔更是荣登巅峰成为中国田径项目上的第一个男子奥运冠军，创造了中国人在男子 110 米栏项目上的神话。2007 年，在第 11 届世界田径锦标赛男子 110 米栏决赛上，刘翔以 12 秒 95 获得冠军，成为集奥运会冠军、世锦赛冠军和世界纪录保持者于一身的男子 110 米栏大满贯得主。2012 年刘翔一役击败五大美国高手以 12 秒 87 夺冠的时刻，刘翔，这个令人骄傲的名字时隔多年依旧无法动摇，他是优秀、伟大的运动员，他所创造的奇迹、他所夺得的辉煌永远不会随时代流逝而被遗忘。

田径运动或称田径，是田赛、径赛和全能比赛的全称。现代田径运动的分类不同，主要包括竞走、跑、跳跃、投掷及由跑、跳、跃、投掷的部分项目组成的全能运动，共计 40 多项，它是以个人为主的运动项目。

田赛分为跳跃和投掷，其中跳跃的项目有跳高、跳远、三级跳远、撑竿跳高，投掷的项目有铅球、铁饼、标枪、链球等。田赛以高度和远度计算成绩。

径赛有短、中、长跑，短跑分为 50 米跑（非奥运项目）、60 米跑（非奥运项目）、100 米跑、200 米跑、400 米跑、4×100 米接力跑、4×400 米接力跑等项；中长跑是中距离跑和长距离跑的合称，男子 800 米、1 500 米、3 000 米和女子 800 米、1 500 米属于中距离跑；男子 5 000 米、10 000 米和女子 3 000 米、5 000 米、10 000 米属于长距离跑。另外还有马拉松、3 000 米障碍赛（男子）、100 米栏（女子）、110 米栏（男子）、400 米栏，以及 10 千米竞走（女子）、20 千米竞走、50 千米竞走（男子）等项目。径赛以时间计算成绩。

据记载，最早的田径比赛是公元前 776 年在希腊奥林匹克村举行的第 1 届古代奥运会上进行的，项目只有一个——短距离赛跑，跑道为一条直道，长为一个“斯泰德”（192.27 米）。到公元前 708 年的第 10 届古代奥运会上，才正式列入了跳远、铁饼、标枪等田赛项目。当时只准男性参加，女性连观看也不行，违者处以死刑。从 1928 年第 9 届现代奥运会起，才增设了女子田径项目，此后，女性便参加了田径项目的比赛。

为了纪念美国男子田径运动员杰西・欧文斯对世界体育运动的贡献，美国体育机构以他的名字设立“杰西・欧文斯奖”，每年评选一次，奖给在田径运动中成绩卓著的各国运动员。第一个获得杰西・欧文斯奖的中国人是女子长跑运动员王军霞。中国男子田径队 110 米栏运动员刘翔，是中国体育田径史上、亚洲田径史上第一个集奥运会、室内室外世锦赛、国际田联大奖赛总决赛冠军和世界纪录保持者多项荣誉于一身的运动员。跳高运动员朱建华曾多次打破世界纪录，其四次被评为全国十名最佳田径运动员之一。中国竞走运动员王丽萍在 2000 年悉尼奥运会上夺得首块奥运女子 20 公里竞走金牌。

单元一　走

一、竞走

走

（一）竞走运动简介

竞走运动起源于英国，1867 年，英国举行了第一次竞走锦标赛。1908 年，奥运会正式将竞走运动列为比赛项目。

竞走是两腿交互迈进，由单腿支撑与双腿支撑交替进行以使身体向前位移的周期性运动，它是在自然行走的基础上发展起来的运动项目。竞走运动的规则要求竞走时脚着地一瞬间膝关节必须伸直，后脚必须在前脚落地后才能离地，不允许身体腾空，所以，竞走具有步幅大、频率快、支撑时间短、速度快等显著的特点。

（二）竞走运动的基本技术

1. 腿部动作

腿部动作是竞走技术的主要环节，在一个周期里，单腿要经历着地缓冲、后蹬、前摆、准备着地四个阶段。

竞走腿部动作要领：

（1）着地缓冲阶段。竞走时一条腿自脚跟着地起到身体垂直支撑止，称为着地缓冲，其作用是减少着地时的阻力，完成缓冲动作。对着地腿的要求是脚跟靠近运动的中线先着地，然后通过脚外侧过渡到全脚掌，此刻膝关节伸直，身体重心移动到支撑腿上。当身体与地面垂直时，支撑腿同侧骨盆稍有升高，以缓冲着地时的阻力。

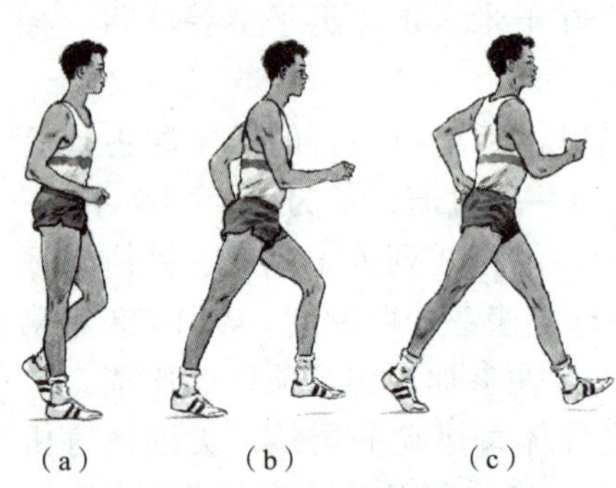

图 8-1　竞走腿部动作

（2）后蹬阶段［图 8-1（a）］。当身体重心前移超过支撑点的垂直面时即开始后蹬。后蹬动作过程主要有支撑腿的蹬地，摆动腿积极前提带动身体重心前移，支撑腿伸直，用脚趾蹬离地面，脚跟稍外转，骨盆沿着身体纵轴转动，摆动腿同侧骨盆向前送出。

（3）前摆阶段［图 8-1（b）］。从支撑腿蹬离地面到膝关节摆至最高点止。支撑腿蹬离地面后，小腿微向上摆，脚掌稍离地面，大腿不要高抬，屈膝向前摆动，并带动骨盆沿垂直轴向前转动，髋关节放松，积极前移，腰部微向前挺出。

（4）准备着地阶段［图 8-1（c）］。由摆动腿膝关节前摆至最高点到脚跟即将着地止，此时膝关节伸直，脚尖自然放松稍内转，身体重心前移，腿和脚积极准备做“滚动式”着地动作。

2. 上体和摆臂动作

竞走上体和摆臂动作要领：竞走时上体正直与地面基本垂直，在后蹬阶段上体自然地稍有前倾，眼看前方，颈部肌肉放松，有些人上体稍有前后倾斜。稍前倾则有利于后蹬，但需要增加肌肉用力的程度。为了维持身体平衡和加强后蹬的效果，两肩与上体配合两腿的动作，沿着身体纵轴稍有转动。摆臂时两手半握拳，两臂屈肘约 90°，在体侧配合迈步动作并前后摆动。前摆时手接近胸骨，不超过身体中线，高度不超过下颌，后摆时稍向外，上臂几乎与肩平。在前摆和后摆结束时，臂弯曲的角度大于垂直时的角度。

3. 身体重心的移动

身体重心的移动要领：在竞走过程中，身体重心移动的轨迹基本上是一条直线。由于竞走频率快，双腿支撑时间较短，因此身体重心有较小地上下起伏。当身体在单腿支撑时身体重心达到最高点，双腿支撑时身体重心降到最低点。为了避免身体重心有较大的上下起伏和左右摆动，竞走时两脚不要落在靠近运动的中线。

（三）竞走的练习方法

1. 腿部动作和骨盆沿纵轴扭转技术练习

（1）沿直线练习普通的大步走（要求脚跟先着地）。

（2）两脚左右开立（约与肩宽），做骨盆回环转动。

2. 摆臂与腿部动作配合的技术练习

（1）原地摆臂配合骨盆沿纵轴转动腿，一屈一伸。

（2）行进间的臂与腿部动作配合练习。

3. 完整的竞走技术练习

（1）大步走过渡到竞走。

（2）由慢走过渡到中速走（逐渐加快频率）。

4. 竞走时应注意的事项

（1）支撑腿在垂直时必须伸直，骨盆沿着身体垂直轴做前后转动。

（2）练习时，动作应自然放松，着重练习腿部动作，但也要注意上体、摆臂、肩带动作的协调配合。

（3）根据掌握技术的程度，提高竞走的速度、增加竞走的距离。

二、健身走

走是人类最基本的活动之一。除了睡眠外，人生的大部分时间都里离不开走，正常人在 70 年的生活中大约要走 5 亿步，约 3 万千米（公里），接近地球到月球的距离。

走与人类的健康息息相关。生命在于运动，健康始于足下，为健康而进行的各种形式的步行均属健身范畴。如果高速健身走，专家建议可以每分钟 120 步以上。

三、竞走运动部分规则

1. 赛制

在奥运会和重大田径比赛中，男子有 20 公里、50 公里公路竞走、20 公里田径场地竞走，女子有 5 公里田径场地竞走、10 公里公路竞走。举行 20 公里以上竞走比赛时，每隔 5 公里设一饮料供给站。饮料以橘汁、加糖浓茶、葡萄糖及少量食盐配成。

2. 运动规则

竞走比赛有两个核心规则。首先，竞走运动员必须始终保持至少有一只脚与地面接触。其次，前腿从着地的一瞬间起直到垂直位置必须始终伸直，膝关节不能弯曲。

比赛中有 6~9 名专职的竞走裁判员监督运动员。按规则规定，他们不能借助任何设备帮助判断，只能依靠自己的眼睛来判断运动员是否犯规。当竞走裁判员看到竞走运动员的动作有违反竞走技术的迹象时，应予以黄牌警告，并在赛后报告给主裁判。

当运动员的行进方式违反竞走技术的规定，表现出肉眼可见的腾空或膝关节弯曲时，竞走裁判员须将一张红卡送交竞走主裁判。当竞走主裁判收到针对同一名运动员的三张来自不同竞走裁判员的红卡时，该运动员即被取消比赛资格，并由主裁判或主裁判助理向该运动员出示红牌通知他（她）。

单元二 跑

一、短跑运动

跑

（一）短跑运动简介

400 米以内的跑称为短跑，它的比赛项目包括 100 米、200 米、400 米跑。练习短跑对发展人的速度、力量、灵敏度等素质有明显的效果。短跑技术可分为起跑、起跑后的加速跑、途中跑和冲刺跑四个部分。

（二）100 米跑的基本技术

1. 起跑

短跑起跑一般采用蹲踞式起跑的方法。起跑过程包括“各就位”、“预备”、“鸣枪”（或“跑”）三个阶段。

起跑要领：听到“各就位”口令后，下蹲，两手撑地，两脚依次踏在前、后起跑器上，用后腿膝部支撑身体，两手放在紧靠起跑线的后沿处。两臂伸直与肩同宽，大拇指与并拢的四指成八字形支撑，脚掌紧贴起跑器，脚尖触及地面，背颈部自然放松。

听到“预备”口令后，平稳而又迅速地抬起臀部，使之稍高于肩或与肩平，重心适当前移，体重均匀地分布在两臂与前脚掌之间，肩稍向前移出。这种起跑姿势重心较低，身体受向前的推动力较大，有利于运动员发挥速度。做好起跑姿势后，要集中注意力听枪声。

听到枪声或“跑”的口令后，两手迅速推离地面，两臂积极地做前后摆动，两脚同时蹬离起跑器，使身体向前上方移动，躯干前倾与水平线成 15°～20°角，后腿屈膝前摆。后腿前摆时，脚掌离地面不宜过高，可以使脚掌迅速着地，以保证动作连贯协调（图 8-2）。

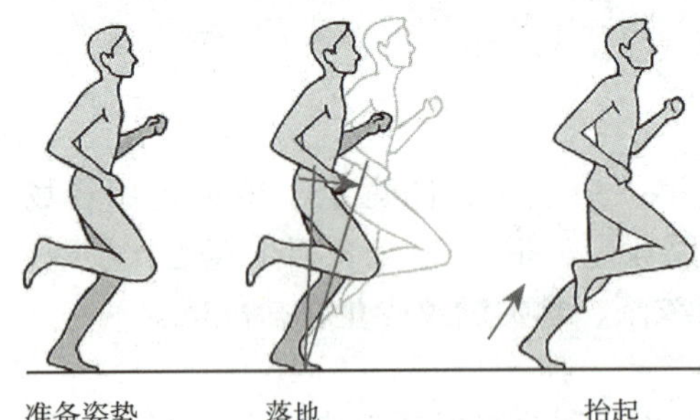

图 8-2 跑步的基本姿势

2. 起跑后的加速跑

起跑后的加速跑要领：起跑后的加速跑是以后腿蹬离起跑器到途中跑之间的一个阶段。在加速跑的开始阶段，上体前倾较大，随着步长和步速的增加，逐渐抬起上体直至接近途中跑的姿势。

在加速跑过程中，跑速只能依靠后蹬的力量来改变，因此，在加速跑的开始阶段必须力求与地面保持稳定的、积极的接触，有意识地缩短腾空阶段。起跑后的开始几步，两脚的着地点不在同一条直线上，随着跑速的加快，两脚着地点就逐渐合拢到假定的一直线两侧。

3. 途中跑

途中跑要领：途中跑是短跑全程中距离最长、速度最快的阶段，其技术动作特点是摆动幅度大、频率快，着地缓冲积极，扒地动作明显，蹬摆速度快，身体重心起伏，运动轨迹直线性强。在途中跑的周期中，包括后蹬、前摆、腾空和着地缓冲等动作阶段，其中后蹬是主要阶段。当身体重心移过支撑点垂直面时，后蹬腿、膝和踝关节要用力蹬伸，摆动腿的膝关节（大、小腿成折叠姿势）有力地向前上方摆出，并且带动同侧骨盆前送，形成支撑腿与摆动腿协调配合动作。鉴于目前场地性质（塑胶跑道比煤渣跑道的弹性大）的改变，支撑腿膝关节后蹬结束时，大腿与小腿保持 150°左右最为有利，这种蹬地技术可减小支撑腿的动作幅度，保持支撑腿的动作速度，以利于缩短支撑时间，从而达到提高步频的目的。

当支撑腿结束后蹬进入腾空阶段，摆动腿应积极下压并伸直，用脚前掌着地，而后蹬腿的小腿随着蹬地后的惯性向大腿折叠，缩短摆动半径，加快前摆速度。

腾空阶段结束，摆动腿积极下压，并用前脚掌做扒地动作，着地点在身体重心投影点前 30 厘米处，脚着地要有弹性，着地后膝、踝关节弯曲缓冲，以减小支撑反作用力的制动阻力。

途中跑时上体稍前倾，两眼平视，头正直，两臂屈肘做轻快有力的前后摆动。前摆时稍向内，手的高度稍超过下颌，并伴随同侧肩前送和异侧肩后引的动作。臂后摆时，肘关节稍向外，前摆时角度变小，后摆时角度变大。摆臂动作直接影响跑动技术，有力的摆臂动作还能加快两腿动作频率和增大步幅。

4. 冲刺跑

冲刺跑要领：冲刺跑的任务是尽力保持途中跑的高速度并跑过终点。不要急扑或跳跃撞线。在跑到距离终点线最后一步时，上体前倾用胸部或肩部撞终点线，跑过终点后逐渐减速。

（三）200 米和 400 米跑的基本技术

200 米和 400 米跑除要求运动员有更好的速度和耐力外，有半程以上是在弯道上进行的，因而其技术与 100 米有所不同。

1. 弯道起跑

弯道起跑要领：为了保证运动员沿着直线加速跑，起跑后开始一段距离应沿弯道内沿的切线跑进，起跑器应安装在跑道的右侧，对着左侧弯道的切点方向。起跑时，左手撑在距起跑线后沿 5～10 厘米处，使身体正对着弯道的切点。

在进入弯道和沿弯道跑时，身体应向左倾斜。后蹬时右腿用前脚掌的内侧、左腿用脚掌的外侧着地。右臂后摆时偏外，前摆时稍向内侧，摆动幅度稍大些。从弯道跑进直道时，应在弯道最后几米内，就逐渐减小身体左倾的程度。跑进直道的 2～3 步，放松自然，顺惯性跑，然后再以最高速度跑到终点。

2. 加速跑

加速跑要领：200 米跑时，全程都应保持高速度，因此动作的放松能力极为重要。目前，200 米男运动员采用前慢后快的跑法较多。200 米女运动员基本上是采用均速跑和前快后慢两种跑法。

400 米跑的技术特点是动作强度小于 100 米跑，但跑的节奏性强，摆臂较低，脚着地更为柔和。

目前，400 米跑大部分采用前后 200 米平均分配速度的节奏跑法，这样不至于过早地出现疲劳。后 200 米成绩一般比前 200 米的成绩低 2～3 秒。跑 400 米时人体需氧量很大，运动员的呼吸要快而不深，频而不乱。

3. 冲刺跑

冲刺跑要领：200 米、400 米的冲刺跑与 100 米相似。

二、跨栏跑

（一）跨栏跑简介

跨栏跑是在跑进途中设有固定数量、固定距离、固定高度栏架的径赛项目，具有跑、跨结合的特点。因此，良好的速度和娴熟的跨栏技术是跨栏跑不可缺少的因素。

跨栏跑技术包括起跑到第一栏、跨栏步、栏间跑、终点冲刺撞线四个技术环节。由于跨栏竞赛项目有所不同，栏高、栏距异样，跨栏技术也有差异，但它的基本技术结构却是相同的。现以 110 米栏为例介绍跨栏跑技术。

（二）起跑到第一栏的基本技术

跨栏跑起跑到第一栏要领：起跑和疾跑是从蹬离起跑器开始到第一栏起跨前止。其任务是在固定的距离内用固定的步数较高的速度攻栏，并能迅速稳妥地过好第一栏。一般用八步跑完这段距离。起跑技术基本和短跑相似，所不同的是在发第二口令时臂部抬的较高和在疾跑中躯干抬起的较早，目的是在保持合理的步长条件下达到最高的速度。

（三）跨栏步

跨栏步是指腾空越过栏架的一步。动作从起跨脚踏上起跨点到摆动腿的脚下栏着地止，如图 8-3（a）～（f）所示。

图 8-3 跨栏步

1. 起跨攻栏

起跨攻栏要领：跨栏技术的好坏，很大程度上取决于起跨攻栏动作的正确程度。正确动作又与起跨前的一步的大小和起跨角度（约 60°）有密切关系。合理的起跨攻栏动作，要求倒数第一步相对是一个“短步”，起跨脚要快放、放正。摆动腿积极前摆高抬，膝关节放松小腿自然下垂折叠。过栏时小腿迅速前伸，大腿下压，小腿的脚回收做下栏时的“鞭打”动作，起跨腿快速有力地充分蹬地，使髋、膝、踝关节成一条直线，加速重心前移。同时，异侧手臂快速有力地向前伸出，这有助于重心处于高的部位和向前的水平速度。

2. 过栏

过栏要领：过栏时运动员的胸部和膝关节正对前方，前腿的膝关节略微微弯曲，有助于积极下栏很快进入栏间跑，前腿异侧臂同时快速有力的前伸，对过栏时身体前倾和栏上的平衡起到积极作用。起跨腿在充分蹬伸结束后，膝关节、脚向上向外旋转。前腿在做下栏时，后腿向上向前提拉，前腿“下压”和后腿提拉，实际上是在形成一个较大幅度的跨栏步情况下两腿做协调快速的剪绞动作。

3. 下栏

下栏要领：合理的下栏动作是摆动腿的膝关节到栏架上方（大约重心在栏前 16 厘米左右）积极做下栏动作，就是前腿的大腿积极下压，膝关节放松，小腿和脚跟迅速回收做出“鞭打”动作，使其大腿与躯干的夹角迅速增大，前腿快速着地获得新的后蹬力量。两臂摆动要求靠近体侧和短跑一样前后摆动。下栏时的缓冲主要靠踝关节完成，膝关节伸直，力求身体重心处于高部位能使下栏后第一步快速跑出。

（四）栏间跑

栏间跑是从下栏着地到下一栏起跨点之间的跑法。其任务是以正确的节奏，以最快的速度跑过每一栏间的距离，为跨栏步创造速度和准备起跨提供条件。

栏间跑要领：跑的技术与短跑的途中跑没有实质上的区别，但由于受栏间距离的限制和跨栏步的需要，栏间跑的节奏与短跑有明显不同。跑时身体重心稍高，栏间三步步长不等，第一步较小，第二步较大，第三步次大。栏间三步虽然步长不同，但三步的节奏尽量保持一样。第一步应快速跑出，这不仅能弥补其步长不足，还关系到栏间两步快跑的节奏。

（五）终点冲刺和撞线

终点冲刺和撞线要领：在跨最后一栏时，下栏的动作要更加积极，以迅速转入终点跑。终点跑则应加强腿的蹬摆，上体努力前倾，加强摆臂动作，以发挥更快的速度，并做好撞线动作。

其他跨栏项目的特点，由于栏间距、栏高和栏架位置不同（如 400 米栏有五个栏架设在弯道上，形成弯道过栏的特点），因此跑法是有差异的。与 110 米栏比较，上体前倾较小，摆动腿抬得低一些，起跨腿前伸幅度稍小，手臂摆动较小，下栏着地点更近，整个动作更接近于短跑。

三、接力跑

（一）接力跑简介

接力跑技术包括短跑技术和传、接棒技术。它不仅要求每个接力成员都要跑得快，而且还要配合得好。接力跑的距离越短，传、接棒技术要求越高。

（二）4×100 米接力跑的基本技术

1. 起跑

4×100 米接力跑起跑要领：第一棒运动员的起跑，要右手持棒，采用蹲踞式起跑。接力棒不得触及起跑线和起跑线前的地面。起跑技术和短跑弯道起跑相同。第二棒至第四棒运动员的起跑采用站立式或单臂撑地的半蹲踞式起跑姿势。接棒人站在接力区后沿或预跑线内，确定起跑位置，两脚前后开立，两膝弯曲，上体前倾。第二棒、第四棒运动员因跑直道应站在跑道外侧，左腿在前，右手撑地，身体重心稍偏左侧，头部右转，目视传棒人的跑进和自己的起动标志。第三棒运动员站在跑道内侧，右腿在前，左手撑地，身体重心稍偏左侧，头部右转，目视传棒人的跑进和自己的起动标志。也可采用同侧臂在前支撑或不支撑的起跑方法。无论采用哪一种起跑方法，当传棒人跑到标线时，接棒人就应迅速起跑。

2. 传棒、接棒方法

4×100 米接力跑传棒、接棒要领：传棒、接棒方法有上挑式和下压式两种。①上挑式。接棒人手臂后伸，四指并拢掌心向后，虎口张开朝下，传棒人将棒由下向前上方送入接棒人的手中。②下压式。接棒人手臂后伸，掌心向上，虎口张开朝后，传棒人将棒自上而下放入接棒人手中。

在比赛中有很多接力队是兼用上述两种方法的。即第一棒传给第二棒和第三棒传给第四棒采用上挑式，第二棒传给第三棒采用下压式。

3. 起跑标志线的确定

接棒人站在预跑线内或接力区的后沿，待传棒人到达预定的标志线便迅速起跑，传接双方应在接力区内最合适的位置（离接力区前沿 3～4.5 米，两人相距 1.5 米）完成传接棒。传接棒过程一般是传棒人跑到距离接棒人约 1.5 米处立即发出“接”或“嗨”等听觉信号，接棒人手臂迅速后伸接棒。传接棒技术十分熟练的接力队也可以不发信号，凭跑速感觉和经验自动完成传接棒。

4. 各棒运动员的分配

接力跑是由四个人配合完成全程跑。在安排各棒队员时，必须考虑发挥每个人的特点。一般安排起跑技术好并善于跑弯道的运动员跑第一棒；第二棒应是速度快耐力好又善于传接棒的运动员；第三棒除具备第二棒运动员的长处外，还要善于跑弯道；把全队 100 米成绩最好，冲刺能力强，拼劲足的运动员放在最后一棒。

（三）4×400 米接力跑的基本技术

4×400 米接力跑要领：在进行 4×400 米接力跑时，由于传棒人跑近终点时的速度已明显下降，因此传、接棒的技术相对比较简单。在传棒人跑近接棒人时，接棒人在慢加速跑中接棒后，再加速跑进。第一棒采用蹲踞式起跑，起跑技术同弯道起跑技术；第二、三、四棒采用站立式起跑，头部侧转，目视后方。根据传棒人后段跑的速度来确定接棒人的起跑时机。一般在慢跑中接棒后再加速跑进，如果传棒人跑速缓慢，接棒人不仅应晚些起跑并应主动地接棒。传棒人将棒传出后应在不影响其他队运动员跑进的情况下从侧面退出跑道。

4×400 米接力跑，一般采用换手传接棒技术。接棒人用右手接棒，跑到最后一个直道再换到左手（第四棒可不换手）。

四、中长跑

（一）中长跑简介

中长跑是发展耐久力的运动项目，是一项身体负荷较大的运动，为了适应长时间持续的肌肉工作，跑时应做到轻松协调，重心平稳，直线性好，节奏性强。在跑程中，既要尽量减少能量的消耗，保持一定的跑速，又要根据需要具备加速跑的能力。因此，在参加此项活动时必须掌握正确的技术并学会合理的分配体力。

各种距离跑的技术，在动作结构上基本是相同的。只是由于距离的长短和强度不同，在动作结构的细节上存些差异。中长跑的运动竞赛可分为起跑、起跑后的加速跑、途中跑和终点跑四个阶段。同时，中长跑的呼吸方法和比赛战术也是至关重要的。

（二）起跑

中距离跑多采用半蹲踞式或站立式起跑，长距离跑则采用站立式起跑。发令前，运动员在起跑线后 3 米处集合听候发令。

1. 站立式

站立式起跑要领：站立式起跑的动作顺序是按下列口令进行的，听到“各就位”口令后，先做一两次深呼吸，然后走或慢跑到起跑线前，两脚前后开立，支撑脚在前，紧靠起跑线的后沿，前脚和后脚尖之间的距离约为一个脚掌长，两脚左右间隔约半脚长。两腿弯曲，上体前倾（跑的距离越短，腿的弯曲程度越大，上体前倾也越大），眼看前方 3～5 米处的地面，身体重心投影点落在前脚的稍前面。身体保持稳定姿势；集中注意力听枪声或“跑”的口令。这时两臂的姿势有两种。一种是一臂在前一臂在后，另一种是两臂在体前自然下垂。听枪声或“跑”的口令后，两脚用力蹬地，后腿蹬地后迅速前摆，前腿充分蹬直，两臂配合两腿动作做快而有力的摆动，使身体迅速向前冲出，在短时间内获得较快的跑速。

2. 半蹲踞式起跑

半蹲踞式起跑要领：一手的拇指与其他四指成八字形撑于起跑线后，另一臂在体侧，体重主要落在前腿和支撑臂上，起跑动作近似蹲踞式起跑。

（三）起跑后加速跑的基本技术

起跑后的加速跑要领：起跑后上体前倾较大，摆臂、摆腿和后蹬的动作都应迅速而积极。加速跑的距离，应根据项目、个人特点与比赛情况而定。一般中距离跑的加速跑距离较长，跑速较快。起跑后应在不妨碍别人的情况下，跑向能发挥人速跑与战术的位置，尽快进入匀速有节奏的途中跑。

（四）途中跑的基本技术

途中跑是中、长距离跑的主要部分，因此掌握途中跑的技术是极其重要的。

途中跑要领：

（1）上体的姿势。正确的姿势是上体稍前倾或几乎正直，中跑比长跑前倾稍大些。跑的时候，头部应自然地保持与上体成一直线，两眼平视，面部和颈部的肌肉要放松。特别是在后蹬的一刹那，如果上体姿势正确，胯部前送，就可以提高后蹬的效果，加快跑速。

（2）腿部动作。奔跑时，身体之所以能向前运动，是由于两腿交替蹬地产生支撑反作用力的结果，而跑速的快慢决定于步长和步频。因此，后蹬与前摆是跑的技术中最主要的动作。

① 后蹬与前摆。在一个跑的周期中，当身体重心移过支撑点以后，就开始后蹬与前摆。当摆动腿通过身体垂直部位向前摆动时，支撑腿的各个关节要迅速伸直。后蹬时各关节几乎是同时伸直的，但首先从伸展颈关节开始，当身体重心离垂直面较远时，再迅速有力地伸直膝关节和踝关节，使后蹬的力量和运动的方向相符合，推动身体更快地向前移动。在动作协调的前提下，摆动腿积极地向前上方摆动，能增大支撑腿的支撑反作用力，并减少后蹬腿伸肌的负担，加快蹬地速度，加大步幅，使胯部更好地前送，以带动身体重心前移，同时也为摆动腿下压着地创造了有利条件。积极的蹬摆动作，能缩短周期时间，加快步频。

② 腾空。后蹬腿蹬离地面后，身体进入腾空时期。当后蹬腿的大腿开始向前摆动时，小腿随惯性自然地向上摆起，膝关节弯曲，形成大小腿折叠的姿势，这样有助于摆动腿积极、迅速地向前摆。

③ 落地与缓冲。落地动作应该是自然的。当大腿开始下落时，膝关节亦随之自然伸直，并用前脚掌着地。当脚与地面接触后，落地腿的膝关节稍弯曲，在垂直阶段，脚跟稍向下落，这样可以缓冲脚落地时产生的冲击力，并为过渡到后蹬创造良好条件。

（3）臂部动作。臂部动作应该和上体及腿部动作协调一致。正确的摆臂不仅可以帮助维持身体平衡，而且能帮助加快腿部动作的速度。全程跑时，以肩为轴向前、后做自然摆动。前摆时手稍向内，后摆时肘稍向外，摆幅要适当。两臂应稍离开躯干，肘关节自然弯曲。弯曲角度在摆臂过程中变化，当臂摆到躯干的垂直部位时，角度要大些，这能使肌肉得到短时间放松。另外，途中跑有一半以上的距离是在弯道上进行的。跑弯道时身体应微向左倾斜，右腿向前上方摆动时膝稍内扣，用前脚掌的内侧着地；左腿向前上方摆动时，膝稍外展，用前脚掌的外侧着地，右臂的摆动幅度大一些。

（五）终点跑的基本技术

终点跑要领：终点跑是中、长距离跑临近终点的一段加速跑，是竭尽全力进行的冲刺跑。其动作要求基本上和短跑相同。开始加速跑的时间，要根据比赛的距离、个人的训练水平和战术要求来决定。

（六）中长跑呼吸的基本技术

中长跑的呼吸要领：中长跑一般最容易感觉到的是呼吸困难，呼吸跟不上动作节奏。为了改善气体交换与血液循环的条件，应特别注意呼吸的方法，尽量使呼吸的节奏和跑的动作节奏相配合。呼吸方法则可因人而异，一般是两三步一呼气，跑两三步一吸气。呼吸是自然的，但应有适当的深度。随着疲劳的出现，呼吸相应增快，应加重呼气，呼出二氧化碳，才能吸进大量新鲜氧气。应用鼻与半张开嘴的方式进行呼吸。中长跑时，由于内脏器官工作条件的改变，氧气的供应落后于肌肉活动的需要，跑到一定阶段往往会出现胸部发闷、呼吸困难，跑速降低而难于坚持跑下去的感觉，这种现象为通常所说的“极点”。极点的出现是跑步过程中的正常现象。重要的是要以顽强的意志坚持跑下去，可适当调整跑速，注意呼吸方法，特别是加深呼气，这样再继续跑一段距离后，难受的主观感觉就会逐步减轻，呼吸也会逐渐均匀，又能比较轻松地往下跑。跑的强度越大，“极点”出现越早；与此相反，跑的强度越小，“极点”出现就较迟，主观感觉也较轻，延续的时间也短些。同时，训练水平越高，内脏器官的适应性就越高，其“极点”现象也就比较缓和、短暂。为此，在跑的过程中，应十分注意循序渐进，充分做好跑前准备活动，掌握好途中跑的速度变化，随时调整呼吸节奏，以便减轻或缓和“极点”的程度。

五、径赛运动部分规则

（一）场地和器材

标准田径场为半圆式 400 米跑道。内弯道半径为 36 米时，两弯道长 228.08 米，两直道长 171.92 米、内弯道半径为 37.898 米时，两弯道长 240 米，两直道长 160 米。跑道内侧边缘筑“突沿”，宽度不小于 5 厘米，高度 5.0～6.5 厘米，若不筑突沿，则应画 5 厘米宽的标志线。

（二）运动规则

（1）400 米及 400 米以下包括 4×100 米接力的项目，运动员应采用蹲踞式起跑。犯规两次以上者取消比赛资格，全能运动员可以犯规三次。

（2）在分道跑项目中，运动员跑出自己的分道，如没有获得利益，也未阻挡他人，一般不应取消比赛资格，否则应取消比赛资格。

（3）在中长跑时，运动员擅自离开跑道后，不得继续比赛。

（4）在跨栏跑时，运动员手脚低于栏顶面、跨越他人栏架、有意用或脚碰到栏架，均属犯规。

（5）接力跑时，在接力区外完成接棒、捡棒时阻挡他人或空手跑过终点，均属犯规。

（6）如用 3 只秒表计成绩，应以 2 只表所示成绩为准；如各不相同，则以中间成绩为准。2 只表，应以成绩较差者为准。

单元三　跳 跃 运 动

一、跳远运动

（一）跳远运动简介

跳跃运动

跳远是最古老的竞技项目之一。人类远古时期为猎取或逃避野兽时，经常会跨越河沟，这种活动之后逐渐演变为军事训练的一种手段。公元前 708 年成为古代奥运会五项全能项目之一。现代跳远运动始于英国，1827 年 9 月 26 日在英国圣罗兰·博德尔俱乐部举行的运动会产生了第一个跳远冠军，随着时间的推进，跳远运动的纪录不断地被打破。男、女跳远分别于 1896 年和 1948 年被列为奥运会比赛项目。

跳远运动的腾空动作有蹲距式、挺身式和走步式。跳远运动的完整技术动作包括助跑、起跳、腾空和落地四个部分［图 8-4（a）～（d）］。快速助跑和合理起跳动作相结合是跳远技术的关键。

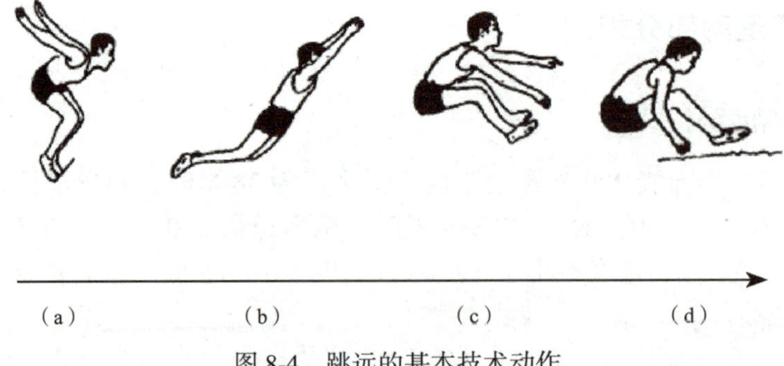

图 8-4　跳远的基本技术动作

（二）助跑的基本技术

助跑的目的是为了获得较高的水平速度。水平速度与跳的远近有密切关系。

助跑要领：远的助跑特点与短跑的途中跑类似，只是步子稍小，频率较快，身体重心较高，节奏性更强。助跑时应沿直线逐渐地加速，跑到起跳板时，应达到最大速度，为踏跳做好充分准备。

助跑距离的长短应根据个人的身体素质、技术高低、速度发挥的迟早等因素来决定。初学者和速度发挥较慢的人，助跑距离可短一些；反之则应长些。助跑起点的测定，可从起跳点（板、线）用助跑速度向反方向跑至达到最大速度的最后一步踏点即为起跑点。反复几次后，找出多次踏点的相对集中点即可。已测定好的助跑距离和步点不是固定不变的，可根据跑道的硬软度、风向、风速及本人的身体情况适当加以调整。

（三）起跳的基本技术

起跳是指运动员在快速助跑的情况下，通过有力的起跳来获得必要的垂直速度，并尽量保持水平速度的前提下，使身体腾起。

起跳要领：在跳远中，水平速度大于垂直速度，腾起角均小于 45°。起跳是跳远技术的关键技术。助跑的最后一步，当摆动腿支撑时，起跳腿快速折叠前摆，上体正直或稍后仰。在起跳脚着地的一刹那，由于助跑水平速度的惯性和身体重力的作用，产生很大的压力，迫使起跳腿的髋、膝、踝关节很快的弯曲缓冲，全脚掌迅速滚动，身体前移。两臂以肩带动上提，但提至与肩同齐时停止向上摆动。摆动腿的大腿积极向前上方摆至水平位置，小腿自然下垂，完成起跳动作。

（四）腾空的基本技术

起跳腾空后身体应保持在空中的平衡稳定并做好落地的准备。正确的腾空应做到上体正直摆动腿屈膝前摆，大腿高抬并保持水平姿势，起跳腿自然放松地留在后面，成腾空步的姿势。腾空姿势一般有蹲踞式、挺身式、走步式三种。

1. 蹲踞式

蹲踞式要领：腾空步后，迅速将踏跳腿提至前方与摆动腿并拢，双腿屈膝向胸前靠近，同时上体稍向前倾。快要落地时两腿向前伸出，同时两臂向后摆。当脚跟接触沙面时，两膝很快地弯曲，两臂从后向前摆动，使身体重心前移，保证落地后的稳定性。

2. 挺身式

挺身式要领：腾空步后，摆动腿自然下落，小腿向前、向下、向后弧形摆动，使髋关节伸展，两臂向下、向后上方摆振。这时留在身体后面的起跳腿与向后摆的摆动腿靠拢，臀部前移，胸、腰稍向前挺，形成挺身展体的姿势。落地前两臂由后上方向前、向下、向后方摆动，收腹举腿。上体前倾准备落地。

3. 走步式

走步式要领：在完成腾空步动作以后，摆动腿以髋为轴开始下放，并向后摆动，同时起跳腿屈膝，大腿向前提，随之向前伸小腿形成空中换步动作。两臂配合腿的动作，做大幅度绕环摆动。然后摆动腿向前收与起跳腿靠拢，并向胸部提举。随后向前甩小腿准备落地。

（五）落地的基本技术

正确的落地技术，有利于跳远成绩的提高，并能防止伤害事故的发生。无论是在哪种腾空姿势后落地，都要尽力提伸双腿，当脚跟触及沙面时，两腿就开始弯曲，缓冲落地。为了避免落地时身体后坐，尚可采用前倒或侧倒的落地方法。

1. 前倒落地

前倒落地要领：当脚跟落地后，前脚掌下压，屈膝并向前跪，使身体移过支撑点后继续向前移动，身体向前扑下。

2. 侧倒落地

侧倒落地要领：当脚跟落地后，一腿紧张支撑，另一腿放松，身体向放松腿的一侧倒下。

二、三级跳远

三级跳远是在助跑后沿直线连续进行单足跳、跨步跳和跳跃三部分组成的田径运动项目。三级跳远时，第一跳必须是由助跑后的踏跳腿起跳并仍以此踏跳腿落地（即单脚跳），接着以踏跳腿起跳腾空后用摆动腿落地完成第二跳（即跨步跳），最后以第二跳落地脚起跳腾空用双脚落入沙坑完成第三跳，才符合田径规则的技术要求。在三级跳远中，三跳动作的节奏性，脚着地的直线性，四肢动作配合的协调性，以及如何保持水平速度，是三级跳远技术的关键。

1. 助跑及踏跳的基本技术

三级跳远的助跑和踏跳要领：三级跳远的助跑和踏跳技术与跳远基本相似，助跑是为了获得水平速度，其助跑距离可略短于跳远要求的距离。为了保证连续三次跳跃技术的正常发挥，助跑应更有节奏感，最后几步助跑身体重心较高，步长无明显的变化，特别要求身体平稳，准确、积极地踏上起跳板。踏板时踏跳点应接近身体重心的投影点，及时完成助跑和踏跳的动作。

2. 第一跳（单脚跳）的基本技术

第一跳（单脚跳）要领：一般用有力的腿来完成第一跳。起跳腿踏板后应立即用力蹬伸，摆动腿屈膝前摆使身体成腾空步，再以起跳腿落地，完成第一跳。

在腾空步时，为了充分利用加速后的水平速度，身体应保持平衡，身体在腾空步的最高点时起跳腿积极前摆，摆动腿经前向后摆动形成一个交换步的动作。起跳腿以积极扒地的动作落地，一般均用全脚掌着地，应尽量防止脚跟先着地。上体在起跳腾空时要保持正直，在交换步至落地时可稍向前倾，双臂协调摆动以维持身体平衡。

3. 第二跳（跨步跳）

第二跳（跨步跳）要领：第一跳落地后应迅速蹬离地面再起跳，蹬地起跳要充分有力，此时摆动腿屈膝并大腿高抬立即向前上方摆动形成腾空步，然后摆动腿的小腿自然放松，并做扒地动作积极落地。在腾空步时上体稍前倾，两臂由体前向侧后方配合跨步动作协调的摆动。

4. 第三跳（跳跃）

第三跳（跳跃）要领：经过前两跳之后，在体力消耗和水平速度有所降低的情况下，为了跳好第三跳，应尽量加强腿部肌肉的收缩性以增强踏跳能力，增加起跳的初速度，以创造更有利条件。第三跳起跳时踏跳腿应迅速蹬直，适当加大起跳腿的蹬地角和身体重心的腾起角度，不遗余力地完成腾空动作，平稳而合理的利用身体重心前移的轨迹完成腾空动作。身体在腾空时和跳远一样，采用“蹲踞式”或“挺身式”落入沙坑，从而完成第三跳。

三、跳高运动

（一）跳高运动简介

跳高是田径运动中的一个越过垂直障碍的跳跃项目。它列入正式运动竞赛的历史较长，其技术也有较大的发展，由最初的双腿屈膝跳过横杆演化出“跨越式”“剪式”“滚式”“俯卧式”“背越式”等姿势，当今以“跨越式”“背越式”“俯卧式”最为盛行。男子跳高于 1896 年首届奥运会上被列为正式比赛项目。女子跳高于 1928 年开始正式列入奥运会项目。

从跳高运动的过程来看，任何一种跳高方式都由助跑、起跳和过杆落地三个阶段构成。跳高的成绩受多方面因素制约，从力学上讲，它受下列几个因素的影响：①腾起的初速——人体助跑的水平速度和起跳的垂直速度之和速度及技术的合理性；②适宜的腾起角——人体重心的运动轨迹与地面的夹角；③过杆动作——利用人体的补偿动作，越过横杆。通过运动增加人体内力（肌肉用力）和外力（支撑反作用力），以合理的技术，有意识地提高初速度和形成适宜的腾起角是提高成绩的关键。

（二）跨越式跳高的基本技术

跨越式跳高是一种简单的跳高方法，简单易学，适合初学者练习，也可以用来改进和巩固起跳技术或当作学习其他跳高姿势的过渡方法。跨越式跳高由助跑、起跳、腾空过杆、落地等紧密衔接的四个部分组成［图 8-5（a）～（f）］。

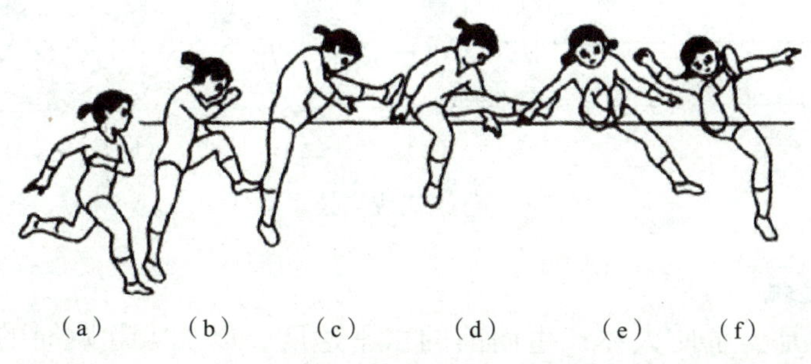

图 8-5 跨越式跳高的技术动作

1. 助跑

助跑要领：跨越式跳高从摆动腿一侧助跑，助跑路线基本上是直线，助跑角度一般与横杆成 30°～60°。正式助跑之前应事先丈量好步点，起跳点与横杆投影线距离一般在 60～80 厘米。全程助跑一般在 10～15 米，步数在 6～8 步，最后几步速度要加快，倒数第二步最长，重心最低，摆动脚落地时柔和屈膝前移，蹬脚送髋为起跳脚的前伸放脚做好准备。最后一步稍小，使上体迅速前移向前送髋，为从水平速度过渡到垂直速度做好充分准备。

2. 起跳

起跳要领：跨越式跳高应用远离横杆的腿作为起跳脚。助跑到最后一步时，起跳腿以大腿带动小腿迅速向前伸出，用脚跟先着地并迅速过渡到全脚掌，接着在摆动腿用力蹬伸和助跑水平速度的推动下，身体重心迅速前移，上体及时跟上，起跳腿屈膝缓冲，当身体重心移至起跳点的上方时，起跳腿迅速蹬伸，髋、膝、踝三关节充分蹬直成一直线，摆动腿膝关节微屈，以大腿发力带动小腿积极有力向前上方摆起，两臂积极配合摆动，起跳一侧臂自然在侧下方，另一侧手臂随摆动腿前摆，使身体向上腾起。

3. 过杆和落地

过杆和落地要领：起跳腾空后，身体保持向上腾起姿势，摆动腿积极上摆，当脚跟越过横杆高度时，向横杆一方侧摆，使摆动腿的脚、小腿、大腿依次过杆。与此同时，起跳腿积极向上抬起，膝盖靠近胸部，小腿自然上摆与横杆平行，接着上体抬起，摆动腿同侧臂随摆动腿内转下压带动身体沿纵轴向内旋转，使上体和臀部能顺利过杆，起跳腿随着摆动腿的下压而抬高并绕过横杆，过杆后用摆动腿领先落地。

（三）背越式跳高的基本技术

人体弧线助跑，在杆上成背对横杆并腾越过杆后以肩、背领先落垫的跳高方式称为“背越式”［图 8-6（a）～（g）］。下面从助跑起跳、过杆落地两个阶段进行分析。

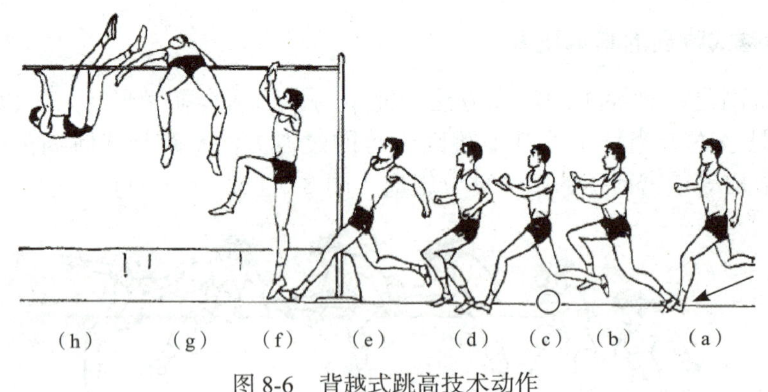

图 8-6 背越式跳高技术动作

1. 助跑与起跳

助跑的目的是为了使人体产生向前的水平速度，以加大起跳时的支撑反作用力，加快起跳动作的速率，增强起跳蹬地的效果，并为顺利过杆创造有利的条件。

起跳的任务是把助跑时所获得的水平速度转换为最大的垂直动量，在努力获得适宜的腾起角的前提下，获得最快的腾起速度。

助跑与起跳要领：跳高最关键的环节是起跳，但良好的起跳是以快速、精确而有节奏的助跑为基础的。

背越式跳高的助跑分前后两阶段，前段助跑应跑直线，有利于发挥水平速度，后段（最后 4～5 步）则跑弧线，即在继续加速的前提下保持身体内倾，有利于降低身体重心和加快踏上起跳点，给快速有力的踏跳动作创造有利条件。起跑点与起跳点的连线与横杆的夹角约为 75°，弧线一般呈逐步缩短曲率半径的近似抛物线形。

全程助跑力求做到轻松、自然、快速、准确。助跑的起动方式一般有两种：一种是站立式起动，另一种是行进间起动。行进间起动是从起跑点后一段距离经过走或跑 2～3 步的方法，踩上起跑线后进入助跑。最后一步一般比倒数第二步短 10～20 厘米。在跑的过程中，要注意标记点和起跳点间的节奏，注意高抬膝关节。同时脚必须严格地沿弧线跑进，最后两步这样跑尤为重要。与此同时，身体还必须向弧线的内沿倾斜。

起跳是跳高技术最关键的一环，必须要求助跑的最后几步与起跳的衔接积极紧凑。起跳的动作结构可分为起跳脚着地、缓冲和蹬伸三个阶段。在助跑到倒数第二步结束、摆动腿支撑地面后，在摆动腿迅速有力的后蹬推动身体快速前移的作用下，起跳腿迅速以髋关节带动大腿积极向前迈步放脚，起跳脚顺弧线的切线方向踏上起跳点，以脚跟外侧领先着地并迅速滚动到全脚掌。同时两臂要配合摆动腿迅速向前上方摆起，此时身体由倾斜转为垂直，使身体重心轨迹与足迹重叠，以便为最后用力地蹬伸腾起创造有利条件。当身体重心移至起跳点上方时，起跳腿迅速而有力地蹬伸，完成起跳动作。起跳点距横杆的垂面为 60～100 厘米。起跳脚踏上起跳点时，与横杆垂面成 10°～25°的夹角。

起跳时，起跳腿的髋、膝和踝关节必须充分伸直，这是直立腾起的关键，同时身体应尽量与地面保持垂直，因为合理的腾空姿势对过杆技术影响极大。应当注意，使身体转为水平姿势的动作不是双肩倒向横杆所形成的，而是骨盆比肩更迅速地上升的结果。

2. 过杆与落地

过杆与落地要领：由于起跳时摆动腿屈膝向异侧肩前上方的积极摆动，使身体腾空后逐步转为背对横杆的姿势，这时不要急于做过杆动作，而要努力保持身体的上升趋势。当肩和背高于横杆时，两肩迅速后倒，充分展髋，小腿放松，膝部自然弯曲，身体成反弓形，背部与横杆成交叉状态反弓仰卧在横杆上，髋部的伸展动作要延续到臀部越过横杆。当膝盖后部靠近横杆时，两小腿积极地向上举，含胸收腹，身体自然下落以肩背领先落垫。

知识链接

俯卧式跳高的基本技术

人体助跑、起跳后成俯卧姿势越过横杆的方法叫作俯卧式跳高［图 8-7（a）～（n）］。它由助跑、起跳和过杆落地三个部分组成。

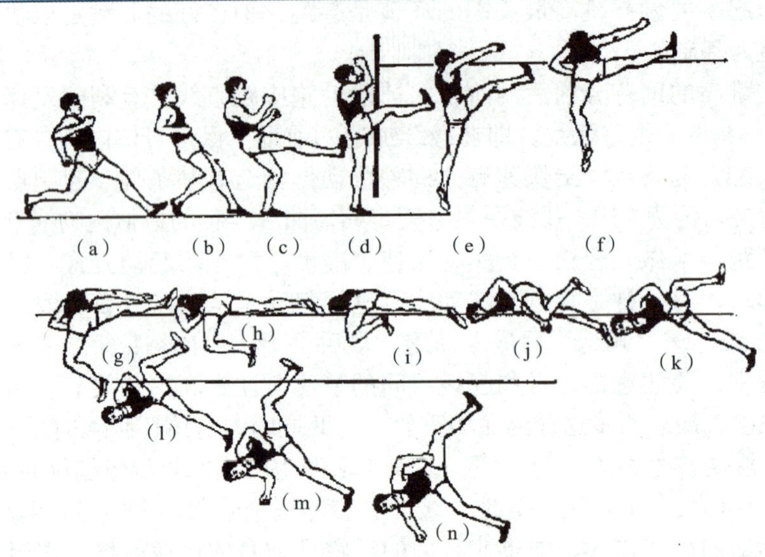

图 8-7 俯卧式跳高技术动作

1. 助跑

助跑的目的是为了使人体产生向前的速度，以增加起跳的支撑反作用力和加快起跳的速度。俯卧式跳高的助跑是从起跳腿靠横杆的一侧开始的，一般采用直线助跑，并与横杆成 25°～45°夹角。起动和加速方式可因人而异。

助跑的节奏要鲜明，前几步与加速跑的一致要求是高重心、大步幅。后几步则要求速度逐渐加快，重心低而平稳，保持较大的动作幅度，后蹬角度要小。

2. 起跳

起跳是跳高最关键的一环。与背越式跳高一样，助跑和起跳的衔接必须积极紧凑。助跑最后一步，摆动腿屈膝支撑时，开始做起跳动作。摆动腿支撑压紧后，开始有力后蹬，并以髋带动大腿向前迈出，骨盆充分前送。当起跳腿伸直并以脚跟做滚动式着地转入支撑时，摆动腿以膝带动大腿迅速前摆，至起跳腿膝部高度后，脚尖上钩快速踢小腿，同时积极蹬伸起跳腿，两臂配合摆动腿用力上摆。将水平速度最大限度地转换为垂直速度从而使身体向上腾起。

3. 过杆落地

起跳腾起至横杆并达到或接近重心最高点时，摆动腿向上、向前顺势伸出并内旋，同侧臂配合摆动腿动作也同时前伸内旋，肩向内扣。此时蹬离地面的起跳腿积极屈膝，上收小腿使身体在横杆上成俯卧姿势。与此同时，摆动腿继续前伸内旋，头过杆后向横杆下转动，低头含胸。起跳腿以髋关节和脚后跟为轴，屈膝外展使身体继续绕横杆转动过杆。

过杆后、摆动腿与同侧臂同时着地屈肘屈膝侧卧缓冲落地，如有海绵亦可转成背朝下落地。

单元四 投掷运动

一、投掷运动简介

投掷运动

投掷运动起源于古希腊。在古代奥运会上投掷比赛所用的器材都是扁圆的石块，重量没有统一的标准。比赛时，运动员站在一个石台上，做几次预摆后将石块掷出，用距离和姿势来确定优胜者。

各投掷运动项目使用的器械形状、重量、规则和投掷方法各不相同，但合理的投掷技术都应符合力学原理。

投掷属于斜抛运动。斜抛物体的飞行距离等于初速度的平方乘以正弦二倍角，除以重力加速度的值，即

$$S=\frac{V_0^2\sin2\alpha}{g}$$

因此，要提高投掷的远度，必须使器械在离手时获得最大的初速度和适宜的出手角度。

二、推铅球

推铅球是一个完整连贯的技术动作。推铅球的方法可分为原地推铅球、侧向沿步推铅球、背向滑步推铅球、旋转推铅球等四种投掷技术。目前国内外普遍采用的是背向滑步推铅球［图 8-8（a）～（i）］的技术，它的基本技术特点如下所述。

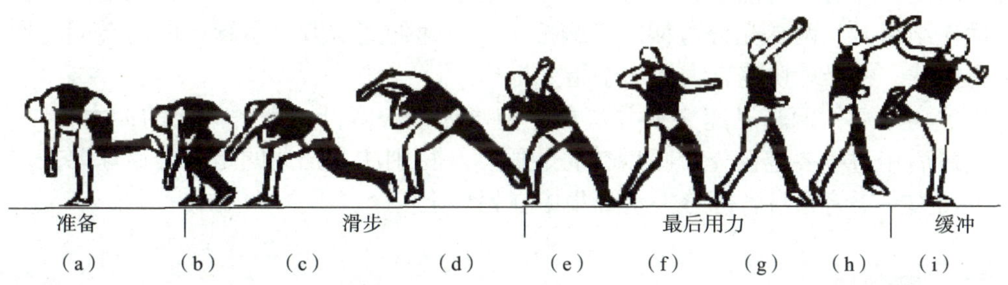

图 8-8　背向滑步推铅球技术动作

（1）握持球的方法要领：五指分开，球体置于中指、食指、无名指的指根处，拇指与小指扶住球体的两侧，手腕后屈。握好球后将球置于肩上锁骨窝处，紧贴颈部，手掌心向前，持球臂屈肘，肘部自然抬起，略低于肩。

（2）滑步前的预备姿势要领：高姿势持球，站在圈内背对投掷方向，右脚尖靠近圈的后内沿处，两脚前后自然站立，相距 20～30 厘米，重心落在右腿上，左脚以前脚掌或脚尖着地，上体放松，左臂自然上举。

（3）滑步要领：滑步是为了使铅球获得水平方向的预先速度，为最后用力创造有利条件。掌握和提高滑步技术，其成绩可比原地推铅球提高很多。

滑步前可用左腿做一两次预摆，预摆时左腿自然弯曲，大腿平稳向上摆起，上体前屈，左臂自然前伸或自然下垂并稍向内，头与背保持一条直线。左腿摆到一定高度待身体平稳后，回收大腿，靠近右腿时，右腿同时逐渐屈膝完成含胸团身动作。紧接着右腿用力地蹬伸，臀部略向投掷方向移动，身体重心离开支撑点，左腿快速地向抵趾板方向摆去并迅速拉收右腿，在拉收右腿的过程中，右脚尖逐渐向内转动，在圆圈的中心附近用前脚掌着地，约与投掷方向成 90°角。左腿完成摆动后要积极主动下落，脚尖稍向外转，前脚掌内侧落在圆圈直径的左侧，两脚着地时间相隔越短越好。这时身体重心大部分应落在右腿上，左脚前脚掌与右脚跟几乎在一条直线上（对投掷方向而言），这有利于送胯转身和推球时充分发挥蹬地的力量。

在滑步过程中，左臂左肩应保持内扣，头不向左转动以保持上体始终处于扭紧状态中。

滑步的基本要求是身体移动快，重心起伏小，滑步结束后使身体处于最有利于用力的状态。右腿蹬离地面的方法有两种：一种是以脚跟蹬离地面，一种是以前脚掌蹬离地面。前者要求腿部力量大，灵敏性高，但难度较大，后者较为省力。

（4）最后用力要领：最后用力是推铅球的主要环节，动作是否正确、及时，直接影响其效果。滑步结束时，左脚一着地，不间断的使右腿积极蹬伸，推动右胯向投掷方向转动。上体在转动中逐渐抬起，躯干的肌肉群积极收缩，加快用力后的运行速度。这时，左臂由胸前向左上方摆动，使原来方向转至左侧对投掷方向。左臂左肩高于右肩，铅球应保持较低的位置，重心大部分仍在弯曲，压紧的右腿上。由于右腿不停地蹬伸，加速右胯继续向投掷方向转动和上体前移。重心逐渐移至左腿，左腿微屈，当左臂向体侧摆动时，胸和头部才转对投掷方向。右腿的继续蹬伸，进一步将右胯向投掷方向送出，随着右肩前送，左臂已摆至体侧制动，保证右臂与右肩正确地向前推出。这一动作结束时，两腿充分蹬伸，挺胸抬头，迅速伸直右臂，手腕稍向内转同时屈腕，用手指拨球，将铅球快速有力地从手指处推出。

铅球离手后，两腿迅速交换并弯曲，使身体重心降低，缓解向前的冲力，防止犯规。在最后用力中要遵循先蹬腿后转肩的原则。特别注意强调的是，推铅球要在“推”字上下功夫，要将全身各部分力量都集中在铅球上。

三、掷铁饼

掷铁饼的完整技术动作由握法、预备阶段（预备姿势和预摆）、身体旋转、最后用力、掷饼出手和身体平衡阶段等六个部分组成。

1. 握法

握法（以右手为例）要领：五指自然分开，拇指和手掌平靠铁饼，其余四指的最末关节扣住铁饼边沿，铁饼的重心在食指和中指之间，手腕微屈，铁饼的上沿微靠在前臂上，持饼臂自然下垂于体侧旁。由于每个人手掌的大小和手指力量的强弱不同，握饼方法可适当改变。总之，要力求动作放松而牢固地控制铁饼，便于发挥力量。

2. 预备阶段

预备阶段分预备姿势和预摆。

（1）预备姿势要领：运动员背对或侧对、半背向投掷方向，两脚左右开立于投掷圈中线的两侧。持饼臂自然放松下垂于体侧，两眼平视。

（2）预摆要领：预摆是为了摆脱铁饼的静止状态，增强持饼臂和手对铁饼的肌肉感觉，为顺利进入旋转创造有利的条件。目前常见的预摆方法有两种：一是左上右后的摆饼法，二是身体前后摆饼法。第一种预摆方法开始时，持饼臂在体侧前后自然摆动，当铁饼摆到体后时，体重靠近左腿，接着向左移动，同时躯干带动放松的持饼臂向左上方摆起，当铁饼摆到左上方时，可由左手在下托饼，防止脱手。这时体重靠近左腿，上体稍左转。回摆时，躯干带动持饼臂把铁饼摆到身体右后方，身体向右扭紧，身体重心落在右腿上，上体稍前倾，左臂自然微屈于胸前，眼平视，头随上体的转动而转动。铁饼回摆到极点时，约与右肩同高或稍高于右肩，这时持饼臂要尽量放松、拉长。这种方法简单易学。第二种预摆方法开始时，持饼臂在体侧前后自然摆动，当铁饼摆向体前左上方时，手掌逐渐向上翻转，右肩稍前倾，身体重心靠近左腿。铁饼回摆到体后时，手掌逐渐翻转向下，重心由左向右移动，上体向右后充分转动，使身体扭紧。这种方法动作放松，幅度大，目前为大部分优秀运动员所采用。

3. 身体旋转

身体旋转要领：旋转的开始就是预摆的结束。预摆结束时，尽可能把铁饼向后摆到最大限度的部位，使持饼臂水平，上体向右扭转，肩放松，要有充分拉长右臂的感觉。然后，左脚向右旋转，身体的重心从右脚移至左脚上，右脚也跟着转动，并半屈膝带动双膝向同方向转动，同时躯干也开始旋转，带动手臂和铁饼的旋转。

旋转动作开始后，右脚先离地，左腿向投掷方向用力。右腿微曲，从右向左前方做弧形摆动，当身体通过投掷圈旋转时，髋部先于肩运动。这样使身体的上部与下部（即肩轴和胯轴）有一个扭动。投掷臂握饼，拉在体后，另一臂半弯曲抱胸与肩高。运动员应当始终保持头部朝投掷方向，左脚向左转，在圆心附近脚掌积极着地。右脚的旋转运动继续进行，左脚迅速用脚掌着地，落在投掷圈中线的左边。

4. 最后用力

最后用力要领：此阶段从双脚落地后开始。躯干继续旋转，同时稍后倾。原先弯曲的双腿，在左脚着地时，左腿几乎完全蹬直。与此同时，右膝和髋继续朝着投掷方向快速转动，左臂上升，右臂迅速地做大弧度向上摆动。

5. 掷饼出手

掷饼出手要领：双腿积极用力，躯干和肩完成了旋转、超越了髋部。右臂和肩制动，右腿蹬直用力，右臂在肩的拉动下加速挥臂掷饼，在铁饼离手一瞬间，食指要用力拨铁饼，使铁饼按顺时针方向旋转出去，这样的自转有利于铁饼在飞行中的稳定。

6. 身体平衡

身体平衡要领：铁饼出手后能否维持身体平衡关系到投掷是否能取得成功。为防止由于向前惯性的原因冲出圈外而造成犯规，运动员应迅速做两腿交换动作或继续向左旋转，左腿要向后摆，同时降低身体重心，改变运动方向，维持好身体的平衡，避免冲出圈外造成犯规。

四、田赛运动部分规则

（一）场地和器材

1. 跳高场地和器材

（1）跳高的助跑道长度不得短于 15 米，条件允许时助跑道长度至少应为 25 米。

（2）助跑道和起跳区朝向横杆中心地点的总的最大倾斜度不得超过 1∶250。起跳区应保持水平。

（3）落地区不得小于 5 米 ×3 米，建议落地区应不小于 6 米 ×4 米 ×0.7 米。

（4）跳高架可以使用结构坚固的各种类型的跳高架或立柱，并有能稳定地放置横杆的横杆托。

（5）横杆托应水平放置，成长方形，宽 4 厘米，长 6 厘米，横杆托必须被牢固地固定在立柱上。两立柱之间的距离为 4.00～4.04 米。

（6）横杆两端与立柱之间至少应有 1 厘米的空隙。

（7）横杆应用玻璃纤维或其他适宜材料制成，不得使用金属材料。横杆横截面呈圆形。跳高横杆全长为 4.00 米（±2 厘米），最大重量为 2 千克。

（8）跳高架立柱与落地区之间应至少有 10 厘米的空隙。

2. 跳远场地

跳远和三级跳的助跑跑道至少 40 米长。犯规线是 20 厘米宽的起跳板的远端线。跳远运动员应落到长方形的、柔软潮湿的沙坑里。在跳远比赛中，沙坑离起跳板有 1～3 米远。在三级跳比赛中，男子比赛的沙坑离起跳板 13 米远，女子比赛则是 11 米远。起跳板远端有一道黏土制作的犯规线以辨别运动员是否在起跳时犯规。

3. 铅球场地

铅球场地的限制线在投掷圈的两侧，长 75 厘米、宽 5 厘米，白色，后沿通过圆心的延长线并与落地区中心线垂直。抵趾板用木材或其他材料制成，漆成白色，安装在落地区两条白线之间的正中位置，固定在地面，其内沿与投掷圈内沿重合。落地区用煤渣、草地或能留下铅球落地痕迹的其他材料铺成，用宽 5 厘米的两条白色角度线标明，线宽不包括在落地区有效面积内，角度线的内沿延长线通过投掷圈圆心，夹角为 34.92°。落地区地面沿投掷方向的向下倾斜度不得超过 1∶1 000。在两角度线的外侧每隔 1 米放置距离标志牌。铅球落地扇形角度应该为 34.92°。

4. 铁饼场地

铁饼场地的设施由投掷圈、限制线、护笼和落地区组成，在落地区两角度线外侧每隔 5 米放置距离标志牌。护笼设在投掷圈外，其开口铅球铁饼位于投掷圈圆心前方 5 米处。

（二）运动规则

（1）跳高比赛时，应抽签排定运动员的试跳顺序。运动员必须用单脚起跳。比赛开始前，主裁判应向运动员宣布起跳高度和每轮结束后横杆的提升高度，此计划直至比赛中只剩下一名。除非比赛中只剩下一名运动员，并且他已获得该项目比赛的冠军。

（2）所有田赛远度项目比赛时，参加比赛的运动员如超过八人，成绩较好的前八名运动员进入决赛，如第八名成绩相等，成绩相等的运动员均可再试跳或掷三次，如不足八人，则每人均有六次试跳。一旦比赛开始，运动员不得使用比赛助跑道进行练习。

（3）三级跳远的三跳顺序是一次单足跳、一次跨步跳和一次跳跃。单足跳时应用起跳腿落地，跨步跳时用另一条腿（摆动腿）落地，然后完成跳跃动作。运动员在跳跃中摆动腿触地不应视为试跳失败。

（4）推铅球比赛应抽签决定运动员试掷顺序。运动员超过八人，应允许每人试掷三次，有效成绩最好的前八名运动员可再试掷三次，试掷顺序与前三次试掷后的排名相反。当比赛人数只有八人或少于八人时，每人均可试掷六次。

总结案例

马拉松

马拉松是国际上非常普及的长跑比赛项目，全程距离 26 英里 385 码，折合为 42.195 千米（也有说法为 42.193 千米），分全程马拉松、半程马拉松和四分马拉松。以全程马拉松比赛最为普及，一般提及马拉松，即指全程马拉松。

马拉松比赛项目的起源要从公元前 490 年 9 月 12 日发生的一场战役讲起。这场战役是波斯人和雅典人在离雅典不远的马拉松海边发生的，史称希波战争，雅典人最终获得了反侵略的胜利。为了让故乡人民尽快知道胜利的喜讯，统帅米勒狄派一个叫菲迪皮茨的士兵回去报信。菲迪皮茨是个有名的“飞毛腿”，为了让故乡人尽早知道这个好消息，他使劲地快跑，当他跑到雅典时，已上气不接下气。菲迪皮茨激动地喊道：“欢……乐吧，雅典人，我们……胜利了。”说完，就倒在地上死了。

为了纪念这一事件，在 1896 年举行的现代第 1 届奥林匹克运动会上，设立了马拉松比赛这个项目，把当年菲迪皮茨送信跑的里程——42.193 千米作为比赛的距离。

探索与思考

1. 田径运动是如何分类的？
2. 竞走的动作技术有哪些？
3. 短跑的动作技术有哪些？
4. 中长跑的动作技术有哪些？

5．跨栏跑的动作技术有哪些？
6．接力跑的动作技术有哪些？
7．跳高的动作技术有哪些？
8．跳远的动作技术有哪些？
9．三级跳远的动作技术有哪些？
10．推铅球的动作技术有哪些？
11．掷铁饼的动作技术有哪些？

模块九　游 泳 运 动

模 块 导 读

游泳运动是男女老幼都喜欢的体育项目之一。随着游泳运动的发展，游泳被分为实用游泳和竞技游泳两大类。实用游泳又分为侧泳、潜泳、反蛙泳、踩水、救护等；竞技游泳分为蛙泳、仰泳、蝶泳、自由泳。

任何游泳技术，第一要掌握在水中呼吸，其主要分为憋气与吐气，掌握如何恰当的憋气与吐气，就不怕水淹了；第二要使身体在水中保持平衡；第三就是游泳时要放松，即在适度紧张或者说适度用力前提下尽可能减小用力。我们只有不断实践，总结反思自己运动过程中的不足，及时纠正，才能更好地掌握游泳的技术。

能 力 目 标

分类	具体内容
知识目标	了解游泳运动的基本技术和要领
技能目标	掌握各种游泳的技术要点
素养目标	1. 树立正确的体育价值观，形成积极参与体育锻炼的良好意识 2. 在运动中体验体育的乐趣和成功的感觉，同时表现出良好的体育道德和合作精神 3. 能自觉通过体育运动改善心理状态，建立良好的人际关系，养成积极乐观的生活态度

导 入 案 例

为什么要游泳

在犹太民族，当儿子长大成人时，每一名父亲都要为他的儿子做这样一些事：为他找一个合适的妻子；教会他做生意；再就是教他学会游泳。游泳成为犹太人生活中重要的事情。成人了，就意味着他们要去航海，前往世界各地进行贸易，而游泳是为了防止自己在水里淹死；另外，这也意味着懂得如何照顾自己，因而游泳成为人们生存的一种基本技能，同时也象征着在生命的长河之中努力生存的精神。

在俄罗斯部分地区的成人礼仪式上，女孩要接受冬泳的洗礼，这也是“战斗民族”的一种精神象征：不畏严寒，勇于向困难挑战。

游泳就是一幅风景，它美丽了整个夏季，使人全身心地专注于此。美国作家亨利·詹姆斯说，英语之中最美好的两个单词就是“summer afternoon”（夏日午后），要是再加上“swimming”（游泳）这个词，这一天就更完美了。

不知道我们人类是从什么时候开始学会游泳的，但我们相信，无须给出什么学习游泳的理由，它终将是生命长河中无可替代的乐趣。

一、游泳运动简介

游泳运动

游泳是人凭借自身的动作和与水的相互作用力，在水里进行运动的一种体育项目，也是人们生活和劳动中的实用技能，同时又是军事上必备的重要技能。

游泳能充分利用日光、空气和水等自然条件进行身体锻炼。参加游泳运动，能使肌肉能匀称而发达，能增强身体耐寒能力，提高心肺功能，促进新陈代谢，形成勇敢顽强的意志品质，因而深受人们的喜爱。

现代竞技游泳始于19世纪，1896年第1届奥运会将男子游泳列为竞赛项目，1912年第5届奥运会将女子游泳列为正式比赛项目。现代奥运会竞技游泳大约有30个单项，国际游泳联合会（简称“国际泳联”）承认世界纪录的有42个游泳单项，项目之多，影响之大，仅次于田径运动。

中国游泳队包括中国女子游泳队和中国男子游泳队。我国在游泳项目上的第一个世界冠军是林莉，1991年1月7日她在澳大利亚佩斯举行的第4届世界游泳锦标赛上夺得女子400米混合泳金牌。中国女子游泳队共培养出叶诗文、焦刘洋、罗雪娟、刘子歌、乐靖宜、庄泳、钱红、林莉、杨文意九位奥运冠军，也培养出刘京、杨雨、阮怡、阮恬、陈桦、齐晖等一大批世界冠军。中国男子游泳队多次称霸亚洲泳坛。张琳在2008年北京奥运会上勇夺男子400米自由泳银牌，孙杨在2012伦敦奥运会上夺得金牌从而结束中国男子游泳在奥运会历史上的“零金”时代。

游泳运动一般可分为竞技游泳、实用游泳、花样游泳和潜泳四大类，如图9-1所示。本书根据职业教育课程设置，仅介绍蛙泳和自由泳（爬泳）。

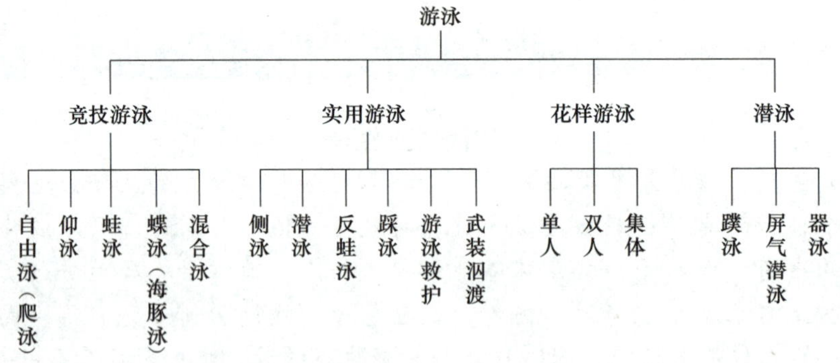

图9-1　游泳运动的分类

二、游泳运动的基本技术

（一）蛙泳

1. 蛙泳简介

蛙泳因俯卧在水面上，划水和蹬腿酷似青蛙在水中游进，所以称为蛙泳［图9-2

（a）～（h）]。蛙泳的身体姿势比较平稳，水的支撑面积大，动作省力，呼吸方便，能持久，适合长时间、远距离的游泳。

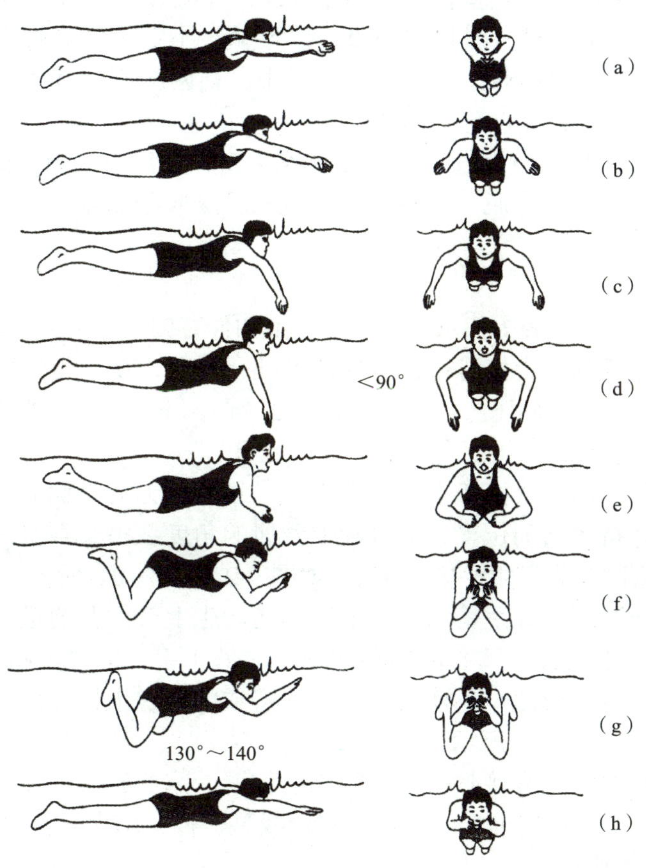

图 9-2 蛙泳

2. 蛙泳的基本技术

1）身体姿势

身体姿势要领：蛙泳时身体水平地俯卧在水面上，两臂向前伸直并拢。头略低，水齐前额，脸下部浸入水中。稍收腹，微塌腰，身体纵轴与前进方向成 5°～10°，保持身体的流线型，如图 9-2（a）所示。

2）腿部动作

腿部动作是推动身体前进的主要动力，可分为收腿、翻脚、蹬水、滑行四个不可分割的动作阶段。

（1）收腿动作要领：收腿是接滑行开始的，腿由于本身的重量而开始下沉，这时两腿稍内旋，使脚跟分开，小腿和脚尽量靠近臀部，膝关节随腿的下沉向前边收边分。收腿结束时，大腿和躯干之间成 130°～140°，如图 9-2（f）所示。要求收腿路线要短，阻力要小，又要为蹬水创造有利条件。

（2）翻脚动作（图 9-3）要领：翻脚是收腿的继续、蹬水的开始。随着收腿的结

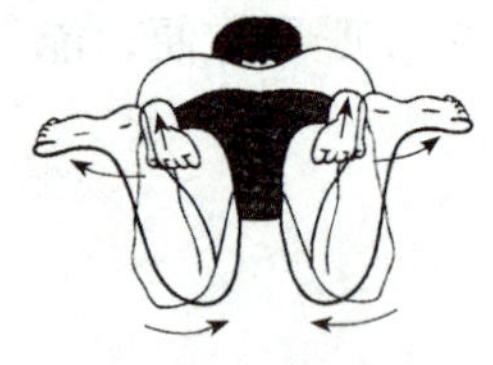
图 9-3 翻脚动作

束，两脚继续向臀部收紧，大腿内旋使膝内压的同时，小腿向外翻，脚尖也同时向两侧外翻，使脚掌内侧正对蹬水方向。

（3）蹬水动作［图 9-2（g）］要领：蹬水是由翻脚后髋部发力，带动膝、踝相继伸直，以大腿、小腿内侧和脚掌向后做急速有力的蹬夹动作。在蹬夹过程中，当两腿逐渐并拢时略向下压，以形成最后的鞭打动作。

（4）滑行动作［图 9-2（h）］要领：蹬水结束身体借助惯性力向前滑行，两腿（包括脚尖）并拢向后伸直，臀肌、大腿股四头肌和腓肠肌稍紧张，身体呈水平姿势，为收腿做好准备。

3）臂部动作

蛙泳动作臂部动作可分为抓水、划水、收手和伸臂四个不可分割的动作阶段。

（1）抓水动作要领：紧接滑行，肩保持前伸，两臂内旋，使两臂和掌心转向外斜下方屈腕，两手分开向侧斜下方压水，如图 9-2（a）、（b）所示。当手掌和前臂感到有压力时，就开始划水。

（2）划水动作要领：紧接抓水为加速划水，划水的方向是侧方、下方、后方、内方。划水时肘部保持较高的位置，前臂和上臂屈的角度在整个划水过程中是不断变化的，划水主要阶段肘关节弯曲度接近 90°，如图 9-2（c）、（d）所示。

（3）收手动作要领：收手是划水的继续，能产生上升力和前进力。两臂向里、向上快速收到下颌的下前方，掌心由后转向内。肘低于手，上臂不超过两肩的延长线，尽量把臂收在身体的投影之中，使其发挥划水造成的推进惯性作用，减少水对伸臂时的阻力，如图 9-2（e）、（f）所示。

（4）伸臂动作要领：紧接收手，继续推肘伸臂。掌心转向下，两臂放松，先伸肩后伸肘，两臂先向前上再向前伸，身体保持流线型，伸臂结束时，两臂恢复滑行姿势，如图 9-2（g）、（h）所示。

4）臂、腿和呼吸的配合

臂、腿和呼吸的配合要领：蛙泳的呼吸和手臂划水动作是紧密配合的，一般采用一个动作周期呼吸一次。呼吸方法分为早呼吸和晚呼吸两种。早呼吸是在两臂开始划水时即抬头吸气，划完臂低头呼气。晚呼吸是在划水几乎结束时才开始抬头，两臂划到胸前使身体达到最高点时吸气，继而随伸臂低头闭气，当两臂开始外划时逐渐呼气。初学者用早呼吸较有利，因两臂划水时有较大的支撑面使头露出水面进行吸气。

臂、腿和呼吸的完整配合，可采用蹬腿结束后，两臂前伸和两腿伸直并拢滑行，再开始手臂的抓水动作，此时抬头吸气。收手的同时收腿，伸臂中做蹬腿动作。

3. 蛙泳的练习方法

1）熟悉水性

（1）水中行走和游戏要领：①转圈。分成内外两圈，各圈手拉手，两圈反方向走或跑动旋转，听信号后，又各自反方向旋转。②撒网。先由一人或两人当“渔夫”，其余的人四散分开，被“渔夫”抓（拍）到的人，则拉手结网，直至全部“捕获”为止。

（2）浸水和呼吸要领：①浸水。手扶池槽，深吸气后闭气下蹲，将头浸入水中，停留片刻后起立，在水中换气，如图 9-4 所示。②睁眼。手扶池槽，或双人扶肩，吸气后闭气下蹲，呼气睁眼看自己或同伴吐出的水泡，呼完气后起立，如此反复练习，如图 9-5 所示。

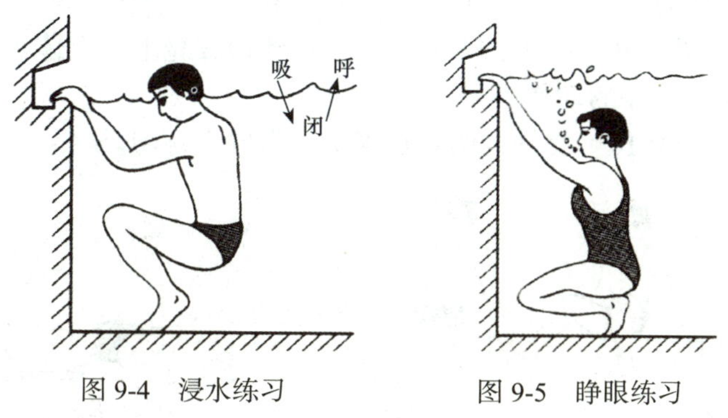

图 9-4 浸水练习　　图 9-5 睁眼练习

（3）浮体。

① 抱膝浮体［图 9-6（a）～（e）］要领：站立深呼吸后，下蹲低头，抱膝团身，闭气放松，使身体自然漂浮起来。然后松开双手，使双脚下垂，双手前伸向下轻压水，抬头站起。

② 漂浮展体（图 9-7）要领：抱膝浮体后，臂、腿伸直呈俯卧姿势，站立方法同抱膝浮体练习。

（4）蹬边滑行［图 9-8（a）、（b）］要领：背向池壁，肩浸水中，左臂前平举，右

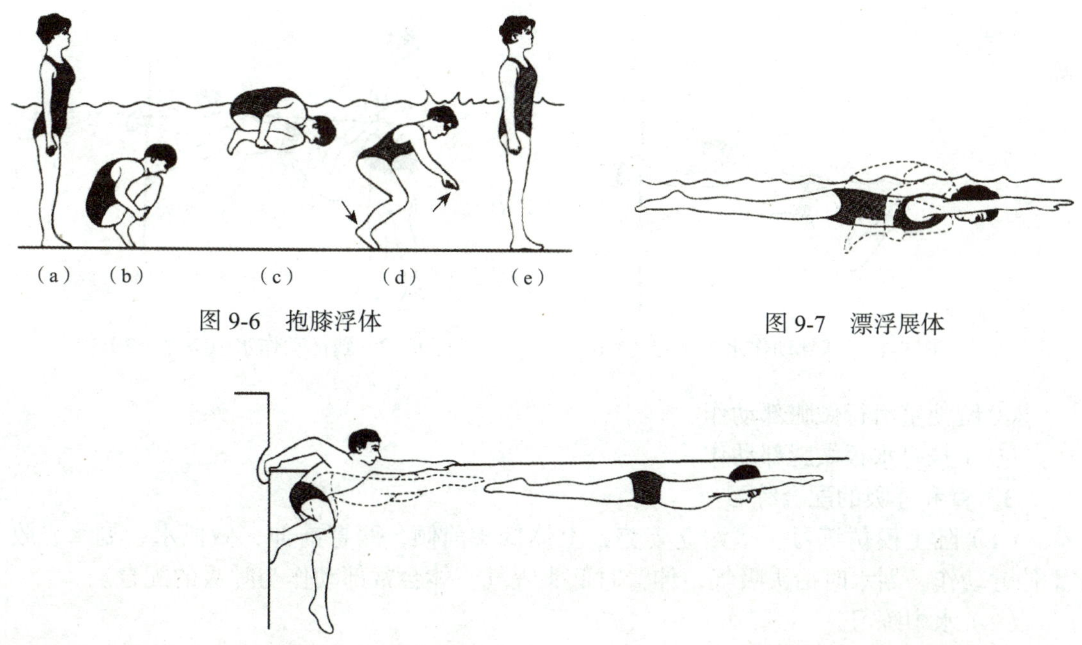

图 9-6 抱膝浮体　　图 9-7 漂浮展体

（a）　（b）

图 9-8 蹬边滑行

臂拉住池壁。右脚蹬住池壁，左脚屈膝站立，深吸气低头，收左脚成两腿屈膝，臀部靠近池壁，右臂前冲。同时头浸入水中，两脚蹬池壁向前滑行。

2）腿部动作练习

（1）陆上模仿练习。

① 坐姿蹬水［图 9-9（a）～（c）］要领：坐在池边或凳上，上体稍后仰，两手后撑，做收腿、翻脚、蹬夹、停的动作。

② 卧姿蹬水（图 9-10）要领：俯卧在凳上，做同上练习。

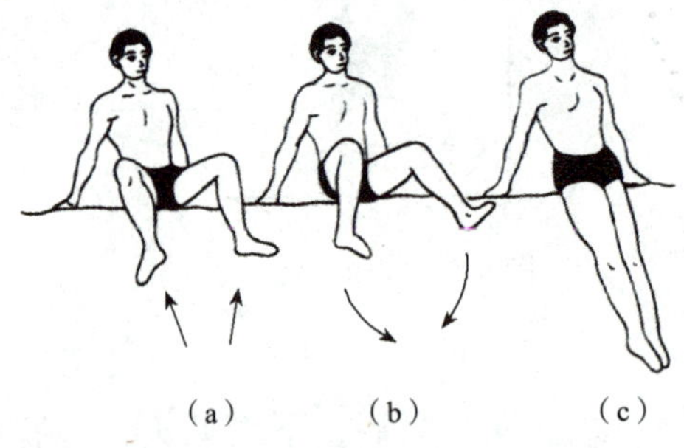

图 9-9　坐姿蹬水模仿练习

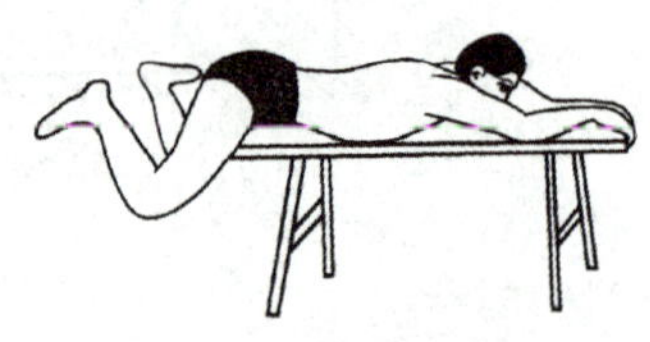
图 9-10　卧姿蹬水模仿练习

（2）水中练习。

① 手扶池槽仰卧和俯卧做腿部动作，如图 9-11 所示。

② 手扶池槽仰卧和俯卧姿势，由同伴抓其脚，帮助体会翻脚、蹬腿动作，如图 9-12 所示。

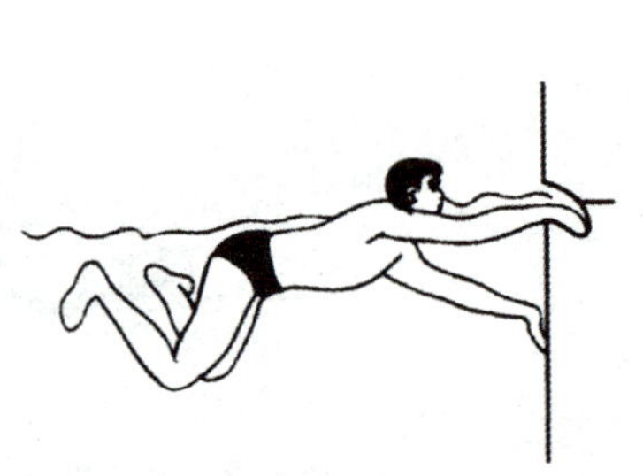
图 9-11　腿部动作水中练习（1）

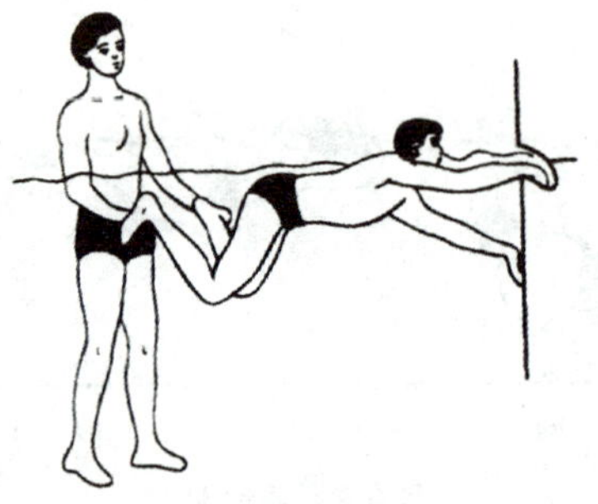
图 9-12　腿部动作水中练习（2）

③ 蹬池壁滑行做腿部动作。

④ 手扶打水板做腿部动作。

3）臂和呼吸的配合练习

（1）陆上模仿练习。呈站立姿势，上体低头前倾，两臂前伸，做抓水、划水、收手伸臂动作。划水时抬头吸气，伸臂时低头呼气，体会臂部动作与呼吸的配合。

（2）水中练习。

① 两脚开立站在齐胸深的水里，上体前倾，两臂前伸，做臂部动作。划水时不要用力，主要体会划水路线和收手的动作，如图 9-13（a）～（c）所示。

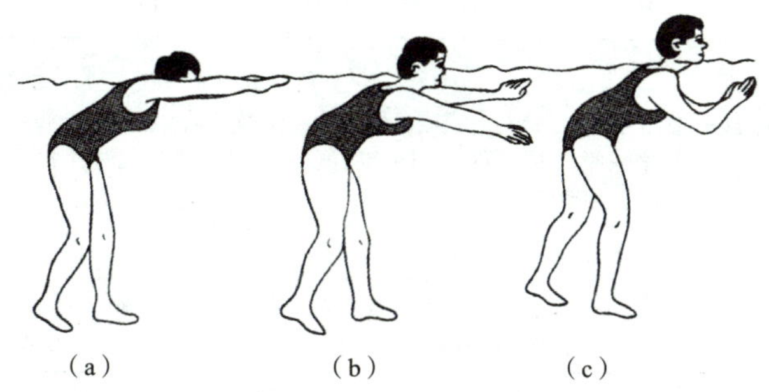

图 9-13 水中的臂部练习

② 同上练习，配合呼吸，臂划下时抬头吸气，收手时低头闭气，臂前伸时吐气。借助划水前进力，两脚可在水中向前走动。

③ 双人练习，练习者俯卧水面上，同伴站在练习者两腿之间，抱住练习者的腰部或大腿，做臂部动作和呼吸配合练习。

4）臂、腿和呼吸的配合练习

（1）陆上模仿练习。

① 原地站立，两臂上举并拢伸直，按口令做。两臂划水分向两侧，两臂划水时收手，与此同时以单腿站立，另一腿做收腿动作，收腿结束时立即翻脚；臂向上将伸直时，翻脚的一腿向下做弧形蹬夹动作，还原成预备姿势，如图 9-14（a）～（d）所示。

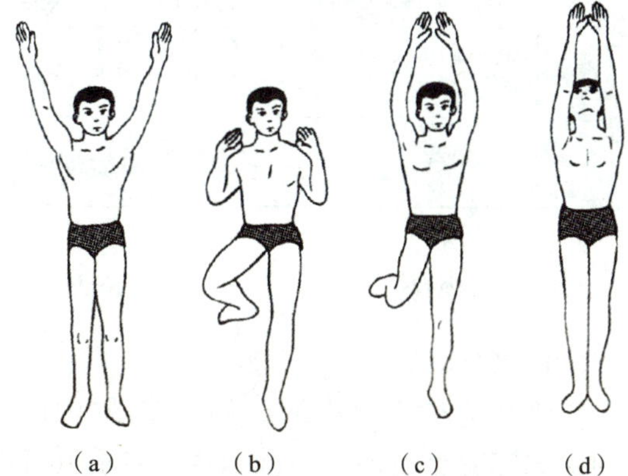

图 9-14 陆上臂、腿的配合练习

② 同上练习，配合抬头呼吸动作。

（2）水中练习。

① 臂与腿的分解配合练习。在蹬壁滑行中，先做一次划臂动作，再做一次腿的收、翻、蹬夹动作。手臂和腿交替进行，以建立臂先腿后的技术概念。

② 在上述练习基础上，逐步过渡到连贯的配合练习，练习时可闭气进行。

③ 在上述练习基础上，加之抬头呼吸的动作，呼吸次数可由腿和臂配合两次、呼吸一次，过渡到腿和臂配合一次、呼吸一次的完整练习。

5）蛙泳练习注意事项

蛙泳技术动作结构比较复杂，动作内部循环的节奏性强，一旦突破呼吸关，就可以游较长距离。初学者往往会同时出现几个错误动作，应抓住主要错误给予矫正，见表 9-1。

表 9-1 蛙泳初学者常见错误与矫正方法

身体部位	常见错误	原因	矫正方法
身体位置	游进时身体起伏太大	抬头吸气时太高、太猛，吸气时间长，划臂蹬水偏下	抬头吸气时，嘴露出水面即可；吸气结束低头时，保持在较高的位置；蹬水方向要向后
	臀部下沉	抬头太高，仅收小腿不收大腿	吸气结束后低头；收腹时两膝往前收
腿	收蹬腿时，脚的部位低	头和上体太高；大腿收得太多，小腿收得太少，没有积极靠近臀部	低头提臀，身体平卧，腰背保持适当紧张；积极收小腿，少收大腿
	收蹬腿时臀部上下起伏	收腿时速度太快，大腿并在一起收；收腿时收腹提臀，蹬腿时挺腹	头肩保持平稳；强调边收边放慢收腿；腰背肌肉保持适度紧张
	蹬腿时未翻脚	收腿时两膝分得太宽；收腿动作太快，急于蹬腿	分别在陆上和水中做收、翻、蹬动作，强调翻好再蹬
	收腿太快	动作节奏未掌握好	收腿时放松慢收
臂	手臂伸出的同时手划水	急于抬头吸气	要求水中吐气要慢
	两臂划水过宽	直臂浅划水，收手太晚	要求做屈臂小划
	两臂划水路线太长，超过肩延长线	急于用力划水推动身体前进；抬头太晚	要求屈臂小划；分手时配合吸气
动作配合	伸臂、蹬腿同时进行	蹬腿太早，臂、腿配合概念不明确	陆上站立做臂、腿配合模仿练习
	蹬腿同时划臂，连续伸、蹬	配合节奏紊乱，急于划臂	采用多蹬少划的分解练习，强调蹬水后两臂并拢滑行
	吸不到气	动作紧张，未在水中吐气	采用划两次臂、抬头吸一次气的配合；强调吸气前要在水中先吐气

（二）爬泳

1. 爬泳简介

爬泳通称为自由泳，其动作结构比较合理、省力、阻力小，是当前速度最快的一种游泳姿势，所以，目前自由泳比赛中都用爬泳技术。

2. 爬泳的基础技术

1）身体姿势

身体姿势（图 9-15）要领：爬泳时身体俯卧在水面呈流线型，背部和臀部的肌肉保持适当的紧张度，在游进中保持头部平稳，躯干围绕身体纵轴有节奏地自然转动 35°～45°。

2）腿部动作

腿部动作（图 9-16）要领：爬泳腿部动作虽有一定的推进力，但主要起平衡作用，保持身体的稳定和协调双臂做有力地划水。要求两腿自然并拢，脚稍内旋，踝关节放松，以髋关节为轴，由大腿带动小腿和脚掌，两腿交替做鞭打动作，两脚尖上下最大幅度为 30～40 厘米，膝关节最大曲度约 160°。

3）臂部动作

爬泳的臂部动作是推动身体前进的主要动力。其一个周期分为入水、抱水、划水、出水和空中移臂五个不可分割的阶段。

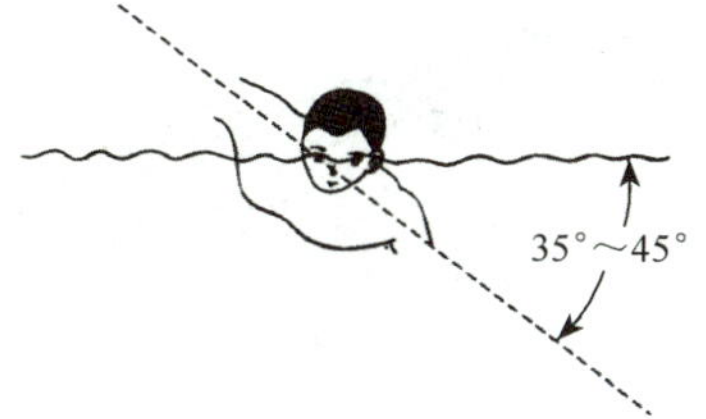

图 9-15 爬泳的身体姿势

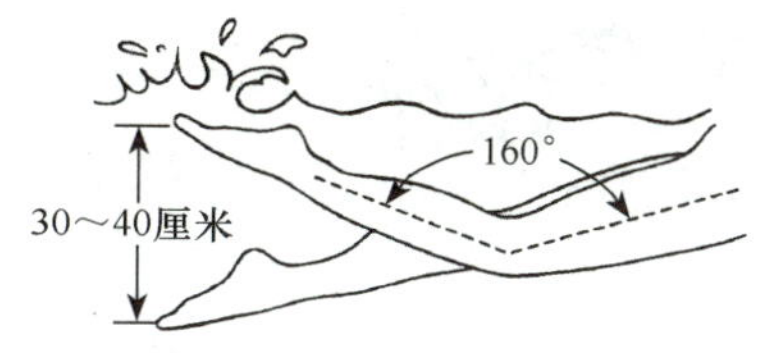

图 9-16 爬泳的腿部动作

（1）入水要领：完成空中移臂后，手在控制下自然放松入水。手的入水点一般在身体纵轴和肩关节的前方延长线之间。入水时手指自然伸直并拢，臂内旋使肘关节抬高处于最高点，掌心斜向外下方，使手指首先触水，然后是小臂，最后大臂自然插入水中。

（2）抱水要领：臂入水后，在积极向下方插入的过程中，手掌从向斜外下方转向斜内后方并开始屈腕、屈肘，肘高于手，以便能迅速过渡到较好的划水位置。抱水结束，手掌已经接近垂直于水，肘关节屈至 150°左右，整个手臂像抱着一个大圆球，为划水做准备。

（3）划水要领：划水是发挥最大推进作用的主要阶段，其动作过程可分为拉水和推水两个部分。紧接抱水阶段进入拉水，这时要保持抬肘并使大臂内旋。同时继续屈肘，使手的动作迅速赶上身体的前进速度，能使划水动作造成合理的动作方向和路线，同时，也使主要肌肉群在良好的工作条件下进入推水动作。拉水至肩的垂直平面后，即进入推水部分，这时肘的曲度约 100°。大臂要保持内旋姿势，带动小臂，用力向后推水。同时，使肩部后移，以加长有效的划水路线。向后推水有一个从屈臂到伸臂的加速过程，手掌从内向外、从下向上的动作路线加速划至大腿旁。整个划水动作，手的轨迹始于肩前，继而到腹下，最后到大腿旁，成 S 形，如图 9-17 所示。

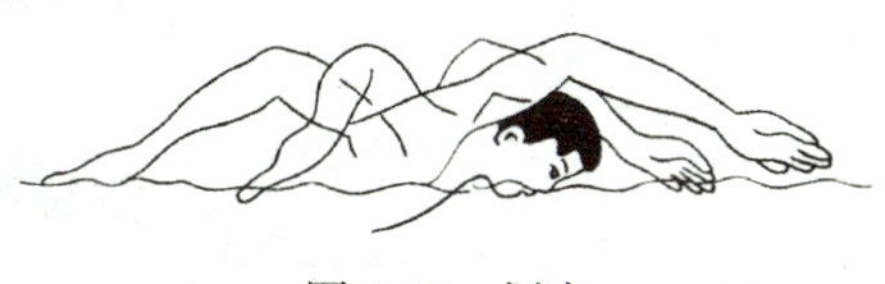
图 9-17 划水

（4）出水要领：划水结束时，掌心转向大腿，出水时小指向上，手臂放松，微屈肘。由上臂带动肘部向外上方提拉带前臂和手出水面，掌心转向后上方。出水动作必须迅速而不停顿，同时应该柔和、放松。

图 9-18 空中移臂

（5）空中移臂要领：紧接出水不停顿地进入空中移臂，移臂时肘高于手，由肘带动前臂和手向上、向前移动准备入水，动作应放松、连贯，如图 9-18 所示。

爬泳当中必须注意两臂配合。爬泳时两臂划水发生的交叉位置有前交叉、中交叉和后交叉三种类型。前交叉是指一臂入水时，另一臂已前摆至肩前方与水平面成 30°左右，如图 9-19（a）所示。前交叉有利于初学者掌握爬泳动作和呼吸。中交叉是指一臂入水时，另一臂处在向内划水阶段与水平面成 90°，如图 9-19（b）所示。后交叉是指一臂入水时，另一臂划至腹下，手与水平面成 150°左右，如图 9-19（c）所示。

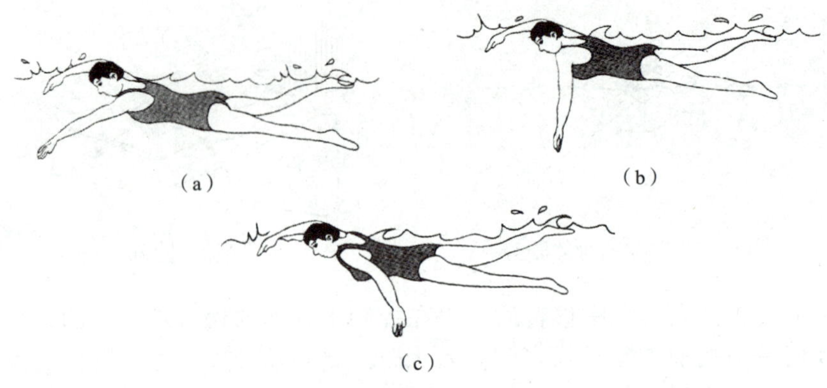
(a) (b) (c)

图 9-19 爬泳的两臂配合

4）臂、腿和呼吸的配合

爬泳时，一般是在两臂各划水一次的过程中进行一次呼吸，以向右边吸气为例，右手入水后，嘴和鼻开始慢慢呼气，如图 9-20（a）所示。右臂划水至肩下，开始向右侧转头和增大呼气量，如图 9-20（d）所示。右臂推水即将结束，则用力呼气，如图 9-20（f）所示。右臂出水时，张嘴吸气，如图 9-20（g）所示，至空中移臂的前半

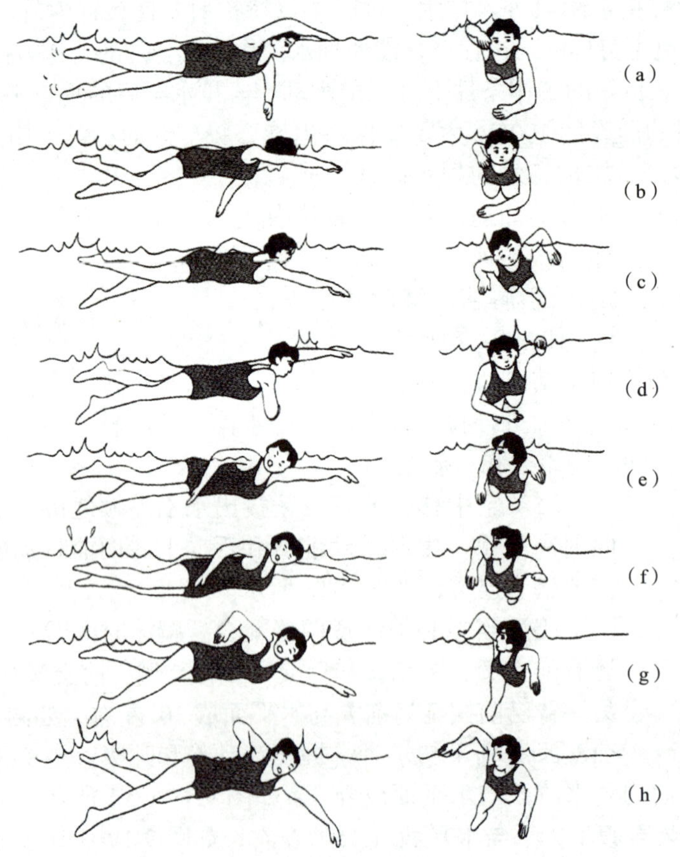
(a) (b) (c) (d) (e) (f) (g) (h)

图 9-20 爬泳

部为止，并开始转头还原，如图 9-20（h）所示。然后，直至臂入水结束，有一个短暂的闭气过程，脸部转向前下。头部稳定时，右臂入水，再开始下一慢慢呼气的过程。

爬泳的呼吸与臂、腿配合，初学者一般采用 1∶2∶6 的方法，即呼吸 1 次，划臂 2 次，打腿 6 次，这种配合方法易保持平衡和协调掌握爬泳技术。

3. 爬泳的练习方法

1）腿部动作练习

（1）陆地模仿练习。

① 坐姿打水（图 9-21）：坐在池边或地上，两手后撑，两腿伸直，腿内旋使脚尖相对，脚跟分开成八字形。两腿放松，以髋为轴，大腿带动小腿，上下交替打水。

② 卧姿打水（图 9-22）：俯卧在凳上，做两腿上下交替打水，要求同坐姿打水。

图 9-21 坐姿打水

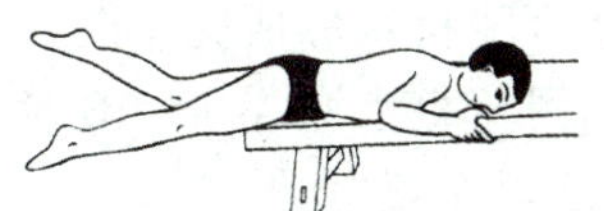

图 9-22 卧姿打水

（2）水中练习。

① 俯卧打水（图 9-23）：手握池槽或由同伴托其腹部，呈水平姿势，两腿伸直，做直腿或屈腿打水。

② 仰卧打水（图 9-24）：仰卧姿势手握池槽或由同伴帮助托其背部，做两腿交替打水，注意膝盖不要露出水面。

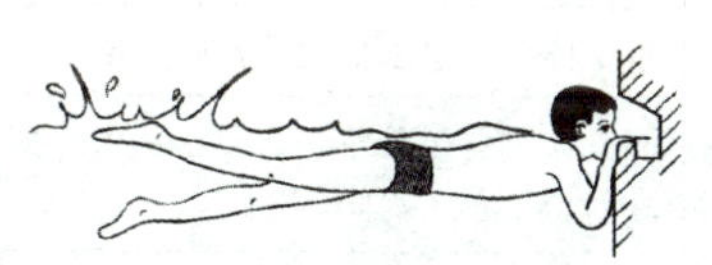

图 9-23 俯卧打水

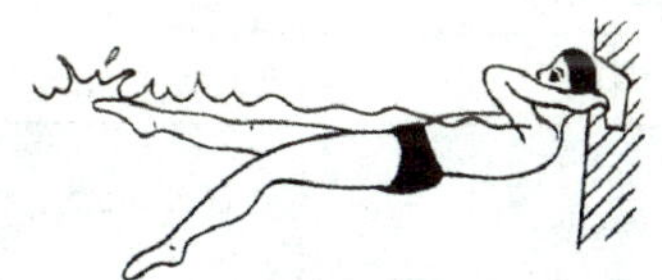

图 9-24 仰卧打水

③ 滑行打水：练习时要求闭气，两臂伸直并拢，头夹于两臂之间。

④ 扶板打水：练习时两臂伸直，放松扶板，肩浸入水中，手不要用力压板，呼吸要自然。

2）臂与呼吸的配合练习

（1）陆上模仿练习（图 9-25）。

① 原地两脚开立，上体前屈，做臂划水的模仿练习。

② 同上练习，结合呼吸配合。

（2）水中手臂练习（图 9-26）。

① 站立水中，上体前倾，肩浸入水，做臂划水，边做边走，同时转头呼吸。

② 腿夹打水板，蹬边滑行后，做两臂划水，结合转头呼吸。

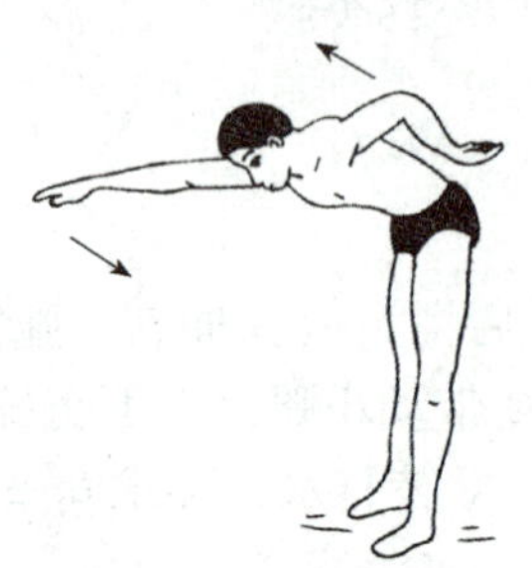

图 9-25　陆上模仿手臂练习

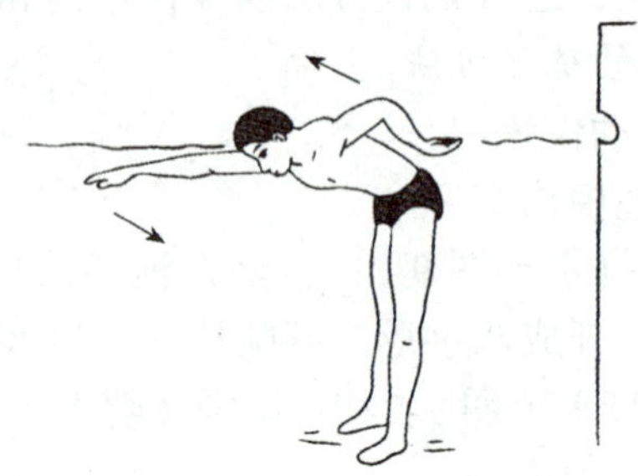

图 9-26　水中手臂练习

3）臂、腿和呼吸的配合练习

（1）站立水中，上体前倾做划臂与呼吸配合的练习，借助用力划水向前移动，然后蹬离池底，两腿打水形成完整配合。

（2）蹬边滑行打水漂浮 5～10 米，做爬泳臂划水与呼吸配合练习。

4）爬泳练习注意事项

爬泳不像蛙泳那样有间歇阶段，它在呼吸时还必须向侧转头，因而初学者往往显得忙乱而且紧张。应着重于动作配合，注意动作的放松。爬泳练习常见的错误与矫正方法见表 9-2。

表 9-2　爬泳练习常见的错误与矫正方法

身体部位	常见错误	原因	矫正方法
腿	大腿不动，屈膝过大，小腿打水	打腿动作概念不清楚	要求用大腿带动小腿，先用直腿打水矫正
	屈髋打水	躯干未充分展开	水中体会，呈水平俯卧姿势，要求打水时大腿上摆
臂	臂入水后向下压水，划水时抹水	直臂入水，沉肘划水	陆上做划臂模仿练习，要求从入水到划水注意屈臂高肘，掌心对水向后划
	手沿纵轴外侧划水，划水路线短	直臂划水，推水不够	要求屈臂划水，划水结束时以手触及大腿后提肘带动臂前移
	划水结束时身体下沉，手出水困难	划水结束时掌心向上	划水结束时以掌心推水，同时利用惯性用提肘带动臂前移
呼吸	抬头吸气	对吸气绕纵轴转动概念不明确，怕喝水	水中原地做向侧转头的呼吸练习，要求转头吸气时以下颊触同侧肩
	吸不进气	没掌握水中基本的呼吸技术	先在水中原地练习水中呼气与水上吸气
	配合不协调，游不远	动作过分紧张，游得少	强调打腿划臂都要放松，放松慢游，注意技术，逐步加长游距

知 识 链 接

仰 泳

仰泳，又称背泳，是一种人体仰卧在水中的游泳姿势。仰泳包括反蛙泳和反爬泳，因为脸面在水面上，呼吸很方便，但是游泳者看不到在往哪里游，容易游错方向。仰泳是唯一运动员在水中开始的姿势，其他都是跳入水中。

仰泳技术由于头部露出水面，呼吸方便；躺在水面上，比较省力。因此深受中老年人和体质较弱者喜爱。

三、游泳运动部分规则

（一）场地和器材

国际标准游泳池长 50 米，宽至少 21 米，深 1.80 米以上。设 8～9 条泳道，每条泳道宽 2.50 米，分道线由直径 5～10 厘米的单个浮标连接而成。运动员比赛必须站在出发台上出发（仰泳除外），出发台高出水面 50～75 厘米，台面积为 50 厘米 ×50 厘米。

知 识 链 接

奥运会游泳比赛项目设置

1. 男子（17 项）

男子项目分为：50 米、100 米、200 米、400 米、1 500 米自由泳；100 米、200 米仰泳；100 米、200 米蛙泳；100 米、200 米蝶泳；200 米、400 米个人混合泳；4×100 米、4×200 米自由泳接力，4×100 米混合泳接力；10 千米马拉松（马拉松项目是北京奥运会新增设项目）。

2. 女子（17 项）

女子项目分为：50 米、100 米、200 米、400 米、800 米自由泳；100 米、200 米仰泳；100 米、200 米蛙泳；100 米、200 米蝶泳；200 米、400 米个人混合泳；4×100 米、4×200 米自由泳接力，4×100 米混合泳接力；10 千米马拉松（马拉松项目是北京奥运会新增设项目）。

（二）各项泳姿运动规则

1. 自由泳

（1）自由泳比赛中可采用任何泳式。

（2）转身和到达终点时，可用身体任何部分触池壁。

2. 仰泳

（1）运动员面对出发端，两手抓住握手器，两脚（包括脚趾）应处于水面下，禁止蹬在水槽内及水槽上或用脚趾钩住水槽边。

（2）出发和转身后，运动员应蹬离池壁，并在整个游进过程中呈仰卧姿势。除做转身动作外（只有在完成连贯的转身动作过程中才可以改变仰卧姿势），运动员必须始终仰卧。仰卧姿势允许身体做转动动作，但必须保持与水平面小于90°的仰卧姿势。头部位置不受此限。

（3）在整个游进过程中，运动员身体的某部分必须露出水面。在转身过程中，允许运动员完全潜入水中，但在出发和每次转身后，运动员潜泳距离不得超过15米，在15米前运动员的头部必须露出水面。

（4）在转身过程中，当运动员肩的转动超过垂直面后，可进行一次连续单臂划水或双臂同时划水动作，并在该动作结束前开始滚翻。一旦改变仰卧姿势，就不允许做与连续转身动作无关的打水或划水动作。运动员必须呈仰卧姿势蹬离池壁。转身时运动员身体的某部分必须触壁。

（5）运动员在到达终点时，必须以仰卧姿势触壁。

3. 蛙泳

（1）出发和每次转身后，从第一次手臂动作开始，身体应保持俯卧姿势，两肩应与水面平行。

（2）两臂和两腿的所有动作都应同时在同一水面上进行，不得有交替动作。

（3）两手应同时在水面、水下或水上由胸前伸出，并在水面或水下向后划水。除最后一个动作外，在手臂的完整动作中，两肘不得露出水面。除出发和每次转身后的第一次划水动作外，两手向后划水不得超过臂线。

（4）在蹬腿过程中，两脚必须做外翻动作，不允许做剪夹、上下交替打水或向下的海豚式打水动作。只要不做向下的海豚式打腿动作，允许两脚露出水面。

（5）在每次转身和到达终点时，两手应在水面、水上或水下同时触壁，触壁前两肩应与水面平行。在触壁前的最后一次向后划水动作结束后，头可以潜入水中，但在触壁前的一个完整或不完整的配合动作中，头应有一部分露出水面。

（6）在每个以一次划臂和一次蹬腿顺序完成的完整动作周期内，运动员头的某一部分应露出水面。只有在出发和每次转身后，运动员可在全身没入水中时，做一次手臂充分地向后划至腿部的动作和一次蹬腿动作。但在第二次划臂至最宽点并在两手向内划水前，头必须露出水面。

4. 蝶泳

（1）从出发和每次转身后的第一次手臂动作开始，至下一个转身或到达终点止，两臂均应与水面平行。任何时候都不允许转成仰卧姿势。

（2）两臂必须在水面上同时向前摆动，并同时在水下向后划水。

（3）两脚的动作必须同时进行，允许两腿和两脚在垂直面上同时做上下打水动作。两腿或两脚可不在同一水平面上，但不允许有交替动作。

（4）在每次转身和到达终点时，两手应在水面、水上或水下同时触壁。

（5）在出发和每次转身后，允许运动员在水下做一次或多次打水动作和一次划水动作，这次划水动作必须使身体升到水面。

5. 混合泳

（1）个人混合泳比赛顺序：蝶泳—仰泳—蛙泳—自由泳。

（2）混合泳接力比赛顺序：仰泳—蛙泳—蝶泳—自由泳。

（3）混合泳中的自由泳是指除仰泳、蛙泳及蝶泳以外的任何泳式。

总 结 案 例

花样游泳

花样游泳起源于欧洲，有“水中芭蕾”之称。1920 年花样游泳创始人柯蒂斯将跳水和体操的翻滚动作编排成套在水中表演，在原有的基础上又逐渐配上舞蹈、音乐和节奏。起初仅作为两场游泳比赛的场间娱乐节目，后来逐渐融入舞蹈和音乐，成为一项优美的水上竞技项目。

我国 1987 年在第 6 届全运会将花样游泳列入正式比赛项目。2008 年北京奥运会中国花样游泳女子队在花样游泳集体项目决赛中，完美演绎了一曲震撼人心的《黄河》，最终以 97.334 分的总成绩获得一枚宝贵的铜牌。

探 索 与 思 考

1. 蛙泳的基本技术和要领有哪些？
2. 爬泳的基本技术和要领有哪些？
3. 奥运会游泳比赛项目有哪些？

模块十　武术与传统体育

模块导读

武术具有明确的体育属性，当今武术主要包含的社会哲学、中医学、伦理学、兵学、美学、气功等多种传统文化思想和文化观念，都是注重内外兼修的体现，诸如整体观、阴阳变化观、形神论、气论、动静说、刚柔说等，逐步形成了独具民族风貌的武术文化体系。它内涵丰富，寓意深，既具备了人类体育运动强身健体的共同特征，又具有东方文明所特有的哲理性、科学性和艺术性，集中地体现了中国人民在体育领域中的智慧结晶，从一个侧面反映了东方的民族文化光彩。因此，从广义上认识，武术不仅是一个运动项目，而且是一项民族体育，是中国人民长期积累起来的一宗宝贵的文化遗产。

中国传统体育，最早见于20世纪初的清末，对幼儿进行全面教育时说："保全身体之健旺，体育发达基地。"以此进行身体的养护、培养和训练等身体教育过程。中国传统体育项目很多，诸如武术、射箭、摔跤、赛龙舟、毽球、跳绳、荡秋千等。

能力目标

分类	具体内容
知识目标	1. 了解我国传统体育的特点 2. 了解武术、毽球和跳绳的技术要求
技能目标	掌握武术、毽球和跳绳的技术要点
素养目标	1. 树立正确的体育价值观，形成积极参与体育锻炼的良好意识 2. 在运动中体验体育的乐趣和成功的感觉，同时表现出良好的体育道德和合作精神 3. 能自觉通过体育运动改善心理状态，建立良好的人际关系，养成积极乐观的生活态度

导入案例

赛龙舟

赛龙舟是中国端午节的习俗之一，也是端午节最重要的节日民俗活动之一，在中国南方地区普遍存在，在北方靠近河湖的城市也有赛龙舟的习俗，而大部分是划旱龙舟舞龙船的形式。

关于赛龙舟的起源，有多种说法，有祭曹娥、祭屈原、祭水神或龙神等祭祀活动，其起源可追溯至战国时代。赛龙舟先后传入邻国日本、越南及英国等。

2011年5月23日，赛龙舟经国务院批准列入第三批国家级非物质文化遗产名录。

单元一 武术运动

一、武术运动简介

武术运动

从历史上看，有不少归属武术类的名称，春秋战国时称“技击”（兵技巧一类）；汉代出现了“武艺”一词，并沿用至明末；清初又借用南朝《文选》中“偃闭武术”（当时泛指军事）的“武术”一词；民国时称“国术”；1949年后仍沿用“武术”一词。

随着历史的变迁，冷兵器的逐步消亡，专用武术器械的生产及拳械套路的大量出现，对抗性项目、武术竞赛规则的制定，武术已演化成为体育运动项目之一。武术的体育化使其内容、形式及训练手段等都发生了很大变化，反映事物本质属性的概念也在不断变化。发展到今天，武林的基本定义可概括为：武术是以技击为主要内容，以套路和搏斗为运动形式，注重内外兼修的中国传统体育项目。

（一）武术的产生和发展

武术在我国有悠久的历史，它的产生源于我国远古祖先的生产劳动。在原始社会生产力极为低下的社会条件下，人们为了生存的需要，就必须依靠群体力量同自然界搏斗。人们在狩猎的生产活动中，逐渐积累了劈、砍、刺的技能。这些原始形态的攻防技能是低级的，还没有脱离生产技能的范畴，却是武术技术形成的基础。武术作为独立的社会文化现象，是同中华民族文明的产生同步的。

武术萌芽于原始社会时期。氏族公社时代，经常发生部落战争，因此在战场上搏斗的经验也不断得到总结，比较成功的一击一刺、一拳一腿，反复被模仿、传授、习练着，促进了武术的萌芽。

武术成形于奴隶社会时期。夏朝建立，经过连绵不断的战火，为了适应实战需要进一步向实用化、规范化发展，夏朝时期的武术活动主要在以下两个方面发展：军队的武术活动和以武术为主的学校教育。商周时期，商代出现了武术训练的重要手段——田猎，商周利用“武舞”来训练士兵，鼓舞士气，周代设的“庠”“序”等学校中也把射御、习舞干戈列为教育内容之一。相传在周时期出现了一部中国武术史上重要的著作《周易》，亦称《易经》，书中涵盖很丰富的哲学思想，对我国养生学的发展影响极为深远，其“易有太极，是生两仪，两仪生四象，四象生八卦”产生了太极学说，从此奠定中国武术体系。进入春秋战国以后，诸侯争霸，都很重视技击术在战场中的运用。齐桓公举行春秋两季的“角试”来选拔天下英雄，以勇授禄。在这时期，剑的制造及剑道都得到了空前的发展。

武术发展于封建社会时期。秦汉以来，盛行角抵、手搏、击剑等。随着“宴乐兴舞”的习俗，手持器械的舞练时常在乐饮酒酣时出现，如《史记·项羽本纪》记载的

“鸿门宴”中“项庄舞剑，意在沛公”，便是这一形式的反映。此外，还有“刀舞”“钺舞”“双戟舞”等，虽具娱乐性，但从技术上更近于今天套路形式的运动，而不近于舞蹈。

唐朝以来开始实行武举制，对武术的发展起了促进作用，如对有一技之长的士兵授予荣誉称号。裴旻将军的剑术独冠一时，有与李白诗歌、张旭草书并称唐代“三绝”的美誉，可见武术作为一种文化形式已相当具有影响。

宋元时期，以民间结社的武艺组织为主体的民间练武活动蓬勃兴起，有习枪弄棒的“英略社”、习射练刀的“弓箭社”等。由于商业经济活跃，出现了浪迹江湖，习武卖艺为生的“路歧人”。不仅有单练，而且有“枪对牌”“剑对牌”等的对练。

明清时期是武术大发展时期，流派林立，拳种纷呈。拳术有长拳、猴拳、少林拳、内家拳等几十家之多，同时形成了太极拳、形意拳、八卦拳等主要的拳种体系。

到了近代，武术顺应时代的变化，逐步成为中国近代体育的有机组成部分。民国时期，民间出现了许多拳社、武士会等武术组织。1910 年在上海成立了“精武体育会”，1927 年，国民政府在南京成立了中央国术馆。1936 年中国武术队赴柏林奥运会参加表演。

中华人民共和国成立后，武术成为社会主义文化和人民体育事业的一个组成部分，得到了蓬勃发展。1950 年中华全国体育总会召开了武术座谈会，倡导发展武术运动，1956 年中国武术协会建立了武术协会、武术队等，形成了空前广泛的群众性武术活动网，为武术的发展开拓了广阔的道路。1985 年，在西安举行了首届国际武术邀请赛，并成立了国际武术联合会筹委会，这是武术发展中历史性的突破。1987 年在横滨举行了第一届亚洲武术锦标赛，标志武术走进亚运会。1990 年武术首次被列入第 11 届亚运会竞赛项目。1999 年，国际武术联合会被吸收为国际奥委会的正式国际体育单项联合成员，这是武术发展中的又一历史性突破，意味着“把武术推向世界”的雄伟目标的进一步实现。

（二）武术的形式、内容和分类

武术的内容丰富多彩，按其运动形式可分为两大类：套路运动和搏斗运动。

1. 套路运动

武术动作以攻守进退、动静疾徐、刚柔虚实等矛盾运动的变化规律编成的整套练习形式，主要内容包括拳术、器械、对练、集体表演。

（1）拳术是徒手练习的套路运动。它的种类很多，主要有长拳、太极拳、南拳、形意拳、八卦掌、通背拳、象形拳等。

（2）器械分为长器械、短器械、双器械、软器械。其中刀、枪、剑、棍是目前最为常见的重点竞赛项目。

（3）对练是在单练的基础上，两人或两人以上，在预定的条件下进行的攻防的假设性实战练习，其中包括徒手对练、器械对练、徒手与器械的对练等。

（4）集体表演是以六人以上的徒手或器械集体演练，可变换队形与图案和采用音乐伴奏，要求队形整齐，动作协调一致。

2. 搏斗运动

搏斗运动是指两人在定条件下按照一定的规则进行斗智较力的对抗练习形式。目前武术竞赛中正在开展的搏斗运动有散手、推手、短兵三项。

（1）散手即散打，是两人按照一定的规则使用踢、打、摔、拿等方法制胜对方的竞技项目。

（2）推手是两人按照一定的规则使用掤、捋、挤、按、采、挒、肘、靠等手法，双方粘连黏随，通过的肌肉的感觉来判断对方的用劲，然后借劲发力将对方推出，以此决定胜负的竞技项目。

（3）短兵是两人手持一种用藤、皮、棉制作的短棒似的器械，在16市尺（5.33米）直径的圆形场地内，按照一定的规则，使用劈、砍、刺、崩、点、斩等方法进行决胜负的竞技项目。

知识链接

武术的特点和作用

武术在长期的历史演变中，逐渐形成了自己的运动规律，它以独特的技术风格和多方面的社会功能享誉于世。

1. 武术的特点

（1）寓技击于体育之中。武术最初作为军事训练手段，与古代军事斗争紧密相连，其技击的特性是显而易见的。在实用中，其目的在于杀伤、制服对方，它常以最有效的技击方法，迫使对方失去反抗能力。这些技击术至今仍在军队、公安中被采用。武术作为体育运动，技术上仍不失为攻防技击的特性，而是将技击寓于搏斗与套路运动之中。

（2）内外合一，形神兼备的民族风格。既究形体规范，又求精神传意、内外合一的整体观，是中国武术的一大特色。所谓内，指心、神、意等心志活动和气息的运行；所谓外，即手眼身步等形体活动。内与外、形与神是相互联系统一的整体。如太极拳主张身心合修，要求“以心行气，以气运身”。形意拳讲究“内三合，外三合”。此外武术套路在技术上往往要求把内在精气神与外部形体动作紧密相合，完整一气，做到“心动形随”“形断意连”“势断气连”。

（3）广泛的适应性。武术的练习形式、内容丰富多样，有竞技对抗性的散手、推手、短兵，有适合演练的各种拳术、器械和对练，还有与其相适应的各种练功方法。不同的拳种和器械有不同的动作结构、技术要求、运动风格和运动量，分别适应人们不同年龄、性别、体质的需求，人们可以根据自己的条件和兴趣爱好进行选择练习，同时它对场地、器材的要求较低，俗称“拳打卧牛之地”，练习者可以根据场地的大小变化练习内容和方式，即使一时没有器械也可以徒手练拳、练功。

2. 武术的作用

武术具有健身、防身、修身养性、娱乐观赏等多方面的作用，是人们增强体质，振奋精神的一种好手段。

（1）改善和增强体质。武术具有强体健身的作用，武术运动其动作包含着屈伸、回环、平衡、跳跃、翻腾、跌扑等，人体各部位几乎都要参与运动。系统地进行武术训练，对人体速度、力量、灵巧、耐力、柔韧等身体素质要求较高，人体各部位“一动无有不动”，几乎都参加运动，使人的身心都得到全面锻炼。

（2）提高防身自卫的能力。

（3）锻炼意志，培养道德情操。“未曾习武先学礼，夫曾习武先习德”，传统中始终把武德列为习武教武的先决条件。经过长期锻炼、可以培养人们勤奋、刻苦、果敢、顽强、虚心好学、勇于进取的良好习性和意志品德。

（4）娱乐观赏，丰富文化生活。武术具有很高的观赏价值，无论是套路表演，还是散手比赛，历来为人们喜闻乐见。汉代打擂台，“三百里内皆来观”。都说明无论是显现武术功力与技巧的竞赛表演套路，还是斗智较勇的对抗性散手比赛，都会引人入胜，给人以美的享受，都具有很高的观赏价值。通过观赏，给人以启迪教育和乐趣。

武术运动蕴涵丰富，技理相通，入门之后会有“艺无止境”之感。群众性的武术活动，便成为人们切磋技艺，交流思想，增进友谊的良好手段。随着武术在世界广泛传播，还可促进与国外武术爱好者的交流，在与世界各国人民友好交往中发挥着越来越大的作用。

二、武术运动的基本技术

武术运动的基本功，是指以武术运动中具有共性的基本训练为内容，以获得和运用技法必备的各种能力为锻炼目的一类身体练习。

1. 压肩

压肩动作要领：两手抓握肋木，上体前俯、挺胸、塌腰、收髋，并做下压肩运动，也可以两人相对站立互相扶按肩部，做体前屈的振动压肩动作，还可以由助手帮助做压肩练习。

2. 单臂绕环

单臂绕环动作要领：右臂由上向前、下、后绕环，为前绕环，右手臂向上向后、下、前绕环，向后绕环。练习时，应左右交替练习。当作左臂练习时，则转换呈右弓站立。

3. 压腿

（1）正压腿动作要领：左腿提起，脚跟放在肋木上，脚尖钩起，两手扶按膝上。两腿伸直、立腰、收髋，上体前屈并向下振压。练习时，左右腿交替进行。

（2）侧压腿动作要领：右腿支撑脚尖外展，把左腿脚跟放在肋木上，脚尖钩起。右臂上举，左掌放于左胸前。两脚伸直、立腰、展髋，上体左侧振压。练习时，左右交替进行。

（3）仆步压腿动作要领：两腿左右开立，右腿屈膝全蹲，全脚掌着地，左腿挺膝伸直，脚尖里扣，然后两手分别抓握两脚外侧，成左仆步向前和向下振压。练习时，左右交替进行练习。

4. 踢腿

（1）正踢腿动作要领：预备势并脚直立，两臂双举成立掌；左脚向前上半步，左脚伸直支撑，全脚掌着地。右脚膝部挺直，右脚钩紧脚尖向前额踢起，两眼平视、两手臂不要前后摇动。练习时，左右交替练习；挺胸、身正、立腰、收髋；支撑腿脚趾抓地，脚跟不要抬起；摆动腿过腰发力。

（2）侧踢腿动作要领：左脚向右前上半步，脚尖外展，全脚掌着地，左腿伸直支撑。右脚跟稍提起，身体略左转，右臂后举，随即，右脚脚尖钩直向右耳侧上踢。同时右臂屈时立掌附于左肩前，左臂上举伸直做亮掌动作。两眼平视前方踢左腿为左侧踢，踢右腿为右侧踢。

（3）外摆腿［图 10-1（a）～（d）］动作要领：左腿向右前上半步，右脚尖钩紧，向左侧踢起，经面前向右侧上方外摆，直腿落在左腿部，眼向前平视；左掌可在右侧上方击响，也可不击响，练习时，左右交替练习。

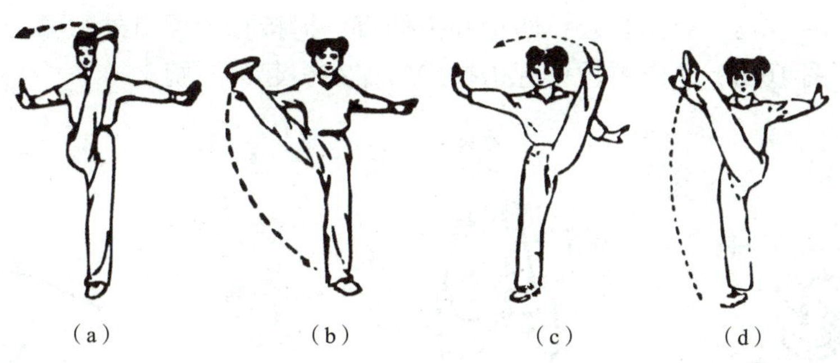

图 10-1　外摆腿

（4）里合腿［图 10-2（a）、（b）］动作要领：左腿向右前上半步，左腿步钩起里扣并向左侧踢起。经面前向右侧上方直腿里合，落于右腿外侧；右手掌在右侧上方迎击右脚掌（击响），两眼平视前方，左右交替练习。

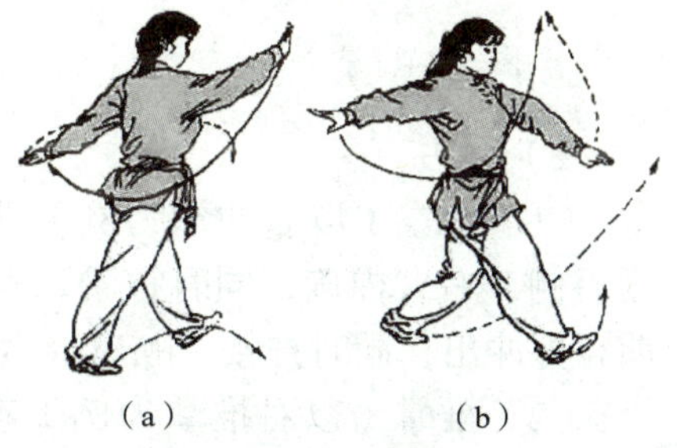

图 10-2　里合腿

5. 劈叉

劈叉动作要领：劈叉主要是为了加大髋关节的活动幅度，增进腿部的柔韧性。劈叉可结合压腿和搬腿进行。劈叉可分为竖叉、横叉两种。在此以竖叉方法为例介绍。两手左右扶地或平举，两腿前后分形直线。右腿后侧着地，脚尖钩起，右腿的内侧或前侧着地。

6. 后扫腿

后扫腿动作要领：左脚前上一步成左弓步，同时两掌从两腰侧向前推掌、目视指尖。如图 10-3（a）所示。

左脚尖内扣，左腿屈膝全蹲，成右仆步姿势，同时上体右转并前俯；两掌随上体右转在右膝内侧扶地，随着两手撑地、上体向右后拧转的惯性力量，以左脚掌为轴，右腿掌贴地向后扫转一周。如图 10-3（b）、图 10-3（c）所示。

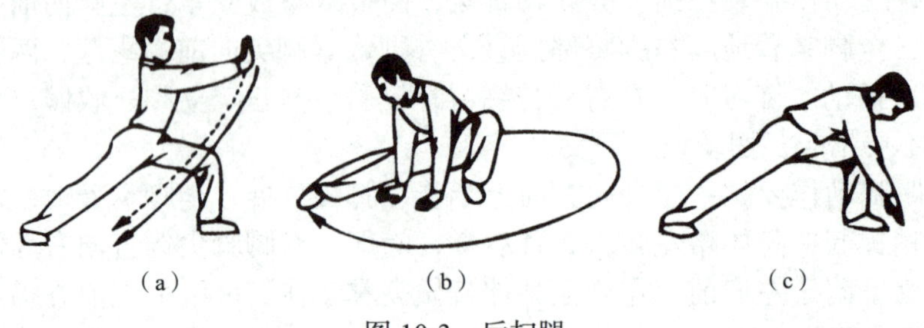

图 10-3　后扫腿

7. 手形手法

1）手形

（1）拳（图 10-4）动作要领：四指并拢紧握，拇指屈扣于食指和中指的中节。

（2）掌（图 10-5）动作要领：四指并拢伸直，拇指扣于虎口外。

（3）钩（图 10-6）动作要领：五指指尖紧撮在一起，屈腕。

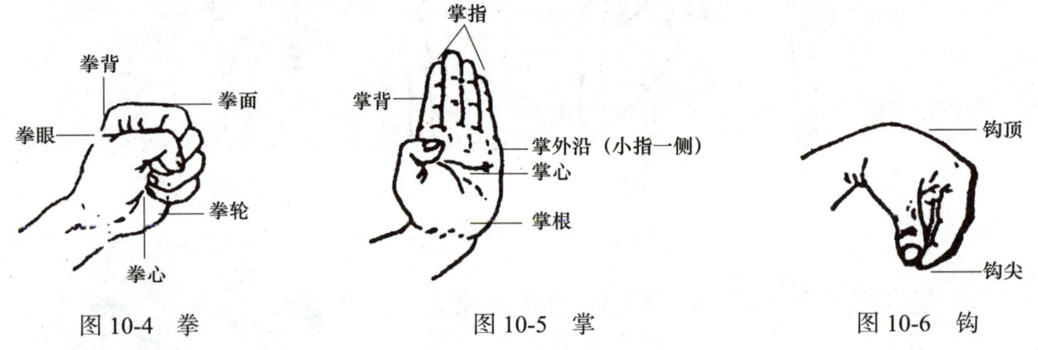

图 10-4　拳　　图 10-5　掌　　图 10-6　钩

2）手法

（1）冲拳（以右冲拳为例）动作要领：双腿开立，双手握拳于腰间，肘关节位于腰后侧，右臂内旋，同时拧腰、顺肩，肘关节置于腰后，右前臂内旋，右拳从腰间向前猛力冲出，同时拧腰、顺肩、力达拳面，两眼平视前方。

（2）推掌（以右推掌为例）动作要领：准备姿势同冲拳。右拳变掌，前臂内旋，以掌根和外缘为力点向前猛力推出。同时拧腰、顺肩、臂伸直，力达拳跟和掌外缘。

8. 步形步法

1）步形

（1）弓步动作要领：左脚向前上一大步（为自己脚掌的 4～5 倍），脚尖微内扣，屈膝半蹲，在大腿接近水平，膝与脚尖垂直。右腿挺膝伸直，脚尖内扣向右前方，脚掌贴紧地面。上体正对前方，两手抱拳于腰间。两眼平视前方。左腿弓为左弓步，右腿弓为右弓步。

（2）马步动作要领：两脚平行开立（宽度约为自己脚掌的3倍），脚尖正对前方，屈膝半蹲，膝部不超过脚尖，大腿接近水平，全脚掌着地，身体重心在两腿之间，两手抱于腰间，两眼平视前方。

（3）虚步（以左虚步为例）动作要领：两脚前后开立，两手叉腰，两眼平视前方，右脚外展，屈膝半蹲，左脚脚跟离地脚面绷平，脚尖微内和，虚点地面，膝微屈，重心落于后脚上。

（4）仆步（以右仆步为例）动作要领：两脚左右开立，距离一大步，两手抱于腰间，两眼平视前方，右腿屈膝全蹲，大腿和小腿靠在一起，臀部接近小腿，右脚全脚掌着地，脚尖和膝关节外展，左脚挺直平仆，脚尖里扣，全脚掌着地。

（5）歇步动作要领：两手抱拳于腰间，两眼平视左前方，两脚交叉靠拢蹲，左脚脚掌着地，脚尖外展，右脚前脚掌着地，膝部贴近左小腿外侧，臀部坐在右腿接近脚跟处。

（6）丁步动作要领：两手抱拳于腰间，两眼平视前方，两腿屈膝半蹲，右脚全脚着地，左脚脚跟提起，脚尖虚点地面，贴于右脚脚弓外，重心落于右腿上。

2）步法

（1）击步动作要领：两眼向前平视，上体前倾，后脚提起，前脚随即蹬地前纵，在空中时，后脚向前脚碰击，如图10-7（a）、图10-7（b）所示。落地时，后脚先落，前脚后落，如图10-7（c）所示。

（2）垫步动作要领：后脚提起，向前脚处落步，前脚立即蹬地向前上方跳起，将位置让于后脚，然后再向前落步；两眼平视前方，如图10-8（a）、（b）所示。

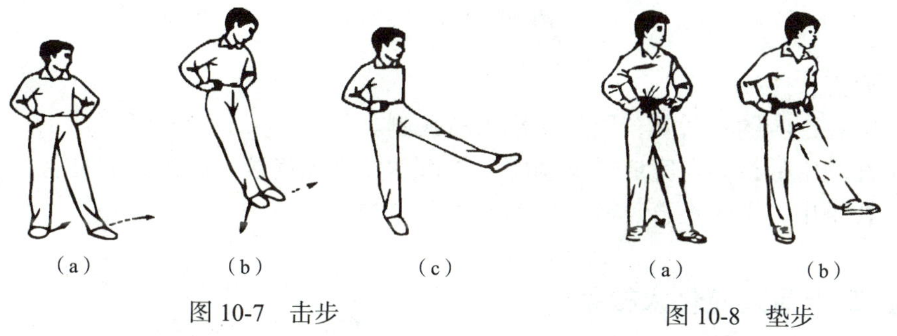

图10-7 击步　　图10-8 垫步

9. 跳跃

（1）大跃步前穿动作要领：预备姿势左脚向前上一步，重心前移，左掌后摆，右掌向左腿外侧后摆，如图10-9（a）所示。右腿屈膝用力向前摆，左脚立即蹬地向前跃出，两臂向前，向上划立圆摆起，上体右转，眼看左掌，如图10-9（b）所示。右脚于前方落地成全蹲，左脚随即落地铲出成仆步，右掌变拳抱于腰间，右掌由上向下划弧成立掌，停于胸前，目视前下方，如图10-9（c）所示。

注意要点：跳得高，跃得远，幅度要大。

（2）腾空飞脚动作要领：右脚向前上一大步，上体略后仰，左臂向头上摆起，右臂自然摆至身后；左脚向前、向上提踢，右脚蹬地跃起身体腾空，右臂由下向前、向

(a)

(b)

(c)

图 10-9 大跃步前穿

头上摆起，右手背迎击左手掌，如图 10-10（a）、图 10-10（b）所示。在空中，右腿向前上方弹踢、脚面绷平，右手迎击右脚面，同时左腿屈膝，左脚收控于右腿侧，脚面绷直，脚尖向下；左手在击响的同时摆至左侧方变钩手，钩尖向下，略高于肩；上体微前倾，两眼平视前方，如图 10-10（c）所示。

(a)

(b)

(c)

图 10-10 腾空飞脚

注意要点：

（1）腿在击响的一瞬间，屈膝收控于右腿侧。

（2）在腾空的最高点完成击响动作，拍击动作必须连续，准确、响亮。

（3）在空中，上体正直、微向前倾，不要坐臀。

三、二十四式简化太极拳

1. 起势

（1）身体自然直立，两脚开立，与肩同宽，脚尖向前；两臂自然下垂，两手放在大腿外侧；眼向前平看［图 10-11（a）］。

（2）两臂慢慢向前平举，两手高与肩平，与肩同宽，手心向下［图 10-11（b）、（c）］。

（3）上体保持正直，两腿屈膝下蹲；同时两掌轻轻下按，两肘下垂与两膝相对；眼平看前方［图 10-11（d）］。

2. 左右野马分鬃

（1）上体微向右转，身体重心移右腿上；同时右臂收在胸前平屈，手心向下，左手经体前向右下划弧放在右手下，手心向上，两手心相对成抱球状；左脚随即收到右

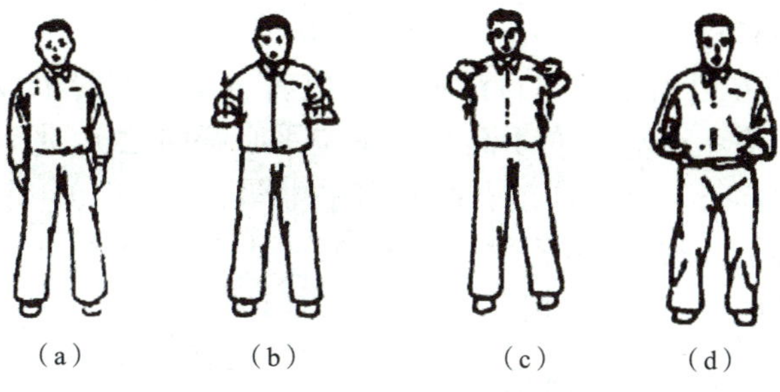

（a）（b）（c）（d）

图 10-11　起势

脚内侧，脚尖点地；眼看右手［图 10-12（a）、（b）］。

（2）上体微向左转，左脚向左前方迈出，右脚跟后蹬，右腿自然伸直，成左弓步；同时上体继续向左转，左右手随体转慢慢分别向左上、右下分开，左手高于眼平（手心斜向上），肘微屈；右手落在右胯旁，肘也微屈，手心向下，指尖向前；眼看左手［图 10-12（c）～（e）］。

（3）上体慢慢后坐，身体重心移至右腿，左脚尖翘起，微向外撇，随后脚掌慢慢踏实，左腿慢慢前弓，身体左转，身体重心再移至左腿；同时左手翻转向下，左臂收在胸前平屈，右手向左上划弧放在左手下，两手心相对成抱球状；右脚随即收到左脚

（a）（b）（c）（d）（e）（f）（g）（h）（i）（j）（k）（l）（m）（n）（o）

图 10-12　左右野马分鬃

内侧，脚尖点地；眼看左手［图 10-12（f）～（h）］。

（4）右腿向右前方迈出，左腿自然伸直，成右弓步；同时上体右转，左右手随转体分别慢慢向左下、右上分开，右手高与眼平（手心斜向上），肘微屈；左手落在左胯旁，肘也微屈，手心向下，指尖向前；眼看右手［图 10-12（i）、（j）］。

（5）与（3）解同，只是左右相反［图 10-12（k）～（m）］。

（6）与（4）解同，只是左右相反［图 10-12（n）、（o）］。

（a）（b）（c）

图 10-13　白鹤亮翅

3. 白鹤亮翅

（1）上体微向左转，左手翻掌向下，左臂平屈胸前，右手向右上划弧，手心转向上，与左手成抱球状；眼看左手［图 10-13（a）］。

（2）右脚跟进半步，上体后坐，身体重心移至右腿，上体先向右转，面向右前方，眼看右手，然后右脚稍向前移，脚尖点地成左虚步，同时上体再微向左转，面向前方，两手随体转慢慢向右上、左下分开，右手上提停于右额前，手心向下，左手落于左胯前，手心向下，指尖向前；目视看前方［图 10-13（b）、（c）］。

4. 左右搂膝拗步

（1）右手从体前下落，由下向后上方划弧至右肩外侧，肘微屈，手与耳同高，手心斜向上，左手由左下向上、向右下方划弧至右胸前，手心斜向上，同时上体先微向左再向右转，左脚收至右脚内侧，脚尖点地；目视右手［图 10-14（a）、（b）］。

（2）上体左转，左脚向前（偏左）迈出左弓步；同时右手屈回由耳侧向前推出，高与鼻尖平，左手向下由膝前搂过落左胯旁，指尖向前；目视右手手指［图 10-14（c）～（e）］。

（3）右腿慢慢屈膝，上体后坐，身体重心移至右腿，右脚尖翘起微向外撇，随后脚掌慢慢踏实，左腿前弓，身体左转，身体重心移至左腿，右脚收到左脚内侧，脚尖点地；同时左手向外翻掌由左后向上划弧至左肩外侧，肘微屈，手与耳同高，手心斜向上；右手随转体向上、向左下划弧落于左胸前，手心斜向下；眼看左手［图 10-14（f）～（h）］。

（4）与（2）解同，只是左右相反［图 10-14（i）、（j）］。

（5）与（3）解同，只是左右相反［图 10-14（k）～（m）］。

（6）与（2）解同［图 10-14（n）、（o）］。

5. 手挥琵琶

右脚跟进半步，上体后坐，身体重心转至右腿上，上体半面向右转，左脚略提起稍向前移，变成左虚步，脚跟着地，脚尖翘起，膝部微屈；同时左手由左下向上挑举，高与鼻尖平，掌心向右；臂微屈，右手收回放在左臂肘部里侧，掌心向左；眼看左手食指［图 10-15（a）～（c）］。

图 10-14 左右搂膝拗步

6. 左右倒卷肱

图 10-15 手挥琵琶

（1）上体右转，右手翻掌（手心向上）经腹前由下向后上方划弧平举，臂微屈，左手随即翻掌向上；眼的视线随着向右转体先向右看，再转向前方看左手［图 10-16（a）、（b）］。

（2）右臂屈肘折向前，右手由耳侧向前推出，手心向前，左臂屈肘后撤，手心向上，撤至左肋外侧，同时左腿轻轻提起向后（偏正）退一步，脚掌先着地，然后全脚慢慢踏实，身体重心移左腿上，成右虚步，右脚随转体以脚掌为轴扭正；目视左手［图 10-16（c）、（d）］。

（3）上体微向左转，同时左手随转体向后上方划弧平举，手心向上，右手随即翻掌，掌心向上；眼随转体先向左看，再转向前方看右手［图 10-16（e）］。

（4）与（2）解同，只是左右相反［图 10-16（f）、（g）］。

（5）与（3）解同，只是左右相反［图 10-16（h）］。

（6）与（2）解同［图 10-16（i）、（g）］。

（7）与（3）解同［图 10-16（k）］。

（8）与（2）解同，只是左右相反［图 10-16（l）、（m）］。

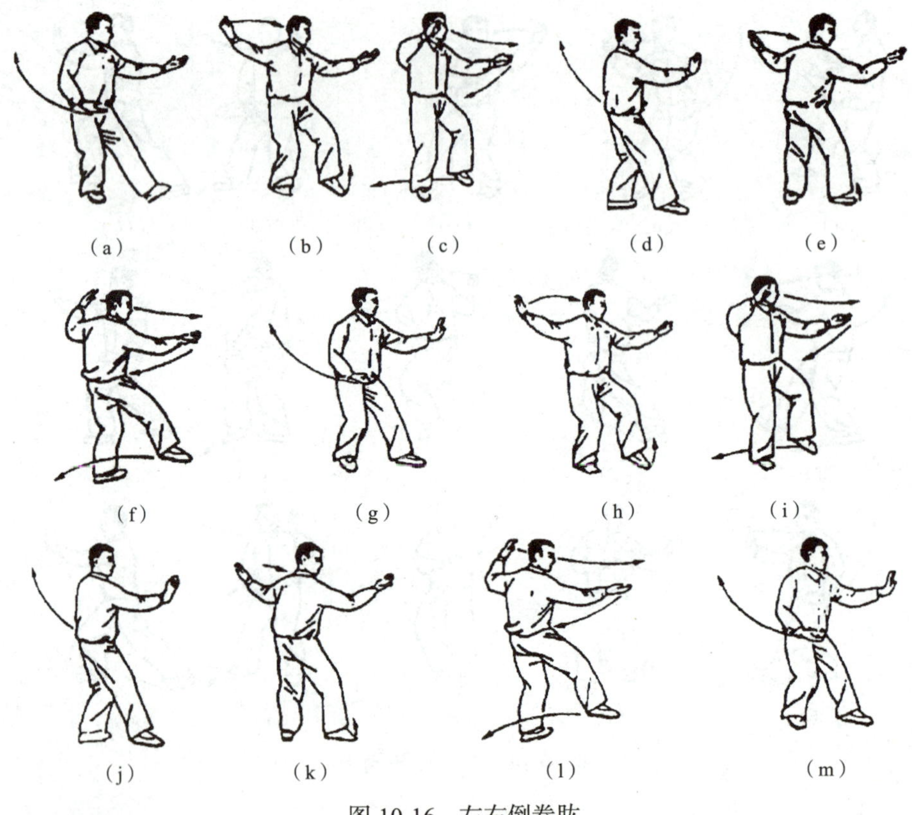

图 10-16 左右倒卷肱

7. 左揽雀尾

（1）上体微向右转，同时右手随转体向后上方划弧平举，手心向上，左手放松，手心向下；眼看左手［图 10-17（a）］。

（2）身体继续向右转，左手自然下落逐渐翻掌经前划弧至右肋前，手心向上；右臂屈肘，手心转向下，收至右胸前，两手相对成抱球状；同时身体重心落在右腿上，左脚收到右脚内侧，脚尖点地；眼看右手［图 10-17（b）、（c）］。

（3）上体微向左转，左脚向左前方迈出，上体向左转，右腿自然蹬直，左腿屈膝，成左弓步；同时左臂向前方绷出（即左臂平屈成弓形，用前臂外侧和手背向前方推出），高与肩平，手心向后；右手向右下落放于右胯旁，手心向下，指尖向前；眼看左前臂［图 10-17（d）、（e）］。

（4）身体微向左转，左手随即前伸翻掌向下，右手翻掌向上，经腹前向上、向前伸至左前臂下方；然后两手直捋，即上体向右转，两手经腹前向左后上方划弧，直至右手手心向上，高与肩齐，左臂平屈于胸前，手心向后；同时身体重心移至右腿；眼看右手［图 10-17（f）、（g）］。

（5）上体微向左转，左臂屈肘折回，右手附于左手腕里侧（相距约 5 厘米），上体继续向左转，双手同时向前慢慢挤出，左手心向后，右手心向前，左前臂要保持半圆；同时身体重心逐渐前移变成左弓步；眼看左手腕部［图 10-17（h）、（i）］。

（6）左手翻掌，手心向下，右手经左腕上方向前，向右伸出，高与左手齐，手心向下，两手左右分开，宽与肩同；然后右腿屈膝，上体慢慢后坐，身体重心移至右腿上，左脚尖翘起；同时两手屈肘回收至腹前，手心均向前下方；眼向前平看［图 10-17(j)~(l)］。

（7）上式不停。身体重心慢慢前移，同时两手向前、向上推出，掌心向前；左腿前弓成左弓步；眼平看前方［图 10-17（m）］。

图 10-17　左揽雀尾

8. 右揽雀尾

（1）上体后坐并向右转，身体重心移至右腿，左腿尖里扣；右手向右划弧至右侧，然后由右下经前腹向左上划弧至肋前，手心向上；左臂平屈胸前，左手掌向下与右手成抱球状；同时身体重心再移至左腿上，右脚收至左脚内侧，脚尖点地；眼看左手［图 10-18（a）~（d）］。

（2）同“左揽雀尾”（3）解，只是左右相反［图 10-18（e）、（f）］。

（3）同“左揽雀尾”（4）解，只是左右相反［图 10-18（g）、（h）］。

（4）同“左揽雀尾”（5）解，只是左右相反［图 10-18（i）、（g）］。

（5）同“左揽雀尾”（6）解，只是左右相反［图 10-18（k）~（m）］。

（6）同“左揽雀尾”（7）解，只是左右相反［图 10-18（n）］。

图 10-18　右揽雀尾

9. 单鞭

（1）上体后坐，身体重心逐渐移至左腿上，右脚尖里扣；同时上体左转，两手（左高右低）向左弧形运转，直至左臂平举，伸于身体左侧，手心向左，右手经腹前运至左肋前，手心向上方；眼看左手［图 10-19（a）、（b）］。

（2）身体重心再渐渐移至右腿上，上体右转，左脚向右脚靠拢，脚尖点地；同时右手向右上方划弧（手心由里转向外），至右侧方时变钩手，臂与肩平；左手向下经腹前向右上划弧停于右肩前，手心向里；眼看左手［图 10-19（c）、（d）］。

（3）上体微向左转，左脚向左前侧方迈出，右脚跟后蹬，成左弓步；在身体重心移向左腿的同时，左掌随上体的继续左转慢慢翻转向前推出，手心向前，手指与眼齐平，臂微屈；眼看左手［图 10-19（e）、（f）］。

图 10-19　单鞭

10. 云手

（1）身体重心移至右腿上，身体渐向右转，左脚尖里扣；左手经腹前向右上划弧至右肩前，手心斜向后，同时右手变掌，手心向右前；眼看左手［图 10-20（a）～（c）］。

（2）上体慢慢左转，身体重心随之逐渐左移；左手由脸前向左侧运转，手心渐渐转向左方；右手由右下经腹前向左上划弧，至左肩前，手心斜向后；同时右脚靠近左脚，成小开立步，（两脚距离 10～20 厘米）；眼看右手［图 10-20（d）、（e）］。

（3）上体再向右转，同时左手经腹前向右上划弧至右肩前，手心斜向后；右手向右侧运转，手心翻转向右；随之左脚向左横跨一步；眼看左手［图 10-20（f）～（h）］。

（4）同（2）解［图 10-20（i）、（g）］。

（5）同（3）解［图 10-20（k）～（m）］。

（6）同（2）解［图 10-20（n）、（o）］。

图 10-20　云手

11. 单鞭

（1）上体向右转，右手随之向右运转，至右侧方时变成钩手；左手经腹前向右上划弧至右肩前，手心向前；身体重心落在右腿上，左脚尖点地；眼看左手［图 10-21（a）～（c）］。

（2）上体微向左转，左脚向左前侧方迈出，右脚跟后蹬，成左弓步；在身体重心移向左腿的同时，上体继续左转，左掌慢慢翻转向前推出，成“单鞭”式［图 10-21（d）、（e）］。

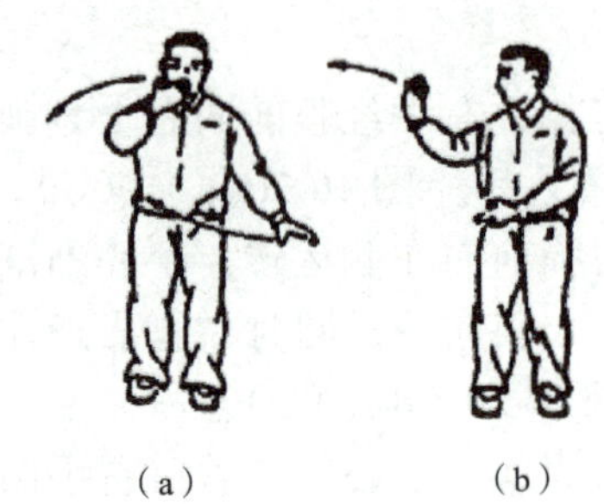

(a)　(b)　(c)　(d)　(e)

图 10-21　单鞭

(a)　(b)

图 10-22　高探马

12. 高探马

（1）右脚跟进半步，身体重心逐渐后移至右腿上，右钩手变成掌，两手翻转向上，两肘屈；同时身体微向右转，左脚跟渐渐离地；眼看左前方［图 10-22（a）］。

（2）上体微向左转，面向前方；右掌经右耳旁向前推出，手心向前，手指与眼同高；左手收至左侧腰前，手心向上；同时左脚微向前移，脚尖点地，成左虚步；眼看右手［图 10-22（b）］。

13. 右蹬脚

（1）左手手心向上，前伸至右手腕背面，两手相互交叉，随即向两侧分开并向下划弧，手心斜向下；同时左脚提起向左前侧方进步（脚尖略外撇）；身体重心前移，右腿自然蹬直，成左弓步；眼看前方［图 10-23（a）～（c）］。

（2）两手由外圈向里圈划弧，两手交叉合抱于胸前，右手在外，手心均向后；同时右脚向左脚靠拢，脚尖点地；眼平看右前方［图 10-23（d）］。

（3）两臂左右划弧分开平举，肘部微屈；手心均向外；同时右腿屈膝提起，右脚向右前方慢慢蹬出；眼看右手［图 10-23（e）、（f）］。

(a)　(b)　(c)　(d)　(e)　(f)

图 10-23　右蹬脚

14. 双峰贯耳

（1）右腿收回，屈膝平举，左手由后向上、向前下落至体前，两手均翻转向上，两手同时向下划弧分落于右膝盖两侧；眼看前方［图 10-24（a）、（b）］。

（2）右脚向右前方落下，身体重心渐渐前移，成右弓步，面向右前方；同时两手下落，慢慢变拳，分别从两侧向上、向前划弧至面部前方，成钳形状，两拳相对，高与耳齐，拳眼都斜向内下（两拳中间距离 10～20 厘米）；眼看右拳［图 10-24（c）、（d）］。

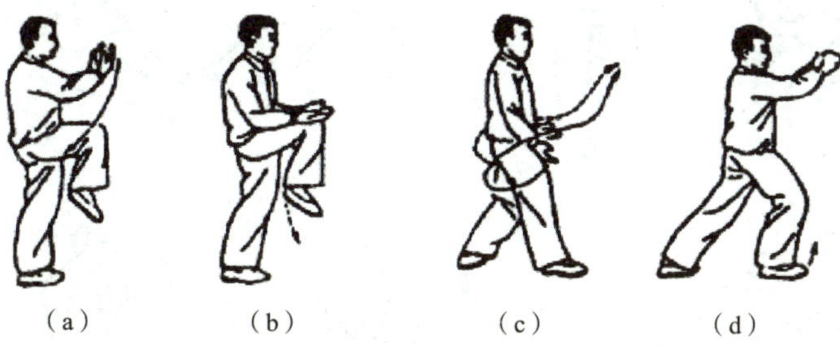

图 10-24　双峰贯耳

15. 转身左蹬脚

（1）左腿屈膝后坐，身体重心转移至右腿，上体右转，右脚尖里扣；同时两拳变掌，由上向左右划弧分开平举，手心向前；眼看左手［图 10-25（a）、（b）］。

（2）身体重心再移至右腿，左脚收至右脚内侧，脚尖点地；同时两手由外圈向里圈划弧合抱于胸前，左手在外，手心均向后；眼平看左方［图 10-25（c）、（d）］。

（3）两臂左右划弧分开平举，肘部微屈，手心均向外；同时左腿屈膝提起，左脚向左前方慢慢蹬出；眼看左手［图 10-25（e）、（f）］。

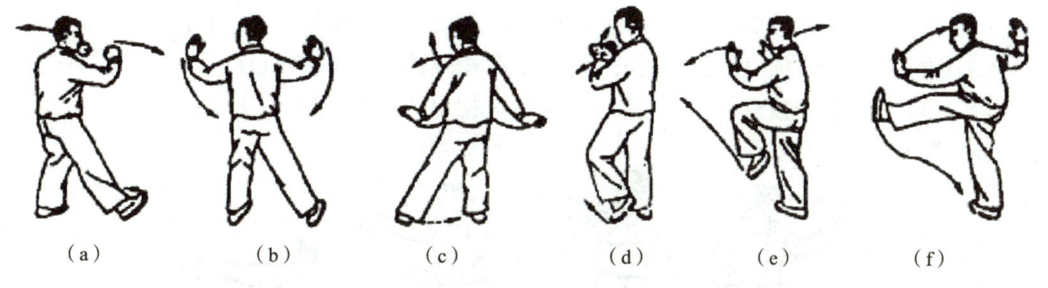

图 10-25　转身左蹬脚

16. 左下势独立

（1）左腿收回平屈，上体右转；右掌变成钩手，左掌向上、向右划弧下落，立于右肩前，掌心斜向后；眼看右手［图 10-26（a）、（b）］。

（2）右腿慢慢屈膝下蹲，左腿由内向左侧（偏后）伸出，成左仆步；左手下落（掌心向外）向左下顺左腿内侧向前穿出；眼看左手［图 10-26（c）、（d）］。

（3）身体重心前移，左脚跟为轴，脚尖尽量向外撇，左腿前弓，右腿后蹬，右脚尖里扣；上体微向左转并向前起身；同时左臂继续向前伸出（立掌），掌心向右，右钩手下落，钩尖向后；眼看左手［图 10-26（e）］。

（4）右腿慢慢提起平屈，成左独立式，同时右钩手变掌，并由后下方顺右腿外侧向前弧形摆出，屈臂立于右腿上方，肘与膝相对，手心向左；左手落于左胯旁，手心向下，指尖向前；眼看右手［图 10-26（f）、（g）］。

图 10-26　左下势独立

17. 右下势独立

（1）右脚下落于左脚，脚掌着地，然后左脚前掌为轴脚跟转动，身体随之左转；同时左手向后平举变成钩手，右掌随着转体向左侧划弧，立于左肩前，掌心斜向后；眼看左手［图 10-27（a）、（b）］。

（2）同“左下势独立”（2）解，只是左右相反［图 10-27（c）、（d）］。

（3）同“左下势独立”（3）解，只是左右相反［图 10-27（e）］。

（4）同“左下势独立”（4）解，只是左右相反［图 10-27（f）、（g）］。

图 10-27　右下势独立

18. 左右穿梭

（1）身体微向左转，左脚向前落地，脚尖外撇，右脚跟落地，两腿屈膝成半坐盘式，同时两手在左胸前成抱球状（左上右下）；然后右脚收到左脚的内侧，脚尖点地；眼看左前臂［图 10-28（a）～（c）］。

（2）身体右转，右脚向右前方迈出，屈膝弓腿，成右弓步；同时右手由脸前向上举交翻掌停在右额前，手心斜向上；左手先向左下再经体前向前推出，高与鼻尖平，手心向前；眼看左手［图 10-28（d）～（f）］。

（3）身体重心略向后移，右脚尖稍向外撇，随即身体重心再移至右腿，左脚跟进，停于右脚内侧，脚尖点地；同时两手在胸前成抱球状（右上左下）；眼看左前臂［图 10-28（g）、（h）］。

（4）同（2）解，只是左右相反［图 10-28（i）～（k）］。

图 10-28　左右穿梭

19. 海底针

右脚向前跟进半步，身体重心移至右腿，左脚稍向前移，脚尖点地，成左虚步；同时身体稍向右转，右手下落经体前向后，向上提抽至肩上耳旁，再随身体左转，由右耳旁斜向前下方插出，掌心向左，指尖斜向下；与此同时，左手向前，向下划弧落于左胯旁，手心向下，指尖向前；眼看前下方［图 10-29（a）、（b）］。

20. 闪通臂

上体稍向右转，左脚向前迈出，屈膝弓腿成左弓步，同时右手由体前上提，屈臂上举，停于右额前上方，掌心翻转斜向上，拇指向下；左手上起经胸前向前推出，高与鼻尖平，手心向前；眼看左手［图 10-30（a）～（c）］。

21. 转身搬拦捶

（1）上体后坐，身体重心移至右腿上，左脚尖里扣，身体向右后转，然后身体再

图 10-29　海底针　　图 10-30　闪通臂

移至左腿上；与此同时，右手随着转体向右、向下（变拳）经腹前划弧至左肋旁，拳心向下；左掌上举于头前，掌心斜向上；眼看前方［图 10-31（a）、（b）］。

（2）向右转体，右拳经胸前向前翻转撇出，拳心向上，左手落于左胯前，掌心向下，指尖向前；同时右脚收回后（不要停顿或脚尖点地）即向前迈出，脚尖外撇；眼看右拳［图 10-31（c）、（d）］。

（3）身体重心移至右腿上，左脚向前迈一步；左手上起经左侧向前上划弧拦出，掌心向前下方；同时右拳向右划弧收到右腰旁，拳心向上；眼看左手［图 10-31（e）、（f）］。

（4）左腿前弓成左弓步，同时右拳向前打出，拳眼向上，高与胸平，左手附于右前臂里侧；眼看右拳［图 10-31（g）］。

图 10-31　转身搬拦捶

22. 如封似闭

（1）左手由右腕下向前伸出，右拳变掌，两手手心逐渐翻转向上并慢慢分开；同时身体后坐，左脚尖翘起，身体重心移至右腿；眼看前方［图 10-32（a）～（c）］。

（2）两手在胸前翻掌，向下经腹前再向上、向前推出，腕部与肩平，手心向前；同时左腿前弓成左弓；眼看前方［图 10-32（d）～（f）］。

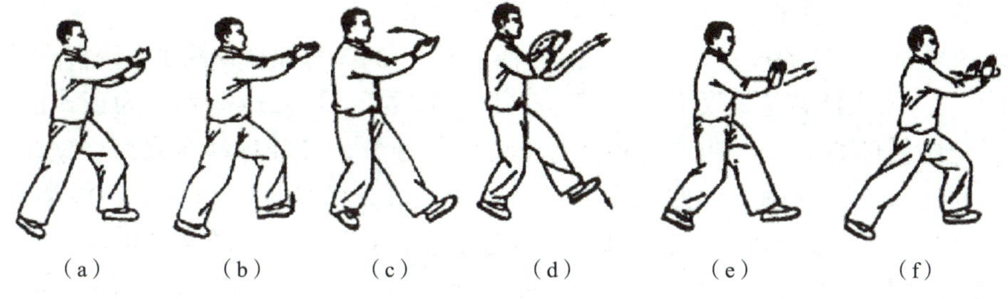

（a）（b）（c）（d）（e）（f）

图 10-32　如封似闭

23. 十字手

（1）屈膝后坐，身体重心移向右腿，左脚尖里扣，向右转体；右手随着转体动作向右平摆划弧，与左手成两臂侧平举，掌心向前，肘部微屈；同时右脚尖随着转体稍向外撇，成右侧弓步；眼看右手［图 10-33（a）、（b）］。

（2）身体重心慢慢移至左腿，右脚尖里扣，随即向左收回，两脚距离与肩同宽，两腿逐渐蹬直，成开立步；同时两手向下经腹前向上划弧交叉合抱于胸前，两臂撑圆，腕高与肩平，右手在外，成十字手，手心均向后；眼看前方［图 10-33（c）、（d）］。

24. 收势

两手向外翻掌，手心向下，两臂慢慢下落，停于身体两侧；眼看前方［图 10-34（a）、（b）］。

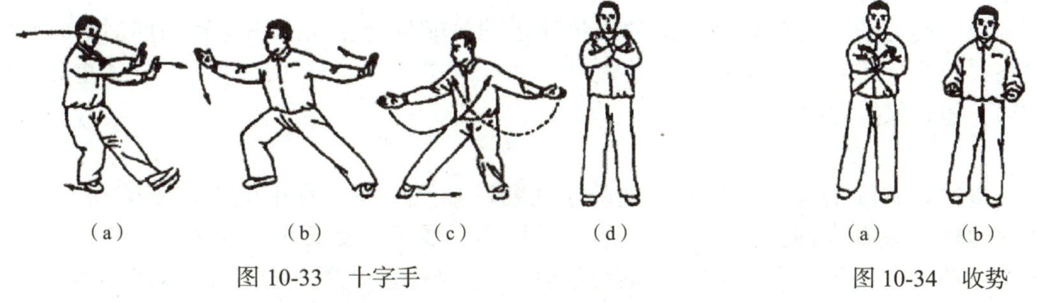

（a）（b）（c）（d）　（a）（b）

图 10-33　十字手　　图 10-34　收势

单元二　毽 球 运 动

一、毽球运动简介

毽球运动

毽球运动民间又称踢毽子，是我国一项流传很广，有着悠久历史的民族体育活动。经常进行这项活动，可以活动筋骨促进健康。宋朝高承在《事物记源》一书中，对踢毽子有较详细的记载：“今时小儿以铅锡为钱，装以鸡羽，呼为毽子，三四成群走踢，有里外廉、拖抢、耸膝、腆肚、佛顶珠等各色。”

毽球运动从我国古老的民间踢毽子游戏演变而来，是中国民族传统体育宝库中的一颗灿烂的明珠。它在花毽的趣味性、观赏性、健身性基础上，增加了对抗性，集羽毛球的场地、排球的规则、足球的技术为一体，是一种隔网相争的体育项目，深受人民群众的喜爱。

1984 年，国家体育运动委员会（简称“国家体委”）将毽球运动列为正式比赛项目，并组织了全国毽球邀请赛。在政府和体育部门的倡导下，毽球运动在北京、湖北、山东、广东、上海、陕西、河南、山西及东北各省广泛开展，各地相继组织了各种类型的毽球比赛，越来越多的人参加到这项活动之中，充分显示了毽球运动的强大生命力。

踢毽运动主要是用下肢做接、落、跳、绕、踢等动作来完成的，使下肢的关节、肌肉、韧带都得到很大的锻炼，同时也使腰部得到锻炼。而跳踢时，不但要跳，腰部动作也很重要，上肢随同摆动，有时颈部也要运动，由此可见，毽球运动是一项全身运动，不仅可使下肢肌肉、韧带富有弹性，关节灵活，而且可使心、肺系统得到全面锻炼，起到增进身体健康的良好作用。

二、毽球运动的基本技术

1. 准备姿势

准备姿势是运动员在场上未接球时身体的一种等待状态，保持良好的姿势，是使身体能随时在瞬间由静变动、由被动的状态变主动状态的关键。准备姿势一般分以下两种。

（1）左右开位站势要领：这种站势使运动员能从静止状态快速转向左右的移动的状态，尤其用在比赛的防守过程的站势当中。

（2）前后开位站势要领：这种站势使运动员能从静止状态快速转向前后的移动的状态，较多应用在比赛过程中的接发球和防守当中。注意后脚跟离地，身体重心要向前移，随时保持静中带动的状态。

2. 步法移动

步法是移动的灵魂，没有纯熟的步法移动技巧，在比赛中就不能变被动为主动。步法移动一般有八种，分别为前上步、后撤步、滑步、交叉步、并步、跨步、转体上步、跑动步。只有熟悉各种步法的移动运用，在毽球运动中才能更具主动性和灵活性。

3. 基本踢法（图 10-35）

（1）脚内侧踢球（盘）[图 10-35（a）] 要领：膝关节向外张，大腿向外转动，稍有上摆，不要过大，髋和膝关节放松，小腿向上摆，踢毽时踝关节发力，脚放平，用内足弓部位踢球。在运用上主要多用在传接球方面，因此要想成为一名出色的球员，无论是一传手、二传手或是攻球手，都必须熟练，稳定地掌握好脚内侧球。

（2）脚背踢球（绷）[图 10-35（b）] 要领：用脚背踢球，一般用正脚背，要注意绷脚尖和抖动脚腕发力击球。此踢球的技术是相对其他基本技术中难度较大的一种，主要动作要求不但要快，还要求有一定的准度，一旦抖动脚腕发力击球的节奏过快或过慢都会影响完成踢球的质量。

（3）脚外侧踢球（拐）[图 10-35（c）] 要领：要稍侧身，向体侧甩踢小腿，钩脚尖，用脚外侧踢球。注意：要想获得较低的托球点，必须要使支撑脚做适当的弯曲。还要注意身体重心应放在支撑脚上。

（4）触球（磕）[图 10-35（d）] 要领：在身体膝关节以上部位的踢球都叫触球。但又可以分为大腿触踢球，腹部触踢球，胸部触踢球，头部触踢球。大腿触踢球时，要注意抬大腿迎球，放松小腿，用大腿正面前段击球。腹部触踢球，胸部触踢球，头部触踢球，都要注意触球时将腹部、胸部或头部要稍微向前去主动迎接球，并控制球落在自己的前方，然后用脚将球踢出。

4. 起球技术

（1）脚内侧起球（抹）[图 10-35（e）] 要领：膝关节向外张，大腿向外转动，稍有上摆，不要过大，髋和膝关节放松，小腿向上摆，踢毽时踝关节发力，脚放平，用内足弓部位踢球。在运用上主要多用在传接球方面，因此要想成为一名出色的球员，无论是一传手、二传手或是攻球手，都必须熟练、稳定地掌握好脚内侧球。

（2）脚外侧起球（背）[图 10-35（f）] 要领：要稍侧身，向体侧甩踢小腿，钩脚尖，用脚外侧踢球。注意：要想获得较低的托球点，必须要使支撑脚做适当的弯曲。还要注意身体重心应放在支撑脚上。

（3）脚背起球（钩）[图 10-35（g）] 要领：用脚背踢球，一般用正脚背，要注意绷脚尖和抖动脚腕发力击球。此踢球的技术是相对其他基本技术中难度较大的一种，主要动作要求不但要快，还要求有一定的准度，一旦抖动脚腕发力击球的节奏过快或过慢都会影响完成踢球的质量。

（4）腿部起球要领：在身体膝节以上部位的踢球都叫触球。但又可以分为大腿触踢球，腹部触踢球，胸部触踢球，头部触踢球。大腿触踢球时，要注意抬大腿迎球，放松小腿，用大腿正面前段击球。腹部触踢球、胸部触踢球、头部触踢球，注意触球时腹部、胸部或头部要稍微向前去主动迎接球，并控制球落在自己的前方，然后用脚将球踢出（踹）[图 10-35（h）]。

图 10-35 毽球要领

5. 发球技术

发球动作一般有三种：脚内侧发球，脚正背发球，脚外侧发球。脚内侧发球的时候要抬大腿带小腿，用内足弓部位向前上方送髋推踢。其特点是既稳又准，破坏性强。脚正背发球时要注意绷脚尖，用正脚背向前上方发力挑踢，它的特点是平、快、准。脚外侧发球时要注意稍侧身站位，绷脚尖，用脚外侧发力扫踢，其发球的特点是既快又狠，攻击力强。发球是比赛的开始又是一项进攻技术，发球的时候可以采用盯人、找空、压后、吊前等手段发出各种战术球，以达到破坏对方组织进攻或直接得分的目的。

单元三　跳 绳 运 动

一、跳绳运动简介

跳绳运动

跳绳运动是我国民间广为流传的一项体育活动。据记载，早在 1000 多年前的唐朝就有跳绳活动，那时称跳绳为“透索”或“跳白索”。随着跳绳活动的广泛开展，跳绳技术也得到了提高。跳绳运动在各项民俗体育运动中是最普遍的项目，一人一绳、多人一绳、多人多绳均可开展，其动作可简可难、变化多样、趣味无穷，更不受年龄、性别、场地的限制，人人可行，校校可做，家家可玩。这项运动特别适合于人多场地小的学校开展，其普及性、可行性、健身性都很强。

二、跳绳运动的基本技术

跳绳运动是一种极安全的运动，绝少有运动伤害的发生，即使跳跃失败或停顿，也不会有坠落、跌倒、冲突或被用具所伤的危险。跳绳者还能随自己的身体状况、体力及方法来自由调节跳绳的速度及次数。

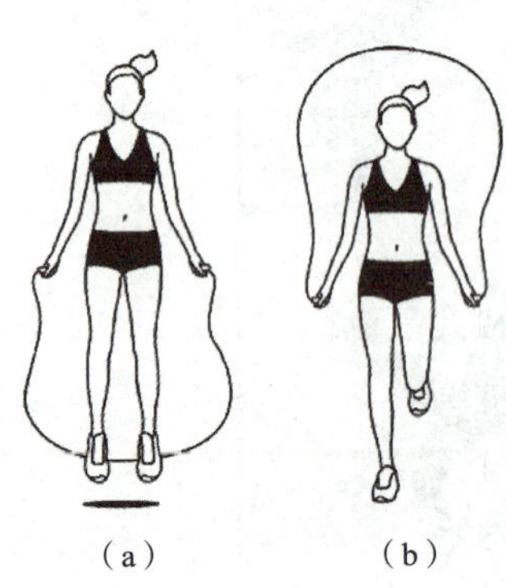

图 10-36　握绳方法

（1）跳绳方法是用前脚掌起跳和落地，切记不可用全脚或脚跟落地，以免脑部受到震动。当跃起在空中时，不要极度弯曲身体，而应成为自然弯曲的姿势。

（2）握绳的方法［图 10-36（a）、（b）］是两手分别握住绳两端的把手。通常情况下以一脚踩住绳子中间，两臂屈肘将小臂抬平，绳子被拉直即为适合的长度。

（3）摇绳的方法是向前摇时，大臂靠近身体两侧，肘稍外展，上臂近似水平，用手腕方力做外展内旋运动，使两手在体侧做画圆动作。每摇动一次，绳子从地经过身后向上向下，回旋一周。绳子转动的速度和手绳的速度成正比，摇动越快，则绳子回旋越快。

（4）停绳的方法是向前摇时，一脚伸出，前脚掌离地，脚跟着地使绳停在脚掌下；向后摇时，则一脚伸出，后脚跟离地，前脚掌着地，使绳停在脚底。

三、跳绳的练习

跳绳不但能培养每个人的创新意识和团结协作的能力，而且还能提高体育运动的兴趣和学习的积极性。

1. 原地练习法

（1）单人跳绳练习：在篮球场上。将学生分成两组面对面站立，距离4～5米，每人左右之间相距2～3米。两手分别执绳的两段，持绳于身后，进行正反单双足跳或单双足交替跳；正反夹花跳；单双足双飞跳；蹲着跳（将绳对折单手执绳的一端，蹲下单手贴地摇绳跳）等。

（2）两人同跳一根绳练习：一人摇绳两人同跳（没摇绳的人站在摇绳人的前面或后面）；两人同摇同跳（两人同站一排，各执绳的一端，同摇齐跳）；两人同摇一人跳（跳绳人外侧手执绳的一端，没跳者执绳的另一端，同时摇绳）。

（3）夹物跳练习：双踝夹物跳；双膝夹物跳；双腋夹物跳；双踝、双膝、双腋同时夹物跳。要求：跳绳过程中要控制所夹物体不掉地。

2. 跑的练习

（1）你追我逃：在篮球场上进行。将学生分成四大组，分别站在四块篮球场上，每组再分两小组进行：一组跳绳逃跑，另一组跳绳追，被追到的学生站到场外，直至最后一名学生被追到为止。然后，两小组角色互换再进行练习。要求：逃得学生不能出界；追的学生不能停绳追，用手拍击逃跑人的身体。

（2）跳绳往返接力跑：距离10～15米，将学生分成人数相等的几组，成纵队站立，每组只用一根绳。比赛开始后，每组的第一名学生跳绳向前跑出，绕过终点标志物返回，将手中的绳交给第二名学生，第二名学生重复第一名学生的动作，然后第三，第四，第五……，依次进行，看哪一组最先跑完。要求：用手交接绳，不得抛绳。

（3）跳绳迎面接力跑：距离15～20米分别画两条平行线，将学生分成人数相等的四组，面对面纵队站立，每组用一根绳，准备好后教师发令，每组第一名学生跳绳跑向对面同伴，将绳交给同伴进行，看哪组最先完成判定胜负。要求：必须跳绳跑进；接绳之前不得跨越起跑线。

3. 跳长绳练习

在篮球场上进行练习。将学生分成2～4组，每组将短绳接成长绳，进行集体跳长绳练习。要求：

（1）学生可自行编制与选择跳长绳的花式。

（2）多人花样跳时要注意安全。

总结案例

荡秋千

荡秋千是中国古代北方少数民族创造的一种运动。春秋时期传入中原地区，因其设备简单，容易学习，故而深受人们的喜爱，很快在各地流行起来。汉代以后，荡秋千逐渐成为清明、端午等节日进行的民间习俗活动，并流传至今。1949 年以来，随着各种现代体育项目的兴起，荡秋千除在少数地区仍广为流行外，在中国大部分地区已成为儿童的专项活动。1986 年 2 月，国家体委制定了《秋千竞赛规则》（草案），同年，秋千运动被列为全国少数民族体育运动会正式比赛项目。到 1999 年第六届全国少数民族运动会，秋千运动已发展为包括六个单项的较大项目。

探索与思考

1. 武术的分类有哪些？
2. 武术的基本功有哪些？
3. 二十四式简化太极拳的基本动作有哪些？
4. 毽球的基本技术包括哪些？
5. 跳绳的基本技术包括哪些？

模块十一 操类运动

模块导读

“体操”是对所有体操项目的总称。体操可分为竞技体操、艺术体操和基本体操三大类。

体操运动中既有动力性动作，又有静力性动作。基本体操是指动作和技术都比较简单的一类体操，其主要目的、任务是强身健体和培养良好的身体姿态，它所面对的主要对象是普通人群，最常见的有广播体操和为防治各种职业病的健身体操。而竞技性体操从字面上就可以看出，是指在赛场上以争取胜利、获得优异成绩、争夺奖牌为主要目的的一类体操。这类体操动作难度大、技术复杂，有一定的惊险性。

能力目标

分类	具体内容
知识目标	1. 了解体操的起源与发展与分类 2. 了解基本体操和健美操的区别和技术要点
技能目标	掌握基本体操和健美操的技术要点
素养目标	1. 树立正确的体育价值观，形成积极参与体育锻炼的良好意识 2. 在运动中体验体育的乐趣和成功的感觉，同时表现出良好的体育道德和合作精神 3. 能自觉通过体育运动改善心理状态，建立良好的人际关系，养成积极乐观的生活态度

导入案例

广播体操

广播体操是一项广为人知、练习者众多的体育运动。其是一种徒手操，不用器械，在有限的场地就可以开展，通常跟随广播进行锻炼，也可以用口令指挥节奏。

1951 年 11 月 24 日，第一套广播体操公布。同日，中华全国体育总会筹备委员会、中央人民政府教育部、中央人民政府卫生部、中央人民革命军事委员会总政治部、中国新民主主义青年团中央委员会、中华全国总工会、中华全国民主妇女联合会、中华全国民主青年联合会和中华全国学生联合会等九个单位发出“关于推行广播体操活动的联合通知”。同时中央人民政府新闻总署广播事业局和中华全国体育总会筹备委员会联合决定，在中央人民广播电台和各地人民广播电台举办广播体操节目，领导全国人民做广播体操。1951 年 11 月 25 日，《人民日报》发表了中华全国体育总会广播体操研究小组的文章《大家都来做广播体操》。中央人民广播电台的广播体操节目从1951年12月1日开始播放，各地人民广播电台陆续开始播放。每天喇叭一响，千百万人随着广播乐曲做操，这是中国历史上破天荒的新鲜事。曾经做广播体操在中国的百姓当中是非常重要的健身方式，百万人同做广播体操的景象令一代又一代人难忘，现在全国全面推行的是第八套广播体操。

单元一 基本体操

一、体操运动简介

基本体操

“体操”一词源于古希腊语，意为裸体技艺，与当时裸体操练有关。体操在中国、印度、埃及、古希腊、古罗马都有着悠久的历史。产生于远古时代、被称为“瑜伽”的呼吸体操运动至今仍在印度流传。

现代体操的正式名称叫竞技体操，是一项在规定的器械上，完成复杂、协调的动作，并根据动作的分值或动作的难度、编排与完成情况等给予评分的运动。体操也是奥运会主要比赛项目之一。

现代竞技体操始于18世纪的欧洲，分德国体操和瑞典体操两大流派。1896年首届奥运会即有男子体操比赛，但早期几届奥运会比赛项目比较杂乱，甚至包括赛跑、跳远、爬绳等。20世纪20年代，国际体操联合会将德国、瑞典两大流派结合起来，确立了现代竞技体操的项目，男子有自由体操、鞍马、吊环、跳马、双杠和单杠六个项目，女子有自由体操、高低杠、平衡木和跳马四个项目，分团体赛、个人全能赛和单项赛。

体操运动的基本特点之一是既能全面、重点地锻炼身体，又可以有效增强肌肉力量，改善平衡能力，提高灵敏程度，塑造健美形体。因此，它可以有针对性地进行局部练习以达到平衡发展和矫正某些畸形的目的，这些特点是其他运动项目所不具备的。

体操运动的许多技能在生活中有很高的实用价值，可以有效提高人们克服障碍、自我保护的能力，如基本体操中的攀登、爬越、荡绳、搬运，技巧中的各种滚动、滚翻，器械体操中的各种上法、下法等。这些技能的掌握对人们在生活中特殊情况下的自我和相互救助、保护有很大的帮助，也使体操运动更加贴近生活实际。

二、基础体操的基本技术

基本体操是以健身、提高身体素质、提高身体机能为主要目的。其内容丰富多样，形式简便易学，既有表演性，又有广泛的群众性，是广大青少年喜爱的运动项目。基本体操包括徒手体操、轻器械体操、器械体操等。

（一）技巧运动

技巧运动是体操运动中一个独立的基础项目，它自成体系，是青少年喜爱的体操项目之一。技巧有多种形式，从技术结构上说，它由翻腾动作、平衡动作和抛接动作三大类组成，可以单人做、双人做、三人或四人和更多的人做。系统地练习技巧运动对于提高身体各器官的机能、肌肉放松和协调控制能力，增强关节韧带和骨骼系统生长、发育和稳固能力都有良好的影响，还能培养勇敢、果断、机智等意志品质。

技巧练习对于掌握和提高竞技体操的技术水平有着重要的作用，自由体操就是在技巧运动的基础上，按一定的特定要求编创成套，在特定的场地（12 米 ×12 米）上进行的。技巧运动是竞技体操运动员训练最重要的基本内容之一。艺术体操、健美操也充分采用技巧运动训练的内容和手段进行训练。此外，田径、摔跤、柔道等项目也都经常把技巧动作用于专门的身体素质练习。下面就简单地介绍常用的技巧运动练习技术与方法。

1. 立卧撑

立卧撑［图 11-1（a）～（e）］要领：由站立姿势开始，然后屈膝全蹲，两手撑地（两手距离与肩同宽），然后两脚用力蹬地收腹成蹲撑，再还原直立。

2. 仰卧起坐

仰卧起坐（图 11-2）要领：全身仰卧于垫子上，两腿屈膝稍分开，大腿与小腿成直角，两手指交叉贴于脑后，或放于体侧。由同伴压住两踝关节处。起坐时，以双肘触及或超过两膝为完成一次。仰卧时，两肩胛必须触垫。

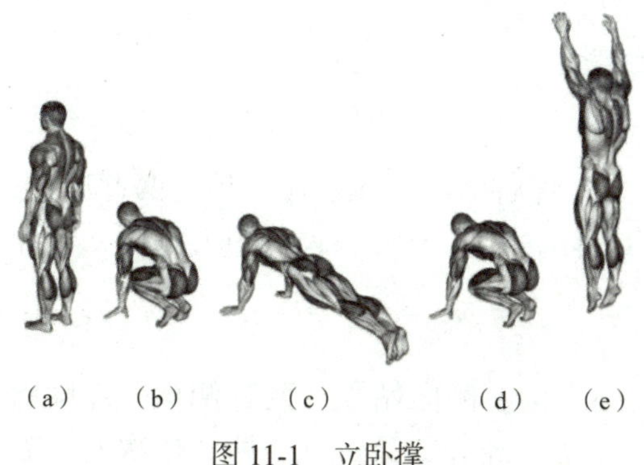

（a） （b） （c） （d） （e）

图 11-1 立卧撑

图 11-2 仰卧起坐

3. 俯卧挺身

俯卧挺身要领［图 11-3（a）、（b）］：发展腹背肌力量。练习时要求逐渐增加上体上抬或四肢同时上抬的幅度。

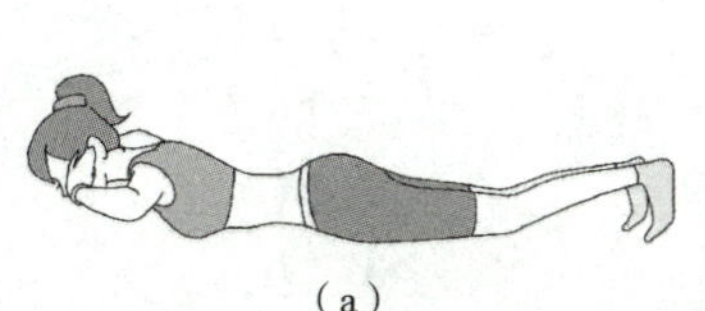

（a）

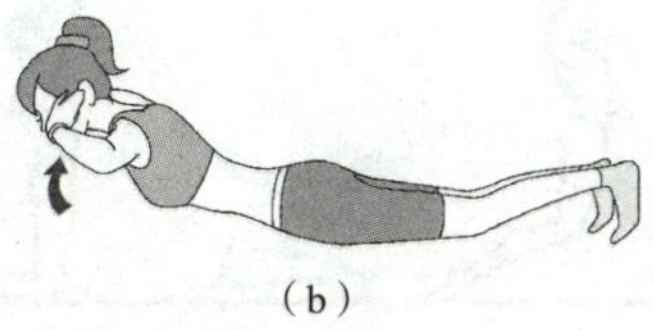

（b）

图 11-3 俯卧挺身

图 11-4 俯平衡（燕式平衡）

4. 俯平衡（燕式平衡）

俯平衡（燕式平衡）要领（图 11-4）：由站立开始，右脚向前迈出一步，同时上体前倾，左腿直腿尽量后举，抬头挺胸，两臂侧举成俯平衡姿势。

5. 挺身跳

挺身跳要领［图 11-5（a）～（c）］：由两臂斜后下举的半蹲开始，两臂用力向前上方摆起（掌心向前），同时两脚用力蹬地跳起（两腿后伸，脚面绷直），使身体在空中充分伸展。当身体下落时，屈髋和两腿微屈缓冲，用脚前掌着地后过渡到全脚着地。

（a）（b）（c）

图 11-5 挺身跳

6. 跪跳起

跪跳起要领［图 11-6（a）～（d）］：由跪立，臀后坐，上体前倾开始，两臂后举，接着用力向前上方摆至与头同高时制动伸髋抬上体，同时小腿和脚背用力下压，迅速收腹提膝跳起成蹲立。

7. 侧手翻

侧手翻要领［图 11-7（a）、（b）］：以向左侧为例，侧向站立，两臂侧举，左腿蹬地，上体侧倒，右腿向侧上摆，两手左右依次撑垫，经分腿手倒立，两臂依次左、右推起成分腿站立，两臂侧平举。

（a）（b）（c）（d）

图 11-6 跪跳起

（a）（b）

图 11-7 侧手翻

8. 肩肘倒立

肩肘倒立［图 11-8（a）～（c）］要领：坐撑，上体后倒，收腹举腿，当脚尖至头上方时，两臂在体侧下压。两腿向上伸展的同时，两手撑于腰背的两侧成肩肘倒立。

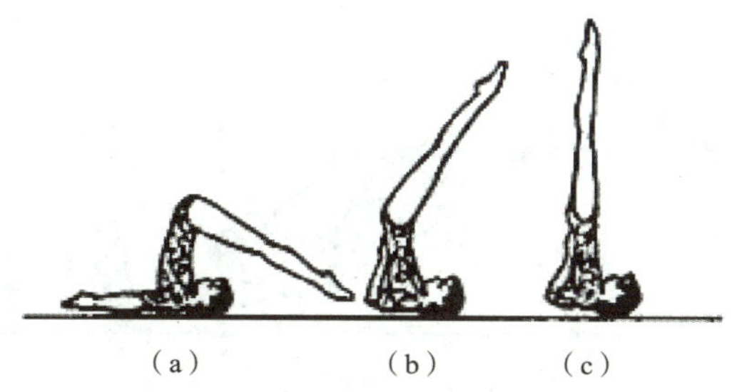

图 11-8 肩肘倒立

9. 头手倒立

头手倒立［图 11-9（a）～（d）］要领：蹲撑、屈臂，两手与前额撑地成等边三角形，然后两腿蹬直提臀，当臀部提至垂直面时，伸直髋关节成头手倒立。

初学时，先做一腿蹬地，另一腿摆动成头手倒立；分腿开始，双手体前扶地，前倒重心前移至三角支撑，当臀部达支撑面后双腿由两侧上提并拢成头手倒立。保护者站于练习者身后扶其腰部，在练习者练习的同时帮助其维持平衡。

图 11-9 头手倒立

10. 团身前滚翻

团身前滚翻［图 11-10（a）～（e）］要领：由蹲姿开始，两手向前撑地，两脚蹬地（要充分蹬直），同时提臀前移，屈臂缓冲低头，使头后部、颈、肩、背、腰和臀部依次着地，当背部着地时，屈膝团身，双手抱小腿，上体迅速跟上大腿，向前滚动成蹲立姿势。

图 11-10 团身前滚翻

初学时可仰撑抱小腿前后滚动，或由高处沿斜坡向低处做前滚翻。保护者跪立在练习者侧前面，当练习者头后部将要着地时，一手托颈，另一手去推臀部，双手顺势推其背使其成蹲立姿势。

11. 鱼跃前滚翻

鱼跃前滚翻［图 11-11（a）～（j）］要领：半蹲、两臂后举，两臂前摆，同时两脚蹬地向前上方跃起，腾空时挺胸，稍屈髋，接着两臂撑垫顺势屈臂，低头做团身前滚翻起立。

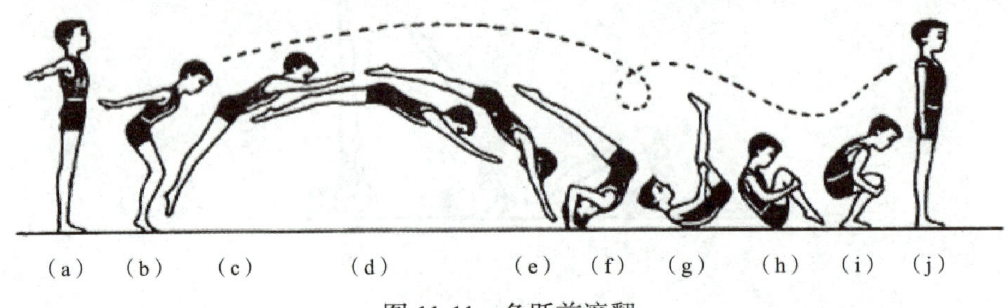

图 11-11　鱼跃前滚翻

初学时由蹲立开始，双手远撑做前滚翻；或由高处向低处做前滚翻；越过一定高度障碍物做前滚翻；也可以由助跑开始做鱼跃前滚翻，要求有高度、远度。保护者站在练习者侧前方，一手托其肩部，另一手托其腿部，帮助他缓冲落地向前滚动。

12. 垫上成套动作介绍

男子：侧手翻—向外转体 90°成弓箭步—鱼跃前滚翻—挺身跳，如图 11-12（a）～（g）所示。

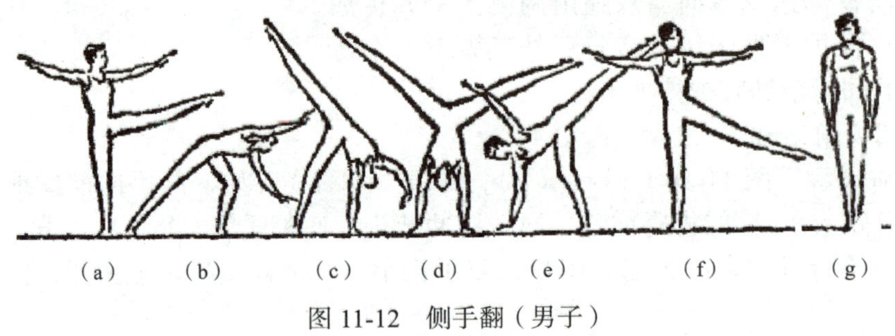

图 11-12　侧手翻（男子）

女子：鱼跃前滚翻—跳转体 180°—后滚翻—挺身跳，如图 11-13（a）～（h）所示。

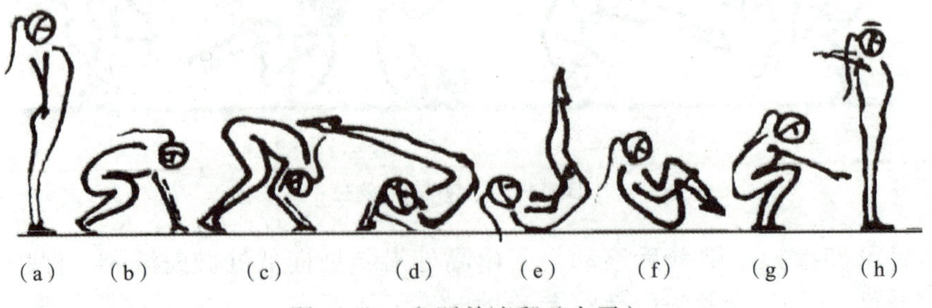

图 11-13　鱼跃前滚翻（女子）

（二）器械体操

1. 单杠

单杠动作都是动力性的动作，包括摆动、屈伸、回环、转体、飞行、换握、空翻等动作。单杠动作多以身体绕杠旋转的形式完成，作为比赛中的成套动作，不能停顿。经常从事单杠练习，可以培养勇敢、顽强的意志，增强上肢、肩带、躯干肌肉的力量和柔韧性，提高身体的协调性及前庭分析器的平衡能力——空中感觉。

单杠高 2.55 米，由于这项运动危险性比较大，初学者应在低单杠上进行基本训练。单杠主要是摆动动作，在摆动过程中有单臂或双臂的支撑或悬垂握法也比较复杂，如脱手再握，很容易脱手甩出或掉下。因此，在练习过程中要加强保护与帮助意识，还要在器械设置上保证安全。专业运动员在练习单杠时手掌不断和杠子摩擦，为了不使手掌皮磨破，应该戴护掌和使用镁粉。下面就一些常用的单杠基本技术练习做简单介绍。

（1）引体向上［图 11-14（a）、（b）］要领：从高杠悬垂姿势开始，用力屈肘拉杠，使身体向上，直至下颏超过杠面成屈臂悬垂姿势。然后两臂慢放，逐渐伸直，恢复成悬垂姿势，可反复进行。

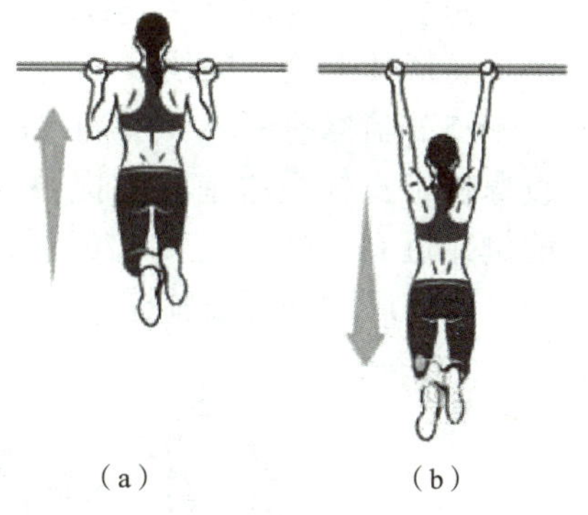

（a） （b）

图 11-14 引体向上

（2）仰卧悬垂臂屈伸要领：练习者做仰卧悬垂姿势，另一同伴握其脚腕或小腿，将练习者的腿抬至水平部位，也可将练习者的脚放在稍高的器械上做臂屈伸。

（3）单腿蹬地翻上成支撑（图 11-15）要领：由直臂正握单杠站立开始，屈臂，左腿后举，接着左腿迅速经前向后上方摆起，右脚蹬地后与左腿并拢，同时屈臂用力引体，倒肩，腹部靠杠。当身体翻转两腿至杠后水平部位时，制动两腿，抬上体，翻腕撑杠，两臂伸直成支撑。

图 11-15 单腿蹬地翻上成支撑

练习方法：①跳上支撑前倒慢翻下；②单腿蹬高处做翻上。

保护与帮助：保护者站在杠前侧方，当练习者蹬地后，一手托其臀部，另一手托其肩部帮其翻转。

（4）支撑双腿摆越成骑撑［图 11-16（a）～（g）］要领：由支撑开始，上体前移重心，同时双腿迅速向前摆越过杠，双手接着握杠挺身成骑撑。

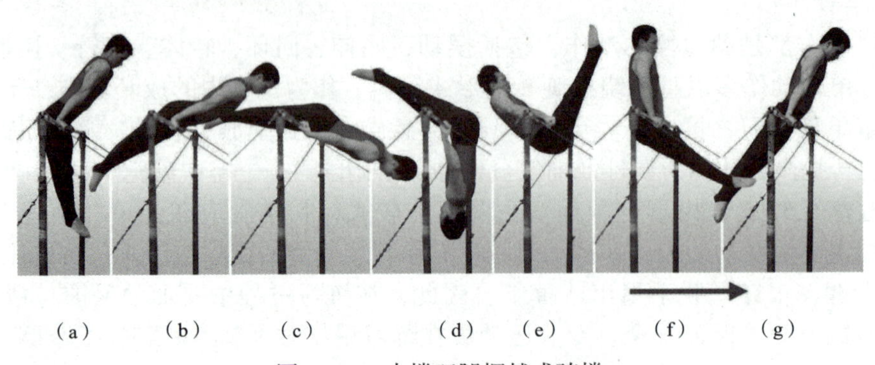

（a）（b）（c）（d）（e）（f）（g）

图 11-16 支撑双腿摆越成骑撑

初学时可在原地模仿练习，保护者站于杠后，一手托肩帮练习者移动重心，另一手扶腿帮其上摆并前放。

（5）骑撑前回环［图 11-17（a）～（i）］要领：由右腿骑撑双手反握开始，两臂伸直撑杠，身体重心前移前提臀，右腿上举向前迈出，以左腿大腿前部压杠为轴，上体前倒靠近右大腿，当转 270°时，右腿压杠，展髋。左腿继续后摆，两臂伸直压杠，翻腕立腰前后大分腿成骑撑。

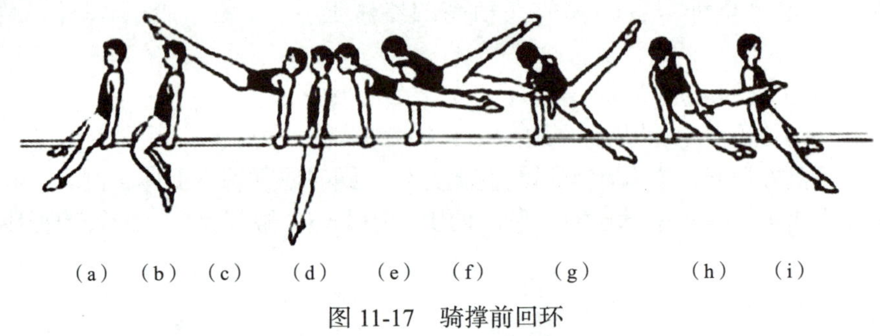

（a）（b）（c）（d）（e）（f）（g）（h）（i）

图 11-17 骑撑前回环

帮助者站在练习者前，抱其右腿做迈步提臀前倒上体；或在杠前设立标志物练习前回环。

（6）支撑后摆下［图 11-18（a）～（g）］要领：由支撑开始，两腿先向前预摆。肩稍前倾，接着双腿向后上方摆腿，两臂伸直支撑，当后摆到极点要下落时，稍含胸制动双腿顶肩推手，挺身落下。

保护者站在杠后侧方，一手托练习者腹部，另一手托其腿部帮助后摆。然后扶身体落地。

2. 双杠

（1）双臂屈伸［图 11-19（a）～（g）］要领：屈肘身体下垂，肩低于肘，用力向上撑起。要求屈臂呼气，伸臂吸气，下降慢，撑起快。双臂屈伸可在支撑摆动中进行。

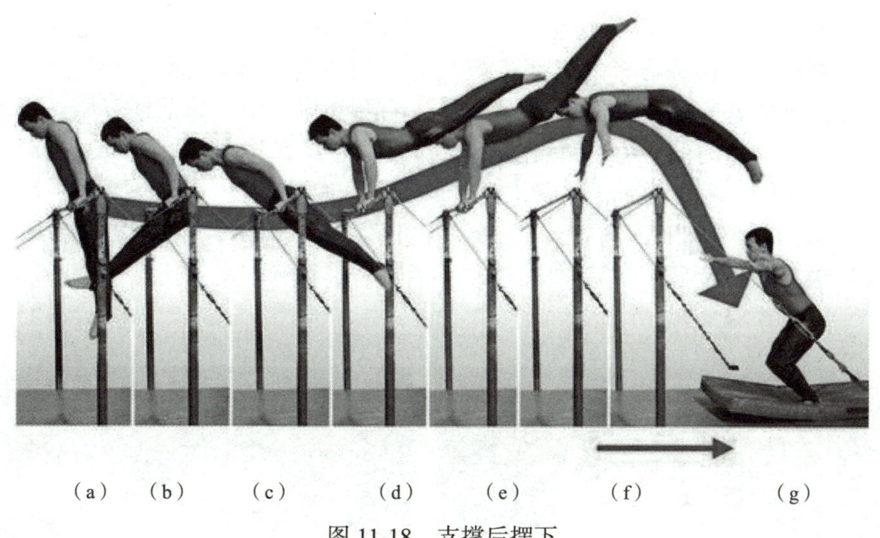

图 11-18 支撑后摆下

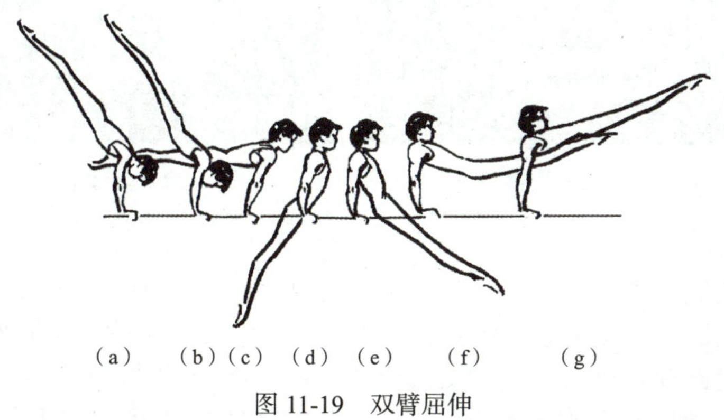

图 11-19 双臂屈伸

（2）分腿坐前进［图 11-20（a）～（g）］要领：由分腿坐开始，向前挺髋，上体前倒。两臂伸直在体前稍远处撑杠，同时两腿伸直用大腿内侧压杠后摆，并腿后进杠前摆，前摆到刚超出杠面时分腿，以大腿内侧沿杠向后滑至手前成分腿坐，继续前进。

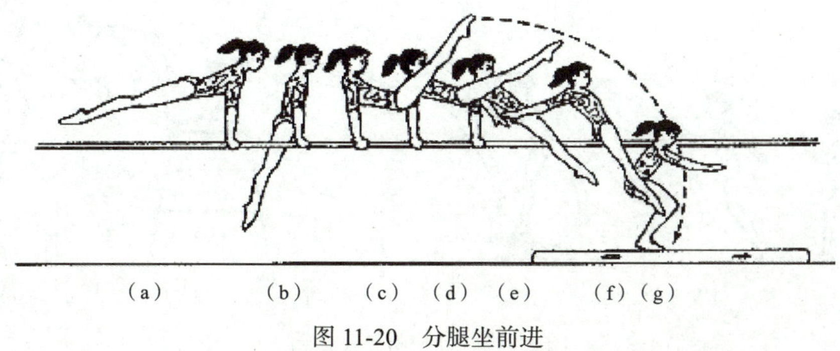

图 11-20 分腿坐前进

练习可先支撑摆动前摆分腿坐；在帮助下前扶双手压杠反弹并腿支撑、摆动。保护者站于杠侧，一手扶练习者的肩部（杠上），一手杠下托其腹部。

（3）支撑前摆挺身下（图 11-21）要领：以右侧为例，由支撑前摆开始，当两腿前摆过垂直部位后，加速向前上方右外侧摆，身体重心右移，脚摆至极点时，制动腿，左手撑杠，右手前撑杠，两腿下压，右臂推开杠侧举，同时伸髋挺身落地，成左手握杠侧立。

（4）支撑后摆挺身下（图 11-22）要领：以左侧下为例，由支撑后摆开始。当身体后摆接近极点时制动腿，右手推杠至左手后撑杠，左手松杠侧举，使身体平移出杠，挺身下。

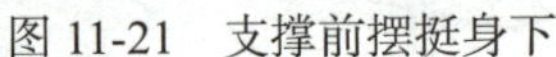

图 11-21　支撑前摆挺身下

图 11-22　支撑后摆挺身下

3. 支撑跳跃

支撑跳跃是竞技体操中重要项目之一，男女都有这个项目，只是马的方向和高度有所不同。男子跳马的马高是 1.35 米，为纵向；女子跳马的马高是 1.20 米，为横向。

体操中的跳跃项目具有较高的锻炼价值。一方面，器械可以复杂也可以简单，还可以就地取材，如用 S 形的弹性跑跳板，调整器械高度，用木制斜坡跑跳板，还可以采用跳跃技术在有踏板或无踏板的条件下，利用障碍物或其他的跳马替代品进行跳跃练习。另一方面，动作多样化，可难可易，高难动作给人惊险、优美、新颖、奇特的感觉，简单动作给人以易学、实用、稳重的印象。

（1）分腿腾越（横箱）[图 11-23（a）～（j）]（或横马）要领：快速助跑，积极

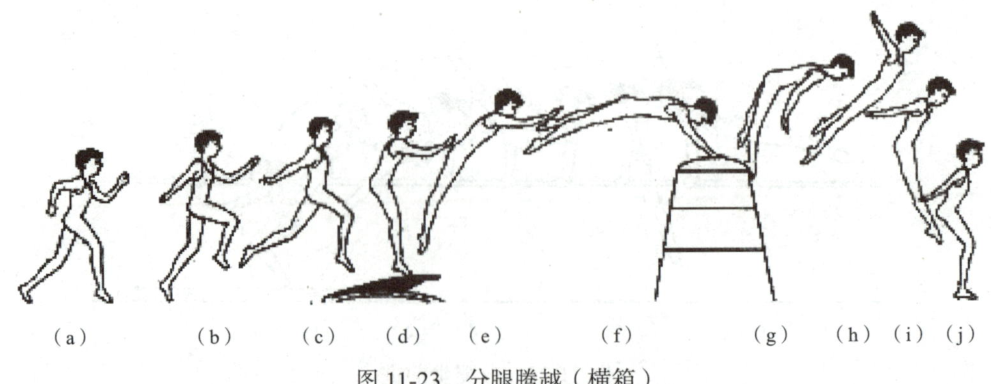

图 11-23　分腿腾越（横箱）

踏跳，领臂含胸，稍屈髋，向前上方腾起。两臂主动前伸撑手并用力向下方顶肩推手，用力时稍提臀，屈髋分腿，制动两腿，推手后上体向上急振，两臂上摆，紧腰展髋挺身落地。

练习时：①原地跳起，分腿挺身接并腿站立；②地上俯撑，脚蹬地、推手，成分腿立撑；③面对墙站立，距一步远，上体前倾两手直臂推墙做推手练习；④手撑器械原地跳起做屈髋分腿动作；⑤横马由低到高，踏跳板由近至远进行练习。

（2）分腿腾越（纵马）[图 11-24（a）～（g）]（或纵箱）要领：快速助跑，两脚用力踏跳，领臂含胸，向前上方跃起，两臂前摆撑马远端，并立即向前下方顶肩推手，同时两腿分开，髋微屈，越过器械后，两臂上举、挺身，然后并腿落地。

练习时：①地上俯撑、蹬地后摆，推手收腿成分腿站立；②助跑几步，跳起推手后分腿站在高垫上；③纵山羊分腿腾越，踏跳板逐渐拉远；④近端低远端高的纵箱分腿腾越。

4. 利用肋木健身

（1）上肢和肩带的动作要领：握住与肩同高的肋木做压肩动作（图 11-25）；握肋木做下蹲拉肩动作。

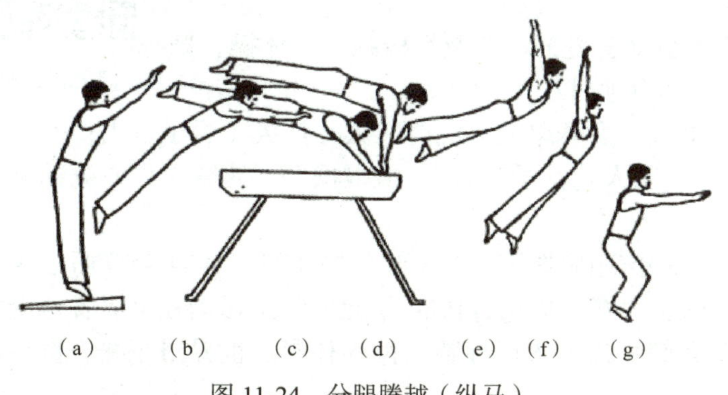

图 11-24 分腿腾越（纵马）

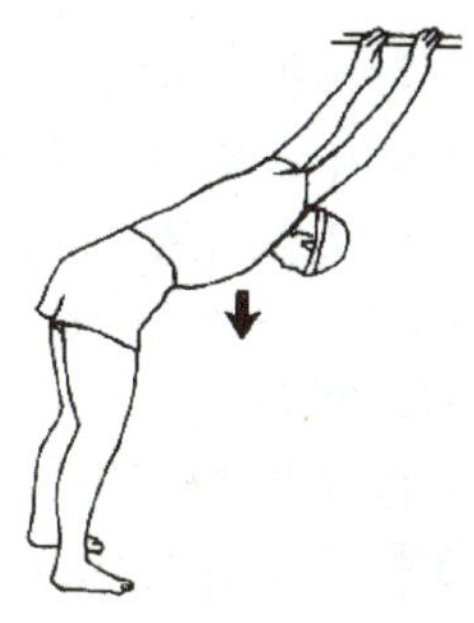
图 11-25 握肋木做压肩动作

（2）躯干动作要领：侧对肋木握与头同高的肋木做体侧屈；背对肋木握住与头同高的肋木做体后屈；肋木上做悬垂举腿的腹肌练习；扶住肋木左右转髋。

（3）下肢动作要领：侧对肋木站立，一手握肋木做向前、侧、后踢腿；一腿放在肋木上做压腿动作（扶肋木下蹲，扶肋木提腿、倒立等）。

5. 攀登练习

（1）直线攀登（图 11-26）要领：手脚依次按格攀登；手脚交换的攀登；只用手的攀登等。

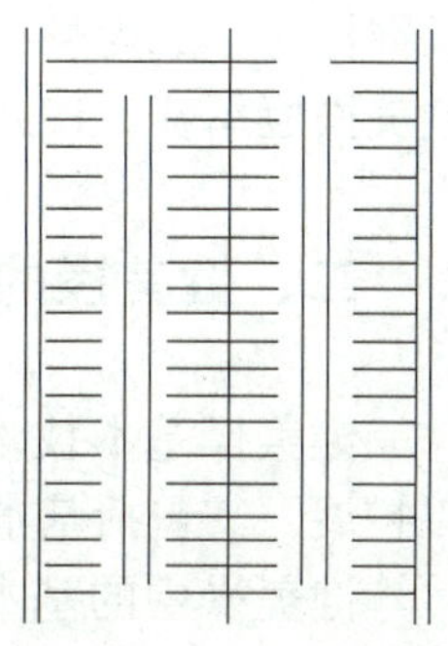
图 11-26 直线攀登

（2）斜线攀登（图 11-27）要领：用各种方法斜向上攀登后，斜向下攀登。

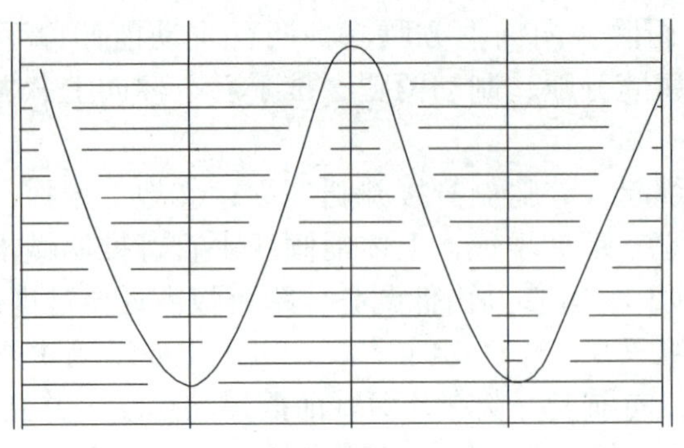

图 11-27　斜线攀登

单元二　健美操运动

健美操运动

一、健美操运动简介

健美操运动是一项深受广大群众喜爱的、普及性极强，集体操、舞蹈、音乐、健身、娱乐于一体的体育项目。

健美操比赛项目包括男子单人、女子单人、混合双人、三人（男子三人；女子三人；混合三人）、混合六人（男子三人、女子三人）、啦啦操等。比赛按性质分锦标赛和冠军赛两类。

健美操起源于 1968 年。1983 年美国举行了首届健美操比赛，1984 年首届远东区健美操大赛在日本举行。由于两次大赛的成功，1984 年起健美操运动在世界各地全面兴起。每年国际上举办的活动有健美操世界锦标赛、世界杯赛、世界冠军赛、世界巡回赛。

1987 年，北京举办了首届全国健美操邀请赛，随后 1988 年、1989 年、1990 年、1991 年先后在北京、贵阳、昆明、北京举办了四届邀请赛。1992 年起改名为全国健美操锦标赛，成为每年举办的传统赛事。另外，1992 年和 1995 年在北京举办了两届全国健美操冠军赛。1998 年，举办了全国锦标赛暨全国健美操运动会。

二、健美操的基本技术

健美操基本技术是指动作中最主要和最稳定的部分，且所有动作都以此为核心加以扩展，其包括基本姿态动作、基本难度动作和基础动作三大部分。

健美操中的基本姿态动作是指身体在静态和动态时的各部位姿势，它可以通过舞蹈的姿态进行训练。基本难度动作是指与竞技健美操中规定的特定动作相应的具有一定难度的动作。基础动作是根据人体结构活动特点而确立的具有代表性的动作，共分为七个部位的动作，即头颈、肩、胸、腰、髋部动作，以及上肢动作和下肢动作。

健美操基础动作的正确与否，不仅会影响人的健美姿态，还会影响动作的难易程度和锻炼效果。因此，正确掌握健美操的基础动作是健美操学习过程中至关重要的一环。

（一）手形

健美操中的手形有多种，是从芭蕾舞、现代舞、迪斯科、武术中吸收和发展来的。手形是手臂动作的延伸和表现，运用得好，会使健美操动作更加丰富，生动活泼，更具有感染力。

1. 掌形

掌形包括分掌和合掌。

（1）分掌［图 11-28（a）］：五指用力分开，手腕保持一定的紧张程度。

（2）合掌［图 11-28（b）］：五指并拢伸直。

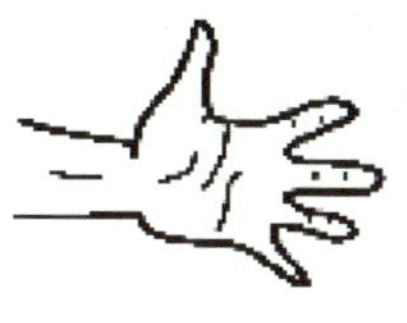
（a）

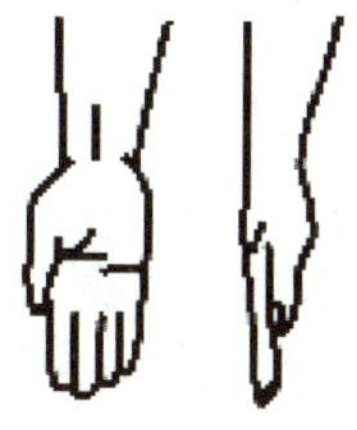
（b）

图 11-28　掌形

2. 拳形

拳形（图 11-29）为五指弯曲紧握，大拇指压在食指弯曲部位。

图 11-29　拳形

3. 芭蕾手势

芭蕾手势为五指微屈，后三指并拢、稍内收，拇指内扣。

4. 西班牙舞手势

西班牙舞手势为五指用力，小指、无名指、中指自掌指关节处依次弯曲，拇指稍内扣。

（二）身体各部位的动作

1. 头颈部动作

（1）屈（图 11-30）：指头颈关节角度的弯曲，包括前屈、后屈、左屈、右屈。

（2）转（图 11-31）：指头颈部绕身体垂直轴的转动，包括向左转、右转。

（3）绕和绕环（图 11-32）：指头以颈为轴心的弧形和圆形运动，包括左绕、右绕和左绕环、右绕环。

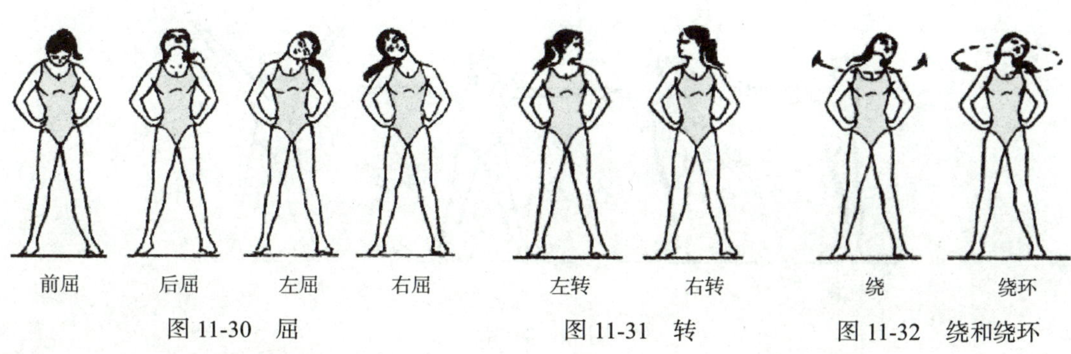

图 11-30　屈　　图 11-31　转　　图 11-32　绕和绕环

头颈部动作要领：做各种形式头颈动作时，上体保持正直，速度要慢，头颈移动的方向要准确，颈部被动肌群充分伸展。

2. 肩部动作

（1）提肩：指肩胛骨做向上的运动，包括单肩、双肩的同时提和依次提。

（2）沉肩：指肩胛骨做向下的运动，包括单肩、双肩的同时沉和依次沉。

（3）绕肩：指以肩关节为轴做小于 360°的弧形运动，包括单肩向前和后绕，双肩同时或依次向前和后绕。

（4）肩绕环：指以肩关节为轴做 360°及 360°以上的圆形运动，包括单肩向前和后绕环，双肩同时或依次向前和后绕环。

（5）振肩：指固定上体，肩急速向前或向后的摆动，包括双肩同时前、后振和依次前、后振。

提肩、沉肩、绕肩、肩绕环动作如图 11-33 所示。肩部动作要领：

（1）提肩时尽力向上，沉肩时尽力向下，动作幅度大而有力。

（2）绕肩时上体不能摆动，两臂放松，头颈不能前探；动作连贯，速度均匀，幅度大。

（3）振肩动作要有速度、力度和弹性。

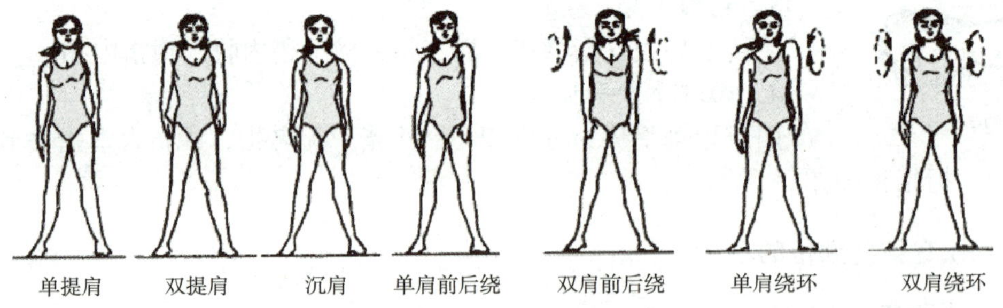

图 11-33 提肩、沉肩、绕肩、肩绕环

3. 上肢（手臂）动作

（1）举（图 11-34）：指以肩为轴，臂的活动范围不超过 180°而停止在某一部位的动作，包括单臂和双臂的前、后、侧及不同中间方向的举（如前上举、侧上举等）。

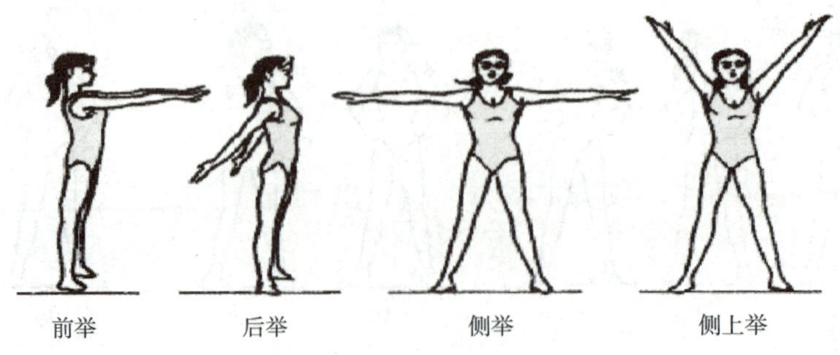

图 11-34 举

（2）屈（图 11-35）：指肘关节产生了一定的弯曲角度，包括头上屈、头后屈、肩侧屈、肩上侧屈、肩下侧屈、肩上前屈、胸前屈、胸前平屈、腰间屈、背后屈。

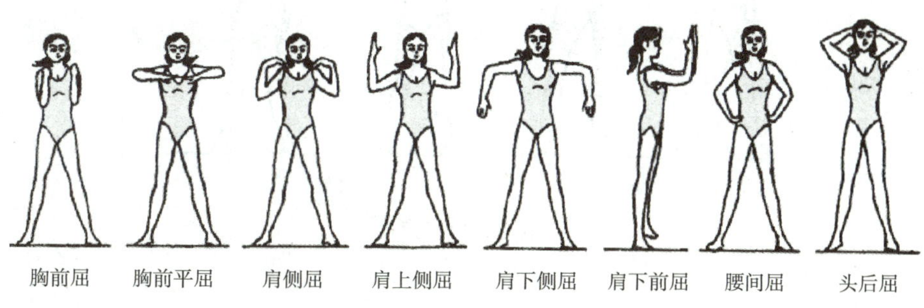

图 11-35 屈

（3）摆（图 11-36）：指以肩关节带动手臂来完成臂的摆动动作，包括单臂和双臂同时或依次向前、后、左、右的摆。

（4）绕（图 11-37）：指双臂或单臂向内、外、前、后做 180°以上及 360°以下的弧形运动，如图 11-37 所示。

（5）绕环（图 11-38）：指以肩关节为轴，双臂或单臂做向前、向后、向内的绕环，如图 11-38 所示。

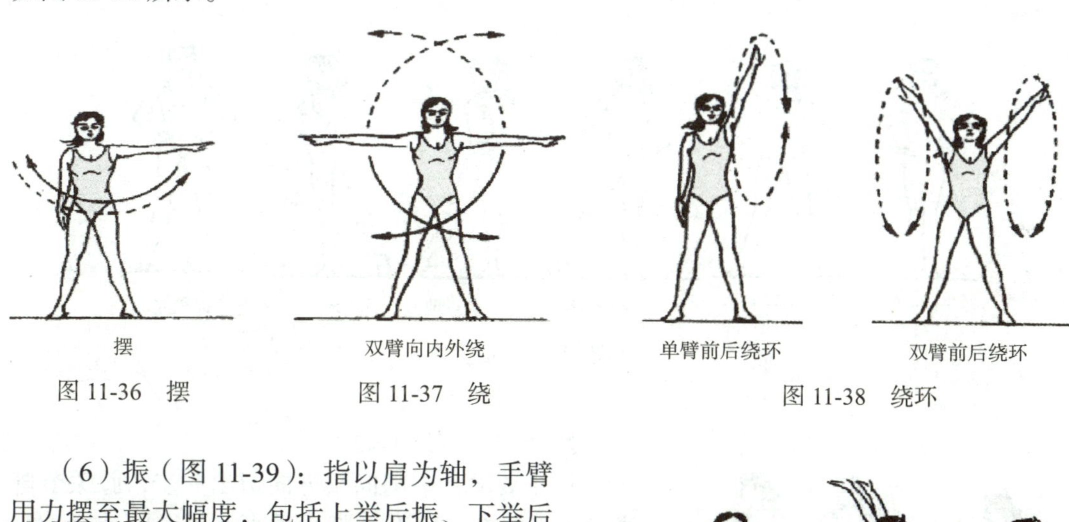

图 11-36 摆　图 11-37 绕　图 11-38 绕环

（6）振（图 11-39）：指以肩为轴，手臂用力摆至最大幅度，包括上举后振、下举后振和侧举后振。

（7）旋（图 11-40）：指以肩或肘为轴做臂的旋内或旋外动作。

上肢（手臂）动作要领：

（1）做臂的举、屈伸时，肩下沉。

（2）做臂的摆动时，起与落要保持弧形。

（3）上体保持正直，位置准确，幅度要大，力达身体最远端。

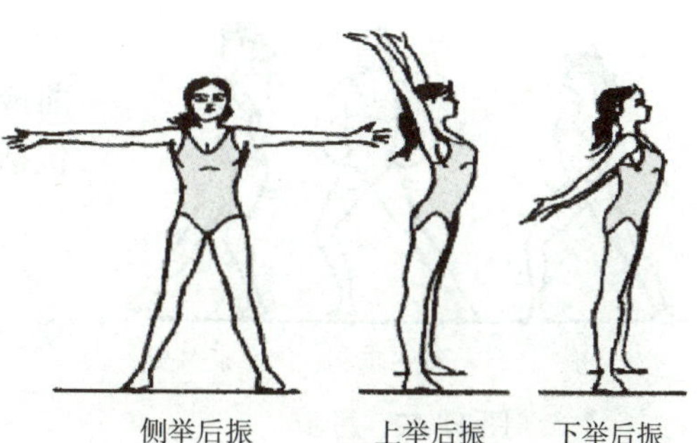

图 11-39 振

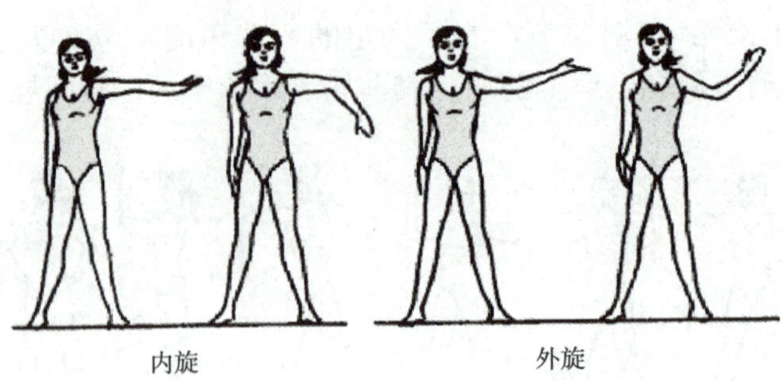

图 11-40 旋

（三）基本站立

1. 立（图 11-41）

（1）直立：指头颈、躯干和脚的纵轴保持在一条直线上。

（2）开立：指两脚左右分开与肩同宽或宽于肩。

（3）点地立：指一腿直立（重心在站立脚上），另一腿向各方向伸直，脚尖点地。它包括前点立、侧点立、后点立。

（4）提踵立：指两脚跟提起，用前脚掌站立。

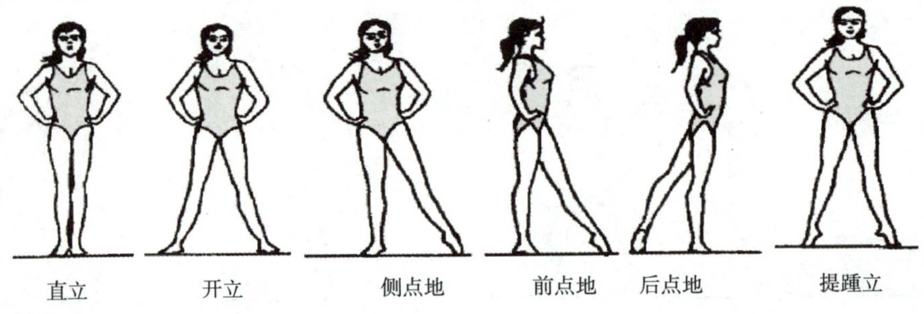

图 11-41 立

2. 弓步（图 11-42）

弓步要领：一腿向某方向迈出一步，膝关节弯曲成 90°左右，膝部与脚尖垂直，另一腿伸直。它包括左、右腿的前、侧、后弓步。

前弓步　侧弓步　后弓步

图 11-42 弓步

3. 跪立

跪立指大腿与小腿成直角的跪姿。包括双腿跪立、单腿跪立。

跪立要领：

（1）站立时，头正直，上体保持挺直、沉肩、挺胸、收腹、收臀、立腰、立背、直膝。

（2）弓步时，前弓步和侧弓步的重心在两腿之间，后弓步的重心在后腿。

（3）提踵立时，两腿内侧肌群用力收紧，起踵越高越好。

（四）下肢基本动作

1. 踏步

踏步为两脚交替，不间断地做屈膝上提，然后做踏地的动作。它包括脚尖不离地的踏步、脚离地的踏步、高抬腿的大幅度踏步。

踏步要领：落地时，由脚尖过渡到脚跟着地；屈膝时，胯微收。两臂自然前后摆动。

2. 屈腿跳

屈腿跳要领：单腿跳起，同时另一腿屈膝向前、侧上提。大腿用力上提，小腿自然下垂。

3. 踢腿跳

踢腿跳要领：单腿跳起，同时另一腿直腿向前、侧方向踢出。它包括小幅度和大幅度的踢腿。

踢腿时，需加速用力，上体保持正直、立腰。

踏步、屈腿跳、踢腿跳动作如图 11-43 所示。

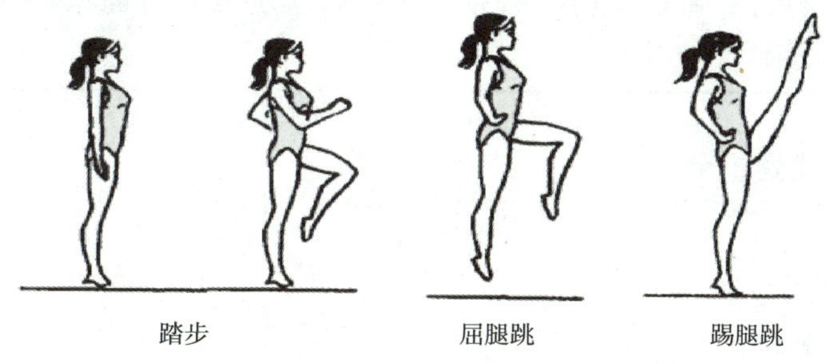

图 11-43 踏步、屈腿跳、踢腿跳

4. 后踢腿跳

后踢腿跳要领：为脚交替有短暂腾空过程（类似跑步），小腿向后屈，髋和膝在一条线上，小腿叠于大腿。

5. 弹踢腿跳

弹踢腿跳要领：单腿跳起，同时另一腿经屈膝向前、侧方向弹踢，大腿抬起至一定角度后，小腿自然伸直，膝关节稍有控制。

6. 开合跳

开合跳要领：并腿跳至开立，分腿跳至并立，分腿时，两腿自然外开，膝关节沿脚尖方向弯曲；跳起与落地时，屈膝缓冲。

7. 弓步跳

弓步跳要领：并腿跳起，落地时成前（侧、后）弓步。跳成弓步时，把握住身体重心。

后踢腿跳、侧弹踢腿跳、开合跳、弓步跳动作如图 11-44 所示。

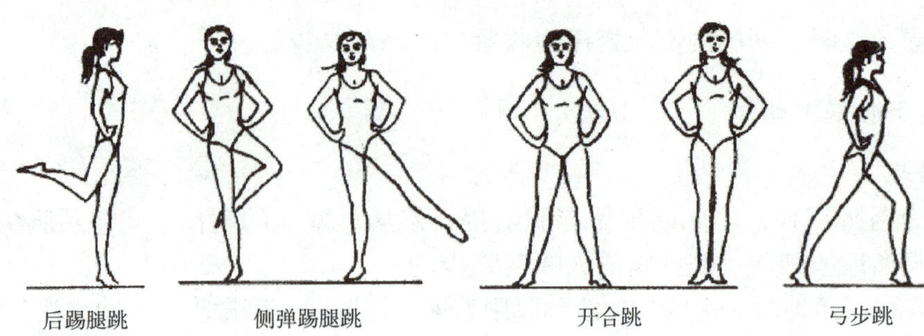

图 11-44 后踢腿跳、侧弹踢腿跳、开合跳、弓步跳

知识链接

体育舞蹈（国际标准交谊舞）

体育舞蹈也称国际标准交谊舞，是体育运动项目之一。它是以男女为伴的一种步行式双人舞的竞赛项目，分两个项群，十个舞种。其中摩登舞项群含有华尔兹、维也纳华尔兹、探戈、狐步和快步舞，拉丁舞项群包括伦巴、恰恰、桑巴、牛仔和斗牛舞。每个舞种均有各自舞曲、舞步及风格。根据各舞种的乐曲和动作要求，组编成各自的成套动作。

（五）健美操成套组合

1. 预备姿势

预备姿势为站立。

2. 健美操成套组合一

（1）1×8 拍下肢步伐：右脚一字步两次；上肢动作为 1～2 拍双臂胸前屈，3～4 拍后摆，5 拍胸前屈，6 拍上举，7 拍胸前屈，8 拍放于体侧。

（2）2×8 拍下肢步伐：右脚一字步两次；上肢动作为屈腿时击掌，5～8 拍同 1～4 拍。

（3）3×8 拍下肢步伐：侧并步四次（单单双）；上肢动作为 1 拍右臂肩侧屈，2 拍还原，3 拍左臂肩侧屈，4 拍还原，5 拍双臂胸前平屈，6 拍还原，7～8 拍同 5～6 拍。

（4）4×8 拍下肢步伐：1～4 拍左脚十字步一次，5～8 拍踏步四次；上肢动作为 1～4 拍手臂自然摆动，5 拍击掌，6 拍还原，7～8 拍同 5～6 拍。

第 5～8 个 8 拍，动作相同，但方向相反。

3. 健美操成套组合二

（1）1×8 拍下肢步伐：1～8 拍右脚开始点地四次；上肢动作为 1 拍双臂屈臂右摆，2 拍还原，3 拍左摆，4 拍还原，5 拍右摆成右臂侧斜上举，右臂胸前平屈，6 拍还原，7～8 拍同 5～6 拍，但方向相反。

（2）2×8 拍下肢步伐：1～4 拍向右弧形走 270°，5～8 拍并腿半蹲两次；上肢动作为 1～4 拍手臂自然摆动，5 拍双臂前举，6 拍右臂胸前平屈（上体右转），7 拍双臂前举，8 拍放于体侧。

（3）3×8 拍下肢动作：1～8 拍左脚开始两次上步吸腿转体 90°；上肢动作为 1 拍双臂前举，2 拍屈腿后拉，3 拍前举，4 拍还原，5～8 拍同 1～4 拍。

（4）4×8 拍下肢步伐：1～8 拍上步后屈腿 4 次；上肢动作为 1～8 拍手臂自然摆动，向前时胸前交叉。

第 5～8 个 8 拍，动作相同，但方向相反。

4. 健美操成套组合三

（1）1×8 拍下肢步伐：1～4 拍向右交叉步，5～8 拍左腿半蹲；上肢动作为 1～3 拍双臂经侧至上举，4 拍胸前平屈，5～6 拍双臂前举，7～8 拍放于体侧。

（2）2×8 拍下肢步伐：1～8 拍侧点地四次（单单双）；上肢动作为 1 拍右臂左前举，左臂屈肘于腰间，2 拍双臂屈肘于腰间，3～4 拍同 1～2 拍但方向相反，5～8 拍同 1～2 拍，重复两次。

（3）3×8 拍 1～8 拍左腿开始向前走 3 步＋屈腿三次；上肢动作为 1 拍双臂肩侧屈，2 拍胸前交叉，3 拍同 1，4 拍击掌，5 拍肩测屈，6 拍腿下击掌，7～8 拍同 1～2 拍。

（4）4×8 拍下肢步伐：右腿开始向前走 3 步＋屈腿 3 次，上肢动作同第 3 个 8 拍。

第 5～8 个 8 拍，动作相同，但方向相反。

5. 健美操成套组合四

（1）1×8 拍下肢步伐：1～8 右腿开始 V 字步＋A 字步；上肢动作为 1 拍右臂侧斜上举，2 拍双臂侧上举，3～4 拍击掌两次，5 拍右臂侧斜下举，6 拍上臂侧斜下举，7～8 拍击掌两次。

（2）2×8 拍下肢步伐：1～8 弹踢跳 4 次（单单双）；上肢动作为 1 拍双臂前举，2 拍下摆，3～4 拍同 1～2 拍，5 拍前举，6 拍胸前平屈，7～8 拍同 1～2 拍。

（3）3×8 拍下肢步伐：1～8 拍左腿迈步两次；上肢动作为手臂自然摆动。

（4）4×8 拍下肢步伐：1～8 拍迈步后点地 4 次；上肢动作为 1 拍右臂胸前平屈，2 拍右臂左下举，3～4 拍同 1～2 拍但方向相反，5 拍右臂侧斜上举，6 拍右臂左下举，7～8 拍同 5～6 拍但方向相反。

第 5～8 个 8 拍，动作相同，但方向相反。

总结案例

广场舞

广场舞是舞蹈艺术中最庞大的系统，因多在广场聚集而得名，融自娱性与表演性为一体，以集体舞为主要表演形式，以健身为主要目的。

广场舞参与者多为中老年人，是非专业舞者创造的舞蹈，因为民族的不同、地域的不同、群体的不同，其舞蹈形式也不同，包括民族舞、现代舞、街舞、拉丁舞等。

2017 年 11 月 13 日，国家体育总局发布了《关于进一步规范广场舞健身活动的通知》。

广场舞具有体育锻炼的价值，经常进行排舞练习，人体心血管系统和呼吸系统都能得到良好的锻炼。因广场舞对形态、姿态、健康等方面都有较高的要求，经常参加排舞练习是一项很好的形体训练，可以提高人体的协调能力，强健身体的各个部位的肌肉群及增加骨骼的骨密度，具有十分积极的健美作用。

探索与思考

1．技巧运动常用的技术与方法有哪些?
2．器械体操基本技术有哪些?
3．健美操的基本技术有哪些?

模块十二 冰雪运动

模块导读

冰雪运动，泛指在冰上与雪地上进行的各种运动，如滑雪、冰壶等运动。有效地开展冰雪运动可以使人们感受到其乐趣，促进人体心血管和呼吸系统机能的改善，增强腰部、腹部及腿部肌肉的力量和关节的灵活性，从而全面提高身体的机能。经常参加冰雪运动还可以有效地增强人体抗寒、耐寒能力，提高人体的平衡能力，培养勇敢、顽强、不畏困难的良好品质。本模块主要介绍冰雪运动的起源与发展、项目分类、运动装备及基本技术。

能力目标

分类	具体内容
知识目标	1. 了解滑冰和滑雪运动项目的基本情况 2. 了解滑冰和滑雪运动前的基本技术和运动规则
技能目标	掌握滑冰和滑雪运动的基本技术
素养目标	1. 树立正确的体育价值观，形成积极参与体育锻炼的良好意识 2. 能自觉通过体育运动改善心理状态，建立良好的人际关系 3. 体验滑冰、滑雪运动中的乐趣

导入案例

花样滑冰

花样滑冰起源于18世纪的英国，后在德国、美国、加拿大等欧美国家迅速开展。1863年，被誉为“现代花滑之父”的美国人杰克逊·海因斯将滑冰运动与舞蹈艺术融为一体，在欧洲巡回表演，丰富了花样滑冰的内容和形式。1868年，美国的丹尼尔·梅伊和乔治·梅伊首次表演了双人滑。1872年，奥地利首次举办了花样滑冰比赛。1896年，首次世界男子单人花样滑冰锦标赛在俄国圣彼得堡举行。1906年，首次世界女子单人花样滑冰锦标赛在瑞士达沃斯举行。1924年花样滑冰被列为首届冬季奥运会的比赛项目，目前设有包括男子单人滑、女子单人滑、双人滑和冰上舞蹈4个比赛项目。

1953年2月在哈尔滨举行的第1次冰上运动大会上，花样滑冰被列为我国正式的比赛项目。1979年10月，中国花样滑冰运动员参加了在日本举行的NHK杯国际邀请赛，1980年2月参加了第13届冬季奥运会的花样滑冰比赛。1992年，陈露先后获得第16届冬季奥运会第6名、世界花样滑冰锦标赛第3名的好成绩，从此中国选手成为世界花样滑冰界的一支主要力量。2010年温哥华第21届冬季奥运会成为中国花样滑冰选手夺金的见证地，申雪/赵宏博、庞清/佟健，这两对征战多届冬季奥运会的老将包揽了冠、亚军，共同创造了中国冰雪运动的新辉煌。

单元一 滑冰运动

一、滑冰运动简介

滑冰运动

滑冰运动起源于荷兰。13世纪中叶，荷兰出现一种镶嵌在木板上的铁制冰刀。1572年，苏格兰人发明了全铁制冰刀。17世纪后，这种最初的冰上运输形式逐渐发展成为一种运动项目。19世纪末和20世纪初，一些冰雪运动如滑雪、滑雪橇、滑冰、冰球等项目在欧美国家逐渐得到普及和发展。1887年，挪威成立了世界上第一个滑雪俱乐部。1892年，加拿大成立了世界上第一个冰球协会。1892年，国际滑冰联盟在荷兰成立。1893年，在阿姆斯特丹举行了首届男子速度滑冰锦标赛。1908年，法国成立了世界范围的国际冰球联合会。在冰雪运动日益普及的情况下，现代奥运会创始人顾拜旦建议单独举办冬季奥运会。

1908年第4届夏季奥运会上增加了花样滑冰项目。1920年第7届夏季奥运会上增加了冰球项目。花样滑冰和冰球加入奥运会后引起了观众的极大兴趣。正式的冬季奥林匹克运动会始于1924年。当时，在法国的夏蒙尼市承办了当时被称为“冬季运动周”的运动会，两年后，国际奥委会正式将其更名为第1届冬季奥林匹克运动会。目前滑冰运动主要包括速度滑冰、花样滑冰和短道速度滑冰三种。

二、滑冰运动的基本技术

滑冰运动是指运动员以冰刀为用具，以竞速或者技巧展现为目的，在人工或天然冰面上进行滑行动作的运动。

（一）使用冰刀的技术准备

1. 站立

图12-1 站立

站立（图12-1）要领：站立时，两脚略分开约与肩同宽，两脚尖稍向外转形成小八字，两腿稍弯曲，上体稍向前倾，两臂伸向侧前方与腰同高，目视前方。站立时，身体重心要通过两脚平稳的进压到刀刃上，踝关节不得向内侧或向外倒。

2. 平衡

平衡要领：初学者可先在陆地上、后在冰上进行基础练习。练习中，手扶栏杆或在同伴的扶持下，慢慢站直身体，使身体重心尽量落在两脚冰刀之间，保持两脚不左右扭动，做好站立姿势。然后放开栏杆，逐渐体会身体重心在两脚冰刀上维持好平衡的感觉，再做一些原地提踵和原地踏步练习。

3. 小步走

小步走要领：冰上站立，两脚分开比肩稍窄，向前迈步。以脚上的冰刀内刃向侧后方蹬冰向前行，步子开始要小一点，慢点走，然后逐渐加快速度前行。小步走时，眼向前看，两臂稍分开放在提前侧，上体稍左右晃动，练习移动重心并体会维持身体平衡的感觉。如果双脚能借助惯性前滑时，这说明身体已经逐渐适应了滑行状态，初步具有了在冰上滑行条件下控制自身平衡的能力。

通过以上三项专门的适应性练习，初学者可基本学会使用冰刀实现基本的技术准备，接下来便可以开始学习基本滑行技术。

（二）向前滑行技术

1. 双足向前滑行

双足向前滑行（图 12-2）要领：上体直立姿势，目视正前方，手心向下，两臂向侧前方伸展，双足稍分开，与肩同宽，两只冰刀平行站立。在蹬冰时，首先双膝微屈，然后将重心移至右足，用右足刃前半部分向侧方蹬冰。在完成蹬冰动作后，迅速将蹬冰足收回原位置，将重心放在双足之间，形成双足向前滑行动作，然后再换另一足蹬冰，做同样双足滑行动作。如此反复交替至比较熟练。

2. 单足蹬冰向前滑行

单足蹬冰向前滑行（图 12-3）要领：在比较熟练地掌握了单足蹬冰、双足向前滑行动作后，可以进行单足蹬冰、单足滑行的练习。其准备姿势同前，只是在蹬冰时，身体重心要确实移到滑足上，在蹬冰结束后，要保持重心不变和单足向前滑行姿势，此时蹬冰足应尽快放在滑足足跟后，以保持重心平稳。初练时可以 1 拍蹬冰 1 拍滑行，双足交替进行练习。经过一段练习，重心保持较稳后，可以做 1 拍蹬冰、2 拍滑行或 3

图 12-2 双足向前滑行

图 12-3 单足蹬冰向前滑行

拍滑行。最后可以做一次蹬冰，尽量坚持一次滑行的长度，这样做既可以提高身体保持平衡的能力，也可以练习增加蹬冰力量。

3. 双足向前弧线滑行

双足向前弧线滑行（图 12-4）要领：以右足蹬冰，双足向左前弧线滑行为例进行说明。双足成丁字形站立于冰面上，左足在前，右足在后，双膝微屈，用右足冰刀内刃前部做蹬冰动作，此时身体重心稍向前移至左足外刃一侧，蹬冰后右足尽快回到左足内侧，成双足滑行姿势，用左前外刃和右前内刃双足向左成弧线滑行。在滑行中身体重心应稍偏于左足，右足前内刃起支撑协助滑行作用。身体纵轴稍向左倾，两臂自然伸向身体两侧，左臂稍向后，右臂稍向前，这样便于向左成弧线滑行。用同样的方法，相反的姿势和动作，做左足蹬冰、双足向前右侧弧线滑行。

在练习以上滑行动作时，要注意身体不能转动过急，身体纵轴倾斜角度不能过大，在练习中要充分体会双足内外刃的用力和重心移动，以便为下一个技术动作打下一个基础。初练时，速度不能过快，伴随着技术的熟练，可以适当加速，加大倾斜角度和弧线的曲度。初学者弧线的曲度以圆的直径为 5～7 米为宜。

4. 单足向前弧线滑行

单足向前弧线滑行（图 12-5）要领：准备姿势和技术动作与单足蹬冰，双足向前弧线滑行相同，不同之处在于：在蹬冰后应立即将重心移至滑行足，蹬冰足应尽快放在滑足足跟后，足尖向下，呈单足向前弧线滑行姿势。由于是单足滑行，身体重心完全落在滑足冰刀上，身体倾斜要比双足弧线滑行大一些，两臂应发挥调解平衡的作用，切忌转体过急，造成重心不稳，两侧交替进行练习。在练习熟练后，可以逐步加大单足滑行的时间和距离，为单足半圆滑行打好基础。

图 12-4　双足向前弧线滑行

图 12-5　单足向前弧线滑行

5. 前交叉步滑行

前交叉步滑行［图 12-6（a）～（c）］要领：前交叉步分左前外 - 右前内交叉步和右前外 - 左前内交叉步。以前者为例，双足平行站在冰上，首先用右足前内刃蹬冰，在前外刃滑行，身体向左倾斜，左臂在后，右臂伸向前，然后将右足经左腿前交叉放在左足前方，同时重心由左足移至右足，成右前内刃滑行，并用左前外刃向右后侧方蹬冰，右腿屈曲，

(a) (b) (c)

图 12-6 前交叉步滑行

左腿伸直，两腿成交叉状，如此反复蹬冰和滑行便形成了左前外 - 右前内交叉步滑行。

（三）向后滑行技术

1. 双足向后滑行

双足向后滑行要领：在练习双足向后滑行时，首先要双足平行站在冰上，由左足或右足内刃做原地向后蹬冰练习，蹬冰动作要与臀部和腰部的摆动协调配合，然后再练习向后双足滑行动作。双足平行站立，用左后内刃蹬冰，重心稍向右足移动，用腰部、臀部及丙臂的摆动配合滑行，然后再用右后内刃蹬冰，做相反的动作，向后做双足滑行。如此交替蹬冰和向后滑行，便形成了两条平行的曲线。

2. 单足向后滑行

单足向后滑行（图 12-7）要领：准备姿势同单足蹬冰，双足曲线向后滑行，蹬冰方法和动作也完全相同，只是在完成蹬冰动作后，立即将身体重心移至滑行足，蹬冰足立即抬离冰面，放在滑足前方线痕之上，形成单足向后滑行动作，两臂在身体两侧协助保持平衡，两足交替上述动作，便形成单足交替蹬冰和滑行动作。

3. 双足向后弧线滑行

双足向后弧线滑行（图 12-8）要领：左后外刃蹬冰后，双足靠近呈右外刃，左后内刃双足滑行，身体向右倾斜，右臂向右，左臂向左，左臂在前，头转向右后方。用同样的方法，相反的动作和姿势，做右后内刃蹬冰，双足（右后内刃，左后外刃）向右后成弧线滑行。

图 12-7 单足向后滑行

图 12-8 双足向后弧线滑行

图 12-9 单足向后弧线滑行

4. 单足向后弧线滑行

单足向后弧线滑行（图 12-9）要领：用左后内刃蹬冰，并立即将身体重心放到右足后外刃上，形成右后外刃单足弧线滑行，此时，蹬冰足应尽快抬离冰面，放到滑足前滑线之上，右臂向后，左臂向前，头向右侧，滑腿微屈。用同样的方法，相反的动作和姿势，做右后内刃蹬冰，左后外刃弧线滑行，也可以用在后内刃蹬冰，身体向左倾斜，右臂向后，左臂左前，形成右后内刃弧线滑行，蹬冰后蹬冰足应尽快抬离冰面，放到滑线之上滑足的前方。

5. 单足蹬冰向后弧线滑行

单足蹬冰向后弧线滑行要领：用左后内刃蹬冰，并立即将身体重心放到右足后外刃上，形成右后外刃单足弧线滑行，此时，蹬冰足应尽快抬离冰面，放到滑足前滑线之上，右臂向后，左臂向前，头向右侧，滑腿微屈。用同样的方法，相反的动作和姿势，做右后内刃蹬冰，左后外刃弧线滑行。也可以用在后内刃蹬冰，身体向左倾斜，右臂向后，左臂左前，形成右后内刃弧线滑行，蹬冰后蹬冰足应尽快抬离冰面，放到滑线之上滑足的前方。

（四）停止技术

1. 八字停止法

八字停止法（图 12-10）要领：在获得一定的向前滑行速度后，两脚平行分开滑冰，随后脚尖内转，两脚以内刃柔和地压紧冰面，同时两腿弯曲，上体稍前倾，臀部后坐，两臂前伸，维持身体平衡，这样就会逐渐减速至停止。

图 12-10 八字停止法

2. T 形停止法

T 形停止法要领：单脚向前滑行开始，浮足在滑行脚的后跟处成 T 形放好后，用浮足内刃放在冰面上柔和地压紧冰面，减缓滑行速度至停止。

3. 双脚急停法

双脚急停法要领：在向前滑行时，两脚同时做顺时针（或逆时针）一方向急转，左脚以内刃、右脚以外刃与滑行方向成 90°角压紧冰面，同时身体向右急转，重心移至右腿上两膝弯曲，两臂前侧伸，即可使身体停止下来。

4. 向后滑行急停法

向后滑行急停法要领：由于花样滑冰鞋底的冰刀前缘有刀齿，所以在向后滑行的过程之中，只要抬起脚跟做提踵动作，冰刀的刀齿就会起制动性摩擦冰面的作用，从而达到降低滑行速度停下来的目的。做刀齿摩擦冰面的同时，注意身体要稍前倾，两臂侧举维持平衡。

三、滑冰运动部分规则

（一）场地和器材

1. 场地

短跑道速度滑冰比赛一般均在室内冰球场上进行，使用椭圆形、周长为 111.12 米的跑道，直道长 28.855 米，直道宽不少于 5.71 米，弯道半径为 8 米，弯道弧顶标志物到界墙的距离不少于 4 米。

2. 器材

在滑冰运动中，不同项目所需装备不尽相同。作为初学者，可根据天气、场地、活动量、活动目的等不同选择适合自己的装备，主要包括冰刀、服装和护具三大类。

（1）冰刀。冰刀根据结构和运动特点大致可分为速度滑冰冰刀、花样冰刀、冰球冰刀三类。短跑道速度滑冰冰刀的特点是刀身短、刀刃底部有弧度，与冰面接触面积很小，便于在弯道时滑弧线前进。

（2）服装。在滑冰竞技比赛中，对各项目比赛服装有专门规定。其中速度滑冰个人比赛项目中要求运动员身穿专门的尼龙连体比赛服进行比赛。在速度滑冰集体出发、团体追逐比赛项目和短道速度滑冰全部比赛项目中，要求运动员穿戴装备专用头盔、专用防切割比赛服、塑料或防切割材料护腿、防切割或皮质手套、防切割护颈和护踝、防护眼镜等专门装备。对于初学者，以保暖、舒适和安全为原则，注意不要选择过于肥大的衣物，以免影响滑冰技术动作的发挥，也不要佩戴过长的围巾、过于坚硬的装饰物等有安全隐患的服饰。

（3）护具。在竞技比赛中，针对可能出现的危险因素对运动员护具的穿戴进行了专门的规定。作为初学者，可根据实际情况，以保证安全，不过度浪费原则，选择适合自己的护具。一般的建议是配备头盔、护腕、护肘和护膝作为基本护具。

（二）运动规则

1. 短道速度滑冰

短道速度滑冰通常每组由两名运动员进行比赛。

短道速度滑冰比赛前通过抽签决定运动员的比赛道次。两条赛道中，内道起跑的运动员滑行到换道区时须换到外道滑跑，外道运动员则须换到内道。换道时，为了避免运动员冲撞，外道选手拥有换道优先权。在不违反规则的前提下运动员可以随时超越对手，先通过终点者为胜。

2. 犯规界定

（1）在比赛过程中，运动员可随时越过对手，但若使用不法手段，如故意推挤其他对手、偷跑、滑出跑道等都会被取消比赛资格。

（2）在换道时如果选手发生冲撞，则判内道选手失去比赛资格。

（3）在接力赛中，每队有四名运动员。比赛中，运动员不可故意推挤其他对手、偷跑、滑出跑道、非法超越、无故慢下来、超越接棒区等，若存在上述不法行为都会被取消比赛资格。

单元二 滑 雪 运 动

一、滑雪运动简介

滑雪运动

滑雪运动是指人们以各类滑雪板为用具，以竞速或者技巧展现为目的，在人工或天然雪面上进行滑行动作的运动。

滑雪运动起源并发展于斯堪的纳维亚国家。回转（slalom）也是一个挪威词，意思是在倾斜的路面上滑行。1924 年，国际滑雪联合会成立，同年北欧滑雪项目列入了在法国沙莫尼举行的第 1 届冬季奥运会。

我国的近代与现代滑雪运动发展缓慢，近代滑雪是 20 世纪二三十年代从俄罗斯及日本传入，并在部分地区零星开展。1957 年我国组织了第一次全国性的滑雪比赛。1980 年我国首次参加了冬季奥运会（第 13 届）。2006 年第 20 届意大利都灵冬季奥运会上，韩晓鹏获男子自由式滑雪空中技巧项目的冠军，这是中国第一枚冬季奥运会雪上项目金牌，也是中国获得的第一枚男子冬季奥运会金牌。

现代滑雪运动大致可分为三种类别：阿尔卑斯山式、北欧式和自由式。

（1）阿尔卑斯山式滑雪是指沿雪坡滑降的滑雪运动，其名称是由滑降运动源于阿尔卑斯山而得，包括了各式技巧和动作，其中三种最基本的动作为直降、横渡和转弯。

（2）北欧式滑雪包括了越野滑雪和滑雪跳跃，名称的由来是因为这种运动起源于北欧各国。越野滑雪是最大众化的滑雪方式。

（3）自由式滑雪其实就是一种特技表演，表演者从陡峭而崎岖不平的雪坡向下滑降，同时还要表演后跳、踢腿甚至翻跟头等其他惊险的特技。

二、滑雪运动的基本技术

目前，高山滑雪作为娱乐滑雪的主要形式，同时也是竞技滑雪的主要项目，受到几乎所有滑雪爱好者的欢迎。因此，高山滑雪的基本技术成为滑雪运动的入门技术。

（一）前导练习

1. 不着滑雪板的练习

初次练习滑雪者穿上雪鞋后，由于雪鞋的鞋勒较高，踝关节的可动性很小，活动受限，为了尽快适应雪鞋及提高对雪的兴趣，可进行不持滑雪杖只穿着滑雪鞋的各种游戏。通过各种游戏及活动，使滑雪者在不知不觉中提高对雪鞋的适应性，增强对滑雪的兴趣。在此基础上再两手持滑雪杖进行有支撑的走或慢跑的练习，以体会滑雪杖与相应动作的配合。

2. 着滑雪板的练习

（1）站立练习。穿滑雪板站立姿势是滑雪者进入雪场后应持的基本体态姿势，分为平地站立姿势与斜坡站立姿势。

平地站立［图 12-11（a）～（e）］要领：滑雪者身体放松自然站立，双滑雪板平行，间距不超过胯宽，双滑雪板放平，共承体重，重心居中，压力均匀，双滑雪杖起立插于固定器前部的外侧，目视相关方向。

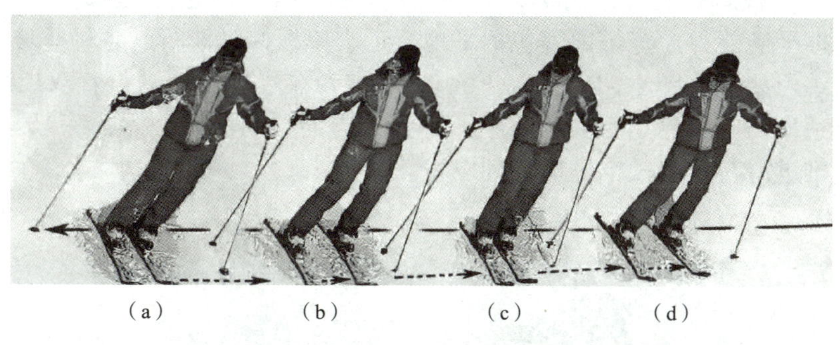

图 12-11　平地站立

斜坡站立（图 12-12）要领：滑雪者在平地站立姿势的前提下，加进滑雪板的立刃及身体的小反弓形姿势，形成左、右不对称。双滑雪板平行横在山坡上，与滚落线垂直，山上板较山下板位置略高，山上侧腿微曲，可稍前于山下侧腿半脚距离，双膝微微向山上侧倾斜，山下板立内刃承担主要体重，刻住雪面；山上板立外刃刻住雪面，重心向山下侧偏移，上体微微向山下侧与立刃的滑雪板对应横倾和转向，形成微小的反弓反向姿势。

图 12-12　斜坡站立

（2）穿滑雪板原地改变方向练习。

原地改变方向练习是指滑雪者在平地或坡面上处于非滑行的“静态”状态下改变方向。初学者只有掌握了原地改变方向之后才能比较自如地进行各种练习。

踏步式变向要领：无论板尖展开变向还是板尾展开变向都要注意雪仗的位置，板尖展开变向时滑雪杖支撑位置应在体前。滑雪者初练时滑雪板一次展开距离不宜过大，随着对滑雪板的适应再逐渐加大展开的角度与距离。在展开滑雪板时，身体重心要明显地放在支撑腿上，移动要快。展开滑雪板时，要保持身体的平稳站立姿态。

180°变向（向后转）要领：滑雪者练习时，成穿板站立姿势，滑雪板与滚落线垂直；双滑雪杖稍前移至体前两侧支撑，左滑雪板后部提起向后预摆；右滑雪板承重，左滑雪板向前上踢成起立状态；将直立的左滑雪板以板尾为轴心向左侧下方转动约180°，在右滑雪板内侧着地并承重，左滑雪板转动的同时，上体跟着左转约 90°；体重移至左腿，右滑雪板抬起从左腿后侧通过并力争也转动 180°，放到左滑雪板同一方向并平行的位置上，上体随同右滑雪板再左转约 90°；双板同时承重，完成了向后转体的目的；两滑雪杖在体侧根据转向情况顺势支撑，维持平衡、协助后转，滑雪杖不要影响滑雪板的动作；滑雪杖妨碍滑雪板转动和滑雪板不垂直滚落线，安然后转是不可能进行的。

（3）着滑雪板移动练习。

着单板练习要领：滑雪者一只脚穿雪鞋、另一只脚穿着滑雪板，通过穿雪鞋脚的蹬动及穿着滑雪板脚的支撑及滑进，循序渐进地提高对滑雪板和滑雪板着雪感觉的体会及提高支撑平衡能力。练习内容包括平地行走、单板撑杖滑行、各种登坡。

着双板练习要领［图 12-13（a）、（b）］：滑雪者在平坦场地进行着双板练习，其目的是进一步适应滑雪板、雪鞋及滑雪杖，达到人与器材的协调一体，练习方法包括走、滑行、双杖推进滑行及双杖推进滑行到停止。

（a）　（b）

图 12-13　着双板练习

（二）登坡技术

登坡技术是指滑雪者穿着滑雪板从山下向山上移动。登坡因技术水平、雪质、坡度和滑雪者自身体力的不同而采用不同的登坡方法。

1. 双板平行登坡

双板平行登坡可适用于各种坡面，登坡者侧对垂直落下线，可用滑雪杖协助登坡。

双板平行登坡［图 12-14（a）～（c）］要领：登坡者向上迈出的板步幅不要太大，迈出时保持双板平行，重心随之向上移动，可用滑雪杖协助支撑；用上侧板外刃刻住雪面后重心随之移到上侧板上，接着下侧腿向上侧腿靠拢，并用内刃刻住雪面；下侧板内刃刻住雪面后，再进行第二步的登行。

2. 八字登坡

八字登坡一般用于缓坡、中坡。登坡者应面对登坡方向，垂直向上登行。

八字登坡［图 12-15（a）～（c）］要领：登坡者面对山坡，用两板内刃刻住雪面，身体前倾，向前上方依次迈出滑雪板，步子不宜过大，防止板尾交叉，同侧的滑雪杖协助支撑，可用手握住滑雪杖握把的头。在向上登坡时重要的是板内刃刻住雪面后重心移动。

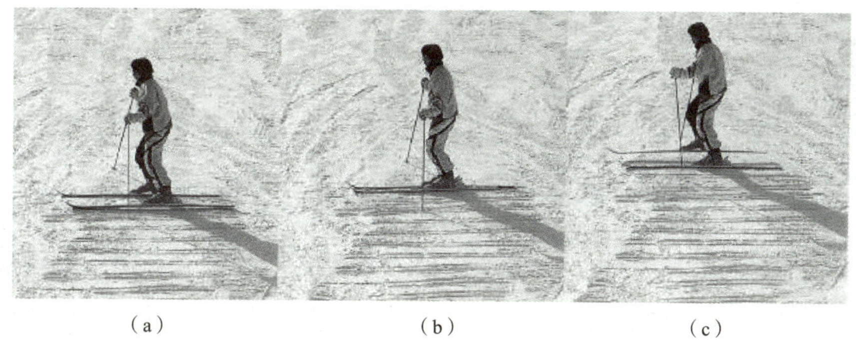

（a）　（b）　（c）

图 12-14　双板平行登坡

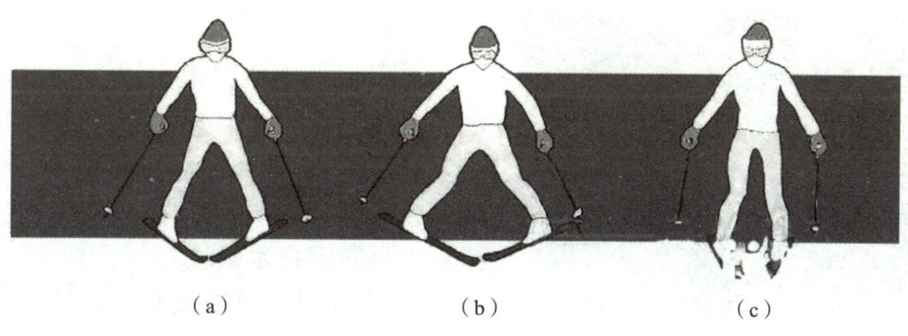

（a）　（b）　（c）

图 12-15　八字登坡

（三）停止、安全摔倒与站起

1. 减速或停止

减速或停止是通过对滑雪板的控制使滑雪板与前进方向成一定的角度或完全横对前进方向的同时，增大立刃的程度以加大摩擦力来完成的。初学者主要采取犁式停止法。

减速或停止［图 12-16（a）、（b）］要领：滑雪者在滑降中使滑雪板成犁式状态。重心稍后移，形成稍后坐姿势的同时两板尾蹬开，使立刃、两侧内刃逐渐加大刮雪力量；逐渐加大板尾向外侧的立刃和蹬出力量直至停止。

2. 安全摔倒

安全摔倒［图 12-17（a）～（d）］要领：安全摔倒是指滑雪者在滑降过程中，通过主动摔倒的方式分解冲力，避免撞击，化解险情。跌倒前需急剧下蹲，降低重心；臀部向后侧方坐下，臀部一侧触及雪面，头朝上向山下滑动。防止头部触地或向前摔倒；可能时双脚举起、双臂外，尽可能使滑雪板、滑雪杖离开雪面；不要挣扎，顺其自然下滑，严防滚翻；没停止之前或受伤后，不要盲目乱动。

3. 站起

站起要领：滑雪者在山坡上摔倒后，首先要弄清自己的头朝什么方向，然后再移动身体使头朝山上、滑雪板朝山下方向，形成侧卧状态。然后是抬起上体形成侧坐，收双板时使双板横对山下侧，尽量使双板靠近臀部并用山上侧板外刃刻住雪面，再用手或滑雪杖支撑站起。

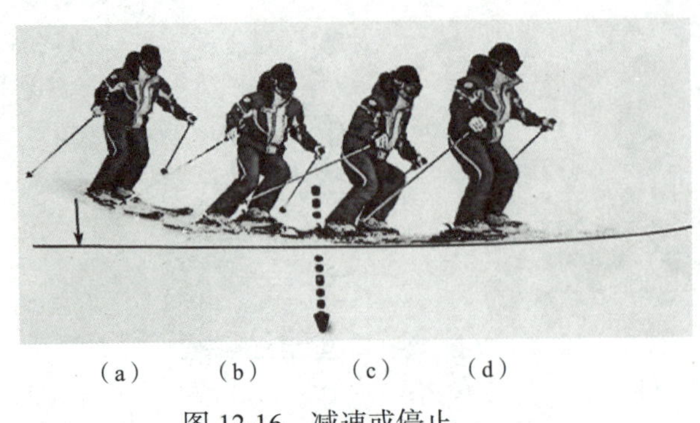
(a) (b) (c) (d)

图 12-16 减速或停止

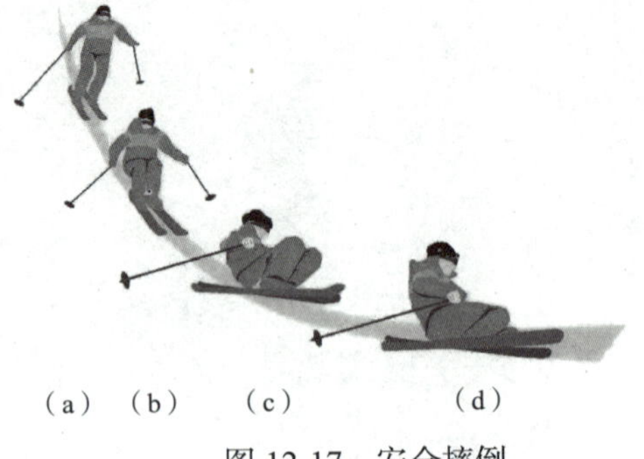
(a) (b) (c) (d)

图 12-17 安全摔倒

（四）滑降技术

图 12-18 高山滑雪滑降的基本姿势

高山滑雪滑降是基本顺着滚落线由上向下的滑行，通常是只靠重力自动加速的滑行。滑降技术是高山滑雪的基础技术，是滑行速度最快的技术，应用于高山滑雪，乃至其他滑雪项目诸多技术领域。

1. 高山滑雪滑降的基本姿势

高山滑雪滑降的基本姿势（图 12-18）是最基础的姿势，是在穿滑雪板自然站立姿势的基础上增加几个简单的人体动作，被视为滑雪实际技术的第一位，几乎应用于滑雪技术全领域，对高山滑雪各种技术有着决定性、长久的影响。

2. 基本姿势的动作要领

（1）滑雪者成平地穿滑雪板站立姿势，身体放松，双滑雪板平行放平，受力均匀，两板距离约同胯宽。

（2）滑雪者双脚或双脚弓处承担体重，并结实地将滑雪板踩住，做到脚下不发虚，重心不落后和下沉，两侧居中。

（3）滑雪者双膝前顶，使其具有万向接头的功能、有弹性地调整姿势。

（4）滑雪者臀部适度上提，收腹，上体微前倾。

（5）滑雪者提起双滑雪杖，肩放松，双手握杖置于固定器前部外侧，与腰部同高，微外展，杖尖不拖地。

（6）滑雪者目视前方 10～20 米的雪面。

在进入中级水平之后，滑雪者基本姿势应适度压缩，便于上下肢的配合，适应快速度滑冰行。

3. 滑降技术的种类

（1）直滑降［图 12-19（a）～（e）］要领：直滑降是指滑雪板呈平行状态，滑雪板底面与雪面吻合，与滚落线方向相同，自上而下滑行。直滑降的技术重点是用腿部的屈伸调解并保持正确的滑行姿势。其包括双板平行直滑降、犁式直滑降等类型。

（2）斜滑降（图 12-20）要领：斜滑降是指与滚落线形成一定角度，向斜下方的滑行的方式。斜滑降技术是高山滑雪基本功练习的主要内容，包括双板平行斜滑降、犁式斜滑降等类型。

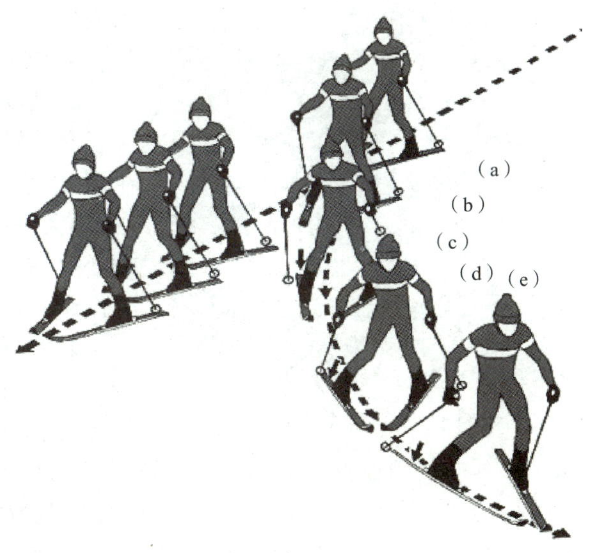

图 12-19 直滑降

（3）横滑降（图 12-21）要领：横滑降是指双滑雪板横在山坡上，与滚落线大致垂直，沿着滚落线的方向，自上而下的滑降。横滑降成坡面穿滑雪板站立姿势，两板尽量平行靠近，山上板也可稍前；身体侧对滚落线方向，与斜滑降比较上体有更大的向山下扭转的感觉；双腿基本直立，由双滑雪板山上侧立刃刻住雪面，通过调整滑雪板立刃角的大小及放平来增减下滑的速度。加大立刃时减速，放平滑雪板时速度增快；滑雪杖基本不用，当横滑速度太慢时，可用滑雪杖放于上侧推助或支撑；滑雪板前部用力大些，滑雪板向前下方滑动；滑雪板后部用力大些，滑雪板向后下方滑动。

图 12-20 斜滑降

图 12-21 横滑降

（五）转弯技术

转弯也称为“回转”，是指利用相适应的动作方式使滑雪板不时地改变方向的滑降，即为滑雪的转弯。转弯时，滑雪板在雪面上运行的板迹是连续的 S 形曲线。转弯是高山滑雪技术的重点、关键和精华。

按转弯时滑雪板的板型及动作结构的不同，转弯技术分为犁式转弯、犁式连续转弯、半犁式转弯、半犁式连续转弯、踏步式转弯、绕山急转弯、登冰式转弯、双板平行转弯、

图 12-22　犁式转弯

双板平行连续转弯、双板平行摆动转弯、登跨式转弯、跳跃式转弯、卡宾式转弯等。

1. 犁式转弯

犁式转弯是高山滑雪转弯的重要基础技术，是在犁式直滑降的基础上，向一侧滑雪板移动重力（或增大一侧滑雪板的立刃或加强一侧腿部蹬转力，改变滑雪板迎）的方式，左、右轮换地强化主动板的作用，达到左右转弯。

犁式转弯（图 12-22）要领：滑雪者在犁式直滑降状态中向一侧滑雪板移动体重（横移重心），促使该滑雪板成为主动板，便形成犁式的自然转弯。在犁式直滑降状态中加大一侧滑雪板的立刃，使其产生较大的雪面阻力，促使该滑雪板成为主动板，便形成犁式的转弯。在犁式直滑降状态中，强化一只滑雪板的蹬转力，改变该滑雪板形成迎角变为主动板，实现犁式转弯。

2. 卡宾转弯

当代卡宾滑雪板的出现使滑雪技术较传统板型技术又增添了新的特点。

卡宾转弯（图 12-23）要领：滑雪者增宽双板间的距离，一般为肩宽，特别是在陡坡、斜坡、硬雪中的滑行，更不能收窄，应尽量在合理范围内增大支撑面积；双滑雪板始终趋于在雪面上滑行，简化了提并板的过程，双滑雪板基本是原地变刃进行转弯；腰部以上的躯体稳定，增加了上体对转弯的倾过及导向功能。滑雪者身体重心通常总处于中间，而不是向前点或向后点都可以；转弯的动作更向下肢胯部集中；双滑雪板负重比例差缩小，根据实际情况可调整两只滑雪板间的重力比例。

图 12-23　卡宾转弯

知识链接

单板滑雪

1965 年圣诞节的美国密歇根州，一个名为 Sherman Poppen 的气体化学工程师发明了一种名为“雪上冲浪”的娱乐活动。人们通过一根绳子控制着滑雪板从山上滑下，而这正是单板滑雪的前身。这种现在看来略显傻气的娱乐方式在当年迅速火爆。截止 1976 年，全球已经有超过 100 万“雪上冲浪”爱好者。

20 世纪 70 年代，Tom Sims 和 Jake Burton 通过对单板材质和固定器的改进，使得单板从之前的半玩具式娱乐用品渐进化成为真正的运动器材。Tom Sims 和 Jake Burton 也因为对单板运动的贡献被公认为现代单板的奠基人。

竞技是人类的天性。随着现代单板的出现，真正的单板滑雪赛事也应运而生。1982 年，美国举办了第 1 届单板滑雪锦标赛。当年的比赛形式在现在看来不可思议，因为内容是：直线速降。1983 年，单板滑雪比赛内容被进一步丰富为高山速降赛和大回转赛，同年，Tom Sims 创立世界单板滑雪锦标赛。

现在，单板滑雪运动已经风靡全球。自 1998 年日本长野冬季奥运会起，它成为奥运会的正式比赛项目之一。而在世界各大滑雪场，单板滑雪人数直逼传统双板滑雪者。在美国加州的大熊雪场（The Big Bear Resort），甚至发展到雪场内所有的一切全是为了单板滑雪者而建造，并取得了巨大成功。

“试过单板后，再也不想玩双板了。”和双板滑雪相比，单板滑雪可以让身体更自由，动作更有趣、更刺激，甚至连摔倒后翻滚爬起的姿势都要用“酷”来形容。

三、滑雪运动部分规则

（一）场地和器材

1. 滑雪运动场地

滑雪运动场地根据项目不同，可以分为滑雪道、跳台、U 形池和单板公园等不同种类、不同类型。大型的滑雪场可能囊括所有的滑雪场地类型，中小型可能包含一种或几种场地类型。目前世界上数量最多的是高山滑雪场地，一般是由初、中、高级雪道组成。我国也是以高山滑雪场地为主。

2. 滑雪运动装备（图 12-24）

（1）滑雪板。不同项目所使用的滑雪板各不相同，可以分为高山滑雪、越野滑雪、自由式滑雪、单板等类型滑雪板。滑雪板由板头、板腰和板尾构成，滑雪板两端翘起，两侧由板刃包裹。滑雪板的长度、宽度、弧度、硬度决定了滑雪板的性能，滑雪板越长，滑行速度越快，越难控制，相反滑雪板越短，滑行速度越慢，越容易控制。

图 12-24 滑雪运动装备

（2）固定器。固定器是连接滑雪板和滑雪鞋的装置，一般由金属材质构成，其首要作用是将滑雪鞋固定在滑雪板上，次要作用是在滑雪者摔倒时可以使滑雪板自动脱落，避免人员受伤。

（3）滑雪鞋。滑雪鞋对脚和踝关节有固定保护、保暖等作用。滑雪鞋的种类很多，从功能上可以分为竞技滑雪鞋和休闲滑雪鞋，其都设有调整松紧的卡子和调整前倾角度的装置，用以连接滑雪板。挑选滑雪鞋的号码时，应根据脚的大小、技术水平和个人爱好等因素决定。穿鞋时要打开鞋面的卡子，穿完鞋后用脚跟踏地穿实，然后依次固定扣紧夹子及加固带，适度调节松紧穿。脱掉雪鞋时，先清除鞋面的覆雪，然后松开夹子和加固带，将脚从鞋内抽出，将鞋上夹子和加固带致扣好即可。

（4）滑雪头盔和滑雪镜。滑雪头盔是硬质材质注塑而成的，款式多种。头盔的作用是当滑雪者失控跌倒后，保护头部不致被雪面或其他物体撞伤。在参加比赛快速度滑冰行及在树林中穿行时必须戴用头盔。滑雪镜一般有两种，一种是太阳镜，另一种是封闭式防风专用高山滑雪镜。滑雪镜主要有防止冷风对眼睛的刺激、防止紫外线对眼睛的伤害（直射或雪面反射）、保证滑雪者的视线正常、跌倒后不会刺伤眼睛和脸部、在光线暗淡条件下，起到增光的作用等功能。

（5）滑雪杖。滑雪杖的功能是支撑、加速、维持平衡、引导转变（点杖）。滑雪杖的杖杆部分由轻铝合金材料制成，上粗下细，有鞘度；其上端有握柄和握革，便于手握和防止滑雪杖脱落；其下端有杖尖，防止滑雪杖在硬雪撑插时脱滑，杖尖以上有圆形或雪花形雪轮，限制滑雪杖过深插入雪面。滑雪杖在选用时其高度应大致与肘部同高或略低些，初学者可再高一点，以便限制上体过分前弯曲。滑雪杖越轻越好，握革环状的大小可根据持杖者手的大小调解。

（6）滑雪服。滑雪服具有保暖防风防水，吸汗耐磨等作用，选择滑雪服应注意，不能选择太大或太紧的服装，滑雪服的外料应选耐磨，防风防水的材料，内层应选保暖透气的材料，从颜色上看，最好选用与雪色反差较大的醒目颜色。

（7）帽子和手套。普通滑雪者选择佩戴滑雪帽的主要作用是头部的保温作用，避免耳部冻伤，预防感冒，可根据气温的冷暖变化情况选择厚或薄的滑雪帽。由于经常要用手去整理滑雪器材和掌握雪仗，持握滑雪杖，因此应当选择尽量宽大的滑雪手套，手套腕口要长，最好能将袖口套住，还要具有保暖和防水的功能。

（二）运动规则

高山滑雪的每个项目比赛均采用单人出发，出发的顺序通过抽签决定，但有的项目需要滑两次，第二次出发的顺序由第一次比赛的成绩确定。出发的间隔一般为 60 秒钟，只有回转项目采用不等时时出发。出发时，运动员必须身穿经正式铅封标志的运动服（即经裁判员检查并认可的服装），佩戴出发号码布，头戴护盔，脚穿滑雪板，手持滑雪杖，同时必须使用脱离式固定器。

高山滑雪各项目之间的区别主要在于场地起终点的高度差不同，地形和坡度的要求不同及听设旗门的方法和数量不同。速降场地起点与终点的高度差男子为 800～1 000 米，女子为 500～700 米。线路长度的设计在冬季奥运会和世界锦标赛中应保证男子的最好成绩不少于 2 分钟，女子不少于 1 分 40 秒。

为确保比赛安全，除了在线路两侧插足够的红色和绿色指示旗外，还必须在重要的地段（如危险地段、坡度转换和颠簸地带、转变处及运动员易于滑错方向的地段等）设置旗门。旗门的宽度不得少于 8 米。运动员必须用至少一只滑雪板的前端和双脚都通过旗门线，方为正确通过旗门。假如场地起点与终点的高度差达不到规则要求，可以组织两轮滑行的滑降比赛（但高度差最小不得小于 450 米）。两轮比赛成绩相加，时间少者名次列前。

总结案例

中国速度滑冰运动

中国速度滑冰运动曾经有过辉煌的历史，早在 1963 年罗致焕就在日本长野县浅间山轻井泽获得了世界速度滑冰锦标赛男子 1 500 米冠军，这是中国获得的第一枚冬季项目世界锦标赛金牌。这一年出生的王秀丽，1990 年在加拿大渥太华女子速度滑冰世界锦标赛上获得女子 1 500 米冠军，成为中国第一个速度滑冰项目的女子世界冠军。

1992 年，叶乔波在法国举行的第 11 届冬季奥运会上夺得两块银牌，实现了中国在冬季奥运会上奖牌“零的突破”，继而她又多次在世界短距离速度滑冰锦标赛上获得全能和单项冠军。

2001 年，国家短道速度滑冰队队员杨扬参加在索菲亚举行的世界短道速度滑冰锦标赛，分别获女子 1 500 米、500 米和女子全能第一名，并与队友合作获女子 3 000 米接力第一名。

2010 年，在第 21 届加拿大温哥华冬季奥运会上，由王濛、周洋、张会、孙琳琳组成的中国女子短道速度滑冰队，包揽了女子 500 米、1 000 米、1 500 米和 3 000 米接力女子短道速度滑冰项目的全部四块金牌。

2014 年，在第 22 届俄罗斯索契冬季奥运会上，张虹获 1 000 米女子速度滑冰冠军。

2018 年，在第 23 届韩国平昌冬季奥运会上，武大靖获 500 米男子短道速度滑冰金牌。

探索与思考

1. 滑冰运动项目的种类有哪些？
2. 滑冰前应做好哪些基本准备？
3. 滑冰初学者应该如何选择冰鞋？
4. 滑冰有几种向前滑行的方式？试着在实践中体验，找到最擅长的方式。
5. 滑雪运动项目的种类有哪些？
6. 滑雪运动的装备有哪些？
7. 滑雪运动有哪些导入技术？
8. 不同类型滑降技术有哪些区别？试着在实践中体验，找到最擅长的方式。

模块十三　新兴体育运动

模 块 导 读

新兴体育运动是一种具有健身性、娱乐性、社交性与休闲性等多种功能的体育项目，它与当代大学生喜欢追求时尚与潮流的心理正好相符合。其形式多样、内容丰富，如攀岩、轮滑、定向运动与野外生存、素质拓展、散打、跆拳道等。体育本身就是让人轻松愉快的活动，对于新兴体育运动来说更是如此，我们不必苛求所有新兴体育运动项目的发展都像足球、篮球那样成为“万人迷”，有时候由“小而美”所组成的风景线，同样亮丽。同时，由于校园体育不具备开展一些新兴体育运动的条件，社会的一些新兴体育运动也可以作为校园体育的一种有益补充，以使学生能接触更多丰富多彩的体育项目。

能 力 目 标

分类	具体内容
知识目标	1. 了解轮滑和定向越野的起源与发展 2. 熟悉轮滑和定向越野运动的装备、器材及其使用
技能目标	掌握轮滑和定向越野运动的基本技术
素养目标	1. 树立正确的体育价值观，形成积极参与体育锻炼的良好意识 2. 能自觉通过体育运动改善心理状态，建立良好的人际关系，表现出良好的体育道德和合作精神

导 入 案 例

花 样 轮 滑

花样轮滑起源于18世纪的英国，后相继在德国、美国、加拿大等欧美国家迅速开展。与其他竞技运动不同，花样轮滑是一项艺术与运动结合的体育项目，除了要掌握控轮滑技术，对运动员的艺术表现力也有极高的要求。在音乐伴奏下，运动员穿着轮滑鞋在木地板上滑出各种图案、表演各种技巧和舞蹈动作，裁判员根据动作做出评分，决定名次。

花样轮滑和花样滑冰就像孪生姐妹一样，只不过一个是用四轮旱冰鞋，另一个是用冰刀；一个在木地板上做出优美的动作，另一个在冰面上滑行。但是看起来尤其相似的两个项目，却有着诸多不同之处。花样轮滑双人滑包括短节目和长节目，舞蹈包括规定舞、创编舞和自由舞。

单元一　轮滑运动

一、轮滑运动简介

轮滑运动

轮滑运动，又称"溜旱冰""滚轴运动"等。它与滑冰相似，以轮滑鞋的轮子代替了冰鞋的冰刀，以坚实、平整而光滑的轮滑场地面代替了冰场的冰面。

轮滑运动起源于欧洲。18 世纪，一名荷兰人为了能在夏季进行滑冰，发明了滑轮溜冰。1710 年，英国伦敦正式修建了世界上第一个轮滑场。1760 年，荷兰人范利德发明了装有轴承的滑轮冰鞋，从此轮滑运动在欧洲各国逐渐流行起来。1925 年，比利时人约·米林又对滑轮冰鞋加以改进。国际轮滑联合会成立于 1952 年，每年举行一次世界轮滑锦标赛。20 世纪 30 年代，轮滑运动传入我国后，曾作为娱乐活动在公园和娱乐场所开展。1980 年 9 月，我国加入国际轮滑联合会后，轮滑运动得到迅速发展，而且也参加了亚洲轮滑锦标赛和世界轮滑锦标赛，取得了较好的成绩。轮滑比赛可分为速度轮滑、花样轮滑、轮滑球、轮滑板四种。

轮滑运动具有竞技、娱乐、锻炼、艺术表演和交通代步等功能特点，花样轮滑又具有体操、杂技、舞蹈、造型综合艺术的特性。轮滑活动不受场地大小的限制，器材简单，只需轮滑鞋和一块像篮球场大小的平坦场地便可开展。

二、轮滑运动的基本技术

（一）陆地模仿

陆地模仿是指在不穿轮滑鞋的情况下，在平地、草地或塑胶地上进行正确的轮滑姿势和技术动作的模仿练习。利用这种方法可以使初学者在不受由轮滑鞋带来的平衡影响的情况下掌握正确的技术，从而避免练习时跌倒，少走弯路。

1. 基本姿势

轮滑者身体基本姿势的正确与否，对完成正确动作、有效地使用技术及发挥身体潜能都有重要的作用。因此，正确的基本姿势是滑行技术的基础。

图 13-1　基本姿势

基本姿势（图 13-1）要领：轮滑者采用的是上体前倾的半蹲式姿势，两臂自然下垂或背于背后，头微抬起目视前方 10～20 米处。髋、膝、踝三关节呈弯曲状态。腰背部放松含胸、收腹，两脚平行开立相距 5～10 厘米，重心在两脚之间。

髋关节的角度为 90°～100°，膝关节的角度为 110°～120°，踝关节的角度为 65°～75°。

这种基本的滑行姿势的优点是减少空气阻力，有助于提高速度，节省体力。由于重心相对较低，有利于滑行平稳和控制身体平衡。两腿的弯曲能加大动作的幅度，有效完成工作的距离，提高蹬地效果。

图 13-2　轮滑摆臂

2. 轮滑摆臂

轮滑摆臂是配合蹬地获得速度或技巧的重要因素，通过摆臂能够调节身体平衡，加强蹬地，有利于整个身体的协调运动及达到技战术目的等。

轮滑摆臂（图 13-2）要领：轮滑者摆臂时，两臂以肩关节为轴，以屈伸肘关节的动作完成前后自然摆臂动作。手可以半握拳或保持微屈状态，摆臂的方向应与躯干的纵轴线之间成 40°为宜。摆臂动作的节奏要与蹬地腿保持一致，臂腿的配合动作是蹬地腿的同侧臂向前，异侧臂向后摆动。

3. 滑步侧蹬

滑步侧蹬（图 13-3）要领：轮滑者在基本姿势的基础上，上体向左（右）侧倾倒，重心落在左（右）腿上，左（右）膝关节位于胸下方，右（左）腿向侧平行伸出，然后引腿（收腿）顺势向右（左）倒重心，摆双臂进行滑步动作。然后循环换左、右向练习陆地滑步侧蹬动作。

图 13-3　滑步侧蹬

（二）轮上技术

1. 轮滑的基本站立

轮滑的基本站立（13-4）要领：轮滑者两脚平行分开稍窄于肩，脚尖稍外展，膝部微屈，重心落在两脚之间。还要注意站立时两脚略向外倾斜，有利于稳定站立。

2. 原地抬腿练习

原地抬腿练习（图 13-5）要领：轮滑者两脚平行站立与肩同宽，两腿微屈，上体稍前倾，两臂自然下垂。身体重心移至左腿时，右腿稍抬起、放下；然后身体重心移至右腿时，左腿稍抬起、放下。轮滑者练习时要注意身体平衡减少倾斜，放腿时应保持脚下的轮子同时着地。

图 13-4　轮滑的基本站立

图 13-5　原地抬腿练习

开始时可用手扶持固定横杆或在同伴扶持帮助的情况下进行练习，逐渐独立完成。

3. 惯性双足支撑成单足支撑滑行

惯性双足支撑成单足支撑滑行（图 13-6）要领：轮滑者在惯性滑行过程中，由双腿支撑滑行变为单腿支撑滑行。身体重心由双腿上方平行向侧移动，落在一侧腿上，保持平衡向前滑行，另一侧腿做引腿的动作抬离地面，在惯性速度降低或失衡前将浮腿收回，再继续加速换另外一侧的腿进行单足支撑，然后反复练习，直到能够基本掌握平衡为止。

图 13-6　惯性双足支撑成单足支撑滑行

4. 制动停止方法

（1）T 形制动法。此方法可使我们在直线上进行制动，熟练后减速的距离可有效缩短，提高制动速度。

T 形制动法（图 13-7）要领：轮滑者在向前滑行中，将重心放在左脚上，左膝微屈，同时抬起右脚，右脚脚尖外转，横放在左脚后成 T 形，以右脚的四个轮内侧面摩擦地面，减缓滑行速度，此时，重心下降并逐渐移向右脚，加大摩擦直到停止滑行。

（2）制动器制动法。单排轮滑鞋因制动器是装在鞋的后跟处，所以在快速度滑冰行时不可突然用此方法，而应在慢速度或采用其他方法减速后再用此方法做最后的急停。

制动器制动法（图 13-8）要领：轮滑者在较慢的速度滑行时将装有制动器的脚放在前方，两脚前后开立，重心降低并移到后腿上，上体前倾同时前脚前伸，脚尖抬起用鞋后跟的制动器着地，并用适当的力量压地，使用制动器与地面摩擦，达到降低速

图 13-7 T 形制动法

图 13-8 制动器制动法

度的作用。

（3）双脚侧平行制动法。此方法是在滑行中将身体和双脚侧转 90°，使轮子横擦地面的一种停法。

双脚侧平行制动法动作（图 13-9）要领：轮滑者将要做急停时，上体略抬起，两脚略靠近，首先突然转动上体，带动臀部和双腿突然侧转。转体时上体稍向上提，使内侧肩稍高，然后重心用力下坐，身体呈反向平衡，使体重全部压到腿上，腿不要完全伸直，膝踝关节稍屈，用双脚的轮子与地面摩擦减速停止。

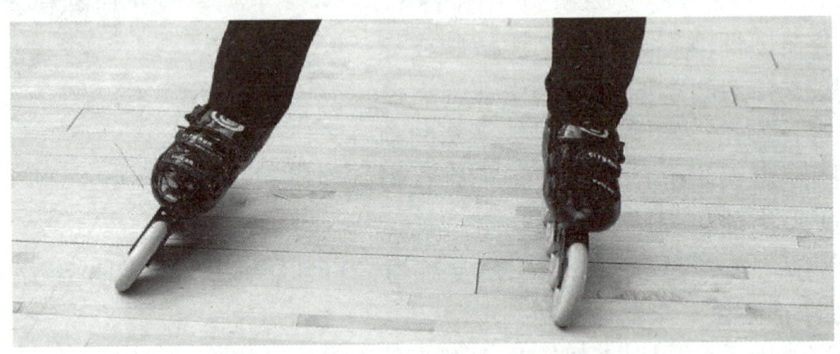

图 13-9 双脚侧平行制动法

（三）弯道滑行技术

弯道滑行的基本动作也是由弯道滑行基本姿势、蹬地、收腿、着地、摆臂及全身动作配合构成的，但没有单脚支撑自由滑行阶段。

1. 弯道滑行的基本姿势

弯道滑行基本姿势：上体前倾，支撑腿髋、膝、踝三关节保持屈的状态。

弯道滑行（图 13-10）要领：轮滑者在弯道滑行过程中，身体始终向圆心倾斜，并保持鼻与支撑腿的膝关节、前轮都处在同一纵轴平面上。倾斜的幅度较大，蹬地角为

40°～45°。单臂或双臂前后自然摆动，身体中心的位置以落在轱辘的中部为宜。

图 13-10　弯道滑行基本姿势

2. 初步弯道转弯技术

初步弯道转弯动作［图 13-11（a）～（d）］要领：轮滑者保持轮滑基本姿势，利用一侧腿连续蹬地，另一侧腿连续支撑，沿逆时针或顺时针方向做弧线滑行。蹬腿后，身体重心要完全移到支撑腿上，支撑腿要保持与地面垂直，利用轮子的正面接触地面滑行。滑行的半径大小不限，可随滑行速度的快慢自行调整。

3. 弯道滑行的蹬地技术

在弯道滑行过程中，根据克服人体向前做直线运动的惯性一定向心力的要求，弯道技术动作与直道技术动作相比有明显的不同。轮滑者由于身体重心投影点始终在身体的左侧，并在离心力与向心力的作用下，形成了维持身体平衡使身体重心沿弧线方向运动的规律。这样也自然形成了左脚外侧轮和右脚内侧轮交替、连续、快频率向右侧蹬地的动作技术。

（a）

（b）

（c）

（d）

图 13-11　初步弯道转弯

弯道滑行的蹬地（图 13-12）要领：轮滑者在弯道滑行过程中，两腿的蹬地动作有所不同，参与蹬地动作做功的肌群也不同。右腿蹬地动作是以伸髋、展髋、伸膝的动作为主，左脚蹬地动作是以伸踝的动作为主完成的。

4. 弯道滑行收腿技术

弯道收腿动作是弯道滑行周期动作的一个阶段，是指蹬地腿轱辘离开地面起，将浮腿收至支撑腿左侧的某一点的过程，它在滑行过程中起到放松肌肉、调节身体平衡及协调配合蹬地腿的蹬伸等作用。

弯道滑行收腿要领：轮滑者为适应弯道滑行的特性，两腿的收腿动作也不一致，右腿的收腿是以内收、屈髋、屈膝关节的动作为主，背屈踝关节动作为辅，膝关节领先，轱辘贴近地面向左侧稍偏前的适宜位置。左腿的收腿动作是以外展髋、屈髋和屈膝动作为主，以背屈踝关节为辅，以膝关节领先，使左踝保持放松状态，轱辘贴近地

图 13-12　弯道滑行的蹬地

面向左上方做提拉腿的动作，将左腿收至支撑腿的左侧较适宜的位置。

5. 弯道滑行轱辘着地技术

弯道滑行的轱辘着地动作过程只是轱辘着地的瞬间动作。轱辘着地技术由着地方向、着地时机、着地部位和位置等组成。在滑行中起到确定滑行方向，调节蹬地时机，协调配合蹬地动作，建立和保持平衡等作用。

弯道滑行的轱辘着地［图 13-13（a）～（c）］要领：轮滑者右脚轱辘着地动作是在右腿收腿动作结束后，利用右脚踝关节的背屈动作使轱辘的正面后轮在支撑腿的前内侧较适宜的位置轻轻着地。左脚轱辘着地动作是在左腿的收腿动作结束后，左脚踝关节背屈，使前轱辘稍稍翘起，利用轱辘外侧后部在右脚轱辘的前内侧较适宜的位置轻轻着地。

（a）

（b）

（c）

图 13-13　弯道滑行轱辘着地

6. 弯道双脚左右交叉步技术

弯道双脚左右交叉步（图 13-14）要领：轮滑者上体保持正直（或稍前倾）双臂平

伸，利用交叉步的动作，进行交叉，当抬右腿向左边做交叉步时重心移到左腿上，此时左脚轮子利用外韧性滑行，右脚轮子利用内韧性滑行，当抬左腿向右边做交叉步时重心移到右腿上，此时左脚轮子利用内韧性滑行，右脚轮子利用外韧性滑行，此方法动作幅度越大，重心移动越大所产生的效果越好越美观。

图 13-14 弯道双脚左右交叉步

（四）脚尖滑行技术

1. 脚跟 - 脚尖滑

脚跟 - 脚尖滑［图 13-15（a）、（b）］要领如下所述。

（1）前脚脚跟滑行。轮滑者开始时两只脚的力量平等分布，并且前后脚用剪刀步法；有刹闸的一只脚放在后面，如果试图用带有刹闸的脚来练习此动作，必将导致伤害；伴随着两膝盖的弯曲，慢慢伸直左腿，近乎完全伸直，这样前面脚的脚尖将会翘起来。轮滑者保持向前的滑行，始终保持着这个姿势，另外一只脚保持平坦的滑动。

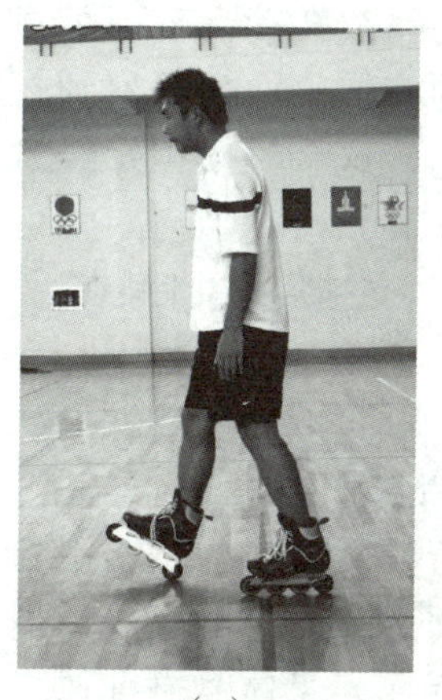
（a）

（b）

图 13-15 脚跟 - 脚尖滑

（2）后脚脚尖滑行。轮滑者以前后脚的剪刀步开始，基本上将力量分布在两脚上，屈后腿膝盖，同时向后压脚用力，迫使自己用脚尖滑行。如果发现脚尖滑行有些抖动，可能是后腿承受的压力还不够，最简单的办法是将重心压到后腿上。

（3）接合步法滑行。轮滑者一旦能够顺利地完成第一、第二步，并且能够在第一、第二步间快速转换，那么此时，可以尝试将两者结合起来。轮滑者先做第二步，使后腿能用脚尖滑行，再做第一步。然后通过压前腿发力，使身体向前滑行。

2. 双脚尖滑行

（1）双脚尖滑行（图 13-16）要领：轮滑者以剪刀步开始。右脚在前，左脚在后，身体可以摆动向前移动。

图 13-16 双脚尖滑行

轮滑者用右脚脚尖做一个很努力的斜插动作，尽量做到离左脚远一点。离左脚越远，旋转的空间便越大。斜插的右脚向右移动，左脚将做几乎直线的滑动（右脚脚尖将从左脚前面滑过）。右脚现在继续向右做扭转，大部分重心在向前滑行的左脚上，然后，做以右脚后轮为轴的转动。右脚脚尖继续旋转直到几乎转动到了 70°，此时，重心要换到右脚，以便左脚脚尖可以向右脚的方向做扫动，开始转身了。实际上，右脚做完了 70°的转动后，两只脚脚尖将处于一条直线上。

（2）由后向前变向滑行要领：右脚要赶快向右滑动。这是个临界点，为了向前滑动，腿部运动要靠右脚的扫动来协助完成。随着右脚尖的轴心转动，左脚继续沿直线后向滑动。右脚尖将指向左脚的滑动路线，重心也要移到左脚。右脚继续转动并且恰巧经过左脚的脚尖。如果右脚已经有足够的力量进行扫动，那么向左拧胯转动的力足够了。这时右脚几乎跟随着左脚的路线转动，有一个短瞬间是脚尖对脚尖的时刻。这是一个容易跌倒的点。随着右脚的旋转，你会觉察到脚跟离开地面，并且用脚尖来旋转。这时重心转换到了右脚的中轮，这个时候正好经过左脚的脚尖。在右脚经过的时候，左脚要做脚尖的轴心转。

一旦右脚完全经过了左脚，左脚跟在后面，此时一轮结束了。

（五）倒滑技术

1. 内八字后退步滑行

内八字后退步滑行要领：与前进步滑行相同，轮滑者内八字后退步滑行是足尖靠近足跟打开，刚好与前进步滑行相反。后退步行与向前步行一样须由基本站立姿势开始，站立姿势是将腰后屈，身体微微前倾，脚尖的方向与前进方向相反，以八字形站立，在原地踏步熟练后才以一个脚掌的步幅向后踏出，掌握将重心移向后脚，此时脚颈须松软，膝微弯，手伸张以维持平衡。

2. 后退滑行

轮滑者后退走路的姿势习惯了以后，加上稳度够了，可以逐渐把身体的重心往后移，慢慢滑溜就可以做出后退滑行。

后退滑行要领：

（1）重心在左脚，右脚尖略朝外。

（2）左脚跟往外翻，腰向左扭转，重心完全落在右脚。

（3）用右脚后退溜行，左脚略提起放在右脚前方。

（4）左脚跟往外翻，腰向右扭，重心完全落在左脚。

（5）用左脚后退溜行，右脚略提起放在左脚前方。

3. 后退葫芦形

后退葫芦形［图 13-17（a）～（d）］要领：轮滑者利用压韧方式后退。两脚平行在地上画出八字形，压内韧使两脚靠近，快碰到时压外韧使两脚分开。

（1）足尖靠拢，脚后跟打开约 45°，两膝弯曲，上身微前倾，两足压内韧，上身挺直。

（2）两脚同时向两旁推开。

（3）两脚推开后，向外划弧（弧形不用划太大），并向内收，改为外八字。

（4）两脚同时向内夹紧。

（5）两脚跟尚未相碰，双脚转变为内八字，同时往外推开［同（1）］，后溜的时候重心要保持在后面，即行进的方向。

（a）

（b）

（c）

（d）

图 13-17　后退葫芦形

4. 后剪刀步技术

后剪刀步技术同前剪分步，主要由两个动作组成：弓箭步和交叉步，而交叉步动作与前剪分步交叉步法相同。

后剪刀步技术［图 13-18（a）～（d）］要领：轮滑者上半身转向圆心，重心在内脚外韧，外脚往外前方推，外脚从内脚前面切到里面，重心移至外脚内韧，内脚离开地面，做后推韧动作，外脚从内脚后面绕回来。

（a）

（b）

（c）

（d）

图 13-18　后剪刀步

5. 双脚尖后剪刀步技术

双脚尖后剪刀步同前脚尖剪刀步，主要由两个动作组成，不过与后剪刀步的不同是用后脚尖完成：弓箭步和交叉步。交叉步动作与前脚尖剪刀步交叉步相同。

双脚尖后剪刀步［图 13-19（a）～（c）］要领：轮滑者上半身转向圆心，重心在内脚外刃，外脚往外前方推，外脚从内脚前面切到里面，重心移至外脚内刃，内脚离开地面，做后推刃动作，外脚从内脚后面绕回来。

（a）

（b）

（c）

图 13-19　双脚尖后剪刀步

6. 倒滑制动器转体停止法

倒滑制动器转体停止法（图 13-20）要领：轮滑者倒滑时前后开立相距 30～40 厘米，腿部放松，微屈膝关节，上体直立稍前倾，向后转体时后腿脚尖点地，重心落在支撑腿上，（左、右）支撑腿的脚跟部向内侧旋转约 90°，前后开立相距 1 米左右，此时重心降低向支撑腿处倾倒，支撑脚从内刃切换到外刃，转体达到停止。

图 13-20　倒滑制动器转体停止法

三、轮滑运动部分规则

（一）场地和器材

1. 场地

速度轮滑分为场地跑道和公路跑道。

（1）场地跑道是指设在露天的或有覆盖设施的比赛路线，它有两条长度相等的直线跑道段和两个对称的具有相同直径的弯道相连接的竞赛跑道。

比赛场地跑道的标准长度为 200 米，宽度为 6 米以上（但根据情况长度最短不少于 125 米，最长不超过 400 米，宽度最短不少于 5 米）。

比赛场地跑道的地面可用任何材料铺成，但要求完全平坦，有一定的光滑度，不易摔倒，适合举办轮滑竞赛，但弯道可有一定的倾斜度。有倾斜度的部分要从内侧边缘逐渐均匀平稳地升高，直到外侧边缘。直线跑道为了与弯道倾斜跑道相衔接，也可以有向内侧倾斜的衔接部分，但直线赛道的平坦部分不应少于跑道总长的33%。

终点要用白色线标出，宽为5厘米，一直标到跑道外侧边线。终点线不能设在弯道处（一般设在直道中线前伸10米处为宜）。

跑道外缘应设有保护设施。

（2）公路跑道。在“开放式”公路比赛路线进行的比赛，其终点和起点不衔接。封闭式公路比赛路线其终点和起点相衔接，它有两条对称路线，路线最短不少于250米最长不超过1 000米。公路的宽度全程不得少于5米。

终点线与起点线均应以5厘米宽的白色线标出，起终点线不能设在弯道处，除非无法避开时，起点线应设在距离弯道50米以外的地方，终点线应设在距最后一个弯道的直弯道分界线前50米处。

公路的路面应平坦而光滑，没有断裂。路面不平坦部分不应超过其宽度的3%。公路跑道斜坡部分不得超过5%，即使在特殊情况下，其倾斜部分也不得超过全部路线的25%。

运动员必须根据比赛的距离在此路线上滑行一圈或几圈。

2. 轮滑鞋

轮滑鞋按所参加轮滑的项目不同可分为以下四种：闲式单排轮滑（图13-21）、速度轮滑鞋（图13-22）、花样轮滑鞋（图13-23）、极限轮滑鞋（图13-24）。

图13-21　闲式单排轮滑

图13-22　速度轮滑鞋

图13-23　花样轮滑鞋

图13-24　极限轮滑鞋

3. 轮滑护具

为了保护运动者不会因滑倒而受伤。做轮滑运动前都应该戴上护具。整套装备包括头盔（图12-25）和护肘、护膝、护掌（图12-26）。优质的护具强调包覆性、透气性、吸震效果及坚固等要求。

（二）运动规则

1. 赛制

（1）计时赛：在场地或公路上进行，一定数量的队数或人数在固定的滑跑距离上进行的竞速计时性比赛。

（2）淘汰赛：在场地或公路上进行，比赛过程中在一个或多个固定地点直接淘汰一个或多个运动员，具体淘汰办法赛前由裁判长决定。

图 13-25　头盔

图 13-26　护肘、护膝、护掌

（3）群滑赛：在场地或公路上进行，参赛人数不限，一次性集体出发的比赛。如果参赛人数太多，比赛跑道受限，可分预赛和决赛。

（4）定时赛：在场地或公路上进行。比赛限定滑跑时间，运动员的名次根据在限定的时间内所滑距离的长短决定。

（5）计分赛：可在场地或公路上进行。赛前确定运动员或队的得分标准，在比赛路线上固定计分地点，比赛时运动员通过此地点时计取分数，运动员到达终点，以获得分数的多少决定名次，获得最高分数的运动员或队为优胜。

（6）接力比赛：在场地或公路上进行。每队由两名以上运动员组成，比赛途中在固定的地点可随时换人，换人时必须接触到本队同伴，最后一次换人必须在倒数第一圈以前完成。

（7）分段赛：只在公路上进行。这是根据一定的规则，长、中、短距离混合排列在一起，总名次根据运动员在各个固定的距离所得成绩和分数决定。每一分段的成绩，根据分段时间，其分配方法可事先商定。如果几名运动员成绩相等，根据每段比赛所得最好成绩决定名次。

（8）追逐赛：比赛可在场地或“封闭环形式”公路跑道上进行。两名运动员或两个队在等距离的地点出发，在规定的距离上互相追逐，如其中一名运动员或一个队超过对手时，比赛即告结束。每个队有 3～4 名运动员的团体赛中，由倒数第二名运动员决定该队的名次。

2. 罚则

（1）300 米计时比赛起跑，运动员两脚轮子不得移动，但身体可以摆动。预备线距起跑线 50 厘米，运动员其中一脚轮子必须在两线之间。运动员的起动有 10 秒钟的限定时间，如果在 10 秒钟内不起动，发令员宣布该运动员退出比赛。

（2）运动员在各项距离的滑跑途中，严禁得到任何方式的外界帮助，除非轮滑鞋出现故障。

（3）每项比赛的滑跑途中，运动员应沿一条设想中的直线滑行至终点，不得以曲线或横向滑行影响其他运动员的正常滑跑。

（4）在弯道滑跑时，除非沿内侧有足够的空间可以通过，否则只能从外侧超越其他运动员。

（5）任何情况下，不得故意强行阻挡他人的超越滑行，严禁撞人、推人、拉人、挡人、踢人、绊人等有意阻碍他人滑跑的行为发生。

（6）在场地跑道或在“封闭环形式”公路跑道比赛时，严禁领先的运动员阻挡后者的超越，或者帮助正在被超越的运动员。

（7）禁止运动员的轮滑鞋触及或踏出跑道线。

单元二 定向运动

一、定向运动简介

定向运动

国际定向运动联合会将定向运动定义为一项参赛者借助地图和指北针在尽可能短的时间内到达若干个被分别标记在地图上和实地中检查点的运动。也就是说，参赛者利用一张详细精确的地图和一个指北针，按顺序到访地图上所指示的各个点标，并以最短时间到达所有点标者为胜利者。

通常可以这样理解，任何一张普通的地图都可以用来进行定向运动，但就定向运动的比赛而言，需要专用的定向运动地图，如图 13-27 所示。专用的定向运动地图标绘的路线称为定向比赛路线，它包括一个起点（等边三角形），一个终点（两个同心圆和若干个带有序号的检查点（单圆圈），并从起点开始，用连线将检查点按序号连起来，直到终点。

在实地，检查点位于检查点圆圈圆心处的地形特征上，并用一个橘黄色和白色相间的点标旗在这个特征上或特征旁标记出来，这个特征被称为检查点特征。每个检查点都有一个或多个带有唯一编码的打卡器，为参赛者提供到访记录。参赛者手持检查卡（IC 指卡），由起点开始，按顺序到访比赛线路上的各个检查点，并在 IC 指卡上留下打卡器的编码，直到终点完成比赛，如图 13-28 所示。

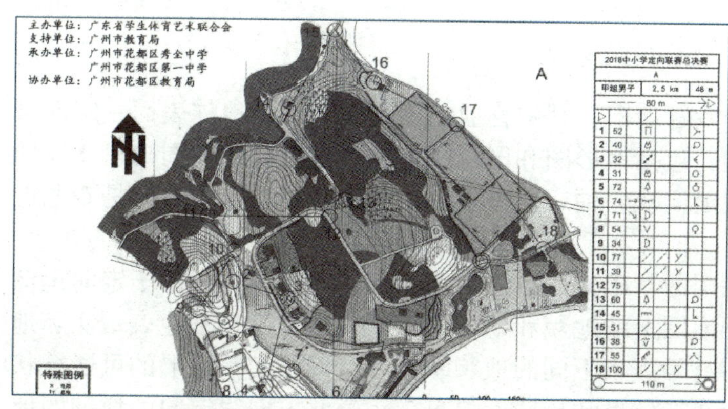

图 13-27 定向运动地图

图 13-28 检查点

在比赛前，参赛者还会得到一张检查点说明表，如图 13-29 所示是国际定联制定的一套对检查点位置进行精简说明的通用符号体系。它的应用减少了路线选择的偶然性，使路线选择技能在比赛中变得更加重要。

定向运动通常设在森林、郊外和城市公园里进行，也可在大学校园里进行。按照运动模式，国际定联将定向运动分为徒步定向和工具定向。其中徒步定向也被称为定向越野，工具定向分为滑雪定向、山地车定向、残疾人轮椅定向等。下面主要讨论徒步定向（图 13-30）。

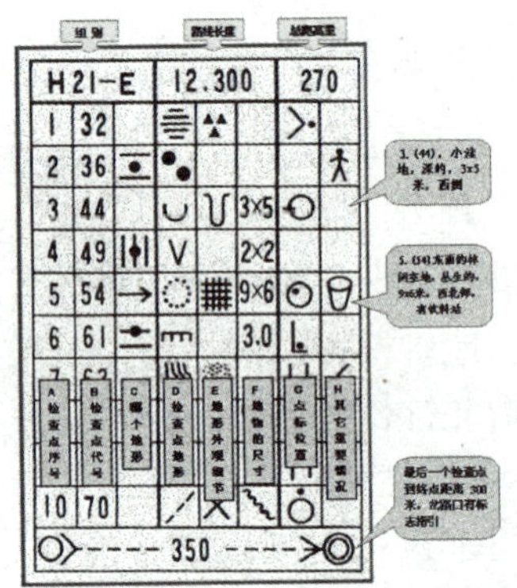

图 13-29　检查点说明表

图 13-30　徒步定向

按照国际定联赛事规则，定向运动按照比赛时间分为日间赛和夜间赛；按照比赛性质分为个人赛、接力赛和团体赛；按照比赛成绩的计算方法分为单程赛、多程赛和资格赛；按照比赛距离分为长距离赛、中距离赛、短距离赛和其他距离赛；按照参赛者性别、年龄和运动等级，又可以分为男女少年组、青年组、老年组；初级组、高级组、精英组等。

二、定向运动的基本技术

（一）识定向地图

地图一般分成普通地图和专题地图。其中普通地图是全面反映地球表面一定区域的自然和社会经济的一般概貌，包括地形图和国家基本地形图。专题地图是以普通地图为基础，根据专业需要，突出反映一种或几种主题要素的地图。定向地图是专题地图的一种。

定向地图是在基本地形地图的基础上，通过专门的制图软件制作，用于定向运动训练和比赛的专用地图。这种地图上的地貌和地物符号要求更准确精细地表示实际地形中的状况，且用各种颜色和符号表示不同的地貌和地物，以及实际地形的可通行状况。它是一种附加了地面妨碍通行信息和易跑性信息，用磁北方向线定向的详细的地形图。

为了能为高速奔跑中的参赛者导航提供帮助，定向地图强调在确保地图清晰易读的前提下，详细描述所有可能影响读图、路线选择及对导航有重要意义的特征，特别是强调描述奔跑时可以观察到的明显特征、妨碍奔跑或通行的特征和植被的易跑性和通视度。因此，定向地图要求对读图和选择路线有影响的因素都表示出来。一张标准的定向运动地图，如图 13-31 所示，一般包括比例尺、等高距、地貌符号、地物符号、图例说明、检查点符号说明等内容。

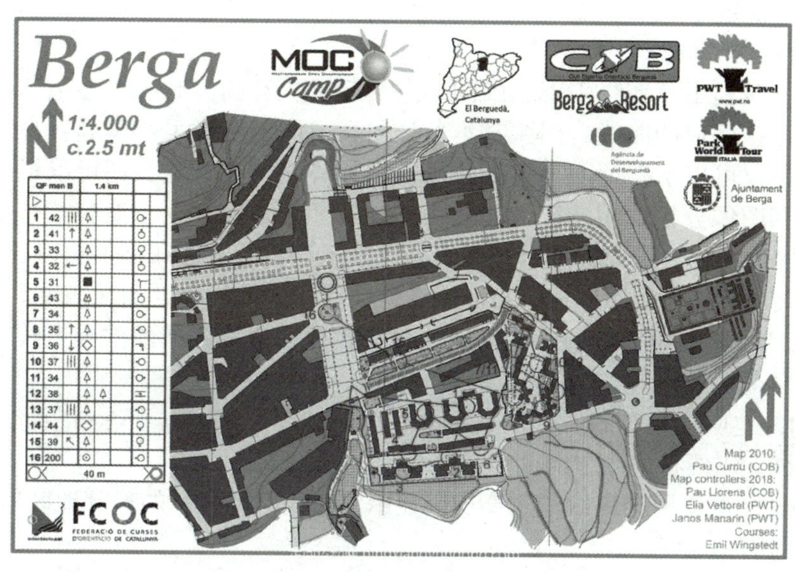

图 13-31　标准的定向运动地图

1. 定向地图上的比例尺

定向地图中的比例尺是指地图上某一线段的长度与相应实地的水平距离之比，实际上就是指地表现象的缩小程度。其算术表达式为

地图比例尺＝图上距离 / 实地距离

国际定向联合会规定，定向地图比例尺一般为 1 : 15 000。1 : 10 000 的地图一般用于接力赛和短距离赛，同时也用于年龄较大（≥45 岁）的组别和年龄较小（≤16 岁）的组别，因为年龄较大会看不清地图上的细线条和小符号，年龄小的还不具有识别复杂地图的能力。大比例尺图使地图容纳更多的细节，而且线条尺寸也将扩大 50%。可见，比例尺中的分母越小，地图比例尺就越大，地图上的描绘就越详尽；分母越大，地图上比例尺就越小，地图上描绘的内容就越简略。

（1）在地图上表示的比例尺一般有数字式、文字式和图解式三种形式。

① 数字式：用阿拉伯数字表示，如 1 : 1 000 或者 1/1 000。

② 文字式：用文字注解的方式表示，如“万分之一”。

③ 图解式：用图形加注记的形式表示，如图 13-32 所示。

（2）数字比例尺的换算。比例尺 1 : 1 000 说明地图上的 1 厘米＝实际地形上的 1 000 厘米（10 米）。

当今，大多数森林定向图的比例尺为 1 : 10 000，大多数公园定向图为 1 : 4 000/5 000。

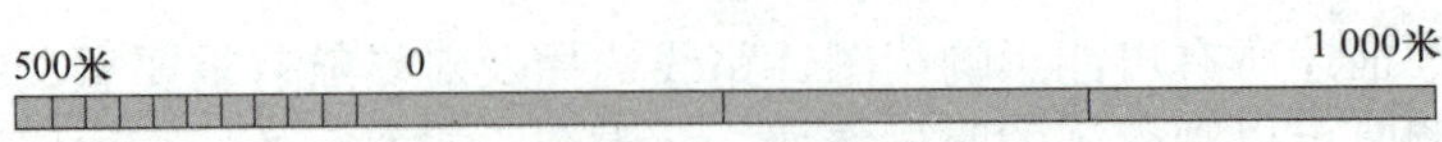

图 13-32 图解式

通过比例尺可以了解到地图的精确程度，正如前面提到的，地图比例尺越大，地图上描绘的内容就越详尽，精确度就越高；地图上的比例尺越小，地图上描绘的内容就越简略，精确度就越低。

2. 定向地图的地貌符号

定向地图是利用等高线来表示山的形态及起伏状态的。等高线是地球表面上高度相等的各点连接而成的曲线，国家基本地形图和定向地图都采用等高线显示地貌。利用等高线，不仅可以了解地面上各处的高差和地势起伏的特征，还可以根据地图上等高线的密度和图像分析地貌特征。在地物稀少的地方及森林中，地貌就是主要的甚至是唯一的行进参照物。下面介绍有关用等高线显示地貌的原理和相关知识。

（1）等高线按其作用不同分为首曲线、计曲线、间曲线和助曲线四种。

① 首曲线也叫基本等高线，它是一张地图按注明等高距所绘的细实线，用以显示地貌的基本形态。

② 计曲线也叫加粗等高线，从规定的高程起算面，每隔五个等高距将首曲线加粗成一条粗实线，以便在地图上判读和计算高程。

③ 间曲线也叫半距等高线，主要用以显示首曲线不能显示的局部地区地形，按 1/2 等高距绘制的细长虚线。

④ 助曲线也叫辅助等高线，用以显示间曲线仍不能显示的局部地区地形，按 1/4 等高距绘制的细短虚线。

（2）等高线显示地貌的特点，如下所列。

① 在同一条等高线上，各点的高度相等，并各自闭合。

② 在同一副地图上比较，等高线条数较多，山就高；等高线条数少，山就低。

③ 在同一副地图上比较，等高线间隔大，坡度平缓，等高线间隔小，坡度较陡。

等高线的弯曲形状与相应的实地地貌形态相似。

（3）等高距是指相邻两条基本等高线间的实地垂直距离。等高距大小受地图比例尺限制，地图比例尺越大，等高距越小，反之亦然。因此，大比例尺地图表示地貌相对详细，小比例尺地图表示地貌相对简略。我国现有的 1∶10 000 比例尺地图等高距为 5 米，在平坦地形中可以用 2.5 米的等高距，但不允许在同一张地图中使用不同的等高距。

（4）图上基本地貌形态包括山顶、鞍部、峭壁、阶地、山脊、山谷，如图 13-33 所示。

① 山顶：在地图上以等高线形成的小环圈表示，有时在小环圈外侧绘制用示坡线表示的凸出的山顶，若在圈内绘制，则表示如火山口似的凹形山顶。

② 山背：从山顶到山脚凸出的部位，也叫山梁。在地图上以成组的等高线向外凸出的曲线表示山背，这些成组的等高线凸出部位的顶点的连线是分水线。

③ 山谷：相邻两山背之间低凹狭窄的地方。在地图上用等高线表示山谷时，以等高线所围成的闭合曲线的凹入部分表示；成组等高线向内凹入部位等点的连线称为合

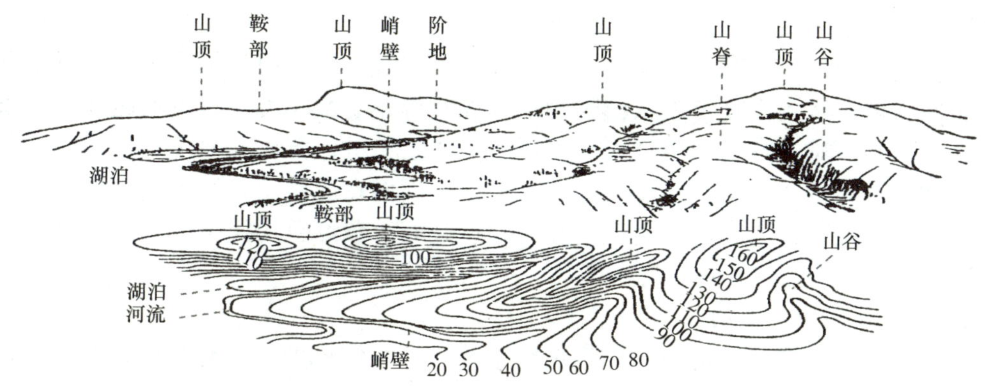

图 13-33 图上基本地貌形态（单位：米）

水线。

④ 鞍部：相邻两山之间的地形如马鞍状的部分。在地图上用一对表示山背的等高线和一对表示山谷的等高线组合来表示鞍部。

⑤ 山脊：山顶、山背、鞍部突出的高处连绵相连，如同兽脊凸起的部分。在地图上为山顶、山背、鞍部突出的高处连绵相连的曲线为山脊线。

⑥ 洼地：地表面凹下的部分，又称凹地。

⑦ 台地：山坡上平的或接近平的部分，又称阶地。

3. 定向地图中的地物符号

（1）符号的分类有以下几种。

① 依比例尺表示的符号。实地面积较大的地物，如城镇、湖泊等，其符号图形的外部轮廓是按比例尺缩绘的。

② 半依比例尺表示的符号。实地线状的地物，如道路、沟渠、电线、围墙等。这类地物符号的长度是按比例尺缩绘的，但宽度不是。因此，在地图上只能量取其长度，而不能取其宽度。

③ 不依比例尺表示的符号。实地面积很小的对定向越野有影响和有方位意义的独立地物，如窑、独立坟、独立树等。大多数独立地物突出地面，明显易跑，有利于运动员概略定向和精确定向。

（2）符号的构成要素如下所述。

① 符号的图形具有图案化和系统化的特点。所谓图案化，就是符号图形有些类似于事物本身的形状。这类图形既形象又简单、规则，因而便于根据符号图形联想实际事物的形态。符号图形系统化，是指各种符号图形具有内在的联系，通过图形的变化，可以把事物的量和质等特征表现出来。

② 符号的大小主要反映事物的重要程度及数量差异。一般来说，表示重要的、数量多的符号大些；反之，则符号小些。

③ 符号的颜色主要表示事物的质量差异、数量差异和区分事物的重要程度。在定向地图上有 7 种颜色，其中棕色用于描绘地貌和人工铺砌的地表，如等高线表示地表起伏；黑色和灰色用于描述岩石和石头、人造地物、包括磁北线和套印标记在内的技

术符号；白色用于描绘开阔易跑的林地；蓝色用于描绘水系。在黑色占较大面积，而蓝色所占面积较小的情况下，也常用蓝色表示磁北线；绿色用于描绘植被，以不同网点疏密的绿色、线条或复色表示植物的疏密和对奔跑的影响度，绿色块越深，线条越密，植物越密，对奔跑影响也越大；黄色用于描绘植被，黄色和绿色结合而成的黄绿色用于描绘禁止进入的居民地和植被区域，以不同网点疏密及花纹图案表示植物与地面开阔、空旷度，黄色越深，通视度和奔跑度越好；紫红色用于描绘比赛线路，多表示越野点标位置、线路方向、禁区等。

4. 定向地图中的图例注记

定向地图中的图例注记除了比例尺注记和等高距注记外，还有图例说明、检查点说明及图名和出版单位说明等。

（1）图例说明可以帮助定向运动参与者理解地图所表示的事物。它采用的是国际语言符号，所有符号全球通用。根据国际定向联合会的《国际定向图制图规范》，定向地图上的言语符号分为地貌、岩面与石块、水体与湿地、人工地物、植被、技术符号、线路符号七个类别。

（2）检查点说明。一般情况下，检查点说明采取符号化的形式说明，特殊情况可以同时提供符号和文字说明。检查点说明符号是为定向运动参与者提供一种无须语言翻译就能够准确理解检查点说明的可靠方法。其目的是为地图上描绘检查点特征，点标旗与该特征间的位置关系提供更精确的说明。找到一个设置良好的检查点主要依靠读图，而检查点说明只能起到辅助的作用，并且应该尽可能地简短。

5. 磁北线

定向地图的方位是上北下南、左西右东。图上绘有的若干条相等距离的、平行的、北端带有箭头的红色细线条就是磁北方向线。磁北方向线所指的方向是地图的北方。可用这条线确定地图的方位、标定地图、量测磁方位角和估算距离等。

6. 运动路线

一条完整的定向运动路线由一个起点、若干个检查点和一个终点组成。

起点或发图点（假如不在起点）：等边三角形，其一角要指向第一个检查点。

检查点：圆圈表示。其尺寸确定受检查点周围细部地形影响，为使某些重要细部更完整，圆圈也可以部分断开。

终点：双圆圈表示。三角形或圆圈的中心表示地物的精确位置，但并不肯定就有标志。检查点要依次编号并使字头朝北。遇到重要的细部，连线可以部分断开。必经路线在图上用虚线表示。

（二）读定向地图

地图阅读指读图者通过对地图符号的识别与解释，认知地图所表达的对象的过程，因此也称读图。定向运动中的读图是在行进过程中对定向地图符号进行识别和解释，将在二维平面上表达的特征转换为三维空间中的特征，并与实地特征进行核对的过程。因此在定向运动中，读图是一个由确定站立点—标定地图—识别与解释地图符号—实地核对地图—确定站立点构成的一个动态的循环过程。

1. 确定站立点

起点为参赛者提供了一个明确的站立点，因此定向运动中站立点的确定实际上是一个在新的站立点与已知站立点之间联系的过程，这个过程建立在正确的持图方法——折叠地图和拇指辅行。

（1）折叠地图指将地图折叠成适当大小，以方便运用拇指辅行技术，并使读图时的注意力集中在即将寻找的一两个检查点上的定向技术。折叠地图时要注意以下几点：沿磁北线方向或者沿行进方向平行折叠地图；折叠后的地图大小要适当，既要方便运用拇指辅行技术，又要保证在图上有足够的可视区域。

（2）拇指辅行是运用折叠地图技术，将拇指或拇指指北针前端右侧顶角放在地图上自己能够完全确定的站立点位置后面，并且随着身体在山地中的移动，在地图上移动拇指将新的站立点与已知站立点联系起来，确保随时能够确定自己站立点的技术。为了能方便地运用这一技术，在持图时要掌握一个要点：用手掌托着地图，而不是用指尖拿着地图。

2. 标定地图

标定地图就是为了使定向地图的方位与现地的方向相一致。这是使用定向地图的最重要的前提。利用指北针可以方便标定地图，但定向高手通常利用实地的特征来标定地图，只在特征较少或通视度不良的情况下才用指北针标定地图。利用实地标定地图有以下两种情况。

（1）转动地图标定地图。这种情况发生在参赛者沿着选定路线行进时，随着前进方向的改变，同时向身体转动方向相反的方向转动地图，使实地中在身体前方和身体左右侧的特征位在地图上也分别位于拇指指尖的前方和左右侧，地图即被标定。

（2）转动身体标定地图。这种情况发生在参赛者要确定行进方向时。水平持握地图于身体前面正中的位置，高与腰或胸齐，并使地图上的目标位置位于身体前方的正中线上，转动身体，使实地中在身体前方和身体左右侧的特征位在地图上也分别位于拇指指尖的前方和左右侧，地图即被标定。这时身体正前方面对的方向就是目标所在的方向。

（三）使用指北针

指北针是定向运动中最重要的仪器，是定向运动可以使用的唯一合法帮助。常见的定向运动指北针有三种类型：刻度盘指北针、拇指指北针和拇指刻度指北针。其中每类又包括专业型和初学者使用的简易型。

1. 拇指指北针的持握方法

读图时用拇指指北针前端右侧顶角压在自己在地图上目前的位置后面，水平持握地图于身体前面正中的位置，高与腰或胸齐，前进方向箭头与身体正中线平行指向身体正前方。

2. 标定地图

沿着选定路线行进时，随着前进方向的改变，同时向身体转动方向相反的方向转动地图，当地图磁北线的北端与指北针磁针的红端（北端）一致时，地图即被标定。

3. 确定方向

用拇指指北针确定方向可以分两步完成。

第一步：将拇指指北针的右侧顶角放在地图上自己目前的位置上，并使基板上的前进方向线与目前站立点和目标点位置的连线平行。

第二步：水平持握指北针于身体前面正中的位置，高与腰或胸齐。转动身体直到指北针磁针与磁北线平行，磁针的北端（红端）与磁北标定线的北端一致，箭头所指的方向即前进方向或目标所在方向。

（四）实地判定方位

实地判断方位是指在实地辨明方向，了解实地的方位是使用地图的前提。除了在前一节中介绍过的利用指北针帮助判断方位的方法外，还可以利用地物特征、太阳和手表及夜间利用星体来判定方位。

1. 利用地物特征判定方位

房屋门一般朝南开，在我国北方尤其如此。庙宇通常也南向设门，尤其是庙宇群中的主要殿堂。树木通常朝南的一侧枝叶茂盛，色泽鲜艳，树皮光滑，向北的一侧则相反。同时，朝北一侧的树干上可能生有青苔。凸出地物，如墙、地埂、石块等，其向北一侧的基部较潮湿，并可能生长苔类植物。凹入地物，例如河流、水塘、坑等，其向北一侧的边缘（岸、边）的情况与凸出地物相同。

2. 利用太阳与手表判定方位

9:00 至 16:00 按下面这句话去做，就能较快地辨别出概略的方向：“时数折半对太阳，‘12’指的是北方。”如在 9:00 则以 4:30 的位置对向太阳；如在 14:40，则应以 7:20 的位置对向太阳，此时“12”指的方向即为北方。为提高判定的准确性，可在“时数折半”的位置上竖一细针或草棍，并使其阴影通过表盘中心，如图 13-34 所示。

需要注意的是：

（1）“时数”是按一日 24 小时而言的，如 13:00 时，就是 13 时。

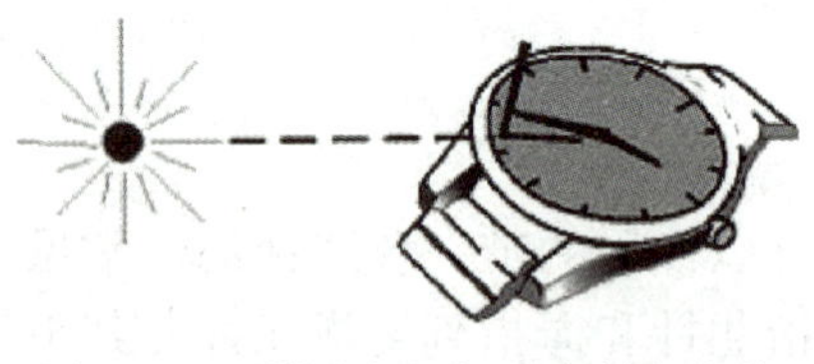

图 13-34　利用太阳与手表判定方位

（2）在判定方向时，时表应平置（表面向上）。

（3）此方法在南、北纬度 20° 30′ 之间地区的中午前后不宜使用。

（4）要注意时差的问题。即要采用“以标准时的经线为准，每向东 15° 加 1 小时，每向西 15° 减 1 小时”的方法将标准时间换算为当地时间。

3. 夜间利用星体判定方位

（1）利用北极星。北极星位于正北天空，观察时，其距离地平面的高度约相当于当地的纬度。寻找时，通常要根据北斗七星（即大熊星座）或 W 星（即仙后星座）确定。北斗七星是七个比较亮的星，形状像一把勺子，将勺头甲乙两星连一直线向勺口方向延长，约为甲乙两星间隔的 5 倍处，有一颗略暗的星，即北极星。当地球自转，看不到北斗七星时，则可利用 W 星寻找。W 星由五颗较亮的星组成，形状像个 W 字母，向 W 星缺口方向延伸约为缺口宽度的 2 倍处，就是北极星。

（2）利用南十字星。在北纬 23° 30′ 以南的地区，夜间有时可以看到南十字星，它也可以用于辨别方向。南十字星由四颗较亮的星组成，形同十字。在南十字星的右下方，沿甲乙两星的连线向下延长约该两星的 4 倍半处（无可见的星），就是正南方。

（五）标定地图

标定地图是使地图和实地保持一致，它是定向运动的基本技能之一。通过标定地图，可以帮助参赛者迅速查看地图，了解实地地物的分布和地貌的起伏及它们之间的关系，还可以帮助参赛者根据地图上的路线选择具体的实地运动路线。常见的标定地图的方法有概略标定、利用指北针标定和利用地物标定。

1. 概略标定

如果已知实地方位和站立点的图上位置，只要将地图正置，使地图上方（即磁北方向）与实地北方向保持一致，地图就被标定了。越野图上的方位是：上北、下南、左西、右东。当参赛者在现地正确地辨别了方向之后，只要将越野图的上方对向现地的北方，地图即已标定。这种方法简便迅速，是定向越野比赛中最常用的方法。

2. 利用指北针标定

使指北针的北方向与地图北方向保持一致，地图即被标定。先使透明式指北针圆盒内的定向箭头“↑”朝向地图上方，并使箭头两侧的平行线与越野图上的磁北线重合（或平行），然后转动地图，使磁针北端对正磁北方向，地图即已标定。

3. 利用地物标定

（1）利用明显地貌、地物点的标定。利用地图、实地对应的明显地貌或地物作为参照点标定地图。例如，作为地貌参照点的有：山头、鞍部、山凸、山谷等。作为地物参照点的有：塔、桥、独立房等。

利用地貌和地物参照点标定地图的前提是：必须知道实地站立点在地图上的位置，以及地图上和实地都有明显的同一地貌或地物。

（2）利用地貌、地物的线标定。利用线状的地貌或地物作为参照物标定地图。可作为线状地貌参照物的有：山脊、分水线、长形陡崖、长堤等；作为线状地物参照物有：江河、沟渠、道路、围墙、电力线等。

（3）利用明显面状地物标定。如利用池塘标定地图，只要将图上池塘与实地池塘外形轮廓对应，即图上池塘与实地池塘概略重合，地图就被标定。

（4）利用直长地物标定。利用直长地物（如道路、土垣、沟渠、高压线等）标定地图，首先应在图上找到这段直长地物，对照两侧地形，使图与现地各地形点的关系位置概略相符，然后转动地图，使图上的直长地物与现地的直长地物方向一致，地图即已标定。

（六）图地对照，确立站立点和目标点

图地对照就是将地图与相应实地的地物、地貌进行逐一对照。确定站立点，就是在实地确定自己站立点在地图上的相应位置。

1. 确定站立点

（1）直接确定。当自己所处位置是在明显地形点上时，只要从图上找出该地形点，站立点即可确定。这是一种在行进中，特别是奔跑中最常用的方法。但是，采用直接确定法的困难在于在紧张的进程中，怎样才能很快地发现可供利用的明显地形点？当同一种明显的地形点互相靠近的时候，怎样才能够正确地区别它们，防止“张冠李戴”？因此，需要记住一些可以称得上是明显地形点的地物和地貌，如现状地物的拐弯点、交叉点（十字形）、交汇点（丁字形）和端点；面状地物的中心或者有特征的边缘；山地、鞍部、洼地；特殊的地貌形态，如陡崖、冲沟等；谷地的拐弯、交叉和交汇点；山脊、山背线上的转折点和坡度变换点。

（2）利用位置关系确定。当站立点位于明显地形点附近时，可以采用位置关系法。利用位置关系法确定站立点主要依据两个要素，一是站立点至明显点的方向，二是站立点至明显点的距离。在地形起伏明显的地方，还可以结合高差情况进行判定。

（3）利用交汇法确定。当站立点附近无明显地形点时，可以利用交汇法确定站立点。按不同情况，它又可以具体分为90°法、截线法、后方交汇法和磁方位角交汇法。这些方法的优点是：不需要判断或测量距离也能确定出较为准确的站立点位置，这对于初学者学习和巩固使用定向地图的训练是很有意义的。但是，它们中的一些方法，要么只能在某些特定的条件下才能运用，要么就是步骤烦琐，费时费力，因此在定向越野比赛中一般较少使用。

2. 确定目标点

确定目标点就是确定实地某一目标在地图上相应的位置。在进行地图与实地对照训练时，以及在运动途中需要明确运动方向和运动的具体路线时，都需要确定目标点的图上位置。主要用分析法确定，即在已知的站立点标定地图，以站立点为准，向目标点瞄准，根据站立点到日标点的距离，依据比例尺确定目标点的图上位置。利用此法确定明显目标点的精度较高，但确定一般目标点时，由于站立点到目标点的距离不容易确定，容易失误。因此，重要的是在此基础上，根据目标点所在的实地的细部地形特征，进行分析比较确定其图上的位置。在快速奔跑时，可用目测瞄准，然后根据目标点所在实地位置的细部特征确定。

图地对照、确定站立点和目标点，三者互为条件，有密切联系。通过对照地形，可以确定站立点与目标点；知道站立点或某个目标点的图上位置，可以提高图地对照的速度和精度。同时，知道站立点的图上位置，可以确定目标点，知道了目标点的图上位置，可以确定站立点。在三者中，虽然重点是站立点的确定，但由于互为条件，因此，图地对照、确定站立点和确定目标点没有固定的先后顺序，可根据具体情况而定。

（七）路线选择

当了解了地图和指北针后，参赛者必须在两个点标之间选择一条最佳行进路线。首先，要考虑所选择的路线的难度及安全性。什么才是最快的路线？什么才是最安全的路线？最安全的路线不一定是最快的路线，但是最快的路线一定是比较安全的路线。选择安全的路线是保证选择出最快路线的一个基本前提。沿直线方向前进的不一定是最快、最好的路线选择。

路线选择所需要考虑的速度因素。在不同地貌上的运动速度是不同的，表 13-1 粗略地指出在不同的地形上行进每公里所需要的时间。如果走在丘陵起伏，树木遍布的乡间，绕道的距离可能比走公路的 2 倍还多。当然，上面提供的时间数是有变化的。在早春，穿越湿草地所花的时间当然会比在盛夏走干草地的时间要长。

表 13-1 在不同的地形上行进每公里所需要的时间 单位：分钟

行进方式	大路	小径	森林	较难通行的林地
步行	12	17	22	27
慢跑	6	8	10	14
快跑	4	6	8	10

知识链接

路线选择遵循的原则

1. 尽可能节省时间

在定向运动中，遇到地形起伏不定、空阔的原野、草地、可通行的沼泽地、树林稀疏和树木下面空阔可跑等地域，坚持“选近不选远”的原则，可以选择直接越野的方法。

选择越野路线，首先应该在确定好运动方向的前提下，认真分析地图，仔细观察实地地形，充分利用地图和指北针，把握好运动方向和运动路线，查看分析定向竞赛彩色地图。一般白色或浅黄色区域为可跑地域，应选择直接越野；黄色区域为半空旷地域，要认真分析地图，仔细观察地形，确认直接越野的可行性和可靠性。越野的办法可根据实际情况，选择实地目标方向明显的地貌或地物作为参照物定向越野。实地目标点不可见，且目标点方向无明显参照物时，也可以利用指北针定向越野，同时估量出站立点到目标点间的实地距离。实际应用时，第一要把握好运动方向，第二要把握好实际奔跑的路程。

2. 尽可能节省体力

在定向运动中，坚持“有路不越野”的原则，利用道路奔跑，既省时又省力。在利用道路时，应该根据实际情况仔细查看地图，以便分析地形并充分合理地利用道路。查看分析定向运动竞赛彩色地图，如要穿越绿色不可通行的区域，如有道路应该充分利用道路。翻越高山峻岭或跨越深沟宽河，若有道路也应该首选道路。在运动中若有多条道路可选，应该仔细查看地图分析地形，弄清楚各道路的走向和下段路程的连接点，比较它们的路程距离等，选择快捷、省力的最佳运动道路。在定向运动中，还应该学会利用地图上未标注的山间小径，因合理利用这些小径将会获益匪浅。

3. 仔细读图，综合考虑

在定向运动中，要求运动员充分利用地图和指北针，仔细分析地图，判定地形，确定正确的运动方向和运动路线。在前进的道路上遇到大的障碍时，坚持“统观全局，提前绕行”的原则，最好不要采用先抵达大的障碍物或穿越障碍途中发现难以通行再走回头路的做法。这样不但浪费时间消耗体力，有时还可能发生意外的事故。在前进大道路上遇到大的障碍时，应该提前做出判断和选择，遇到大的难以逾越的障碍物时，选择最佳的迂回路线，提前绕行。

（八）基本运动方法

1. 沿线运动法

沿线运动法也称导线法。当站立点距离检查点较远，途中地形又很复杂时，可以采用此法。“线”是指道路、沟渠、高压线等，运动员依靠线状地物控制运动方向。行进过程中，要多次利用各个明显地形点，确保前进方向与路线的正确性。但需注意，切勿将相似的地形点用错。

2. 分段运动法

这是初学者平时训练和比赛时最理想的运动方法。它能使你正确把握运动方向，随时明确站立点在图上的位置，并能减少看图时间，提高运动速度。

3. 连续运动法

由于“分段运动法”必须在检查点和各个辅助目标作短暂的停留用来进行对照地形，选择辅助目标与具体运动路线。对于有一定基础的参赛者来说，就显得作用不大，浪费时间。这种方法是在分段运动法的基础上提高一步。采用此方法，可把在各辅助目标要做的工作提前，即从某一检查点到达第一个辅助目标之前在奔跑过程中边跑边进行图上分析，分析下一段通视地域内的地形，并在图上选择好下一个辅助目标及下一个目标点运动的具体路线。到第一个辅助目标后，如果观察到的地形与到达之前的从地图上分析的地形一致，即可不在此停留而做连续的运动，如此类推到检查点。到达检查点前，同样可分析检查点之后的路线，到达检查点后，只需“做记”即可迅速向下一个检查点运动。这就需要参赛者必须做到“人在实地走，心在图前移”。

4. 一次记忆运动法

此方法供技术全面、经验丰富的参赛者，在连续运动的基础上采用。这种方法是在出发点把在地图上选择的从出发点到第一号检查点的最佳路线，一次性地记在脑子里，运动中按记忆的路线运动。通过记忆，应该使自己具备这样一种能力：实地的情景能够不断地与记忆的内容叠影、印证。

5. 依点运动法

点是指明显的地物地貌点。具体方法同“分段运动法”和“连续运动法”，即用“点”控制运动方向。

三、定向运动部分规则

1. 定向运动规则

定向运动规则为：必须按顺序到访指定路线上的所有检查点点标；在起点处领取

IC 指卡，在所到检查点点标处打卡，在终点处将 IC 指卡交回，并记录下时间，领取成绩单。指北针的红色指针应永远与地图上指明北方的红色箭头及红色竖线保持平行。这样就不会迷失方向，永远知道自己身在何处。

2. 注意事项

（1）在森林中进行定向运动时，最好穿长袖和长裤运动服，以免划破肌肤。

（2）在跑动行进路线中，一定按序号顺序跑动，否则成绩无效。

总结案例

定向运动赛事

（1）瑞典五日赛（O-Ringen）。世界最大规模的定向运动赛事，每年吸引世界各国 15 000 名男女老少定向运动员。

（2）世界定向越野锦标赛；世界滑雪定向锦标赛。

（3）定向越野世界杯赛；滑雪定向世界杯赛。

（4）世界青年定向越野锦标赛；世界青年滑雪定向锦标赛。

（5）世界老年定向越野锦标赛；世界老年滑雪定向锦标赛。

探索与思考

1. 轮滑运动包括的运动项目有哪些？
2. 轮滑运动前应准备的护具有哪些？
3. 轮滑运动的基本技术有哪些？
4. 在练习轮滑运动时如何进行刹车？
5. 在进行弯道滑行练习时应注意什么？
6. 试述定向地图颜色所代表的含义。
7. 如何结合定向地图合理使用指北针？
8. 定向运动的基本运动方法有哪些？

参 考 文 献

范素萍，2004．体育与健康［M］．北京：科学出版社．

韩宝玉，蔡云，2018．体育与健康教程：下册［M］．北京：化学工业出版社．

刘汉生，许晓庆，2003．体育与健康［M］．西安：陕西人民出版社．

刘华强，2019．体育与健康［M］．广州：广东高等教育出版社．

曲宗湖，2002．学校健康教育指导［M］．北京：人民体育出版社．

宋兆龙，2016．体育与健康项目化教程［M］．济南：山东人民出版社．

陶坚，2014．大学体育与健康教程．［M］．郑州：河南科学技术出版社．

王启明，2016．大学体育新素质教程［M］．西安：西安电子科技大学出版社．

学生体质健康标准研究课题组，2002．《学生体质健康标准（试行方案）》解读［M］．北京：人民教育出版社．

易招华，王斌，吴美美，2018．大学体育与健康教程［M］．2 版．西安：西安电子科技大学出版社．

张春棠，2007．体育与健康［M］．北京：科学出版社．

郑厚成，2003．体育［M］．北京：高等教育出版社．

郑厚成，邹继豪，2002．体育教程［M］．大连：大连理工大学出版社．